犯罪捜査科学

捜査・取調・法医・虚偽自白・無罪判決の考証

菱田　繁……監修
山村武彦　木下博之……編著

金剛出版

巻頭言

　近代の刑事司法における犯罪捜査活動は，合理的客観性に根差した立場を維持することが基本となっている。この立場を守るために，古くから科学的見解，特に法医学をはじめとする知見は必須の要因であることに異論はない。例えば，1968年（昭和43年）防火体制の不備から焼死者30名を伴った兵庫県有馬温泉池坊満月城の火災事件，1995年（平成7年）の死者行方不明者6,437名の阪神淡路大震災，さらには，2006年（平成18年）の107名が死亡したJR福知山線脱線転覆事故などの大規模事件に伴う死者の身元確認死因判断において，捜査員の活動と法医学専門家との検視・検案活動の融合が果たされたのは具体的実証例である。

　兵庫医科大学学長の重責を担われた大阪大学名誉教授 松倉豊治博士は，1948年（昭和23年），『捜査法医学』と題する専門書を公刊された。旧警察法の制定によってようやく犯罪捜査の第一次捜査権が警察固有の業務として位置づけられた文字通り，犯罪捜査草創の時期である。その実施運用の基盤となる刑事訴訟法の施行は翌1949年（昭和24年）である。本書にも詳述されているように，犯罪捜査にとって法医学が重要な一部を占めていることは疑いもない。ところが，犯罪捜査の科学化・合理化といえば，ともすれば，顕微鏡や化学薬品，写真や赤外線，さらには高性能な精密分析機器の活用による結果を意味し，従来の聞込捜査や地道な裏どり捜査を非科学的不合理な捜査であると解釈する向きもある。これについては，確かに，科学的という場合，機器，試薬の使用は不可欠にしろ，各種捜査活動情報と科学的分析結果とが整然と統制され，一定の目標のもとに，それぞれで得られた情報を共有し，足らざるを補い，矛盾点を解決していく姿こそが「捜査法医学」の本質であるとの姿勢を示されたのである。両者は主従の関係ではなく相互依存の対等な立場にあるとの見解を明確に定められたのである。けだし，今日の犯罪捜査の趨勢をみるとき，極めて斬新かつ当を得た指摘であった。

　本書は，この理念のもとに実践されている犯罪捜査の科学的歩みの側面を述べ，優に半世紀を経た犯罪捜査の越し方を振り返り，来るべき未来を嘱望することを目的としたものである。

　末尾ながら，検討した数々の知見の中には，松倉先生の収集された貴重な資料に基づいた記述も少なくないことを記し，深く感謝申し上げます。

兵庫医科大学　名誉教授
医学博士　菱田　繁

緒　言

　科学的手法に基づいた捜査活動が叫ばれて久しい．その推進に向かって，人材の確保育成，訓練教育の拡充に始まり，種々の捜査活動を支援する機器の開発，情報通信システムの運用促進，並びに，組織体制の効率的機能の構築などの基盤整備をはじめとして，様々な対策が講じられてきた．

　しかしながら，対象とする犯罪現象自体は，司法体系によって処理，対応されてきたのが根幹であり，どちらかと言えば倫理的主観思考に重きが置かれてきた．犯罪現象への対策は，矯正・可罰を目的とした刑事司法に基づいて，法曹三者といわれる裁判官・検察官・弁護士（法務関係者）が担ってきた．そこでの問題点の論議は，如何に犯罪を評価し，犯罪者を適切に糾弾・更生させるかの刑事司法のありかた，もしくは，組織体制の維持に基づく国家や社会の安定が第一義とされてきた．

　戦後，検察に委託されていた第一次捜査権が警察に負託され，加えて，近年刑事裁判に裁判員制度が導入され，犯罪と犯罪者の対応に新たなる視点が望まれるようになった．客観的論理思考に依存する自然科学系の医学・行動学・工学等の知見の導入によって，より精妙な犯罪現象の究明と犯罪者の理解を目指す立場が鮮明になった．このため，合理的客観的科学捜査の導入と推進が標榜され，実践的には，刑事司法制度の見直しを端緒とした，"犯罪"行為および"犯罪者"の解釈が進められつつある．

　本書は，こうした人類特有の犯罪及び犯罪者への理解と解釈について，捜査・取調・虚偽自白・誤判といった犯罪捜査活動を実証的に考証したものである．主として歴史的足跡をたどり，21世紀以後における展望を意図して，先達の法曹三者をはじめとして，それらの研究教育に携わる法律の専門家はもとより，裁判員として刑事裁判に参画する方々，あるいは，広く一般の篤学あるいは向学の人々に寄与することを期待して，編纂されている．特に，一人でも多くの捜査活動に従事する実務家たち，さらには，その研修課程にある人々が，捜査活動の実践的基盤となる基礎知識の見聞を広め，その意義の理解を深める一助となればこの上ない幸いである．

香川大学医学部法医学講座　教授
医学博士　木下博之
2017年（平成29年）吉日

目　次

巻頭言 …………………………………………………………………………………… 3

緒　言 …………………………………………………………………………………… 5

目　次 …………………………………………………………………………………… 7

序　章 …………………………………………………………………………………… 11

第 1 章　犯罪捜査科学の成り立ち ………………………………………………… 13
　1．犯罪捜査体制の推移　13
　　(1) 第一次捜査権　13／(2) 捜査体制の充実強化　14／(3) 吉展ちゃん事件　14／(4) 狭山事件　15／(5) 刑事警察対策要綱　16／(6) 警察庁広域重要指定事件　17／(7) 捜査指揮と組織捜査　17／(8) 集団の圧力　18／(9) アイヒマン効果　19／(10) 監獄実験　19
　2．犯罪捜査技術の進展　20
　　(1) 捜査技術の充実　20／(2) 指定 105 号事件　20／(3) 犯罪理論の変遷　23／(4) 犯罪捜査の勃興　24／(5) 犯罪捜査の基盤　25

第 2 章　法医学の発展 ……………………………………………………………… 27
　1．犯罪捜査関連の自然科学の発達　27
　　(1) 医学・生物学の流れ　27／(2) 生命観の変遷　28／(3) 医学の起源　28／(4) 遺伝学の基礎　29／(5) 分子生物学の発展　29
　2．法医学の発達　30
　　(1) 萌芽時代　30／(2) エジプト　31／(3) 古代バビロン　32／(4) インド　32／(5) 中国　32／(6) ペルシャ　33／(7) ギリシャ　33／(8) ローマ　33
　3．中世時代の法医学　35
　　(1) 法的未開　35／(2) イタリア初期の発展　36／(3) フランス初期の発展　37

4. 16世紀後期の法医学　37
（1）ドイツ初期の発展　37／（2）イタリア　39／（3）フランス　40
5. 17〜18世紀の法医学　40
（1）神判との別離　40／（2）肺臓浮遊試験　41／（3）昆虫学の発生　41／（4）法廷への医学的証言　41／（5）カウパーの事件　42／（6）ルイの貢献　42
6. 19世紀の法医学　42
（1）フランスとドイツ　43／（2）イギリス（バークとヘア事件）　45／（3）イギリスの法医学教育制度　45
7. 20世紀の法医学　46
（1）アメリカの発達　46
8. 日本の法医学　46
（1）明治以前　47／（2）明治以降　48／（3）法医学教室創設　49／（4）主要鑑定事件　51／（5）法医関連諸問題　54／（6）法歯学　55
9. 法毒物学　56
（1）毒殺抄史　57／（2）男性毒殺者　59／（3）女性毒殺者　66／（4）毒物鑑定抄史　69／（5）仮死症状　72
10. 法精神医学　75

第3章　犯罪科学の歩み　79

1. 犯罪科学抄史　79
（1）犯罪科学の登場　79／（2）犯罪科学捜査の充実　81／（3）犯罪科学技術の現況調査　82
2. 犯罪科学技術の諸相　83
（1）法弾道学　83／（2）犯罪者特定（犯罪人説）　87／（3）顕微鏡術　88／（4）写真技術　89／（5）個人特定　89／（6）ポリグラフ　100／（7）犯人像推測技術　102／（8）微物同定　105／（9）筆跡・文書　108／（10）医療器具　110／（11）検視・検案活動（自他殺・災害死の鑑別）　110／（12）犯罪偽装　112／（13）人間の犯罪性　114／（14）犯罪性検証　117／（15）スーパーインポーズと復顔　124／（16）その他　125

第4章　取調技術の変遷　127

1. 取調技術抄史　128
（1）中世　128／（2）近世　129／（3）1960年代以降　129
2. 取調方法の比較　131
（1）種々の取調方法（一問一答型／説得型（リード方式）／倫理規制型／探索調査（PEACE方式）／会話統制型／会話指示型／用語選択型）　131
3. 取調技術の検討　139
（1）諸方法の相互比較　139／（2）事情聴取と取調　142／（3）説得行為による取調　142／（4）取調過程　142／（5）リード方式9段階方式の社会心理的解釈と問題点　144／（6）リード方式9段階方式とPEACE型5段階方式との違い　146／（7）会話導出法（イングランドとウエールズおよびオランダの状況）　147
4. 取調の諸事情　149
（1）取調の目的　149／（2）日本の実情　153／（3）本邦の取調指導書　155／（4）取調官の適性

157／(5) 取調官の態度　158／(6) 取調官の教育と訓練　160／(7) 取調の失敗　162／(8) 自白結果の影響力　162／(9) 被疑者の自白率と自白理由　163／(10) 拷問　165

第5章　虚偽自白の実態 … 169

1. 虚偽自白の歴史的展望　174
(1) ミランダ判決　174／(2) 虚偽自白の事例研究　174
2. 虚偽自白の諸相　176
(1) 虚偽自白の発生機序　176／(2) 虚偽自白の影響　183／(3) 虚偽自白の司法的判断　185／(4) 虚偽自白の有罪率　186／(5) 虚偽自白の識別　188／(6) 無力な被疑者の識別　188／(7) 虚偽自白の防止策　190／(8) 取調の可視化　191

第6章　刑事裁判・無罪判決・再審 … 195

1. 刑事裁判　195
(1) 刑事裁判（証明）　196／(2) 刑事裁判（証拠法）　197／(3) 刑事裁判（証拠）　198／(4) 刑事裁判（実質証拠）　198／(5) 刑事裁判（推定無罪）　199／(6) 刑事裁判（裁判官）　200／(7) 刑事裁判（裁判官の資質）　203／(8) 刑事裁判（検察官）　203／(9) 刑事裁判（検察官の構造的欠陥）　204／(10) 刑事裁判（陪審員・裁判員）　206
2. 無罪判決　206
(1) 無罪判決（死刑執行後真犯人判明）　209／(2) 無罪判決（刑確定後真犯人判明）　211／(3) 無罪判決（犯罪構成要件不成立）　213／(4) 無罪判決（証拠不十分）　213／(5) 無罪判決（証拠捏造）　219／(6) 無罪判決（証拠隠匿・隠滅）　219／(7) 無罪判決（人証不適切・被告人）　221／(8) 無罪判決（人証不適切・被害関係者）　222／(9) 無罪判決（人証不適切・共同被告人証言）　223／(10) 無罪判決（人証不適切・関係目撃者）　224／(11) 無罪判決（鑑定）　229／(12) 無罪判決（精神鑑定）　230／(13) 無罪判決（現場検証不徹底）　232
3. 再審　235
(1) 再審（白鳥決定）　236／(2) 再審（死刑確定後無罪）　237／(3) 再審（無期刑および有期刑確定後無罪）　239／(4) 再審請求（死刑確定被告人死亡例）　252／(5) 再審請求（無期および有期刑確定被告人死亡例）　257／(6) 再審請求特異事件　259／(7) 公訴中被告人死亡特異事件（別被告人死刑確定）　260

終　章 … 265

文　献 … 269

参考文献 … 283

索　引 … 285

犯罪捜査科学

捜査・取調・法医・虚偽自白・無罪判決の考証

序　章

　1876年（明治7年），大学南校（のち開成学校，東京大学）法学部専修生穂積陳重（1855〜1921）21歳は，約5年間にわたる英独留学を果たした。彼は，本居派の国学者祖父重麿，父重樹をもつ愛媛県宇和島藩士で，藩校明倫館で国学漢学の学殖を養っていたが，明治維新によって朝廷貢進生として抜擢され，文部省第二期留学生としての壮挙であった。当時，ロンドンではチャールズ・ダーウィン（C. Darwin：1809〜1882）による画期的な生物進化論に関わる著書が公刊されたばかりで，思想的に深く影響を受け，帰国後，法学者として令名を馳せた。当時の司法卿江藤新平の企図になる明治治罪法が，政府お雇い法学者フランス人グスタフ・ボアソナード（G. Boissonade：1825〜1910）起草による案としてフランス方式に準拠しすぎていることに異を唱え，英系統のドイツ方式を支持し，司法制度の根幹である明治治罪法成立に多大の尽力を傾注したことはよく知られている。その一方で，彼の生涯をかけた関心は，ひとえに「法律進化論」の達成に向かっていたことも事実である。生物学を中心とする自然科学上の原則を積極的に社会学たる法律に取り入れようとする観点である法律進化論は，法学者の限界を超えた視点での法律への取り組みであり，既存の社会学者が標榜する現代の社会科学の展望を髣髴とさせる姿勢である。時代的限界を抱えた論であるとの批判（団藤，1986）はともかくとして，さらに深く検討を必要とする課題であると考えられる。

　以下に本書で取り扱われる捜査活動・取調行為・裁判結果等は，すべて法律の規制の下に，運用されていることは疑いもない。この種々の法律的措置をより客観的合理的に処理するに際して，科学的知見に対する盲目的な過信，逆に一方的な無視もしくは不信に終始するのではなく，批判的態度を有する中立的姿勢に立脚することは，今日の必然である。古く明治の法学の先達者にして，現代に継承される法律の進化を意図した穂積博士の客観的合理的視点（穂積，1980）は，本書の基本的立場である。事実，ボアソナードのフランス方式の採択に強く異を唱えたが，反面，同人が提唱した「刑事弁護制」には進んで賛意を表明し，隔意なく受け入れた点は高く評価されるべき姿勢である。

　繰り返すようであるが，本書は，稲積博士の法律進化論に根差した松倉博士の捜査法医学の提唱に基づく犯罪捜査に関する客観的合理的成果の一端を考証したものであることをお断りしておく。

第1章
犯罪捜査科学の成り立ち

　犯罪現象は，輻輳するいくつかの学問体系，普通は，刑事法学・社会学・医学・心理学・行動学等から研究されており，異なる学問相互間の統合による体系的解釈は成立していない。加えて，犯罪の実践的対処法である犯罪捜査に基づく経験原則による犯罪の解釈，理解による犯罪の立証といった立場と，学術的考察に基づく意見や見解とが融合することなく主張されている。それぞれの依って来る経験内容と学術知識に準拠した結論とが交錯して対応されているに過ぎないのが現実である。研究対象も，一方では，事例を中心とした記述分析と経験に依存した犯罪捜査手法の検討が行われ（長谷，1958；犯罪捜査研究会，1962；出射，1955；国家地方警察本部，1954-1955；溝口，1963；南波，1912；佐久間，1912），他方では，刑事司法から，犯罪矯正，あるいは犯罪者，そして社会状況との関連の論議と多彩である（藤本，2003；Gottfredson & Hirschi, 1990）。

1. 犯罪捜査体制の推移

(1) 第一次捜査権

　1890年（明治23年）公布の裁判所構成法等の定めに従って設けられた裁判所に検事局検察官が付置され，検察官の指揮監督の下に，警察は犯罪捜査の補助者としての立場を与えられているに過ぎなかった。犯罪捜査は，司法権の一部としての検察事務であった。1947年（昭和22年）公布の検察庁法によって検察庁が独立したのに伴い，1948年（昭和23年）施行の旧警察法によって，検察官主宰のもとに，民主理念に基づく警察組織・制度の確立と治安の早期回復を命題とする人道的・科学的犯罪捜査が警察固有の事務として明確化された。自らの責任において国民のための捜査を遂行すべき使命，すなわち第一次捜査権を警察が担うこととなった。翌1949年（昭和24年）の「刑事訴訟法（以下刑訴法）」施行によって人権保護に加え，黙秘権の告知，そして，逮捕拘留されていない場合には出頭拒否や自由な退去規定（刑訴法198条）も設けられた。しかし，この刑訴法1項解釈として，身柄拘束中の被疑者取調受忍義務肯定見解がより一般化することによって，自白は依然として証拠の王たる位置を保ち，自白偏重捜査の姿勢は持続されていった。逮捕状発付や拘留裁判では，理由のみが問題となり，必要性には及ばないので身柄拘束は容易であり，取調受忍義務が派生した。さらに，翌1950年（昭

和25年）には，国家公安委員会規則としての「犯罪捜査規範」が制定され，捜査部門の体制整備が図られた。独立した第一次捜査権が与えられた警察官は，裁判官の発する逮捕状により被疑者を逮捕する権限を持つこととなったが，戦後の混乱期でもあり，加えて，当時の警察が国家地方警察と市町村自治体警察とに二元化していたという事情もあり，1953年（昭和28年），刑訴法改正で，逮捕の必要性判断権限が裁判官に与えられたが，かわって，捜査機関の別件逮捕・拘留による身柄拘束が登場，警察の逮捕権を検察官の一般的指示に基づくこととし，逮捕状の請求権者を公安委員会が指定する警部以上の者に限ることとなった。以後，犯罪に的確に対応した捜査を実行して犯人を確実に検挙するという「捜査力の強化」並びに国民の納得する妥当な方法で行われるという「捜査の適正化」の命題のもとに，連綿として犯罪捜査が警察によって続けられてきた。言い換えれば，1948年（昭和23年）以降の犯罪捜査実績は，すべからく，警察の責任のもとに遂行された結果であると言えよう。また，旧警察法による市町村自治体警察制度による警察単位の地域的細分化による広域的な犯罪等への効率的対処が阻害されていたとの問題に対し，1954年（昭和29年），国家公安委員会の管理の下に警察庁が置かれるとともに，都道府県公安委員会の管理の下に都道府県警察が置かれ，犯罪捜査の執行は都道府県警察が担う現行の警察法制度が確立した。

(2) 捜査体制の充実強化

　警察捜査を取り巻く状況は時代に添って変化し，捜査内容も複雑化・高度化する。そして，それぞれの時代背景に応じて生じた問題に対処すべく，捜査体制の強化が図られてきた。

　戦後の混乱に伴う犯罪多発傾向が徐々に沈静化する一方で，1960年（昭和45年）には犯罪の都市集中化傾向が増し，人員の移動手段が車両に依存する等，従前の社会環境が異なることによって，異質な犯罪が相次いで発生，戦後犯罪捜査上の一大転機となった事態が出来した（警察庁，2000）。

(3) 吉展ちゃん事件

　1963年（昭和38年）3月31日夕刻，東京都台東区入谷の工務店の長男（4歳）が，自宅近くの公園に遊びに行くと言って外出したまま帰宅しなかった。家人の届け出で，付近の捜索や聞き込みを行ったところ，公園の公衆トイレの手洗い場付近で，30歳前後の160センチ位のレインコート姿の男に声をかけられていたとの情報が得られ，当初，性的目的の変質者の犯行とみられた。

　しかしながら，行方不明後2日目の夕刻，現金50万円を要求する電話があったのを皮切りに，その後数回の電話があった。この中には，数分に渡る電話もあったが，当時の通信電話関係機関は1つだけであり，通信の守秘義務を楯に，逆探知が許可されなかった（1カ月後に，被害者の同意のもとに許可されたが，技術が伴っていなかった。以後，一般的に逆探知はこの種の脅迫事態の犯人確保に絶大な威力を発揮することとなる）。4月6日午後11時と翌7日午前1時頃の電話で，被害者の靴の特徴を告げ，現金の受け渡し場所を指示してきた。この種の取引に不慣れな捜査側は，紙幣番号を控えることもなく，また，指定場所に先着する捜査員配置を怠ったまま，現金受け渡しの車に捜査員1人だけ同乗させただけで先発してしまった。待機中の捜査員たちは各自徒歩で指定場所に向かったものの，指定された場所を間違えてしまっていた（後の自身の調査で，3分間遅れたと釈明している）。結果，身代金は奪われ，その後犯人からの連絡もなく，被害者も戻らない

という大失態であった。当局は，この前代未聞の不祥事について緘口令を敷いたが，報道陣の揣摩憶測を呼び，数多くの疑心暗鬼が生まれるもととなった。

4月19日，当局は捜査は公開捜査とし，営利誘拐であったことが知られることとなり，加えて，対処の不手際に対しては，様々な批判が加えられることとなった。脅迫電話内容から，犯人を40～50歳の関東北部から東北出身，入谷の土地勘があると見て，公開された脅迫電話がらみで通報された人物等の声の似ぐあい，犯行当時のアリバイ，奪われた現金を重点に事情聴取が行われていった。そして，隣人や実弟等から複数の通報があった時計修理工の男（福島県出身30歳）の事情聴取を5月21日から行ったが，骨髄炎のため右足が湾曲しており歩行に違和感が伴うとみられ，声も似ていないとの判断，さらに，事件当時金に窮していたが，本人は密輸で20万円稼いだと主張した。決定的と考えられたのは，3月27日から4月3日にかけて故郷の福島県に帰省，犯行日頃は，実家の土蔵の鍵を壊して中に干してあった凍み餅を食って藁積みで野宿していたと供述したため逮捕されなかった。以後，12月に窃盗容疑で逮捕された際にも，再度，取調べを受けたが逮捕されなかった。

1964年（昭和39年）4月，執行猶予中の12月に犯した窃盗で逮捕され，懲役2年が確定し，刑務所に収容された。1965年（昭和40年）3月31日に捜査本部は解散，4人の専従捜査員による継続捜査（当時FBI方式と称した）が行われることとなり，男の裏づけ再捜査の結果，犯行を自白した。それによると，誘拐当日の晩殺害の上，失踪を報じる新聞の記事で，被害者の親元や住所を知り脅迫電話をかけていたとのことである（警察庁，1978）。1966年（昭和41年）3月，死刑判決，1971年（昭和46年）12月，死刑執行，38歳であった。

(4) 狭山事件

一方，吉展ちゃん事件と同じ1963年（昭和38年）5月，後に「狭山事件」と呼称される女子高生誘拐身代金要求事件が発生。事件捜査初期の段階での身代金受け渡し現場での犯人取り逃しという捜査遂行上の重大な不手際もあり，被告人は無期懲役刑が確定したが，その後再審請求中となっている。

埼玉県狭山市内の裕福な農家の四女，女子高生（16歳）が，誕生日である5月1日，自転車で高校を下校した後，午後6時になっても帰宅しなかった。心配した長男（25歳）が，学校に行き安否を確認して帰宅すると，玄関ガラス戸に家を出た時にはなかった白封筒が挟んであった。封は閉じられておらず，父親宛てに，行方不明者の身分証とともに，大学ノート記載の「子どものいのちが欲しかったら，2日夜12時，雑貨店の前に20万円の金をもってこい。」と言う旨の脅迫文が入っていた。長男は躊躇（ためら）うことなく駐在所に届け出た。また，被害者の自転車がいつのまにか納屋の車止め脇に返却されていた。脅迫文は，誤用が多く国語能力の低い人物と見えたが，故意に誤用をくり返し偽装をしている可能性もあった。2日，模造紙幣を携え指定場所に赴いたところ，3日午前0時10分頃，茶畑の方から，男の声で呼びかけてきたが，警察官の張り込みに気付き，犯人は逃走してしまった。しかし，張り込んでいた40人の警察官は，年功序列に添って犯人に近い位置に年配の捜査員を配置していたため，男の逃走に気づかなかった。3日早朝，雑貨店東南方向に足跡らしき痕跡を発見，警察犬による追跡で，不老川（としとらずがわ）という小川付近までたどりついた。捜査側はこの足跡や臭気痕の消えた場所近くの養豚場の経営者並びに従業員，

出入り業者などの中に犯人がいる可能性を考えた。当日午後3時頃には，近くの雑木林で，被害者の自転車のゴム紐が見つかった。

4日午前，乱暴され殺害された被害者の遺体が，ゴム紐の見つかった雑木林先の農道にうつ伏せの状態で埋められているのが発見された。衣服はつけており，下半身の衣類が乱れていた。食品会社名の印刷されたタオルで目隠しされ，顔下にはビニール片が敷かれ，両手は米穀店の宣伝用手拭いで後手に縛られ，足首と首は細引きで「すごき結び」されて，頭部上には重量約6.6キロの玉石が置かれていた。司法解剖の結果，死因は絞頸による窒息死，頭部・首・左鼠蹊部に外傷があり，遺留していた体液はB型，死亡時は食後2～3時間していたものと判断された。被害者は学校の料理実習でカレーを食べていたが，胃内容からはトマトも見つかっていた。5月6日，付近の養豚場の経営者からスコップの紛失届が出され，5月11日には，遺体発見場所の西100メートル余の小麦畑でスコップが発見され，養豚場から盗まれたものと判明した。スコップに付着していた土壌の分析の結果，遺体を埋めた付近の土壌成分と一致し，犯行に使われたものと認定された。

5月23日，別件の傷害と窃盗で逮捕された男（24歳）は，事件前まで養豚場に勤めており，被害者の遺体発見場所近くに家族とともに住んでいた。血液型はB型であった。逮捕と共に行われた家宅捜索では，本件関係の証拠品は発見されなかった。5月25日，遺体発見場所から北300メートルの雑木林と桑畑の境の溝から被害者の教科書とノート等が発見された。一方，男は本件について取り調べを受けたが全面否認した。6月17日，勾留期間が満了し，釈放されたが，釈放と同時に殺人で再逮捕された。6月18日に警察は再度の家宅捜索を実施したが，物証は得られず，6月20日の勾留尋問でも男は否認を続けた。しかし，6月21日，男は取り調べで被害者のカバンを捨てた場所の地図を書き，この自供に基づき捜索したところ，遺体発見場所から435メートル離れた場所でカバンが発見された。

6月23日，男は単独犯行を自供した。6月26日，警察が三度目の家宅捜索を行ったところ，男の自宅台所の鴨居の上から被害者の万年筆が発見された。6月29日，男は被害者の腕時計を捨てた場所を自供したので，その内容に基づき捜索したところ，7月2日に発見された。自供に基づきカバン，万年筆，腕時計が発見されたことで男が真犯人と判断され（警察庁，1978；野間，1985），強盗殺人，死体遺棄で起訴され，一審では死刑判決が言い渡された。被疑者は控訴し，二審の公判では「刑事から『認めれば10年で出してやる』と言われ，信じた」と無実を主張した。1974年（昭和49年）二審では無期懲役の判決が言い渡された。1977年（昭和52年）最高裁での判決が言い渡され，無期懲役が確定した。被疑者は2006年（平成18年）5月23日に第三次再審請求を申し立て，現在も審理中である。なお，男は1994年に仮出所が認められている。

(5) 刑事警察対策要綱

これら両事件による捜査側の失態ならびに対応の不手際は，世論の厳しい批判を受けた。刑事警察の危機を感じた当局は，1963年（昭和38年）刑事警察強化対策要綱を策定して，刑事警察の充実強化を重点的に図ることとなった。最重点事項は，犯罪専従捜査官の質的向上のための刑事教養の徹底および捜査用車両や犯罪現場鑑識機材装備の充実に加え，刑事警察職員の増員に伴う捜査体制の整備が進められた。特に，両事件とも，現場採取資料に対する科学的鑑定が十分でなく，科学鑑定専任の組織とし

て，科学検査所（後の科学捜査研究所）が各都道府県警察に設置されることとなった。先の吉展ちゃん事件での，要求された紙幣の番号を控えなかったという極めて初歩的な失敗は，この種の事件に対する未熟さ，不慣れであったにしろ，犯人からの脅迫電話の声紋鑑定の不備は，早急に改善されるべき課題と考えられた。次の狭山事件では，脅迫文の発見経緯や被害者の自転車の返却状況といった事柄について現場分析の不徹底，金受け渡し場所での足跡識別，遺体処分関係全般の総合的犯行形態の考察の不徹底，加えて，現場採取資料の科学鑑定の実行不足など，いずれも現場に対応した科学捜査体制の不備の不十分さは否定できず，これらの是正が図られることとなった。

　一方，犯罪捜査の客観性維持の方法は，長く無視されるとともに，一方的に捜査主体の意思として尊重されるのが通弊であって，公共性あるいは公平性を標榜するいわゆるマス・メディアの姿勢と軌を一にしている点は忘れてはならない。犯罪捜査の経過は，それまでは社会広報の一環としては当事者である捜査側，警察の情報開示の程度に依存していたが，この時代になって，はじめて報道側の主体的な意見表示が公に示されるようになってきたのである。

　1970年代を迎えるころ，交通機関の発達と道路の整備に伴い犯人の行動範囲が拡大し，いわゆる犯罪の広域化が一段と進展することとなった。一方で，各都道府県警察間の協力体制は比較的低調であったため，広範囲にまたがる事件対処の不備が露呈する事態が生じた（警察庁，2008）。

(6) 警察庁広域重要指定事件

　1964年（昭和39年）早々，熊本県玉名市で，冤罪防止に取り組む教戒師宅に弁護士を装って訪問してきた人物が，1963年（昭和38年）10月福岡県で専売公社職員などを殺害した件で全国指名手配されていた前科4犯の男（37歳）と判明，逮捕された。男は当初の犯行後，神戸・大阪・京都・名古屋と逃亡，静岡で旅館経営者親子を殺害，さらに，千葉，北海道・栃木等で弁護士と名乗って詐欺，東京では弁護士を殺害するなど，全国にまたがって犯行を重ねていた（福田，1999；佐木，1978）。この事件を契機に，警察庁広域重要指定事件を指定して対処することとなった（警察庁，1992）。

　また，人口の都市集中化が地域社会での匿名性を助長し，人からの捜査が困難となり検挙率の低下を招くようになった。加えて，ミランダ判決（Miranda v. Arizona, 384 U. S. 436, 1966；後述）に触発され，適正捜査の保証を求める司法的抑制が強化されるようになった。これに応えて，1970年（昭和45年），刑事警察刷新強化対策要綱による犯罪の広域化・スピード化への対応を目的とした，コンピュータ処理に基づく犯罪情報管理システムの創設ならびに機動捜査隊および特殊事件捜査係の設置など，初動捜査の充実を目的とした対策が講じられた。

　続く1980年（昭和55年）代にかけ，いわゆる精密司法に関する考えが主張されるようになってきた（多田，1999）。警察捜査での「取調中心主義」と「自白偏重捜査」に基づく被疑者取調とその適正さに対して，確信に基づく徹底した裏付けを担保し，捜査段階作成の供述調書の詳細な検討を行う検察官公訴の見直しである。

(7) 捜査指揮と組織捜査

　犯罪捜査規範では，捜査活動を組織的に運営するよう定めている（第15条～第26条）。捜査集団は一定の閉鎖された組織内の活動として機能することが原則である。組織の構成は，整然としたピラミッド型階層構造であり，表面上は，並列性同等の意見交換と情報の共有が義務

付けられているが，現実には，縦筋の厳然とした警察組織構造が適用される。したがって，設置される捜査本部は，通常の「組織」形態となんら異なることはない。捜査活動を担う中枢と密接な連携を標榜する捜査指揮を行う担当官と，その意識を共有するある意味での「仲間集団」で構成されているのは疑いもない（岡田，2007）。

(8) 集団の圧力

個人の行動や判断，あるいは意見や態度は，自分が属する集団の家庭や職場，学校の基準に影響される。集団内の他者との比較で自己の立場を決定し，個々人の規範は属している規範に従うことが知られている。組織が下す判断として，最もよく知られている事情は，一般に集団内では多数派の影響が濃く，少数派の影響は少なく否定的役割が強調されてきた。したがって，集団の意向は，多数派の意見で決定されており，少数派の見解はともすれば集団として無視されるのが通弊であると考えられてきた。ところが，人間関係は葛藤の存在で決定されると考え，妥協で葛藤回避する規範化，多数派に同意して集団の安定を図る同調，少数派に合意して葛藤を産む革新に結びつく積極的役割を認めることも少なからず集団内で生起することがあると解釈可能な事態が指摘されるようになった。

このことは，実際は同じ青のスライドの明るさが異なるので評価するよう求める実験で，3分の1の被験者が常に緑と答えるサクラとして参画，残った3分の2の被験者の答えの結果は，3分の1が一度は緑と答え，全体で8.42％の被験者が緑と答えた。また，サクラが無作為で3分の2回だけ緑と答えると，被験者の1.25％が緑と答え，サクラを含まなかった統制条件では0.25％が緑と答えた多数派の同調圧力が影響を持つ一方で，少数派の一貫した逸脱行動が多数派の判断に影響を及ぼすことが示されたのである。集団内の多数派あるいは少数派の見解相互が互いに影響し合って，まさに，集団の圧力として結論を左右することを意味している（Moscovici, 1985）。

次に，集団の意思決定は，好むと好まざるを問わず，人は属している集団の判断基準に準拠していることである。暗室で光の点を凝視させると実際は動いていないのに動いているように見える自動運動現象を見せて，その光点の移動速度を個々人で判断させると，その速度はバラバラである。ところが，3人一組となって報告させると最初はバラバラでも，回を重ねるにつれ同じ速度になっていく。つまり，他人に影響されてみんな同じ速度にあわせるようになる。すなわち，集団の判断基準に準拠した判断を示すことが実験的に確認されたのである（Sherif, 1936）。

さらに，他者や集団の基準と同じ行動を取ること，あるいは期待に沿う方向に変化させる同調にも通じる態度変更も存在する。数人の集団を一室に集め，一対のカードを提示し，一方のカード上の長さの異なる3本の線のうち，もう一方のカードの線と同じ長さのものを選ぶよう順番に回答させる。カードの3本線は，明らかに異なっており，ほとんど誰の目にも間違いようがない。この時の被験者は，集団内で一番最後に答えを求められる1人だけで，それまでの回答者は全て実験者の意図を受けたサクラである。各試行中，意図的にそろって同じように間違って回答するよう指示されている。その結果，被験者中約37％が間違った答えを認め，また，74％の被験者が少なくとも一回は，多数派に準じた同調を行った。協力者が3人の場合が最も強い同調を示した（Asch, 1951）。

(9) アイヒマン効果

これら組織集団の圧力は，組織構成を司る個々の構成員の属性によっても影響があることが指摘されている。

第二次大戦中，東欧地域の数百万人のユダヤ人を強制収容所に隔離する責任者アドルフ・アイヒマン（A. Eichmann：1906 ～ 1962）は，敗戦後，南米アルゼンチンに逃亡し，自動車工場の主任として偽名で隠れ住み続けた。妻の誕生日に贈る花束の購入日付がアイヒマンの妻の誕生日と一致したために，アイヒマンだとイスラエル当局に察知された。約 20 年の歳月を隔てであるが，同じ人間が，妻の誕生日に花を贈る一介の平凡な小市民と，その一方で，一定の条件の下であるが，平然と残虐行為を犯すことが可能なのかという命題について，俗に「アイヒマン実験」とも呼ばれる実験が 1963 年に米国イエール大学で行われた（Milgram, 1963）。

「教師」の役割を与えられた被験者は，記憶に関する学習実験に参加するよう教示され，解答を間違える度に別室に居る「生徒」に与える電気ショックを次第に強くするよう，実験者から指示された。「生徒」役の人物は実験者のサクラで，電気ショックは実際には与えられないが，苦しむ様子を演じていた。被験者は物理的に武器で脅されたりすることはなかったが，前もって 45 ボルトの電気ショックを体験させられていた。実験の目的は，権威者である実験者の指示にどの程度忠実に従うかどうかであった。電気ショックの強度は，生徒が間違えるたびに高められ，先生が押す操作用スイッチ板には，200 ボルトで「非常に強い」，375 ボルトで「危険」などとの表示がされていた。実験は，被験者が続行を拒否しても，権威者である実験者が冷酷無比に超然と実験続行を通告，四度目の通告に達した場合に実験は中止された。最大強度のボルト数で通常致死性がある電圧 450 ボルトの電圧が三度続けて流されるまで実験は続けられた。結果は，被験者 40 人中 25 人（統計上 62.5％）が最大電圧 450 ボルトのスイッチを入れた。被験者全てが途中で実験の中止を希望したが，実験者によって責任を負わせられないということを確認した上で，実験を継続した。300 ボルトに達する前に実験を中止した者は 1 人もいなかった。

(10) 監獄実験

同様の趣旨のもとに，1971 年スタンフォード大学で監獄に見立てた状況下で看守と囚人役に割り振られた被験者たちの行動変化を観察する実験が行われた（Zimbardo, 1971）。普通の大学生の中から任意に選んだ 11 人を看守役に，10 人を受刑者役に割り当て，実際の監獄に似せた状況下で，それぞれの役割にできるだけふさわしく振舞うよう指示した。時間が経過するにつれて，看守役の被験者は看守らしい，受刑者役の被験者は受刑者らしい振る舞いをとるようになることが証明された。特定の地位もしくは立場を与えられるとその役割に合わせた行動をとることが確認されたのである。実験条件として，現実の囚人待遇より粗悪な状況であったため，囚人の環境は再現性が劣っていたためか，看守役の被験者の中には囚人役の被験者に勝手に罰則を与え始め，反抗した囚人にさらに過酷な懲罰を加えたりした。そのためもあって，囚人役の被験者が実験中止を申し出たが，実験者はこれを許可しなかったため，精神障害の症状を呈し実験から離脱してしまった。権力への服従は，個々人の性格に関係なく，役割に忠実に従うことが認められたのである。

これらの結果が示すところは，捜査組織全体で，問題となっている事件の様相を討議する際に，非常に重要である。連続犯行が同一犯の可能性かどうかの意見を求めたり，1 つの事件事

実の見解の賛否を問う場合の結果の判断には，十分な配慮が必要なことを意味している。無意識のうちに多数決の原理に則して他人に追随するという行動に出ている集団構成員が少なからず存在するのである。その一方で，集団内で固有の役割なり立場を意識している構成員は構成員独特の見解をともすれば強く主張することとなる。

中でも，集団を統率する指導者の属性は重要である。事実，ある特定の組織捜査の方法に指導者の属性が色濃く反映し，禍根を残す問題を提起した例が存在する。実質上捜査本部を指揮する要員である班長の属性が強い個性的影響をもたらし，取調を出発点として虚偽自白を導いた一連の無罪事例が報告されている（佐藤・真壁，1981）。

2. 犯罪捜査技術の進展

(1) 捜査技術の充実

犯罪捜査の進展は，徒に，経験と実践の結果であることは疑いもない。すでに人口に膾炙しているように，犯罪捜査はきわめて専門性に富んだ技術である。高度な専門性に富むが故に，近代的科学精神を標榜する側からすれば通常の理解に到達できない，あるいは，共有・共通感覚に訴えることが乏しい面が災いして，ともすれば独特の偏った評価――優秀さを誇示する場合と劣等さを指摘する場合――とが相半ばして今日に至っている。

現代犯罪捜査の様相を伝える資料だけを眺めたとしても，特殊な能力を駆使し幾多の難事件を解決したとの事例の枚挙には暇がない。既述の 1963 年（昭和 38 年）3 月に発生したいわゆる吉展ちゃん事件で担当刑事の綿密周到な計画のもとに行った取り調べによる事件解決は，つまるところ，決して諦めない刑事の執念に徹した姿勢として称賛されている。しかし，果たして，そのような評価に値する成果であったかどうかは慎重な判断が必要である。客観公平な捜査感覚からすれば，5 月に横領，12 月には賽銭窃盗で別件逮捕，本件を取調べたものの，犯人と特定できず，翌々年の 1965 年（昭和 40 年），窃盗罪で服役したのに乗じて取調べた末での成果であることは，強く意識すべきことである。このことは，あたかも，警察が目星を付けた容疑者が全て真犯人であるとの前提で成立する事態であって，なんら合理的な根拠が存在していなかった捜査であったことも確かである（当時，いわゆる"声紋"鑑定技術はまだ緒についていなかった）。

(2) 指定 105 号事件

1965 年（昭和 40 年）11 月 9 日，滋賀県大津市の海水浴場で独居の管理人（59 歳）が絞殺死体で発見された。現場には「OI」なる洗濯ネーム入りのズボンが遺留されていた。同月 22 日，福岡県杵屋郡の英語塾講師（50 歳）の刺殺死体が，帰宅した妻によって発見された。現金やラジオが盗まれており，ここでも「OI」なる洗濯ネーム入りのズボンが遺留されていた。29 日この「OI」名の神戸市垂水の廃品回収業者宅を捜査員が訪れたところ，死後 1 カ月以上を経過した他殺遺体を発見した。警察庁では，12 月 9 日，この滋賀県，福岡県，次いで兵庫県と相次いで発見された独居老人の殺害事件を警察庁広域重要指定 105 号とした。その 2 日後，京都市伏見区で 2 人の廃品回収業者が絞殺死体で発見され，現場から強盗殺人の前科のある男（当時 50 歳）の指紋が検出され，全国に指名手配された。翌 12 日，兵庫県西宮市内の海岸を，隣接の芦屋警察署署員 2 名が重点パトロールをしていたところ，怪しい人影を発見した。職務

質問された男はその直前に廃品回収業者2人を殺害しており，現行犯逮捕となった。1914年（大正3年）長崎生まれ，4歳で母親と死別，父親が朝鮮に渡ったため広島の親戚に預けられて育ち，非行に始まり，以後，16歳から51歳まで35年間中，34年間が刑務所という生活であった。中には，37歳の時，強盗殺人の共犯者として10年の懲役に処せられている。1964年（昭和39年）11月熊本刑務所仮出所後，1965年（昭和40年）10月29日，神戸で廃品回収業者を殺害したのを皮切りに，11月5日高槻で建設作業員，9日滋賀県，22日福岡県で犯行，12月3日京都で2人殺害，12日西宮で犯行直後に逮捕された。1カ月ほどの間に初老男性ばかり8名を殺害したことで有罪となり，生涯少なくとも12人を殺害したとされる71歳の男は，1985年（昭和60年）死刑執行された（福田，1999）。犯罪捜査の観点からすれば，的確な事件経過情報を伝達され，管内を巡回中，ふと隣接の他署区域にも犯行被害対象となる人物が居ることに気づき，念のため越境して訪れたところ，犯行直後のハンチング帽姿の男が居合わせたのである。いかなる剛胆な人物であろうと，人間を殺害した直後に，官憲に声をかけられ，平静を装うことは難しい（溝口，1963）。これなどは，担当警察官の勤勉さ実直さが評価されることが当然である。この事件では，実質，この時点までに，福岡・滋賀・京都・兵庫での各殺人事件の共通手口と物証ならびに遺留指紋から男を全国手配したという確固たる捜査情報の裏づけがあってこその成果であることも間違いない（中村，1990）。

もちろん，古い時代においても今日に通じる科学捜査の実践事例が記録されているのも事実である。1786年，スコットランドの辺鄙な過疎地で起こった妊婦殺害事件では，右から左に喉が切り裂かれていることから犯人は左利き，

現場に残された足跡を対照した結果，1人の左利きの男が容疑者として浮上する。この男の小屋を捜索，隠されていたストッキングが発見され，付着している泥が被害者宅近くの沼に特有の組成であったことが確認された。これによって，男には死刑が宣告され，処刑前には犯行を認めた（Wilson, 1989）。

その一方で，冒頭で述べた担当警察官の勤勉さ実直さが評価された事例は，十数年後の1980年に発生した男児身代金目的誘拐事件での地道な地回り職務質問活動によって誘拐された被害者を無事発見保護した成果に連綿として受け継がれていることも忘れてはならない（読売新聞大阪社会部，1981）。

繰り返すようであるが，吉展ちゃん事件における身代金受け渡し体制の失態（張り込み場所の連絡不徹底ならびに身代金の紙幣番号控え忘れ）や，同年5月に発生した狭山事件で，身代金受け渡し現場での張り込み体制の誤り（捜査員配置の不備）など，捜査遂行上の稚拙さによる不首尾，1984年（昭和59年）3月兵庫県西宮で発生した食品会社社長誘拐事件とそれに続く一連の企業脅迫事件，いわゆるグリコ・森永事件での広域にまたがる捜査での連携不足のため，犯人と目される人物の乗った車両を確保し損ねたり（朝日新聞大阪社会部，1994；一橋，2000），あるいは，1999年（平成11年）10月の桶川女子大生刺殺事件では，被害者の被害訴えに対し全く不作為のままで，事件被害を招いたり（清水，2004），2002年（平成14年）の神戸で大学院生が暴力団に拉致されたあげく殺害された事件では，急訴によって現場に駆け付けた警察官の軽率な事件処理が原因で，被害学生は拉致された上，凄惨なリンチで虐殺されてしまった（黒木，2006）とされる等，捜査技術を云々する以前の劣悪な捜査対応が露呈した例も枚挙に暇がない。

いずれにしても，捜査力は，多面的な側面から評価されるべきであって，中でも，近年，最も重視すべき事柄として，捜査方針の在り方について，その適正さや合理性を担保する必要性が主張されている。犯罪捜査が組織的かつ総合的体制の下に推進される実態がようやく捜査幹部に意識され，定着しつつあるものの，その体制を維持する個々の捜査幹部の資質の醸成が健やかであるかどうかは別問題である。ともあれ，現時点における個々の事例に則した犯罪捜査活動の詳細技術について述べていくこととする。とはいえ，犯罪捜査技術として論ぜられる内容は，捜査に鑑みて開発された技術であるが故に，さしたる伝承を必要としない。捜査用通信技術・車両・装備品あるいは防犯カメラといったインフラ公共技術の捜査活動整備に主眼をおいた捜査体制の在り方については，今後の問題としなければならない課題である。

捜査体制の整備と充実には，①事件発生に伴い，いち早く初動捜査体制を発揮できる機動力をもった捜査体制の整備，現場鑑識活動の強化とともに，関連技術の研究開発や資機材の開発・整備の推進，そして，②この捜査体制の効率的運用，③通信手段や交通手段の発達等を背景に犯罪が広域化したことに対応する広域捜査隊の編成といった体制の整備に加え，個々の捜査員の基本能力向上のための教育訓練が精力的に施され，犯罪捜査官の刑法，刑事訴訟法等の捜査に関係する法律の知識のほか，取調，聞き込み，鑑識資料の収集，捜査指揮等の様々な技能や，激務に耐え得る体力，仕事への熱意，責任感，積極性，協調性，誠実さ等の資質の向上の推進があげられる。通信傍受の適正な活用知識，裁判員制度を見据えた客観証拠収集への配慮も忘れてはならない。

また，合理的捜査の推進のために，科学技術を活用した客観的証拠の収集が積極的に行われている。万人不動・終生不変と言われる指紋照合作業は，それまで手作業であったが，1982年（昭和57年），パターン認識に基づく自動識別システムを導入，指紋のデータベース登録を構築し，指紋照合識別の飛躍的向上が果たされている。2007年（平成19年）には，指掌紋自動識別システムに切り替えられ，一層能率化が達成されている。さらには，自動車ナンバー自動読み取り装置，警察総合捜査情報収集・組織犯罪対策情報管理等の捜査支援のための各種情報集約などに科学技術が利用されていることも事実である。あるいは，フラグメントアナライザ自動分析装置によるDNA型鑑定の導入や防犯カメラ等の撮影画像の三次元顔画像識別システムの活用による鑑定技術の高度化や地理情報システムの応用等と併せ，鑑定技術職員の育成，知識，技能の修得，向上が推進されている。これらの中には，電磁的記録の解析に基づくデジタルフォレンジック情報の共有化を，民間企業および関係機関との連携の下に推進している。化学分析関連として，高輝度分析センターの大型放射光施設（Spring-8）装置の利用も図られている（警察庁, 2008）。

警察捜査制度の変革への対応も重要である。取調環境の変化も著しく，供述の任意性，信用性等の効果的・効率的な立証が検討できる，取調の録音・録画による可視化記録の試行に基づく実施が具体化している（指宿, 1985）。2006年（平成18年）には，被疑者に対す国選弁護人制度が導入され，捜査段階から国選弁護人が選任されることにより，弁護人の早期の争点把握が可能となり，刑事裁判弁護活動の充実・迅速化が図られた結果，より適正な客観証拠収集，鑑定手続きの証言が求められるようになっている。さらに，2010年（平成22年），公訴時効の廃止・延長を伴う刑法および刑事訴訟法の改正が施行され，捜査期間の長期化に伴う捜査の

持続的推進に多大の懸念が憂慮されている。

その他，取締機関が規制薬物等の禁制品を発見しても，その場で直ちに検挙・押収することなく，十分な監視の下に禁制品の運搬を継続させ，関連する被疑者まで運搬させた上で当該被疑者らを検挙する捜査手法（コントロール・デリバリー），密売人に接触した警察官が，規制薬物を譲り受けるなどする譲り受け捜査等の手法の活用も行われている。

従来から行われていた取調やポリグラフ技術においても，その伝承と技術の高度化への努力，あるいは，先進諸外国では認められている通信・会話傍受，仮装身分捜査といった側面での配慮も必要である（警察庁，2008）。

(3) 犯罪理論の変遷

最も古くから取り上げられてきた関心は，外的な犯罪要因論に基づいた犯罪者の犯罪性傾向に適した刑罰を科す，もしくは，矯正を行う問題であり，刑事刑法学的犯罪論を適用した方法論が発達した。現代にあてはめれば刑事政策論であり，刑法およびそれに関連する司法制度に関する研究である（Sampson & Witkstrom, 2006）。蛇足ながら，基本的には，この延長線上に犯罪捜査が存続してきていることは忘れてはならない。この事態に最も古くから感応して，犯罪行為を実行した犯罪者自体を特定するための生物学的身体・精神特徴の識別を目的とした生来性犯罪者理論が提唱された（寺田，1917；Lombroso & Lombroso, 1972）。犯罪者の特徴を識別する基盤は，近年，遺伝形質を同定する犯罪遺伝学として議論が勧められている（Wikstrom & Sampson, 2003）。

一方，犯罪は社会自体の影響に基づく現象であるとの理解に従い，犯罪の様々な社会学的側面を取り上げた生態学的解釈による多様な理論が提出されている。犯罪の成因あるいは原因を，退廃した社会組織内の異なる文化体系への移住あるいは文化発展過程に伴う不統合で複合した規範の派生によって様々な階層に文化所産である犯罪が生じるとの文化葛藤理論（Sellin, 1938），文化的に規定された目標と，その目標達成のための社会的構造制度との非調和に対し同調，革新，儀礼，逃避，反発等の適用による逸脱行動が生じるという社会構造性アノミー論（Merton, 1938）をはじめとして，文化が親から子に伝えられるように，犯罪も親から子に伝えられるとする文化伝播理論（Shaw & McKay, 1942）や異質的な文化に接触することで犯罪者が生まれるという分化的接触理論（Sutherland, 1939），あるいは，遺伝的あるいは心理的多元論的犯罪原因を排斥し，社会が法執行機関などを通して逸脱を生み出しており，逸脱者としてラベルを貼る者と貼られる者との社会的相互作用性ラベリング理論（Lemert, 1951），自分を受け入れてくれる実在もしくは観念上の人物に自分を同一化させる範囲で犯罪行動に及ぶとする異質的同一化理論（Glaser, 1956），さらには，社会下層階級に特有のトラブルの存在，肉体的たくましさの誇示，抜け目のなさ，刺激性，めぐり合わせ，自律などの特有の関心事が犯罪に至るとする下層階級分化理論（Miller, 1958），加えて，愛着，参画，関与，信念などの絆を基とする社会的紐帯理論（Hirschi, 1969）など多種多様な犯罪理論が提唱されてきている。これらは，結局，犯罪現象である犯罪行為の原因とその行為内容の理解について，犯罪行為者である犯罪者の特質をとりあげるよりも，当の犯罪者が属する社会構造や制度の影響によって犯罪が誘発されるとする立場からの意見である。したがって，ある固有の犯罪もしくは犯罪者の解釈には適応するものの，様々な犯罪種に対する適切な総合的見解には達していないのが現状であるといえる。

当事者主義を通して有罪認定および適切な加罰を科する応報的司法に代わり被害者および被害周辺地域社会への加害者からの弁明等の責任を課する修復的司法の台頭に伴い，逸脱行動の起源およびその本質の理解について，一般社会学理論を犯罪研究に再構築することを提唱した「新犯罪学論」(Taylor, Walton & Young, 1973) が提出されている。また，これまでの犯罪者論がラベリング理論に添った社会的プロセスによって「犯罪者」として認知された者のみが「犯罪者」として取り上げられるに過ぎないことや犯罪行為を処理する法執行機関活動の責任問題あるいは刑法適用の不十分さを中心とした「批判的犯罪学理論」(Sykes, 1974) も提唱されている。

以上のような犯罪に対する認識の変遷に従って，最近，犯罪予防を目的とする犯罪を誘発する要因を除去する環境の整備に関する研究 (Jeffery, 1971) を通して，犯罪機会を減少させる具体的・状況的要因をみいだすことで犯罪を予防しようとする状況的犯罪予防論が論ぜられるようになっている (Newman, 1972)。犯罪が法律・犯罪者・被害者・時間と空間の四次元から成立するとの見解は，犯罪者の合理的判断を前提とした犯行遂行の程度という経済的決定性を検証する合理的選択理論 (Cornish & Clarke, 1986) へと結びつき，この論に従えば，犯罪者の感情発露の意味や環境に基づく抑止効果の成果の評価はともかくとして，犯罪統制政策の実践的価値を向上させるとの評価は充分期待できるといえる。

(4) 犯罪捜査の勃興

さて，犯罪抑止を目的とする犯罪への罰則もしくは矯正を犯罪者に科すための犯罪行為者の特定である犯罪捜査を考える時，種々の犯罪行為解釈と，犯罪行為者の特定と犯罪事実解明とは一連の作業ではないことを理解しておくべきである。基本的には，犯罪捜査としての歴史的動向は別個に検証されるべきもので，なかんずく，歴史的趨勢は連綿と受け継がれなければならないと主張できる反面，集団社会に対する危機忌避活動の発露である犯罪への発生時点での対処は，その時点での趨勢に応じた対応がとられてきた (Camps, 1968)。

1793年に処刑されたフランス王ルイ16世 (Louis XVI) の即位中の18世紀末のフランスは，恐怖政治と参戦した戦争の終息に伴い，国は混乱の極みで，断頭台が大活躍の時代であった。ユージーン・ヴィドック (E. Vidocq：1775～1857) という男が法に抵触する様々な犯罪を経験した後，1804年ナポレオン即位による犯罪者撲滅に対して，密告者兼密偵として協力することとなり，諜報活動に従事した。主として，犯罪者情報を収集，組織的工作活動を行い，後に，パリ警視庁となる治安組織を形作った。彼は，変装して潜入捜査を行うことを得意としたことで知られている。一方，客観的捜査も重要視していた。1822年，銃殺された被害者の遺体から銃弾をとりだし，被害者の夫の決闘用ピストルと照合し，大きさが合致しないことを確かめた後，被害者の情人の所持する拳銃と照合したところ，大きさが合致することが判明し，愛人は断頭台送りとなった (Wilson, 1989)。

この13年後にロンドンで英国政府公認の調査組織を，作家ヘンリー・フィールディング (H. Fielding：1707～1754) が創設した。「ジョナサン・ワイルド」等の諷刺劇作家フィールディングは，自己の作品が官職の検閲を受ける制度の対象となり収入が激減したため，これまでの作家生活に嫌気がさし，1746年治安判事の職に就いた。非常勤の教区警吏しか存在しなかったロンドンに組織的な犯罪摘発を実行す

る専属の職員を任命，史上最初の組織的警察力"ボウ・ストリート・ランナーズ（Bow Street Runners)"と呼ばれるようになった犯罪摘発部隊を1749年に組織した。当時は，法を守ることは市民の自助努力であり，民間で夜警や保安員が雇用されていた。これに対しフィールディングは，都市人口の集中に伴う秩序の混乱に対して，公的財源でまかなう組織を作ったのである。被害者らの通報による情報に基づき，相次いで犯人を検挙，さらに，郊外に出没する路上強盗犯罪に対して，定常的な警邏（ら）活動を行い，犯罪発生の急速な抑制を実現したのである。今日，犯罪捜査の多くは，種々の司法的制度による制約の基に，数多くの科学的証拠の収集，証明を必要としている。それはそれで意味のあることは論をまたない。とはいえ，歴史上，初期の警察力の主眼は犯罪の抑制であり，迅速な摘発検挙を実行する重点的な警邏活動が主体であった点は忘れてはならない。犯罪捜査の出発点は，早期の摘発，検挙であった（Wilson, 1989)。この視点は，現代においても，犯罪捜査の根幹として生き続けている。

(5) 犯罪捜査の基盤

いずれにしても，近代の犯罪捜査の目標は，有罪判決の確保にあるとされる（團藤，1953；荒川，1953；滝川，1981)。法廷に対して有罪判決のために役立つ資料を集めるのが，捜査側の最も必要な捜査であることに異論はない。刑訴法はこのことを強く意識し，厳密な証拠法の適用に基づく捜査を求めている。曰く，捜査活動の実践根拠である「刑訴法」および「犯罪捜査規範」（以下，規範）によって，裁判所の令状に基づく任意捜査を前提とした強制処分を認めない適正な捜査手続きの実行が規定されている。証拠能力を備えた学識経験者による鑑定，司法警察員による捜査・取調，証明力ある証拠による事実認定が明示されている（鴨，1980；木谷，2001, 2002；藤野，1959)。

さらに，規範では，迅速適確に事案の真相究明を行うとの心構えで，警察法や刑訴法といった法令の順守のもとに合理的かつ総合的な捜査を推進するとされている。

さらに，予断を排除して先入観に影響されない科学的合理的方法による現場保存，客観的事実を明確にするための鑑識活動，真実の発見を目標とする取調の遂行についても明示している。こうした，法的規定に盛り込まれた理念が，担当するいわゆる捜査官である司法警察員，あるいは，検察官も含め，いかに浸透していたかが，捜査活動の根本的成果に濃密に影響する。本書で記述する事象の中には，捜査結果の否定，すなわち，無罪判決，あるいは，真実の不明なままの未解決事案が含まれている。こうした事象は，性急な人々からは，"冤罪"と呼ばれることが多い。しかしながら，客観的立場からいえば，無罪判決によって無実が証明された訳ではない。既述の刑訴法には，証拠に基づいて事実認定（第317条）が行われ，証拠の証明力は裁判官の自由な判断（第318条）に委ねられるとされている（藤野，1959)。裁判官の公平無私な心情は理解されるにしても，裁判官の高邁な識見に加え該博な知識能力を全面的に依存期待することはできない。もっとも，本邦でも一時期採用されていた"陪審員"制度理（1928年から1943年）のように，裁判官と陪審員の役割が明確に分離された司法制度下での状況との差異は，おおいに意識すべき条件である。被告人が有罪か無罪かを判断する陪審員と有罪の量刑判断を行う裁判官とが厳密に役割分担された司法制度と，両者が不測不離に融合した役割を賦された司法制度との差異は，それぞれが担う負担の影響は計り知れないことをはっきりと自覚すべきである。加えて，真実の解明という

目標は忘れてはならないが，人智の及ぶ範囲の限界も弁えた姿勢も大切であることを強調しておきたい。

第2章
法医学の発展

いかなる考えも　その歴史過程を知ることで　理解は増す
——Auguste Comte

1. 犯罪捜査関連の自然科学の発達

　自然科学の理解と知識の蓄積は，長い研鑽と経験の積み重ねである。先人が判断した結果を検証するとともに，別の視点からの新規の可能性を実証する機能が働いていく過程を容認する機運が存在することが，客観的合理的科学の成立と発展をもたらすのである。

(1) 医学・生物学の流れ

　生物学の祖と呼ばれる紀元前4世紀のアリストテレス（Aristotle）は，多数の動物を観察して得た結果，動物界の整然とした秩序を指摘している（Greenwood & Adams, 1987）。2世紀にはガレノス（Galenus）が，新たな医学の体系化を試み，その考え方は，16世紀半ば，近代解剖学の創始者アントレアス・ヴェサリウス（A. Vesalius）によっていくつかの誤りがあることを指摘されるまで続いた（Sigerist, 1932；内山, 1949）。

　16世紀の天文学や物理学の分野に科学革命が訪れ，17世紀後半には，高倍率の単式顕微鏡が，アントニー・レーウェンフック（A. Leeuwenhoek：1632〜1723）により作られ（山科, 2009），ロバート・フック（R. Hooke：1635〜1703）によって細胞発見がなされた（Hooke, 1667）。さらに，19世紀にはいってロバート・ブラウン（R. Brown：1773〜1853）が細胞核を発見し（Ford, 1985），テオドール・シュワン（T. Schwann：1810〜1882）とマティアス・シュライデン（M. Schleiden：1804〜1881）によって，動植物は細胞から成り立っているという細胞説が提出された（山科, 2009）。続く1840〜1850年代には，細胞の増殖が，分裂によることも確かめられている。また，この頃，ルドルフ・ヴィルヒョウ（R. Virchow：1821〜1902）は病気が細胞で構成される器官や組織の病的変化により生じることを見いだし発表した（Virchow, 1859）。19世紀後半，発生は卵と精子の合体によってできる受精卵にはじまることが明らかにされた。19世紀後半の細胞学の発展とともに，染色体の存在も見いだされ，ハインリッヒ・ヴァルデャー（H. Waldeyer：1836〜1927）により染色体と命名された（Alberts, Lewis, Raff, Johnson, Walter & Roberts., 2010）。19世紀の終わりには染色体が遺伝において重要な働きをしていることが推測された。

20世紀に入り，ウオルター・サットン（W. Sutton：1877〜1916）が動物の性が性染色体によって決定されることを見いだした（巌佐・倉谷・斎藤・塚谷，2013）。1910年代には，トーマス・モーガン（T. Morgan：1866〜1945）はショウジョウバエを用いた実験により，各遺伝的形質がそれに対応する一個の遺伝子によって伝えられることを見いだし（Morgan, 1922），これらの遺伝子は染色体上に存在することも明らかにされた（Judson, 1979）。1930年代に入り染色体を構成する物質はデオキシリボ核酸（DNA）とそれに結合するタンパク質であることが判明し，さらに遺伝子はDNAであることも確認された（Avery, Colin, MacLeod & McCarty, 1944）。1945年，ジョージ・ビードル（J. Beadle：1903〜1989）とエドワード・テータム（E. Tatum：1909〜1975）は1つの遺伝子が1つの酵素を生成するという1遺伝子1酵素仮説を発表した（Beadle & Tatum, 1941）。その後，この仮説は酵素に限らずタンパク質一般に適応できることが示された。

（2）生命観の変遷

1860年前後には生命の起源に関する2つの重大な展開が見られた。1つは，チャールズ・ダーウィン（C. Darwin：1809〜1882）により生物の進化論が発表されたこと（Darwin, 1859）で，もう1つは，ルイ・パストゥール（L. Pasteur：1822〜1895）による生物の自然発生説の否定である（Porter, 1961）。ダーウィンは著書『種の起源』において進化のメカニズムについて自然選択説を中心に説いた。同じ種でも実は種々の変異があり，環境により適合した変異を有する個体が生き残りやすく，やがてはその個体の集まりへと変化し，新しい種への第一歩が築かれるというものであった。自然発生説は，生命のもとが世界中に存在し，生物は親がいなくても発生するという説で，長らく信じられてきた。しかし，パストゥールは醗酵や腐敗，そして伝染病が微生物によって起こることを実に見事な実験で証明し，自然発生説を完全に否定した。この2つの事柄によって，生命観は科学的裏付けを背景として，従来の流れから大きく転換していった。

1930年頃より集団遺伝学が発生し，自然選択の現象をより厳密に分析できるようになり，自然選択説に基づいた進化の説明は大きく前進した。この動きをネオダーウィニズムと呼ぶ。これに対し，木村資生は，進化で見られる突然変異の多くは中立的なものであり，自然選択説は無関係とする中立説を提出している（Kimura, 1983）。

（3）医学の起源

古代ギリシャの時代，医学の祖と呼ばれるヒポクラテス（Hippocrates）（紀元前5〜4世紀）は，神のなせるわざとされた病は，自然が原因であるとした。集団内の同胞が叫ぶ苦痛を緩和する意図をもった医療の要請から生まれた"医学"は，古代の祭政一致の段階から，宗教・迷信・呪術といった原始民族固有の信仰行為を通じて複雑微妙な仲介の役割として存在していた（Curran & Hyg, 1980；Gradwohl, 1954；Payne-James, 2005；Smith, 1954）。

医学には，迷信や呪術とともに歩んできた長い歴史がある。医師あるいは法律家の機能は司祭によって結びあわされていた。相対的に発達した社会を形成した古代ユダヤにおいて，モーゼ（Moses）のような司祭の長，預言者は，戒律と法を布告した。人間と神の間をとりなし，神の与える法を公表し，その法律の違反を裁定した。疾病と死亡は，神聖な法律の違反行為もしくは呪術または邪悪な心に対する神聖な罰とみなされていた。治療は，神聖な刑罰制度の緩

和であり，祈祷者，生け贄，直接の処置によって司祭を通じてもたらされた。司祭は，確かに時には医術を用いる役割を担うこともあった。自然治癒力（vis medicatrix naturae）と薬用植物の知識によって，その能力を誇示し，毒性植物の知識により一層強力な影響をもたらした。かくて，司祭の機能とは，法律制定者であり裁判官であるばかりでなく，医師もしくは呪術師でもあった。原始的な法典の宗教的社会的戒律は，往々にして正確には伝えられず，医学内容の法律もこれに該当する（Curran & Hyg, 1980：Wecht, 2005）。原因や理由の不明な死や病への恐れに対する緩和策として，原因根拠となる脅威を特定して解釈しようとする試みとして，儀式や特殊な象徴的標本物質依存の偽療法士，錬金術師などと結託した原始時代の医師の存在が大きい。殺人者が被害者に触ると被害者の傷口から出血する，毒物で死ぬと心臓が黒くなる，離れたところに居る恋人の尿を持っていると心身が快調になると広く信じられていた反面，何百万人もの人命を犠牲とした中世ヨーロッパでの黒死病ペストが，帆船によって到来した蚤をかかえた鼠がもたらしたとは気付かなかった。ペスト禍で死なずに年配者が生き延びるのは老婆の魔法とする説（以前流行した際に抵抗力がついたためと思われる），あるいは，飛行中にしか交尾しない翼竜ドラゴンは，交尾場所として静かな満々と水がたたえられた湖，池や泉の空中で交尾，猛毒であるドラゴン精液がこぼれおち水を汚染するとされたドラゴン疾病蔓延説，ユダヤ人による水汚染説によって大量虐殺が行われた等が取りざたされた。17世紀半ば，戦場での負傷には，宦官の脂肪，鰐の糞を含んだ軟膏を塗り死亡者を少なくする対策がとられたが効果は定かではなかった（Wagner, 2006）。

18世紀，吸血鬼騒ぎが中央ヨーロッパに席巻していた頃，付近を占領していたオーストリア軍の医師たちは，多くの墓をあらし，ガス膨張による男性のペニスの勃起，ガスによる死体破裂音，腐敗が少ない遺体（保存状態はタンニン含有土壌によって左右される）などの現象は，いずれも"死にきっていない"存在の証とされ吸血鬼伝説を一層信憑性あるものに印象付けた。

また，犯罪者の精神心理構造の解釈が可能だとする犯罪者個体論は，形而上学的とはいえ，古くから受け入れられてきたのが現実である（Ficarra, 1976）。

（4）遺伝学の基礎

18世紀後半から植物の交配実験による遺伝研究が盛んに行われるようになった。その中で傑出した研究を開花させたのがグレゴール・メンデル（G. Mendel：1822～1884）である。エンドウを材料に雑種研究を進め，遺伝の基本法則を導き出し，『植物雑種の研究』との論文をまとめて1865年に発表した（Mendel, 1999）。この発見は当時認められず，1900年ユーゴ・ド・フリース（H. de Vries：1848～1935），カール・コレンス（C. Correns：1864～1933），エーリッヒ・チェルマク（E. Tschermak：1871～1962）の3人の学者が，時を同じくしてメンデルの偉業を見いだし，ようやく認知されるところとなった。メンデルの死後16年のことである。続いて，ウイリアム・ベートソン（W. Bateson：1861～1928）により「遺伝学」（genetics）という名称が提案された（ベートソン, 1928）。

（5）分子生物学の発展

1953年，ジェームズ・ワトソン（J. Watson：1928～）とフランシス・クリック（F. Crick：1916～2004）は，DNAの二重らせんモデルを発表，構造を明らかにした（Watson & Crick,

1953)。同時にこの二重らせんモデルは，細胞分裂の際に1個の遺伝子が2個になる（複製という）現象を見事に解き明かすものであった。

1950年代後半には，核酸とタンパク質を通して生物界の様々な現象を研究する分子生物学という用語が急速にひろまった。1950年代には，遺伝子の情報がRNAに写し取られタンパク質に合成されていく過程も明らかにされた。この概念は，分子生物学における根本原理であり，クリックはこの概念にセントラルドグマと命名した（Crick, 1958）。1960年代にはメッセンジャーRNA（mRNA）が確認されるとともに，遺伝暗号が解読され，また，細菌の研究から蛋白にmRNAの調節があきらかにされた（Jacob & Monod, 1961）。1970年代に入ると，細胞の遺伝子を取り替えたり，新しい遺伝子を導入したりする遺伝子組換えや2種類の細胞を融合させて1個の細胞にする細胞融合などの新しい遺伝子操作技術が考案，実用化された。これらは細胞工学と呼ばれ，生命科学の領域に多大な貢献をしてきた（鈴木，2006）。

2. 法医学の発達

法医学は，法の適用を目的として医学および医学周辺科学の知識を活用すると定義できる。日本法医学会によれば，「医学的解明助言を必要とする法律上の案件，事項について科学的で公正な医学的判断を下すことによって，個人の基本的人権の擁護，社会の安全，福祉の維持に寄与することを目的とする医学である」とされている。法医学の目的は，概略して言えば，法執行および正義の履行，加えて，医療従事者の法的関連性に対する医学知識の応用であると言える。19世紀以降，医療従事者の人道，道徳上の義務も含まれることから，法律の医学的観点からの解釈あるいは医学の法律的観点からの理解として，犯罪医学とも呼ばれ，警察医や犯罪医学技術吏員あるいは監察医といわれる人々が従事する世界とも認められつつある（Payne-James, 2005）。

直接的にしろ間接的にしろ，今や，司法手続に際して関連する領域全てで，犯罪医学，法医学，どちらの用語で表現してもさし支えないようであるが，実際の運用や制度には国々によって差異が指摘される。犯罪医学は，不審死・突然死・暴力死を調査する司法病理学と一体となってここ数十年間で広く使われるようになってきた。その一方で，医学の一部門として生体と医学ならびに法手続きに関与する臨床犯罪医学が存在する。犯罪医学の臨床的側面でも，病理学的側面に関わる多くの医学的実務家が存在する。医学実務家は医学の資格と訓練を経ている。臨床的側面，病理学的側面双方は互いに犯罪に関わる医学で重複する領域があり，このことが全体的な歴史と発展に反映している。

法医学の歴史を概観すると，年代記風には，2つの時代区分がなされる。法医学的専門性が確立されず，適切な法医学的事実が記録された資料も残存せず，確かな法医学的対処を行える人材も存在せず，法が医学に影響し，逆に，医学が法を左右する数千年におよぶ初期時代がある。そして，続く数世紀間の法と医学との関係が希薄で断続されていた期間を経て，特定の教義の起原およびその発達内容が，異なる国々で体系的に研究され始めるようになった。これが第二世代で，その分岐点はイタリアを発祥地とする16世紀末頃で，各国での頻度の違いがあるとはいえ拡大していった（Camps, et al., 1976）。

（1）萌芽時代

人類の歴史が始まった草創の時代でも，司法

問題に関して，科学的思考に基づく対応を試みる動きが残されている。医学や法律の発展に伴い，原始文明においても，陰陽師と呪術医のお告げは相互に関連深いことが知られている。科学的思考方法の始まりは，呪術師の秩序だった呪文と結びつくとされている（Frazer, 1958）。法律の体系化整備にも同じことが言える。呪術師の呪文は，時代を見越した予言，もしくは因果律に基づいて，科学の自然摂理の概念を意味するようになる（Nagel, 1965）。

各時代を通じて，法と医学は，宗教に関連し結びついた証左がある。近代においても，絶対的法制定者である王は，玉座に神聖な権限をもち，国教の長たる王の手が治癒力を備えているとされている。宗教裁判所と教会法は，教会に属する事項ばかりか医学に関する事柄にも関心を向けている。最古のモーゼ法典には，処女・凌辱・男色・獣姦および損傷に関する記載があり，その後のタルムッド（Talmud）法典にも，過受胎・思春期・不妊症および胎児の生死に関する記載がされている。後年，ローマ法王の侍医パウロ・ザキアス（P. Zacchias：1584～1659）も触れているように，性的不能・不妊・離婚・妊娠・堕胎・懐胎期間・性的倒錯等，今日の法律にも，教会法は大きな影響を与えている。この法と医学に対する宗教との一般的な関係は，司祭なる人物の規定する医学の実相にも多いに関連していたことになる（Curran & Hyg, 1980）。

(2) エジプト

古代エジプトには，医療行為についての法的条文が設けられていた。医学の専門性を規定し，医師は厳密に古代医師の手法を踏襲しなければならなかった。そのようにせずに，患者が死亡すれば，死刑相当の罪で有罪とされ，偽診療の予防手段としていた。エジプトでは，乾燥熱砂で死体の自然ミイラ化がおこることが知られており，後々には，人工的な遺体保存法が開発されている。妊婦は身体的刑罰が免除された。遺体の処分，家屋の清潔，食習慣，性交渉など公衆衛生上の綿密な規定も設けられていた。強制堕胎・嬰児摘出は法で罰せられ，毒物の知識も相当程度あった。時には，司祭自らが死因ならびに自然死かどうかを宣告したとも言われている。しかし，医学的な疑問を絶対性のある法的な処理に委ねられていたことは，今日で言えば，裁判官が医学的証言を求める必要性はないこととなり，矛盾している（Camps, et al, 1976）。

法律や医学の状態についての古代の情報の多くは，シュメールやバビロニアの数多くの楔形文字粘土板や古代エジプトの遺跡あるいはパピルス（Papyrus）写本の碑文によって収集することができる。これらの記録からすれば，医学的問題に対し広範囲かつ高度に体系化され，科学的態度で対処していたことが認められる。例えば，神殿や遺跡の碑文の調査やミイラ化した遺体の検査等によって見出されたパピルス写本には，紀元前三千年の古い昔にエジプト法と医学に関する多くの正当な結果として，比較的確実な一連の特殊な婦人と子どもの疾患例の診断と措置が記されているし，エバースパピルス（Ebers Papyrus）写本にも医学的知識が相当程度の基準を備えていたことが示されている（Ficarra, 1976）。

古代エジプト法には，犯罪ばかりか財産，婚姻，その他民事問題に関する的確な法制度が存在していた。罰則には，体罰や耳鼻手足の切り取りのような切断も含まれていた。有罪者を鰐の群れに投げ込む場合もあったが，少なくともある年代では，最も頻繁に行われた罰則は，長期の強制労働使役であった。

医療は管理され，法的規制対象とされていた。施術の権限は，特定の階層者に限られており，

研修中の医師は，伝承されてきた書物に基づいて先人が示した教えを学ばなければならなかった。医学や外科学の全ての部門に専門家がおり，医師は，頭・歯・眼・腸等への悪影響に注意を払っていた。女性や子どもの疾患や肛門管理等，細かく専門化した医師もいた。死体の解体を禁ずる宗教的あるいは偏見のために，何世紀にもわたって他民族や他の国々の医師たちが知らなかった実践的解剖知識が，エドウイン・スミス（Edwyn Smith）パピルス写本には記されている。はっきりしない原因による苦しみは身体にとりついた悪性の悪魔による魔術・妖術・呪術の所為とされ，強力な呪いや護符あるいは呪文等が，今日の薬剤療法にとって代わられていた。こうした見解の帰結するところは，新しい試みや独創性は受け入れられず，効果的な措置である良い治療と悪い治療とを判断する基準は，権威のある法規の有無に委ねられている。たとえ，一連の治療が正統に実施されたにもかかわらず不十分な結果しか得られなかった場合の医師への罰則は，生涯にわたる非正当派として遇されることとなっていた（Camps, et al, 1976；Smith, 1951）。

（3）古代バビロン

最も古いバビロニアの初期法制度であるハムラビ（Hammurabi）法典（BC1700）やバビロニアを滅ぼしたヒッタイトのヒッタイト（Hittites）法典（BC1400）には，法医学に関連した問題に対して，規則に従って法的証拠が収集されていた記録が残されている。前者のハムラビ法典には，医師の医療過誤に対する権限と義務ならびに罰則が明記され，患者の死亡や損傷の責任について規定している。

法制度が医学と外科学の治療に対しある程度の法的規制を行うのは，この法典にみられる事実によるものであり，法医学関連の歴史の一里塚となるものである。後者のヒッタイト法典にも，個人的な傷害に対して過ちを犯した医師の手を切り取ることから，金銭的補償まで様々な法的損害補償の責任が引き継がれている。謝礼もまた定められており，法定権利として，罰則同様，患者の社会的身分に準じていた。この法典は，おそらく，長年の慣習由来であり，我々の関心の向く条文は，ハムラビ法典の時代よりずっと以前からの状態を示したものであろう（Curran & Hyg, 1980）。

（4）インド

紀元前約10年頃と推測される印度・マヌ（Manu）法においては，今日でも比較的問題となる裁判での証言能力が論じられている。キリスト紀元前後と思われる時期としか判明しないマヌ法典には，様々な優生学的かつ公衆衛生学的条文が記されている。飲酒・狂気・飢餓・口渇・疲労等の感覚欠陥者の症状の記述，同時に，そうした感覚器官欠陥者等の法廷証言は認められなかった。児童・老人・病人ならびに意志薄弱者は，偽りの供述を述べるためその証言は信用できないとされた。薬用植物を傷つけることは，罰則を伴う犯罪とみなされた。当時，インド麻およびインドホトケノザは麻薬として用いられていた。多くの性的事項も法の下に定められていた（Camps, et al, 1976）。

（5）中国

紀元前3000年頃の中国の薬物文献には，アコニチン・砒素・麻薬などの毒物の情報が認められる。ハッシッシは紀元前200年頃，外科の麻酔に使われていた（Camps, et al, 1976）。

中国は，支那と称した時期以来，法医学の歴史的には最も古くから存在し宋淳祐7年（1247）に宋慈（字恵父）による『洗冤録』の編纂，その後の趙逸斎の『平冤録』（年代不詳），王與の『無

冤録』(元至大元年 (1308)) が出された。無冤録は朝鮮に入り,『新註無冤録』,『増修無冤録』として翻刻されたが,新しい研究は進まず,現在ではそれらの記載は過去のものとなっている。合血や滴骨という血液型の問題も宋時代ではなく,その後の,無冤録述の記載に過ぎない(浅田, 1937)。

(6) ペルシャ

古代ペルシャでは,ある社会層に対する医療は制限されており,診療承認前に,公定料金や医療過誤の罰則についての諮問があった。人工妊娠中絶薬は容認されており,違法な妊娠中絶は重罪であった。損傷は,軽度な斑状出血から致死的創傷の 7 段階に区分され,負傷した人物の検査によって決定された。法律もまたある種の公衆衛生事項を規定していた (Camps, et al, 1976)。

ペルシャの古代医学を調べてみると,ペルシャ平原に居住する人々の伝統,法律,儀式の遵守事項が述べられており,医療規制および実践についてのヘブライの基本概念に通じるものがあると異論なく結論付けられる。身体的病気は悪霊の仕業であり,病状の回復,消失は,宗教観由来の反対恩恵力であるとの基本理念に基づいている (Castiglion, 1941)。宗教に立脚した病気治療は,司祭ならびに司祭の託宣に限られており,あらゆる治療の根本は,祈祷者,儀式,神の名の唱え,祭文の反復に集約される。医療中に何がしかの不都合を行った医師の罰則も成文化されており,医学的専門行為に対して法的謝礼金が定められていた。患者の支払い能力に応じた課せられた罰金である。医療の前提条件は広く普及されており,厳密な厳守が義務付けられていた。この医療基準の成文条項は,非常に古い黎明期以前から記録化されていたことが知られている (Ficarra, 1976)。

(7) ギリシャ

古代ギリシャにおいて,法医学がアテナイ (Athenian) の法廷やその他の公的場面で利用されており,医学事項に対する専門証人として医師の証言は特に信任されていたとされている (Amundsen & Ferngren, 1995)。しかし,その医学的見識が法廷で必要視されたというはっきりした記述は見つかっていない。遺体は神聖視されており,死体解剖は通常実施されなかった。アリストテレス (Aristotle：BC384〜322) は,受胎 40 日目の胎動を見極めた。これは堕胎誘導時期として,40 日以前と以後によって,重要な意味を持っていた。胎動以前の妊娠中絶の導入による人口調整を提唱した。原則的には,男子生殖年齢の上限は 70 歳,女子受胎上限は 50 歳としている。奇形児の養育を忌避する法律を設けるべきだとも述べている (Camps, et al, 1976)。

(8) ローマ

法医学的問題の最初の規定は,紀元前 600 年近く王制ローマの第二代の王ヌマ・ポンピアス (Numa Pompillius：BC750〜673) の時代であったと言われている。妊娠または出産中に死亡した女性の遺体は全て子供を救うべく迅速に切開すべきであるとされていた。切開前に埋葬することは許されなかった。このことは,一層死体に対する敬虔さを示す態度として,後々浸透していった。アフリカを平定したとされるスキピオ・アフリカヌス (Scipio Africanus：BC236〜183) やジュリアス・シーザー (Julius Caesar：BC100〜44) は帝王切開で誕生している。

紀元前時代での最も重要な法典は,紀元前 451 年に始まり 900 年に及ぶローマ共和国 (Roman Republic) 支配による十人委員会の 12 表法 (Lex Duodecim Tabularum 449 BC) を起源とする

ローマ法（Roman Law）である。法医学的に重要な事柄である精神障害の程度であるとかヒトの胎児発達に伴う妊娠期間などが論じられている（Curran & Hyg, 1980）。正嫡を決定する妊娠期間，遺体の処理，暴行や毒物によって生じた損傷の程度に応じた罰則などの医事法制事項が定められている。また「人間は10カ月後に誕生する」とあらゆる階層の人々に知られていた。これは，父親が死亡したり，長期間不在となった場合に，受胎期間を最大300日とみなして，正当性を確保するためである。この期間設定は，二千年以上後のナポレオン（Napoleon）法典でも，子宮内の子供の人権が認められ，誕生後に引き継がれている。精神障害者は保護され，無能力者と査定されていた。遺体の措置は規制されていた。埋葬もしくは火葬は，市内では禁止されていた。火葬用の薪は，無断で他人の建物60フィート以内に積んではならなかった。思春期年齢以下の者たちの罰則は軽減されていた。身体傷害も問題にされた。薬物は，有毒，有益いずれかを示しておかなければならなかった。殺人の捜査官は，一般の人々の中から選出された。父親は，極度の奇形児は殺してもよかった。裁判は，裁判官あるいは当事者の病で，延期された。シーザーが殺害された時，市民の権利として遺体の検案が医師によって行われ，23カ所の創のうち胸郭の第一肋骨と第二肋骨間を貫通した1つの傷が，致命傷であると見極めた例にならい，平民を保護するため特別に創設された古代ローマの公職で身体不可侵権を認められていた護民官の遺体もまた同じように公開されるようになった（Camps, et al, 1976）。

ビザンチン帝国のユスチアヌス皇帝（Emperor Justinian：527～565）治下，散在した法令は，全体的にまとめられ，医師の法的立場が一層鮮明となったものの，介入そのものは規制されていなかった。「医師は，通常の証人ではない。証言するというより判断をするのである」となっている。したがって，専門知識に基づく専門的証言を行う特殊な立場を有すると認識されており，医師は公平無私な仲裁者であるとの暗黙の了解が成り立っていた。とはいえ，医学的証拠は依然としてヒポクラテスの権威に委ねられていた。ユスティアヌス法では，規定のいくつかは法医学的事項を扱っており，その本質としては，医師がそうした事項の枠組みを作っていくことになる。例えば，妊娠・出産時期・不妊・性的不能・堕胎・合法嫡出児・強姦・中毒・生き残り・精神疾患・婚姻・別居・半陰陽・仮病等の証明を行うことになっている。帝王切開は，妊娠の疑いのある婦人の遺体にも適用されたのである（Camps, et al, 1976）。

裁判制度に専門家の証言証拠を有効に活用する事態は，ローマ法にいう法廷助言者（Amicus Curiae）——法廷の擁護者——に起源がある。特別な知識や見解を必要とする事柄について裁判官に助言する彼らは，一方に与しない助言者であり，事案の審理，裁判の評議に参画するのである。目撃証人によって得られる証拠と専門家によってもたらされる助言とは，厳密に言って一切区別はない。事実，今日の英米の慣習法（Common law）制度での証拠法と呼ばれるものとローマ法との処理対応は全く変わらない（Smith, 1954）。ローマ時代の法廷の実際では，北アメリカやヨーロッパの民事制度に準じた一方に与さない専門家を指定していた。イギリスやアメリカ合衆国の裁判では決して取り入れられなかった事柄である。わずかに，アメリカ合衆国の法体系では，上訴審で見出される申立て制度である。こうした申し立ては法律上の反対意見であって，事実に基づくあるいは科学的意見ではなく，特定の事案について自身の観点を主張する特定の側から提供されるものである。彼らは，法廷の擁護者であり，訴訟の一方側か

ら雇われた代理人ではない。さもないとアメリカ風の当事者主義に基づく他の側の参画者に過ぎなくなる（Curran & Hyg, 1980）。

3. 中世時代の法医学

(1) 法的未開

5世紀に、西ヨーロッパのローマ帝国は、ドイツとスラブ系民族に滅ぼされた。不思議なことに、未開で文明の破壊者と見られていたこれらの部族は、医学の専門家を活用すべきであると明示した成文による法律を設けている。5世紀から10世紀にかけての"暗黒の時代"は、ゴート族・西ゴート族・バンダル族による、いわゆるゲルマン民族野蛮法（Leges Barbarorum）の下に、医学の専門知識が必要視された。今日でもある種の文明下で適用されている内容で、血の購いによる贖罪が被害者に求められ、殺人加害者の仲間の死によって償われるとされている。5世紀から10世紀にかけて立案された法律は、どちらかと言えば、民族間で違いが見られた。ローマ帝国の復活をめざしたフランク王国のシャルルマーニュ皇帝（Charlemagne：768〜814）は、広大な帝国の法律統一を図り、司教たちによる聖堂参事会法令集（Capitulary）が編纂された。彼の司教布告によって、損傷・堕胎・強姦・近親相姦・嬰児殺・自殺の場合には医学専門家の証言が必要であるとされ、被害者あるいは殺人の例では関係者に支払う補償金制度（Wergild）の導入が果たされた。個人的な争い事を地域集団の責任性へと局面を改めたのである（Payne-James, 2005）。損傷を与えた加害者の支払額は、負傷の程度により、あるいは被害者の地位によって上下した。動物、ならびに財物の損傷も同様であった。支払いによって個人的報復は排除された。この制度の必然事項は、創傷を医学的専門知識に従い法廷で評価することである。創傷は、非常に詳細に描写分類され、医学的専門家の活用がはっきり言及されている。司法事件での全関係証拠引用の必要性を強調し、裁判への医師の直接介入の意義を認めるだけでなく、医学的証拠の補強を求める裁判官の指示が指摘されている。そして、嬰児殺と自殺・強姦・獣姦、そして性的不能に基づく離婚問題で、打撲痕と創傷に関する医師の助言に信をおくべきことが述べられている。シャルルマーニュ皇帝の法令集には、生命が危機にさらされているような重要な事態では、"明白な証拠"が必要であることを明記している。担当裁判所に、傷害・嬰児殺・強姦・獣姦・婚姻無効宣告や離婚のような夫婦問題など全ての事案で医学的証人を求めるようになっている（Brittain, 1969）。これが法医学の始まりであるとはいえ、簡潔に過ぎかつ結実しなかった。シャルルマーニュの帝国は彼の死後滅亡し、中央の規制は消滅、地方の慣習が再び息を吹き返した（Curran & Hyg, 1980）。

1100年、エルサレム王国ボードゥワン1世（Baudouin：1100〜1118）が起草したエルサレム条例法典では、封建制の原則を具現化したが、医療関係者の補助を求めた。法廷に出廷せずに疾患を見極める医師、薬剤師、外科医による医学的試験を法廷が命じるよう規定されていた。殺人の場合、遺体は検案され、損傷部位・損傷凶器の推定などの所見が報告された。十字軍兵士たちは、キリスト教国の貴族相当階層民から徴用されており、この条例は、すでにヨーロッパ、特にフランスに流布していた法律に由来しており、法医学的試験はこの当時からヨーロッパで行われるようになった（Camps, et al, 1976）

1302年には、ボローニア（Bologna）で世界最初の法医解剖が実施された。解剖の近代科学

性はイタリアで他殺や自殺の被害者や死刑執行された犯罪者の法医学的検案を行うことが一般的に風潮化したこととなった事態と無縁ではないと主張されている (Singer, 1928)。ヨーロッパ全域では，長年にわたり，教会はキリストの聖寵を受けた後に死亡した人間のみ解剖を許していたため，死刑執行された犯罪者遺体が医学校の医学解剖の主たる供給源であった (Curran & Hyg, 1980)。

同時代，中国にも同じような法医学の発展が遂げられていたことを示す法医学書が出現している。1924年，ケンブリッジ大学の中国語教授が，1241年から1253年にかけて中国で出版されたとされる書物を翻訳した (Giles, 1924)。司法長官宋慈による変死の一般的な調査(検視)に関する教育用の"His Yuan Lu"という小冊子である。日本では，『洗冤録』と名付けられ，長く検視官の手引きとなっていた。1250年はじめて公刊された中国での古典的業績の修正，復刻版である。その内容は，5分冊の，検視・違法堕胎・嬰児殺・死亡徴候・暴行・自殺・絞首・絞殺・溺死・焼死・中毒・解毒・死体検査などが扱われていた。良識と確実な観察結果に基づいた中に，想像力と思いこみの記述が散見される (Curran & Hyg, 1980)。死亡原因が疑問視される場合には，検案が義務化されていた。遺体の外表検査は非常に綿密であるが，内部検査は限定的であった。検案は地方判事に委ねられ，遺体検査は卑賤な作業とされていた。多くの点で実際面での誤りが指摘されているが，中国語文章の逐語訳上の問題に起因するとも言われている (Smith, 1954)。

(2) イタリア初期の発展

1209年，ローマ教皇インノケンチェント3世 (Pope Innocent Ⅲ：1198～1216) は，勅書によって，法廷医師の任命と医師の検査自体は慣例化していると声明した。これに基づいて，教会内で盗みを働いた泥棒が，司祭によって鋤で殴られたことで絶命したかどうかが争われ，異なった人物からの攻撃が致命傷であったと処理されている (Camps, et al, 1976)。

シチリア島のルッジェーロ2世 (Roger Ⅱ：1105～1130) は，自分の部下たちをにせ医者から守り，医師に委ねるよう勅令を発した。この勅書により，医療は法の下に実践されることとなった。1224年，ヒポクラテスの教えに基づいた医師の公共試験が制定された。生徒は嫡出子の21歳に限られ，3年間の論理学，5年間の医学，1年間の実習を学ばされた。試験に合格するに際し，医師として働く際には，とりわけ，貧者には無料，患者宅を日に二度は訪れ，必要なら一度は夜間に，そして，毒を用いないという誓いを立てなければならなかった。謝礼は決められていた。かくて，組織的指導，定められた課程，診査，資格，高度な医学的倫理等が，法律で規定されていた。ヒトの遺体の解剖結果は公表されることが定められており，イタリアで広く引き継がれた (Camps, et al, 1976)。

13世紀末以来，ボローニアの医師による多くの報告は，イタリア各地で，検査と解剖が同じように行われ，法医学専門家に関係する条例が，様々な各地の法律に盛り込まれるようになったとの医学報告もある。1234年，ローマ教皇グレゴリウス9世 (Pope Gregory Ⅸ：1227～1241) は，当時までの教皇および枢密院の決定を集約した教皇勅令集 (Nova Compilatio Decretalium) をまとめた。医学的証拠を必要とする事態が集中的に取り扱われている：結婚・結婚無効・性的不能・出産・帝王切開・摘出児・性犯罪・堕胎・人に対する犯罪，妖術（魔術）などである。結婚無効問題では，当事者の言い分は，女性の処女性の持続検査に取って代わられた。性的不能疑惑は，第三者の

医師の証明が必要とされた。医師は当事者たちを調べ，経験のある看護師を選び，夫と妻との性交の試みを看護師に報告させる。後々，3人の医師，3人の外科医，3人の助産師が順次看護師を取り換えた。この恥ずべき実態は，ほとんど無意味であり，徐々に，医師・神学者・法律学者たちから無効視されるようになった。これは，フランスでは1967年まで廃止されなかった（Camps, et al, 1976）。

14世紀，ローマ教皇ヨハネス22世（Pope John XXII：1316 ～ 1334）は，教会裁判所に専門知識の必要性を位置づけた人物である。教会法では，ハンセン病診断に医師を必要とし，15世紀末の日付のあるハンセン病に関する多数の法医学文書が現存している。この当時，毒物販売禁止，遺体埋葬規制等の法律が制定された。1582年，第226代ローマ教皇グレゴリウス13世（Pope Gregorius XXIII：1572 ～ 1585）は，グレゴリー9世（Pope Gregorius IX：1227 ～ 1241）の教示を確認，復権すると共に，性科学問題にも一矢を投じた。専門知識は必須となり，法的には最大限，医師は自身の専門領域を尊重すべきとされた（Camps, et al, 1976）。

これらイタリア初期の法医学的活動は，法医学の存在価値を明らかにしたという点で，重要な寄与である。

（3）フランス初期の発展

中世ヨーロッパの北部・西部地域で比較的定着し，確立された慣習・慣例・慣行を法源とする1207年の古習慣法には，外科の専門化に関する言及がある。司法的決闘や試練法を抑制し，証人証言に切り換え，医学的専門知識手法を活用できるよう促したのである。1278年フランス王フィリップ3世（Philip III：1270 ～ 1285）は，自身の統治時代に，法的問題に携わることを宣誓した外科医を規定している。1311年のフランス王フィリップ4世（Philip IV：1285 ～ 1314）は，全ての人々に公表された外科診療の規制に従った検査を行うよう規定した。パリでは，宣誓した医者・外科医・看護師は，負傷者や死亡者への報告作成が義務付けられていた。後には，そうした認定された外科医は，王国の主要都市に存在するようになった。これらの外科医の報告書は，遺体の表面観察に基づいており，いかなる損傷であれ，最も表層の切断面が取り上げられるだけであり，解剖は行われなかった。また，医療従事者もしくは助産師たちは，損傷の検査・殺人の凶器・毒物・妊娠兆候・性犯罪・法医学的事項の専門知識を提供するため，法廷に召喚され，そうした報告の頻度は徐々に増していった。しかし，当時の医学水準からみて，報告の意義は非常に限定されたものであった。ただし，専門知識からの反対意見が述べられたという記録はない。医療はいかんともしがたい点もあり，その原則こそが最大の重要な点であった。革命まで性的事件での女性の検査は助産師に委ねられていたが，外科医たちの無知によってないがしろにされていた（Camps, et al, 1976）。

4. 16世紀後期の法医学

（1）ドイツ初期の発展

1553年，ドイツで神聖ローマ皇帝カール5世（Karl V：1519 ～ 1556）が，カロリナ刑事法典（Constitutio Criminalis Carolina）を宣告，法医学を1つの専門分野として特徴づけ，殺人・傷害・中毒・絞頸・溺死・嬰児殺・堕胎の場合には，医学的専門証言が必須要件となり，帝国の統治区域内に適用された。バンベルグ写本（Codex Bambergensis）に基づけば，この法律は，非常に進展かつ一層重要となっていった。この法律で取り上げられる事案は，損傷・殺人・

嬰児殺・自殺・斡旋妊娠中絶・妊娠秘匿もしくは偽妊娠・絞頸・溺死・医療過誤・詐病・中毒等々であった。犯罪者や被告人の狂気の検査の規定もあった。刑罰は物理的に証明された犯罪事実に応じたものでなければならなかったため，その事実評価は正確を期す必要があった。最も重要なことは，ある種の事案では，従来示されていた以上に明確な医学的証拠を，裁判所が強制的に求めたことであった。それにより，法医学的解剖は一般的かつ必須となっていった。こうした事項は，地理的に広範囲に影響し，法医学を独立した学問領域へ発展する一因ともなった。これらは医科学の急速な発達と軌を一にしている。バンベルグ法典とともにカロリナ刑事法典は，法医学に確固とした法的裏付けを付与したのである。カロリナ法典は，フランス等の近隣諸国において手本とされた（Camps, et al, 1976）。

1595年，アンドレアス・リヴァビュウス（A. Livavius：1550～1616）が，医事法制学の書を公刊し，殺人被害者に加害者が触れると出血が生じるという遺体出血現象について論じている。この現象に基づく審判は，ローマ皇帝の崩壊後始まり，17世紀の後まで続いた伝承である。この審判は，殺人容疑者に被害者の遺体に触らせ，容疑者が有罪であれば被害者の傷から出血が起るとされていた（Camps, et al, 1976）。

法律事件に医師参与の必要が明記されたのは，神聖ローマ帝国カール5世（Karl V：1519～1556）が1535年に発布した刑法（Peinliche Halsgerichtsordnung）に，堕胎・秘密分娩・殺児・中毒・殺人・傷害致死・傷害・医療過誤・責任能力立証および拷問行為の際の医師ないし外科医，あるいは，特殊な場合に助産師を立ち会わせなければならないとの規定による。西洋法医学の学術的誕生の先鞭を切ったのは，1575年，フランスの軍外科医アンブローズ・パレ（A. Pare：1510～1590）である。医事法制学の小冊子「防腐措置前の遺体観察記録」（De rapports et des maijens d'embaumer les corps morts）をパリで出版，損傷による死亡，性的不能・陰茎欠損・堕胎・嬰児殺・電撃死・絞死・溺死・詐病・生前創と死後創の識別等を論じた記録書を公刊した（Smith, 1954）。一酸化炭素中毒，腐食毒についても取り扱われ，典型例が述べられており，倫理的基準も高度であった。パレは，1562年にはフランスで初の司法解剖の先鞭をつけたことで知られている（Curran & Hyg, 1980）。

話は唐突ながら，13世紀カトリックの宗教会議で宣言された悪魔の実在は，様々な問題を投げかけた。光の天使の首領ルシファーが神に反抗し地獄に墜され，悪霊の指導者として，様々な悪業をもたらすとされている。中でも，もっと古い9～10世紀以来，人間領域に侵入してきて垣根越しに中に入ろうとすると考えられ「垣根の女」と呼ばれていた「魔女」の存在は，この悪魔実在宣言によって一層拍車がかかったことは否めない。元来,魔女とは,古代ギリシャの女神ヘカテとその後継者による天・地・海を支配し，風雨を制御，収穫物に多大の影響をもたらすと恐れられていた存在の反面，賢明で医術に通じた助産師として尊敬の対象となっていた異教の巫女とが混在していた。これが宗教宣言を契機として，否定的な側面のみが過大に評価されることとなった。当初，キリスト教社会は魔女への迫害には異を唱えていたものの，12～13世紀の異端者との抗争激化に伴い，異端審問に取り上げられ，いわゆる「魔女裁判」の横行となった。魔女として火炙りの刑に処せられた女性の数は十万人とも数百万人ともいわれている（Gerlach, 2000）。

こうした中世の風潮が色濃かい16世紀後半にあって，目覚ましい法医学的視点からの意

見が公表されている。クレーフェ（Cleves）公国の侍医ヨーハン・ヴァイヤー（J. Weyer：1515～1588）は，聖職および非聖職の司法当局による魔女疑惑に対する無情な告発迫害に反対意見を述べた。古典的著作「悪霊の幻惑，および呪法と蠱毒について」（De Praestigiis Daemonum et Incantationibus ac Venificiis）において，魔女だと告発された人々全てが社会にとって危険だとする主張に異を唱えたのである。女性被告人が国家に対し悪事を働いたとか罪を犯したとする事案で提供された証拠を問題視し，堕落した心のもとに罪を犯した場合とちょっとした問題をかかえて手を汚してしまった場合とを区別すべきであると論じたのである（Curran & Hyg, 1980）。ヴァイヤーは世界最初の科学的かつ人間味ある精神医学者だと評価があるものの（Zilboorg, 1941），迫害された女性のうちどれ位が精神を病んでいたと見出せたのかが明らかではない点は問題であるとしている（Szaz, 1970）。

(2) イタリア

再びヨーロッパに目を転じて見ると，東ローマ帝国ユスティニアヌス王朝第2代皇帝（Justinianus：527～565）のローマ法大全（Corpus Iuris Civilis）では，カロリナ法典が有意義かつ発展を遂げて受け継がれた可能性がなく，歪曲，無視そして過少評価されてしまっていた。

とはいえ，16世紀に入り，2つの優れた業績が結実し，この分野に大きな影響をもたらしている。1つはシシリアの医師ホルトナト・フィデリ（F. Fideli：1551～1630）が，イタリアやギリシャの資料を広く網羅し，この時期のシシリアにアラブの影響が及んでいたことを示す最初の資料が公刊された。4分冊からなる大部の成書は，当時横行していた教会関連に関わる権柄づくの教義や迷信を色濃く反映しているものの，時代・国・法制度がどうであれ，法律に直面する問題に対して首尾一貫した記載となっている。フィデリの著書には，純潔証明，分娩，毒物学，致死傷，遺伝的疾患，拷問，奇形，その他関連事項が興味深く扱われていた（Curran, 1980；Ficarra, 1976）。

もう1つの業績は，ローマ教皇裁判所の医師パウロ・ザキアス（P. Zacchias：1584～1659）の著した書物である。この書物は1621年から1635年にかけて6分冊して発行され，この時代の最も洗練された裁判制度である教皇最高控訴裁判所（Sacra Rota Romana）に添った医学に関連する事項を俯瞰的に捉えており，その後も法医学の基盤とみなされ，著者ザキアスは「法医学の父」と称されている（Ackerknecht, 1951）。当時のヨーロッパで最も優れた医療専門家ザキアスは，ローマ教皇イノセント10世（Innocent X：1644～1655）とアレキサンドル7世（Alexander Ⅶ：1655～1667）の侍医を務めた。彼の報告の関心は，損傷に関する法医学的意義と症状区分を施した精神疾患の法律学に向けられていた（Smith, 1951；Zacchias, 1621～1635）。この6巻中，第1巻は，法医学領域全体の現状と，年齢・正嫡出・妊娠・異常妊娠と奇胎・死産・両親と子供との類似性について解説している。第2巻では，様々な仮説的問題として認知症・中毒を論議している。第3巻には，性的不全・詐病・疫病と伝染病等のあらゆる問題に関する教皇最高裁判所の権威にみちた判断決定を盛り込んでいる。第4巻は，秘蹟・処女性・強姦，第5巻は飢餓・創傷・切除などについて触れられている。解剖の研究が緒についたばかりで，化学や外科学が依然として未発達，加えて，アリストテレスやガルトンの厳然たる権威のみられた時代の産物であったものの，秘蹟の記述でも，懐疑的態度であ

り，拷問にも人間的対応を示している。とはいえ，スコットランドのジェームス6世（James Ⅵ：1567～1625）のように，自著『悪魔学』（Daemonologie：1595）の中で，遺体からの出血現象を是認する意見も公刊されており，19世紀に至るまで，確固とした法医学的問題の着想は定まらなかった（Payne-James, 2005）。

当時の見解には，いくつか例外はともかくとして，現在の視点から考えると，フィデリの著作同様に多くの欠陥がみられる。解剖ならびに生理学の知識は，不完全かつ誤った事項も多い。秘蹟の項を設けていることは，それ自体十分啓蒙的ではある。様々な拷問法に触れていることは，当時の医師の単なる学術的関心を反映しているとは言い難い。しかし，全体を通してみる時，当時の学術面の情報を網羅しており，画期的な内容であることは確かである。高い評価，権威が与えられ，名声はローマに止まらず，ヨーロッパ全域に及んだ。フィデリとザキアスという2人のイタリア人医師の業績は特筆すべきものであった。後継者による追随業績は，比較的最近まで現れなかった（Smith, 1954）。

（3）フランス

フランスの外科医パレの解剖の先覚的業績に触発され，フランス各地では，法医学の積極的な関心と注意深い観察を通して，医学的証拠の価値が徐々に高められていき，実験手法が次々に採用されていった。処女膜の有無問題について，性交後も破れず残る場合があるとする意見が提出され，処女性と処女凌辱の論議が19世紀にまで及ぶこととなった。16世紀末までに，法医学関連の文献は増え続け，認知されはじめた。18～19世紀以前のこれら医学専門知識が法令に適用されていた歴史的事実は，多くは司法からの要望でもあったことがうかがえる（Smith, 1954）。

5．17～18世紀の法医学

17世紀以降において，法医学関連の事項について実質的な発達が遂げられた（Ackerknecht：1950～1951）。

自然科学全般でも，アイザック・ニュートン（Newton：1642～1727）の古典力学をはじめ，カール・リンネ（C. Linnaeus：1707～1778）の生物分類の門綱目科属種の確立，アントワーヌ・ラボアジェ（A. Lavoiser：1743～1794）の燃焼理論等は世界的に有名である。顕微鏡は，百年にもわたって利用されてきた。多数の医療機器が開発され，理念とその応用に近代性をもたらした。ヨーロッパ・ルネッサンス時代，医学の非常な発展を支えたのである（Smith, 1954）。

（1）神判との別離

この時代の裁判制度では，手続きは非常に重々しく，刑事事件で無実を証明することは，本質的には肉体的忍耐と迷信に基づいていた。刑事被告人は自分の無実を様々な工夫をこらして皆に開示することが求められていた。「神判」というのはあらゆる国々に行きわたっており，刑事事件処理の手段として，被告人の自白は非常に重視されていた。自白を得るために，様々な拷問方法，いくぶん拷問より緩やかな説得や威嚇が用いられた。裁判なしの長期間の投獄は多くの国々で普通のことであり，特に，極めて危険視された政治犯や被告人に適用されたこれらの手法は近代に至っても払拭されていない。伝統的には4段階の試練が設けられている：火責め・水責め・毒責め・闘いである。火責めでは，被告人は熱した石炭もしくは鉄を持つよう指示される。火傷を負えば有罪と認定される。水責めでは，一定の時間水中に沈められて，生存し

ていれば釈放される。毒責めは想像することに難くない。ありとあらゆる毒性もしくは致死作用のある毒物を被告人の前に並べ立て，少しでも不快感を見せれば有罪とされた。こうした試練は，神判に基づく審理の最も過酷な適用であり，決闘法はそれより長く司法的証明手段として存続した。当事者たちあるいはその代理人たちは，戦いの結果によって決められる有罪の疑い，または，訴訟の勝者たるべく決闘に臨んだのである。

こうした宗教的時代で，おそらく最も永続的でかつ単純な司法的証明は，神への誓いや免責宣誓であった。刑事事件民事事件とも，教会の要請であるキリストの名に誓うことで十分満足であった。免責宣誓でも，自身の主張が真実であると誓う宣誓人を提示することが許されていた。判決では，免責宣誓者の数の多い方に傾きがちであった。こうした証明方法は，現在においても民法ならびに慣習法にある程度存続している（Curran & Hyg, 1980）

（2）肺臓浮遊試験

この世紀に最も重要な医学の司法的貢献がなされたのは，呼吸があった後に死亡した肺は水中に浮かぶというヤン・スワメルダム（J. Swammerdam：1637～1980）の発見である。1681年に嬰児殺で有罪となった15歳の小作農の少女の事件で，ヨハネス・シュライヤー（J. Schreyer：1655～1694）によって初めて応用された。嬰児の肺が沈むのが示され，少女は無罪となった。死産された嬰児には呼吸がなかったからである。嬰児殺の疑惑に対する尋問に先だっての拷問に代わる歓迎すべき手法であった。裁判の補助手段として医学的結果を適用した最も古い事実であり，1689年にはこの試験での間違った結果が指摘されているが，この試験に優る方法はないため，今日の教科書にも記述されている（Ficarra, 1976；石川, 1930）。

同様に歴史的意義のある実証として，1658年，ヨハン・ウェプファー（J. Wepfer：1620～1695）による，脳卒中の原因が頭部の外傷に起因するものばかりでなく，脳血管障害によることを指摘したことがあげられる。彼の業績は歴史的にも意義があり，顕微鏡を利用した人体組織の詳細構造の特定，それぞれの死因について解剖結果から詳しく分析した記載が残されている（Ficarra, 1948）。

（3）昆虫学の発生

一方，イタリアでは，蠅や蛆虫，はてはミツバチ・甲虫の様な昆虫まで全て腐りかけの肉から自然に生じるものと考えられていた。1668年イタリアはアレッツオの医師フランチェスコ・レディ（F. Redi：1626～1697）は，肉屋や漁師が肉を包んでいた場合と裸のままで置いていた場合とで蛆の発生が異なることに気がついた。そこで，三種の広口瓶を準備し，1つ目は口を開けたまま，2つ目は口をガーゼで覆った。3つ目はきっちりと蓋をして，数日間，放置した。1つ目には蛆が，2つ目には蠅がたかり，3つ目はもとのままであった。この観察結果により，蠅は腐りかけた肉に卵を産むと結論した。しかし，イタリアでは，ザキアス（Zacchias）の著述に大きく信頼しており，これ以外には，何らの進展を遂げることなく時が経過していった。何らかの関心が持たれたとしても，思いつきに似たものに過ぎなかった（Wagner, 2006；Saferstein, 2001）。

（4）法廷への医学的証言

法廷に提示された医学的証言の例には事欠かない。16～17世紀には，数多くの事件で外科医が創傷について証拠を提供している。これらの中でいくつかは法医学的事件としてよく知ら

れている。例えば，1678年，自分の剣が突き刺さった状態で，首の骨が折れたエドモンド・ゴドフリ卿（E. Godfrey：1621～1678）の遺体が発見された。確認のための予審で，2人の外科医が死亡時間について証拠を提示，刺さっていた剣は死後突き刺されたもので，首への損傷は他殺による暴行だと証言した。この裁判では，悪質な偽証者の証言による証拠に基づいて，別の3人の人物が殺人で有罪となり，その後，絞首刑に処せられていたのである（Smith, 1954）。

(5) カウパーの事件

1699年のウイリアム・カウパー（W. Cowper：1666～1709）が携わった裁判では，17世紀末の事態情況をよく物語っている。水車場の池に遺体で発見された女子殺害の容疑で告発された弁護士の裁判である。当時は，遺体が水に浮かんで漂っていたという事実が，水中に投げ込まれた時にはすでに死亡していた証拠だと考えられていた。この見方は，殺されて水中に投げ込まれた男の遺体は，いつも浮かぶが，溺死した遺体は沈むという国王の帆船の2人の水夫による供述証言で支持された。カウパー腺の発見者であるカウパー医師らは，死因と浮遊との間には因果関係はなく，水中に入った際，死んでいようが生きていようが必ず沈むとの趣旨の証拠を提示した。また，溺死現象ならびに肺や胃に水が存在する理由について適切な説明も加えた。本件での医学証拠は全く完全で，矛盾点はなく，争う余地のないもので，被告人の無罪評決に重要な役割を果たした（Smith, 1954）。

18世紀および19世紀初期に，専門化した法医学的業績は，イタリアに端を発してヨーロッパ大陸全域に広まっていった。特に，犯罪者の有罪判決において，実質的な医学的証拠の裏付けを必要とする優れた刑法典の規定のあるドイツ圏では活発であった。最初の基も重要な手続き法は，1507年，バンベルク（Bamberg）司法領で施行されたバンベルグ刑事裁判令（Die Constitutio Criminalis Bambergensis）に添って，神聖ローマ皇帝カール5世（Karl V：1519～1556））即位後の1521年から帝国議会での議論も再開され，神聖ローマ帝国全土に通用する統一的刑事法典としてカロリナ刑事法典の基礎となっている。もう1つ別の法医学的必要性を含んだ重要な刑法典は，1769年公布のオーストリアのハンガリー刑法典である（Curran, 1980）。

(6) ルイの貢献

フランスでの30年にわたる法廷での医学専門家として，著名であったアントワーヌ・ルイ（A. Louis：1723～1792）による法医学と公衆衛生についての著作は非常に高く評価され，1748年には溺死，1752年には死の徴候，1763年には自絞死と他人による絞殺を識別する特徴を示す死体の検査，1764年には申立ての妊娠期間の合理性，1772年には，反撃による頭部外傷，などが記述されていた。彼はまた数々の著明事件にも関心を示し，ある若者の自殺が殺人と間違われ，若者の父親が処刑されたが，ルイ等の調査により自殺であったことが明らかとなり，誤審を招くことを防ぐための方策を示した業績がある（Camps, et al, 1976）。

6. 19世紀の法医学

19世紀後半は，大学の研究教育課程で対象となる課題が広範囲に及ぶこととなり，その一方で研究者たちはそれぞれ個別の専門分野における限定的な病理学もしくは実験的科学作業に携わる傾向が強くなった。実際，法医学の導入

によって，「人類の心を詩的ないしは美術的情熱から精密な科学の誕生と研究へと転換させる画期的な時代」としての18世紀が特徴づけられ，次の19世紀における発展の萌芽となったのである。法医学は，それまでその本質的な内容から医事法制学や犯罪医学その他個々に取り扱われていたものが，まず外形を整えることから始まった。法医学の対象を再構成することは，18世紀に育った先覚者たちの成果がこの19世紀に結実した（Ficarra, 1976）。

1880年代，裁判医学は医療従事者の職能の1つとして，医事法制学（Medical Jurisprudence）あるいは法医学（Forensic Medicine）と呼ばれ，進取の気性に富んだ解剖学・薬学・顕微鏡検査に精通した一部の医師達によって当時も未解明であった「突然死」の研究が始まりつつあった。もちろん，指紋や痕跡証拠の識別といった領域の着手は先のことであった。この分野は，ヨーロッパ大陸で成長を遂げ，伝統的な解剖学的探求が実践され，レオナルド・ダヴィンチ（L. da Vinc：1452～1519）やアンドレアス・ヴェサリウス（A. Vesalius：1514-1564）等が死体置き場や絞首台から得られた死体を観察することで，「解剖図」が作成されていたことが知られている。しかし，こうした解剖学研究は異端審問に拘泥する内容とされ，生前の発表は憚れていたのも事実である。時代を経るにつれ，国教会も軟化し，研究者の増加も推進されていった（Wagner, 2006）。

（1）フランスとドイツ

19世紀のフランスとドイツでは，原因不明の死亡は自動的に警察に任されていたので，死体の検査は比較的容易に行われていた。とはいえ，作業環境は最悪で，通風が悪い悪臭の満ちた不衛生きわまりない状態であり，人々のさげすみの対象であったにもかかわらず，その作業結果の確実さは高く，フランスのオーギュスト・タルデュー（A. Tardieu：1818～1879）が確認した，短時間で窒息した遺体の心臓と胸膜下に微細な出血斑が見られるといういわゆる「タルデュー斑」は現代にも通じる知見である。また，1897年にパウロ・ブローデル（P. Brouardel：1837～1906）は，縊頸，絞頸，扼頸といった頸部の圧迫が，舌骨に与える影響について論じている（古畑，1953；Wagner, 2006）。

さらに，リヨンのアレキサンドル・ラカサーニュ（A. Lacassagne：1843～1924）は，死後の身体変化について詳細に記述している。筋肉にみられる死後硬直が，死後数時間で顎に始まり，下方に拡がることを指摘している。最終的には，現れたのと同じ順序で消えていくと記している。循環が停止し，血液の就下により死斑が生じること，死体の体温は，死後，周辺環境の温度にまで低下するとも述べている。死亡時刻の推定は，こうした現象を基に可能であるとしているが，環境温度をはじめ，死亡状況，死者の年齢，健康状態全てが徴候を変化させるとも戒めており，「疑うことが学ぶことである」との金言を残している（Wagner, 2006）。

1882年という年は，マツォー事件で法医学にとっては銘記されるべき年となる。中欧のハンガリーの小村ティサ・エスラールで，カトリック教徒である奉公人の14歳少女が主人の用向きで使いの途中，行方不明となった。早春，復活祭（イースター）と過ぎ越しの祭り（パスオーバー）の季節で，ユダヤ人が儀式のためキリスト教徒の子供を殺して手に入れた血をマツォー（過ぎ越しの祝いの間に食べるためにパン種を入れずに焼いた平たいクラッカー）を作るとの古くからの言い伝えが災いとなった。少女をかどわかしたのはユダヤ人が儀式のため殺人をしたとみた住民たちは，ユダヤ人の子供を何人か

拘留し，尋問した。脅しに屈した1人が，ユダヤ人長老数人がシナゴーグに閉じこめ，鍵穴から覗くと，喉が切り裂かれ，血を壺に貯めているのが見えたと自白した。しかし，遺体の処分について何も言えなかった。この供述をもとに，次々にユダヤ人が逮捕され，尋問や拷問が行われ，供述書に署名したが，いずれも遺体の在処については何の供述も得られなかった。捜索も続けられたが，進展もなく，かえって，反ユダヤ主義に基づくユダヤ人地域への暴挙が横行していった。折しも，近隣のティスダ・ダーダという町の川中から，若い女性の死体が見つかった。死体の身長は失踪した少女とほぼ合致，着衣も似ていた。その村に該当する行方不明の女性も居ないことから，町の住民は隣町の奉公人の少女と主張した。ただし，引き揚げられた死体には外傷もなく，喉は無傷で，失踪後数カ月も経ていながら腐敗も酷くなかった。さらに，少女の母親が死体と対面し，「娘ではない」と強く言い張った。法病理学の訓練も経験もない医師3人が死因特定の任に当たることとなった。青白い肌の手足の柔らかいきれいな爪をした女性の遺体，性器に若干異常を呈していたものの，腸や内臓の保存状態は良好と認められた。体内の血液はすっかり失われているようであった。これらの観察結果に基づき，遺体の少女年齢は18歳もしくはそれ以上，特権階級の出で，肉体労働に慣れておらず，性器の膨脹は性交渉によるものと考えられる，死因は貧血，死後十日以上は経っていないと結論した。したがって，明らかに，平素，裸足で出歩き，日焼けをした奉公人の少女とは別人であるとした。村の住民たちは，これで自分たちのユダヤ人への迫害行為を正当化し，そのままユダヤ人長老を拘留し続けた。ところが，この事件が報道され，血をマツォーの材料にするという考えを疑うブタペストの法曹家がユダヤ人弁護にたちあがった。儀式殺人を信じているベアリーという審査政務官の反対にもかかわらず，上席検察官の受け入れるところとなり，法医学に精通した医師3名が死体を掘り返して調査することとなった。極寒の12月，埋葬されていた遺体の再解剖が行われた。骨の未熟さから15歳未満の少女，性器の膨脹は性交渉の結果ではなく水中に長時間漬かっていたことによる。非常な色白は皮膚表層が水ではがれ，青白い真皮が残ったためで，真皮となった皮膚内部層から血が滲み出てしまった。異様にきれいな手足の爪は，いわゆる爪は川の流れでもぎとられ，爪床となってしまっていたからである。水の温度は低く，死体の腐敗が進まず，3カ月以上水中にあった可能性も否定できない。服装は失踪の少女と合致しており，遺体は行方不明となっている奉公人の少女だと断定した。喉が無傷であったことは，ユダヤ人の犯行を否定することであると結論した。法医解剖の結果が裁判で正式に認められた史上最初の瞬間であった（Wagner, 2006）。

とはいえ，中には，今日でみれば非劇とも言える事態もあった。ウイーン総合病院のハンガリー人医師イグナーツ・ゼンメルヴァイス（E. Semmelweis：1818～1865）は，1847年，病院の産褥熱と妊産婦死亡率が高いことに苦慮していたが，医師が分娩させる女性の方が，助産婦の付き添った女性よりも感染率が高いことに気づいた。医者による感染ではないかと疑っていたところ，恩師が解剖中，小さな切り傷を負い，産褥熱に似た重い感染症にかかったので，感染症であることを確信した。塩素性さらし粉で手洗いした後で，患者診察を実施したところ，以後の産褥熱と妊産婦の死亡率が激減した。しかし，当時の医師たちの自尊心による反発は大きく，医師仲間から理解されることなく，晩年，彼は精神病院で息を引き取った（Wagner, 2006）。

(2) イギリス（バークとヘア事件）

解剖によって人体構造を理解しようとするだけではなく，生前の臨床症状に結びつけて死体の変化を探求する姿勢は，犯罪行為に基づく死体の変化を解剖によって見極めるという考え方を生む契機となった。18世紀のイギリスのスコットランドでは，外科研究には先駆的であったが，医学校に妥当な数の解剖用遺体は供給されず，法律で年数体の処刑遺体が教材として提供されるにすぎなかった。

この点に鑑み，1827～1828年にかけて摘発された「バークとヘア事件」が印象的である（Wagner, 2006；Wilon, 1989）。遺体仲介業者の2人が，発掘の手間をおしみ，近隣の墓から違法な遺体調達を行った事件である。30歳代の退役軍人バークと容貌の優れないヘアの2人は宿泊所で知り合い，家主が死亡したのでその宿泊所を引き継いだ。ある日，家賃を未払いの下宿人が死亡し，その回収策として遺体を医学校に売ることにした。当時，死体は入手が難しく，地元エジンバラ医学校のノックス医師は事情を一切詮索することなく，遺体購入を承諾した。未払い金の2倍の値で売れたのに味をしめ，下宿人や知人を宿泊所で殺害して死体を医学校に売ることとし，次々に10人を殺害，遺体を売る商売に励んだ。11人目の乞食夫婦に犯行現場を見られたため，急遽，その夫婦を殺害しようとしたが，逆に，警察に密告され，逮捕された。ヘアは共犯証言によって裁判に附されなかったが，バークは絞首刑に処せられた。

イングランドでは，不審死は医学的にも科学的にも訓練を経ていない行政役人である検視官（コロナー）に任されており，相当な理由が存在しない限り医師の意見を求めることはなく，また，医師自体に法医学的素養がなかった。19世紀末まで死亡登記所もなく，多くの死亡が闇から闇に葬られていった。特に，遺体の扱いは，宗教上の慣例，迷信，個人への情緒的敬意とが相まって，人体解剖を行うことは非常なる配慮を要した。イングランドでは，解剖は，単に解剖学の探究のため，または，訴訟対象者に恥をかかせるための不名誉なことであった。処刑遺体の取り扱いはその執行人に委ねられ，遺体をさらしたり，さらに内臓を抜いたりして見せしめを行ったりもした（Wagner, 2006）。

イギリス全土においても，20世紀前半に法医学に対する関心が急速に高まったと言っても過言ではない。法医学の発達とは，医学並びに関連の科学がより一層，法の要望に応えるようますます精密に進歩するという意味である。医学調査や医学証拠に求められている基準は大変革され，イギリス法制度下での法医学意見の立場はより重要かつ明瞭に規定されるべきとされたのである。

(3) イギリスの法医学教育制度

法医学の講義は，1791年エジンバラ（Edinburgh）大学，1831年ロンドン（London）大学キング校（King's College），次いで，1839年グラスゴー（Glasgow）大学で開始された。訴訟や刑事裁判で医学的証拠を示すよう求められることが多い事実から，エジンバラ大学の初代法医学教授アンドリュー・ダンカン（A. Duncan：1741～1826）は，議会の支援のもとに1806年，イギリス始めての法医学の講座を開設し，19世紀イギリス最大の権威者とされた。以後，1832～33年にかけてイギリス内全ての医学校で，法医学の講義が行われるようになった（Smith, 1951）。

因みに，カナダでは，1845年にモントリオール（Montreal）のマックギル（Mcgill）大学に，1856年にはケベック（Quebic）市のラヴァール（Laval）大学に法医学の講座が設けられた。因みに，オーストリアのウィーン（Vienna）大

学で独立した法医学講座が最初に設けられたのは、1804年である。一方、1819年デンマークのコペンハーゲン（Copenhagen）大学、1841年スエーデン・ストックホルムのカロリンスカヤ（Karolinska）研究所、フィンランドのヘルシンキ（Helsinki）大学、1836年ポルトガルのコインブラ（Coimbra）大学、1843年スペインのマドリッド（Madrid）大学にもそれぞれ最初の専門の講座が設置されている（Curran, 1980）。

7. 20世紀の法医学

(1) アメリカの発達

法医学形成化の最大の機運は、アメリカ法医学協会（AALM）の創設である。法医学の調査研究を助長推進し、資格教育研修の基準を満足する法医学の専門性を高める活動を実践し、関心のある合衆国およびその管轄並びに占有地の全ての医師が一堂に会し、1つの組織に団結することを目的としている。医学の法的側面を専門的に学んだ医師たちが全米各地に迎えられ、1960年、こうした医師たちは正式の学会を設け、主催することとなった。第二次大戦以降、医療過誤にまつわる急速な不協和音のうねりに伴い、合理的な解決策を目指す先兵でもあった。当時の水準は、法医学の履歴から言えば、原告側であれ被告側であれ医療過誤に対して急場しのぎの寄せ木細工的産物に過ぎなかった。医師たちは、法と医学という異なる領域の見識を備えるよう求められた。そのため、自身の心構えとして、法曹家の言語表現力活動を期すると共に医師の精密な科学技術も身につけるよう求められたのである（Ficarra, 1976）。

1932年には、ハーバード大学に法医学の講座が創設され、以後、ニューヨーク医科大学のような類似の講座がいくつも設立されていった。最も最近での動きとして、カリフォルニア大学とその他のアメリカの大学にも同様の検討がなされている。今や、犯罪および犯罪者の法医学並びに科学捜査は、合衆国内で、ますます重要性を増し続けている。

とはいえ、合衆国の法医学の発展は容易ではなく、医師に限らず法律家によっても正当に認識されることが少なかった。法律家は時には有能からはほど遠い偏った医学的証人をもてはやし、熟練者たる人々は、真正で正直な専門家の名声の名を汚して、誤った選任のされ方に終始してきた。過去の合衆国では、こうした要因はその他の要因と相まって法医学の妨げとなってきた（Smith, 1954）。

法医学の改革に向かってさらなる推進へのきっかけは、法医学問題調査委員会による1928年出版の報告（Schultz & Morgan, 1928）によって、全米に監察医機関を設置、コロナー制度を廃止することを強く支持、都市部には監察医局を設け、犯罪捜査・検察訴追・処分など全ての段階で多種多様な専門医師の援助を求めるよう勧告がされた。アメリカでは、法医学は病理学の一部門として位置づけられ、医師の資格を得た後、病理学の専門資格と研修を習得する。こうした背景に基づいて、警察法科学の学問領域も充実しており、監察医には固有の捜査権を有する独立の権限が与えられている（Curran, 1980）。

8. 日本の法医学

医学および自然科学を基礎として法律上の問題を研究し、鑑定する学問である法医学（片山, 1888）は、法律上の問題となる医学的事項を考究し、これに解決を与える医学（古畑, 1948）とされている。そして、この法医学は、それぞ

れの国の法制度と密接な関係を持ち，人権を重んじる民主主義国家，訴訟法の実体的真実発見主義に徹した国家において発達を遂げる。したがって，私法より刑事法に応用され，イギリス・アメリカ・カナダ・オーストリアといったコモン・ロー（慣習法）系の国々よりフランス・ドイツ・スカンジナビア諸国のコンチネンタル・ロー（大陸法）系の国々に高度な発達を見る傾向があり，刑事手続き法重視の程度に左右され，刑訴法の証拠重視主義に影響される実践的学問体系であるとされている（富田，1974）。

（1）明治以前

1862 年（文久 2 年），オランダ軍医ポンペ・メーデルフォールト（P. Meerdervoort：1829～1908）が長崎医学伝習所において，西洋近代法医学講義を行ったと伝えられている（若杉，1983）が，本邦に法医学がおこったのは 1877 年（明治 10 年）とされている（古畑，1955）。

わが国の文化は，徳川時代までは中国文化の影響を受け，1868 年（明治元年）の明治維新によって欧米文化の伝授にあずかって発達してきた。欧米文化の伝授は，16 世紀，天文年間の鉄砲の渡来に始まり，蘭学やキリスト教を通じて盛んとなり，19 世紀の明治維新以降さらに著しく隆盛となり，東西文化の接受・模倣・学習・吸収をしつつ今日に至っている。わが国の医学も一般文化同様の過程をたどり，中でも法医学は中国医学に学び，後に西洋医学に教えられ，現在の段階に達している（石川，1930）。

とはいえ，わが国の古代医学には，中国より『無冤録』『洗冤録』『平冤録』などの著述の伝来によって，法医学的知見に接することができた。平冤録は発行年不詳で趙逸斉の編著である。洗冤録は，1247 年（南宋の淳和 7 年），宋慈が『疑獄集』『内怨録』とか鄭公の『折獄亀鑑』など先人の著作をもとに作ったとされている。その中には，1235 年（南宋の端平 2 年）に，男性が斬り殺された事件で，致命傷の形状と深さから，農作業の鎌と思われたので，村人全員に鎌を持ってこさせ，並べさせた。いずれもきれいな状態であったが，群れ飛んでいた小バエが，ある鎌にたかった。小バエはその鎌に残った生体組織と血にひきよせられたという事例が記載されている。最古の法医学的著作として，英語・フランス語・オランダ語にも翻訳されている（Wagner, 2006）。検視方法・創傷・縊死・焼死・中毒・その他事項についても論じているが，経験と憶測の域を脱せず，合血法・滴骨法のような無稽な方法による血縁関係の判定が説かれている。最も後に上梓された無冤録が，最も先んじて韓国経由で，14 世紀から 16 世紀の足利室町時代にわが国に輸入されたと推定されている。無冤録は，1308 年（元の至大元年）王與が洗冤録や平冤録を折衷編纂して公にした。1348 年（明の洪武 17 年）新たに翻刻され，朝鮮に伝わり，朝鮮訳註釈書が『新註無冤録』として発行された。これが，足利時代にわが国に伝わり，幕吏の検視書として使われ，1736 年（桜町天皇元文元年）泉州の河合甚兵衛源尚久が平仮名交じりの日本文に翻訳，『無冤録述（上下）』として発刊，徳川時代の幕吏の検視必携品となったのである。これら 3 著に依拠した内容は，徳川時代の検視吏の重要な規範として存在したが，解剖はされなかった。1975 年，中国の考古学者が，紀元前 220 年のものとみられる損傷の検査に関する規則や法規が記された数葉の竹片を発見している（BC213　秦始皇焚書坑儒）。

上巻には人体図と身体各部名称を記し，現在では通用しないが親子鑑定の記述がある。下巻には，勒死とする絞殺について，「其屍ハ口開キ眼見ハリ怒テ直視居ル也，首ノ遶ニ勒痕ガ黒色ニテ喉ノ方塙テ其痕ガ首ノマワリヲ匝ト交テ

アル也云々……」「又自縊テ死ンダ者ハ舌ガ出テ首ノマワリノ痕ガ匝ト交ラヌ也」，「故アリテ我ト我ガ首ヲ勒テ死ンダ者ハ其屍両眼ハ合唇ノ皮開テ歯ヲ露シ舌ヲ咬出スコト一二分バカリ肉色黄バミ痩劣レ両手握リシメ臀ニ糞ガ出テアル也」等と記されている（古畑，1955）。

(2) 明治以降

　西欧流の法医学は，明治政府になって輸入されたが，法医学教室が東京大学に設けられるまでには長い準備時代があった。維新直後，内外人との交渉が煩雑となるにつれ，裁判手続き上医学の力を必要とし，1875年（明治8年），警視庁病院に設けられた裁判医学校（後警視庁医学校　1878年（明治11年）廃止）で，解剖学教師ウイルヘルム・デーニッツ（W. Doenitz：1838～1912）が裁判医学の講義を行い，「デーニッツ講」湯村（安藤）卓爾・三浦常徳・斎藤准記訳『断訟医学』として1878年（明治11年）公刊されている。わが国の法医学の系統的講義の嚆矢とされている。血痕検査や生死産の判定における肺臓浮遊試験について科学的法医知見が紹介されている（石川，1930）。

　1874年（明治7年）1月，鍛冶橋門内元津山邸に警視庁が置かれ，主宰者として川路利良（1834～1879）が大警視に任命され，同時に，従来の東京府施行検視事務を警視庁に移管，1875年（明治8年）各方面に警察医院を設立，ここに検案医員をおくこととなった。死体，創傷について検案を必要とする場合は必ず医員を立ち会わせ，致命傷，創傷の自他いずれの行為に出たものであるかといった監察，その他，医学的証明を要する件に対しては，一医員の審判に任すこととした（古畑，1955）。

　それら検案の制度は整ったものの，死体解剖は許されなかった。医師側にも法医学の知識はなく，剖検して死因を確定することはなく，検案は単に口頭の口述に止まり，診断書の作成の必要はなかった。1878年（明治11年）2月裁判医学校生徒が卒業し，警視庁管下の各病院に配置され，裁判医学の実地を処理することとなった。その後，裁判医学校を廃止して，生徒は東京大学医学部に合併した。それ以来，死体の検案に際し，その致命原因が不明な場合，解剖して原因をつきとめることとなった。創傷は用器・種類・原因・予後日数・治不治の別判定・顕微鏡による証拠鑑定を下すこととなった。ところが，死体解剖は，検死医員の警察署長説得に始まり，承諾を得，さらに署長による検事の許可を得た上でないと認められなかった。特に，検事は容易に解剖を認めないため，旧態依然の状態が続いた（古畑，1955）。

　1877年（明治10年）4月12日東京大学設立とともに東京医学校は東京大学医学部となったが，同年1月20日東京大学医学部生理学教師として来朝していたチーゲルが翌2月から，当時医学生の片山国嘉（1855～1931）を通訳として，裁判関係所員，警視庁医員に裁判医学の講演を行い，1880年（明治13年）の刑法発布に伴い，裁判医学が要請された。（石川，1930）。

　1881年（明治14年）12月23日，小児科医を志していた片山国嘉は，東京大学助教授に任ぜられ，翌1882年（明治15年）から別科生に法医学講義を行った。片山は，法医学専攻のため，1884年（明治17年）8月ドイツ・オーストリアに留学した。1888年（明治21年）10月30日帰朝し，同年11月23日東京帝国大学医科大学教授に着任，裁判医学教室を開設。

　法医学が医学教育に加えられたのは1882年（明治15年）以降である（高取，2008）。1882年（明治15年）4月，府下南葛飾郡千住南組の車夫某妻が，実子を井戸に投じて致死させた事件で，加害者の妻が精神病であるか否かの鑑

定のため，予審判事によって鑑定人警視庁御用掛安藤卓爾に命じたのがこの種鑑定の嚆矢となった（古畑，1955）。

1891年（明治24年）斷訟醫学や裁判醫学と呼ばれてきたのを法医学と称し，10月法医学教室と改称した。門下生として，京都帝大岡本梁松，九州帝大高山正雄（ヘモクロモーゲン法），東京帝大三田定則（血清学）を輩出した（石川，1930）。

1909年（明治42年）には，受刑者の指紋が保存されるようになった。しかし，法律上の諸問題の解決のために法医学的知見を適用することについて，制度や運用において，進歩は見られず，学問と実務，研究と応用がやや分離した状態が続いた（石川，1930）。

1912年から1925年（大正年代）まで，病理学や精神病学，外科学らの教授が兼任で，法医学講義が行われていたところもあったが，大正の末期，官公私立医学校が医学教育統一の国策に応じて，大学に昇格，医科大学に専任教授が置かれ独立の教室が設けられ，医育機関の法医学（教育）体制は整備された。また，学位令改正によって，大学が学位を授与し，各教室での実験的業績が招来されるようになった。日本法医学会は大正初期に結成された（新潟大学法医学教室，1968）。

(3) 法医学教室創設

東京大学医学部の法医学教室の推移は，同大古畑種基が詳述している（古畑，1943, 1955）。

ドイツ・オーストリアで法医学，精神医学を専攻帰朝した片山は，1889年（明治22年）4月4日本邦初の司法解剖として，死因不明の男児の死体を解剖した。1892年（明治25年）5月20日以降，東京大学医学部がすべての司法解剖を行うこととなった。裁判医学は単に裁判に関係ある事件に関与するのみではなく，立法にまで遡って研究する学科とし，1892年（明治25年）9月15日より，法科大学3年生に随意科として法医学の講義が続けられた。

1892年（明治25年）頃，法医学の重要性が社会的に認知される事件があった。前後十数年に渡る相馬家騒動の終盤，相馬子爵被毒嫌疑による医学鑑定が適用され，一門の私事に過ぎない事柄に法医鑑定が解決の鍵を担ったのである。中でも，1892年（明治25年）3月4日，故子爵相馬誠胤が自宅で死亡し，毒殺の告訴によって死体を発掘した鑑定で，鼻孔流出液中に血液様の液体を認めたが，血液かどうか不明で，毒物の存在は検出されなかった。相馬家では約十年間相続問題で諍いの続く渦中にあり，冷静な心状をもって厳正な判断を下した法医学者と法医学が一段と社会の認識を得たのはこの事件からといえる。

それまでは，出張解剖を実施していた変死人解剖を，1897年（明治30年）以降は，大学で行うようになった。第一号は，1月21日，片山執刀の手鍵にて刺された36歳男子の解剖であった。

1902年（明治35年）京都大学法医学教室が設置された（初代岡本篆松）。1906年（明治39年）京都大学および福岡医科大学に法医学講座（高山正雄），1918年（大正7年）大阪大学法医学教室（中田篤郎），1919年（大正8年）東北大学法医学教室（石川哲郎），1923年（大正12年）北海道帝国大学法医学教室（山上熊郎）と法医学教室が開設されていった。また，新潟，金沢，千葉，岡山，長崎，熊本に医科単科大学が設けられた。

一方，1882年（明治15年）1月1日に公布されたグスタフ・ボアソナード（G. Boissonade：1825〜1910）よって立案された刑法は，前世紀成立のフランス刑法に倣って編纂された。わが国の実情とそぐわない点を改正

の上，1907年（明治40年）4月法律第45号を以って公布，翌1908年（明治41年）10月1日から新刑法として施行された。以後，1882年（明治15年）のものを旧刑法といい，新刑法は，法医学の主張が条文中に取り入れられた画期的な事柄であった。同年，監用第712号訓令で指紋法が制定され，個人識別の進展が図られた。

1888年（明治21年）国家醫学会として創立された法医学を中心とし，衛生学・衛生警察学・精神病学・司法精神病学・毒物学・医事法理等あらゆる司法医学を包括する学会は，1914年（大正3年）28次総会に達し，国家医学雑誌を発行，後に社会医学会と改称，社会医学雑誌を刊行，1928年（昭和3年）の第41次総会，社会医学雑誌第551号（1932年昭和7年11月）を以て，その責を果たした。

一方，1914年（大正3年）4月，上野音楽学校で開催された第4回日本医学会第14部分科会として，日本法医学会が東京大学法医学教室講堂で，日本犯罪学会第一回総会と合同で，会長片山国嘉のもとに催された（新潟大学法医学教室，1968）。

東大法医学教室では，血清化学を中心に，過敏症・喀血現象・ワッセルマン反応の本態・凝集反応・沈降反応・経皮免疫・抗体発生部位に関する研究・特異性の研究・シュワルツマン現象・補体および補体結合反応・窒息・組織毒・産婦人科領域における血清学・酵素・血糖・肝臓機能・慣水の現象・抗原抗体反応・血清型研究・抗ヒト血色素・沈降素などの研究業績が発表されている。さらに，各種中毒・死後経過時間・指紋・掌紋・人類遺伝学・細胞毒・特異体質・突然死・窒息・鑑識化学・親子鑑別・毒物の微量検出・蛍光分析・血液型・法医解剖・法医組織・臨床法医・自他殺・年齢判定・火傷・溺死・電撃死などの多岐にわたる研究が続けられてきた（古畑，1955）。

1868年（明治元年）の明治維新以来，外国との交流が増大し，交渉が煩雑化し，日本人のみならず外国人間の裁判沙汰，司法問題が頻発するようになった。1870年（明治3年），英人教師他一名が襲われて重傷を負う事件を嚆矢として，新潟県では英人が刺殺され，さらには，1874年（明治7年）には，函館でドイツ国代弁領事が士族によって斬殺されるなど外国人の被害が相次いだことに加え，1873年（明治6年），函館で英人による16歳の日本人殴殺，1875年（明治8年）には東京芝公園内で女性が強姦殺人され，1878年（明治11年），横浜でイギリス水兵の強姦事件が起こった。これらの外国人がらみの事件に対して医学の知識を援用した客観的対応が求められる情勢が招来したのである。しかしながら，従前の従来の検視・検案は旧態踏襲であり，口頭録取に止まった診断書不作成の状態であり，裁判医学の知識もなく，ことごとく不利な状態が続いていった。また，国内でも，開業医がアヘンを大黄と誤用した事件や千葉でハンセン病の女性をかどわかして撲殺，遺体を川中に遺棄した事件等で，医科学的知識が必要とされた。そして，1871年（明治4年），解剖学教師の来朝を機に，ドイツ学制による裁判医学が東京医学校（後の東京大学医学部）法医学教室において促進されるようになり，徐々に近代裁判医学の知識に基づく対応が整えられていったのである（東京帝國大學醫学部法医学教室，1943）。

一方，時代が進み，1960年（昭和35年）代以降から，従前，被害者を中心とする被害実態を明らかにする法医解剖学に終始してきた法医学は，一歩進んで，加害者を見極め捕捉に至る加害者法医学を要求されるようになっており，文字通り犯罪科学（Forensic Science）なる名称がふさわしい状況にある。物体検査として，血痕・毛髪・精液検査・血液型研究，さらには，

交通鑑識，その他，睡眠薬・覚せい剤・麻薬・農薬中毒検査の改良など目覚ましい成果を遂げつつある（古畑他，1964）。現在，ほぼすべての医科大学に法医学教室が設置され，法医学は必修科目として講じられている。歯学部でも多くの大学で講義が行われており，法学部でも講じられている（上野，1970）。

(4) 主要鑑定事件

以下に，本邦で法医学上最古の歴史を持つ東京大学医学部法医学教室の戦前（1945年；昭和20年）までの主たる特異的な事跡について記述する（古畑，1955）。

死因特定：1875年（明治8年），東京府士族の妻（38歳）は，30数年来心臓疾患で治療を尽くしてきたが，効験なく，本所亀澤町の住医に診察を乞い，心臓肥大症で不治だと判断された。不治であることを理解した妻は，「近年，医院の病体解剖実施が行われるようになっており，遺骸の解剖を行い，死因を明らかにし，同様の病に苦しむ人々の役に立てて欲しい旨」遺言を残した。明治8年2月18日死亡，親戚知人等の反対にもかかわらず，夫および弟士族の賛同，さらには，主治医の奨励を通して，東京大学医学部法医学教室において解剖を実施した。治療医師の判断の通り，心臓の実質は肥大しており，弁膜孔に器質変化があるをことを確認して，その病気が不治であったことを明らかにした。

不敬者事件：1901年（明治34年）5月17日午後4時半頃，58歳の男が自宅座敷において，壁にもたれかかり，半坐の位置で死亡しており，死因は自ら縊し窒息死と判断された事件であったが，後日，家人が自首してきて述べた事実は，現場偽装であった。当日午後3時次男が学校より帰宅したところ，土蔵の入口四畳敷において唐縮緬の兵児帯を戸前の梯子に掛け父が縊死していたのを発見，外出中の母に告げたところ，死者の妻は直ちに帰宅，死体を座敷に舁ぎ入れ，変死を世間に知れては家の不面目，子供の肩身も狭くなると考え偽装した。

男三郎事件1：1902年（明治35年）3月27日午後11時半頃麹町下先の民家方台所入口に臀部を切られた少年死体が発見された。同町職工の長男11歳と判明した。継母と入浴の帰途砂糖を買いに立ち寄って惨殺されたのである。死因は鼻口孔閉鎖による窒息，頸部刺創は瀕死の際，細長い鋭利な刃器で穿刺されていたが，死因ではなかった。

臀部の皮膚筋肉欠損は，死後，鋭利な刃器で切取り，左右両眼結膜の剥脱は死後眼球をえぐったものと判断された。ハンセン病に人肉が効験があるとの迷信によっての犯行であったことが判明した。

男三郎事件2：1905年（明治38年）7月14日，当代一流の漢詩人はハンセン病を病み，妹が私通した相手の男を入れ婿養子とした。婿養子の男はハンセン病に人肉が功あるとの迷信から，前記事件1の被害者を殺害，臀肉を切り取り夜陰に乗じ御濱御殿沖合の海中に舟を漕ぎ出し，人肉スープを作り漢詩人およびその妹に飲ませた。詩人は婿の奸悪な人物を識り離縁したが，婿は相手の妹およびその間に生まれた女子との同棲を希望，また，漢詩人の財を私するため，5月12日夜漢詩人宅に忍び込み漢詩人を殺害した。死体前胸下部左右両側の筋肉層に鈍体の作用によると推測される略手掌大の溢血があり，脳溢血ではなく，窒息死かどうかは不明，中毒による死亡とも認められず，毒物の有無は不明であった。

男三郎事件３：1905年（明治38）7月18日，生活に窮した前記事件２の婿養子の男は知人の間柄である薬種商（23歳）を山中に誘い出し絞殺後，縊死したかのように，死体を木枝に懸垂させ所持金350円を奪った。男は薬を隠匿していることが分かっていたので，毒殺の疑いもあった。また，外国語学校卒業証書偽造，千葉の鮮魚商に対し金塊を売却すると振れこむ詐欺未遂事件の疑いもあった。薬種商の遺体は埋葬後1カ月，鮮魚商は5日後に発掘解剖され，扼頸による窒息死と推測，毒物の有無は不明であった。

出羽亀事件：1908年（明治41年）3月22日午後8時頃，西大久保在住の妊娠5カ月の人妻（28歳）が入浴の帰途，姦淫圧殺された。綽名出歯亀（35歳）の性的犯行であった。

自殺偽装事件：1908年（明治41年）松本町電気器械販売業方の下女（21歳）が遺書を懐中し，台所の梁へ紺縮緬の兵児帯をかけ縊死していた。法医鑑定では，「生前に頸部の絞扼をされて，且つ口部の閉塞も行われたと推測す」と判断された。被害女性は主人の女中兼妾として月4円ずつ支給されていたが商売不振のため給料不払となり，口論絶えず遂に主人は被害者の口中にぼろ布を押入れ台所の梁に懸垂し，手を以て頸部を絞扼したと自白した。

善光寺行李詰事件：1911年（明治44年），長野善光寺に行李詰の女性死体が届けられ，地元署では他殺の疑なく信者の誰かが成仏させるために送り届けたものと仮埋葬した。警視庁は他殺との見込から，捜査を開始した。鑑定により，死因は窒息と推測された。浅草の寺の職員（63歳）が内縁の妻を絞殺，行李詰にして送っていた。職員に年下の情婦ができ，妻女との痴話喧嘩が絶えず困っての犯行。発覚の端緒は，行李と死体を包んだ桐用紙の製造元が判明したことによる。

焼死か他殺か：1912年（明治45年）本所区馬場町の住宅が全焼，焼け跡から住居人の女性の死体が発見された。法医鑑定は「頸部絞壓並びに焼死」。吉原の遊女であった。被害女性は浅草千束町の資産家（63歳）に身請けされ，同所に妾宅を構えていた。当時8歳になる女児までであったが，被害者の従兄の車夫にして博徒（34歳）が懸想，その意に従わないため，夜中同家に忍び込み短刀で切り付け，手拭いで咽喉を絞めさらに放火，犯行の隠滅を図ったことが判明した。

桐原事件：1915年（大正4年），元陸軍士官による殺人放火詐欺被告事件は法医学上の関心を一層高めた。1913年（大正2年）以来，四谷区で土地周旋業を営んでいた元士官は4月，火災保険会社に一万円の保険を掛けていた。元部下の陸軍御用商人と青山の靴商の両人が大型の行李を用意して元士官を訪ね，二階において酒宴を催した。それ以降，御用商人の姿は不明となった。間もなく同家は火災で焼失，保険金一万円が支払われた。次いで1914年（大正3年）11月18日，千葉の沼の雑木林中に男の死体が発見され，元士官の旧部下の靴商人であることが判明，元士官の保険金詐欺を知っていたために殺されたものであると認定された。ところで，御用商人の行方は分からず疑問が残ったままであった。1913年（大正2年）5月21日，千駄ヶ谷隠田の池中から35～6歳の男の死体が発見され，いったん穏田の千寿院に埋葬されていたが，この遺体が御用商人ではないかと，1915年（大正4年）5月5日，頭蓋骨だけを発掘し鑑定。法医鑑定の結果，「死因は頭部の損

傷に発因する脳震盪並に脳挫傷と推測」され，かつ，御用商人の妻，妾および歯科医の証言によって死体の義歯から御用商人に違いないことが確定した。その結果，元士官の嫌疑が一段と深まった。幸いにも死体を行李に入れ一時隠匿していたと推測される元士官宅二階押入の焼残りの床板三枚が買い入れた材木商から発見された。法医鑑定で，「松板三枚に付着する無数の汚点が人血を摂取した蝿の糞塊」と判断され，かつ奥行1メートル余幅40センチの間には全く蝿糞がなく，この面積の処に死体を納めた行李の如きものを置いていたと考えられると注意事項が附け加えられていた。元士官の犯行が明白となったが，耳が聞こえぬ，眼が見えぬと言い立て，法医学上の鑑定が行われ，「偽聾の疑且或程度の視力が存する事」と断定された。大正6年に至り，精神異常，全聾，盲目，歩行不能の状態を呈したため，再び法医鑑定となり，「全聾は詐称，視力障碍を来せるも筆談不能の程度，精神は健全，慢性腎臓炎を存するも起立又は歩行不能の程度にあらず」と断ぜられ，狂人のふりをしていることが暴露した。元士官は刑の決定を見ず，1922年（大正11年）4月18日61歳で獄死した。

実父殺し：1915年（大正4年）殺意の有無について法医学で争われた事件。栃木県那須郡の農夫（65歳）が娘の嫁入日に客への馳走としてうどんを造るため，材料の小麦約36キロの俵を180センチの背負梯子にて背負い納屋に入ろうとした時，その長男（37歳）と口論激怒のあまり父を後方から突き飛ばした処，転倒するはずみに納屋の入り口にあった径約30センチの玉石に顎を打ち死亡したという。病死として埋葬したが実父殺しの風評が駐在巡査の耳に入り，近所の病院院長が発掘死体を鑑定，他殺と認め，かつ現状臨検の結果，納屋の柱，唐箕等に飛散した血液の状況から単に玉石に顎を打ち付けたばかりでなく，杵にて撲殺したものと認められ死刑宣告を受けた。これを不服として控訴，法医学上の鑑定となった。「杵にて生じたる創傷と断定すべき証跡無し，死因は被害者が背面より突撃に遭い前左方に転倒し玉石に左顔面及顎部を打ち付け頭部諸骨に損傷を生じ脳震盪を来したるに由るもの」と推測された。

色情倒錯事件：1917年（大正6年），大工職の男（29歳）は堅気の職人で妻子もありながら吉原遊女女中（23歳）と関係を結び，妻子を離別し，女中と同棲した。ところが多情な女中が吉原の妓夫と秘かに情を通じつつあったのを職人が発見し，「お詫び」のため自ら進んで折檻行為を受けることとなった。短刀，鑿等によって手指，足趾を切断し，鉄製の火箸等によって背部上肢等に「某某妻」と焼絡させかつ錐を以て下肢を刺さしめ死亡の2日前まで夫婦関係を継続したという。法医鑑定「死因は火傷」，精神状態鑑定「被害女性の姦通に対し被疑者の魯鈍に基づく強烈なる嫉妬心及激怒を発したること，同じく魯鈍に基づく判断力及抑制力の薄弱なること，犯罪当時に於ける女性の心身状態はヒステリーの状態にありたるもの」と推測された。

宣教師事件：1917年（大正6年），芝区の自称宣教師（36歳）の窃盗放火詐欺強姦致傷殺人事件。自称宣教師が1913年（大正2年），雇入れた女中（16歳）を暴力にて姦淫，淋病を感染させた。このことを女中の仲介者が知り訴訟に及ぼうとしたが仲裁により金百円にて示談となった。ところが宣教師は他日再び被害の及ぶことを恐れ，女中を欺して戸外に出し夜9時頃空地の古井戸に突き落とし溺死させた。翌年の1914年（大正3年），古井戸さらいの際死体が

発見され，溺死者として寺所有墓地に埋葬されていた。1917年（大正6年），これを発掘，頭蓋骨・胴体の法医鑑定「年齢16乃至20歳　女性，頭蓋骨は中型にして高型，顔面稍長型，鼻は中型，顎は前反型身長130センチ以上」と推測された。自称宣教師は1924年（大正13年）監房内で縊れ死んだ。後年，怪奇伝説として取り上げられることとなった事件。

毒殺か病死か：1917年（大正6年），牛込区戸塚町の男（45歳）が下女と通じ一戸を構えさせ自分も同居した。金に欠乏するごとに本宅に行き金を無心するため口論となり，家庭に波風が絶えなかった。親族会議の結果，離縁することに決定した。それを耳にした男は直ちに帰宅したが突然嘔吐し，人事不省に陥り医師を迎えた。カンフル注射して回復，約20日後病床に起きあがり，医師に対し回復のお礼を述べ，退院していった。同日夕刻妻が持ち帰った餡餅を食べたところ午後8時頃突然危篤に陥り間もなく死亡した。家庭内のいざこざ，妻が他から持参した餅，突然の死亡という事件は毒殺の疑いを生じる好条件である。法医鑑定にて「死因は基底動脈の動脈瘤破裂」で毒殺ではなかったことが明らかとなった。

赤地ケ原の女殺し：1919年（大正8年）南千住の俗称赤地ケ原隅田川駅構外の炭坑会社貯炭場に年若い女の死体が発見された。死体の傍には絞殺に使用したと見られる三尺帯と手拭いが落ちており，強姦された模様があった。被害者は看護師（30歳）と判明。近所で雇われて働く女工の妹を訪問する途中の出来事で，前夜8時頃の犯行と推定された。法医鑑定「頚部絞扼に由る窒息が死因，姦淫の痕跡を存す」。これより先，神奈川県保土ヶ谷の山中において横浜の女子学校生が絞殺され捜査中であったが，赤地ケ原女殺しの2カ月後に警察に強盗殺人の犯人として逮捕された男（35歳）が女子学生殺し以外に本件，さらには栃木県足利の人妻殺しも行っていたことが判明した。

貰子殺し事件1：1930年（昭和5年）5月30日，女が新宿駅に自動車を乗り付け赤帽を呼び大型トランクを預けたまま姿をくらました。荷物の悪臭に不審があり警官の立会で開けたところ，7体の嬰児死体であった。解剖の結果，「女児死後2カ月以内絞殺，女児死後3カ月以内死因不明，女児死後2カ月以内死因不明，女児死後2カ月以内死因不明，男児死後1カ月以内死因扼殺，女児死後2カ月以内死因不明，男児死後1カ月以内死因不明」であった。6月19日，駒沢の無職の男および妻が養育金目的に不義の子を貰い受け次々に殺害していたことが判明した。

貰子殺し事件2：1933年（昭和8年）3月2日，養育金を受け取って貰子とし，次々に殺害，渋谷西郷山に埋めていたのが発見された。男児絞殺10体，女児絞殺6体，女児2体頭部圧迫，男児頭部圧迫3体，女児頚部及頭部圧迫1体，性別不明頭部圧迫2体，男児頭部頚部及胸腹部圧迫1体の計25体であった。

お定事件：1936年（昭和11年）5月18日，東京中野の待合において女（42歳）が情夫（42歳）を絞め殺し，肉切包丁を以て情夫の陰部を切り取り左胸を切り刻み，次で女は切断した情夫の陰部を懐中し市内を彷徨，20日品川で逮捕された。

(5) 法医関連諸問題

法医学関連の事態のうち，近年，法医学と関連の案件について基本的な提言がまとめられて

いる（高取，2008）。

その1つは，脳死問題である。1968年（昭和43年）札幌医大の心臓移植手術の脳死判定についての批判により，移植医療はその当時否定的な気運であったが，1976年（昭和51年）スイスで開発された免疫抑制剤サイクロスポリンAの移植応用に伴い，「US腎」と呼ばれる死者から摘出された腎臓移植生着率の向上が実現し，移植治療に伴う脳死判定問題が浮上した。この脳死について，1969年（昭和44年）第53次日本法医学会総会では，死の判定を，「脳機能特に脳幹部中枢機能の永久的停止の開始を以って死とする」との日本脳波学会等の考え方に対し，脳死は個体死として未だ認定できないとした。その後1985年（昭和60年）第70次日本法医学会総会評議員会課題調査委員会の提言に添う日本法医学会脳死に関する委員会の1988年（昭和63年）中間報告IIにおいて，個体としての生体酸化に最も重要なのは呼吸中枢の機能であり，脳幹を含む全脳の死は人の個体死であるとしたものの，人の死に心臓死と脳死との2つの死という考え方は成り立たないとした。一方，移植医療において，臓器移植の法制化が必要であるとの結論に達し，議員立法として「臓器移植法（案）」が上程され，1997年（平成9年）「臓器の移植に関する法律」が公布・施行された。本法での脳死体は，移植術に必要な臓器が摘出されることとなるのであって，脳幹を含む全脳（脳幹と大脳皮質）の機能が不可逆的に停止するに至ったと判定されており，医学的脳死と判定されても移植医療の対象とならない場合は脳死ではなく，厳然として生きていることとなり，心拍動停止によってはじめて死を迎えることとなる。つまり，脳死と心臓死という二元論が存在し，1986年（昭和61年）日本法医学会生命倫理懇談会中間報告，1992年（平成4年）の脳死臨調の答申での二元論を踏襲している。また，脳死死亡時刻に関して，脳死判定基準項目が全て満たされた第一回目の判定，その後少なくとも6時間経過した時点での第二回目の確認が脳死の死亡時刻とされており，法医学的もしくは法的には矛盾することとなる。法医学的には，1988年（昭和63年）以来，心臓死と脳死という2つの死は受け入れられず，脳死による一元論を提唱してきている点は，今後，考えておかなければならない問題である。

（6）法歯学

法歯学事項が注目されるようになったのは明治中期，小島原泰民がAmerican System of Dentistryにある米医学士チャーレス・ジー・ガリソン（Charles G. Garrison）の『Dental Jurisprudence（裁判歯科学）』を翻訳，1894年（明治27年）2月2日発刊「裁判上歯科医の周知すべき法律規則の論述」と註して，「歯牙に依てせる同体の挙証」に刑事裁判上著名なマサチューセッツ州のウエブスター対パークマン裁判を記述し，また，バラバラ死体となった医師パークマンの遺体の義歯について，歯科主治医キープ氏が同定，事件解決に結びついたと述べ，裁判上歯科の重要性を強調している（鈴木，1964）。

1895年（明治28年）10月，歯科医学叢談第1号に高山歯科医学院（東京歯科大学前身）の講師が「法律上歯科医の責任を論ず」との論説を発表，1899年（明治32年）5月25日，帝国大学法医学教室開催の国家医学会席上，高山歯科医学校の講師が「歯科法医学について」の講演を行い，歯科裁判医術における歯牙鑑識順序を，①口腔内の歯牙存在の有無，②歯槽突起の形状，③義歯充填その他器械的製作物の存在④歯牙の配列，齲蝕およびその他の特質等を検査して，明細に表記，または石膏その他の印象

剤を用いて，歯牙模型を採って死体鑑別の用に供すべきであるとしている。因みに，高山歯科医学院の薬物学病理学講座を担当していた伝染病研究所助手野口英世（1876～1928）博士は，1900年（明治33年）東京歯科医学院と改称された年，「年齢と歯科法医学」「咬傷の法医学的関係」という講義を行った（鈴木，1964）。

1903～1904年（明治36年～37年），東京歯科医学専門学校歯科学の一部として，歯科法医学の検査鑑定，歯牙の折傷および脱臼，咬傷の分類，生前と死後の損傷の区別等が述べられたのを嚆矢として，1930年（昭和5年）と1937年（昭和12年）に歯科学の犯罪捜査学的意義，犯罪人体学および犯罪心理学的意義，歯科領域の損傷，咬傷，さらには，死体異同識別，性や年齢の判定等が論ぜられたのを経て，1955年（昭和30年）頃から文部省科学研究費の援助の下，解剖学・法医学・物理学・薬理学・歯科医学の多方面からの本格的な研究が推進されるようになった（上野，1959）。1960年（昭和35年）6月25日東京医科歯科大で第1回歯科法医談話会が開催された。1963年（昭和38年）10月，茨城県内の殺人事件で歯の鑑定が成功した例が報告されている。1964年には東京歯科大学内に歯科法医学教室が設置された（鈴木，1964）。

9. 法毒物学

人類は野獣との争闘において，毒物を使用したり，負傷時に創の手当を必要として，必然的に「薬」と「毒」とを相対峙した存在で認識し，毒は少量の場合は薬であり，有効な薬でも多量では恐るべき毒を意味すると考えられていた。

中国では人身牛首の神農氏が赤い鞭で草木を鞭ち打って百草を嘗めて始めて医薬を知ったと言い，ギリシャではアポロンの子エスキュレピアスが草木土石の性質を会得し医道の祖となったとされている。原始人類の知識状態や生活実態から矢毒クラーレ・ヴェラトリンといった猛毒，阿片・キナ・大麻・ヤラッパ等の薬剤使用を心得ていたものと考えられる。その一方で，食性にも影響し，ある種の動物植物を食することを禁止し，違反すれば毒となる旨の迷信も生まれた。逆に，喜ばれた毒として，麻酔作用を持つ毒，酒・煙草・茶が存在した。日本では少彦名神が造酒の神，中国では酒を薬物の始とした。インド古代経典リグ・ヴェーダにはソーマ神伝説として，ソーマと称する植物繊維から搾った液に牛乳または大麦の煎汁を加え醱酵させると強壮薬となるとしている。大麻は古来インドの僧が「定」に入る際に用いたという。定とは蛇蛙の冬眠のごとく6週ないし8週麻酔状態を経過し，四肢は固く心臓の鼓動もなくなるということである（小酒井，1923）。

歴史上，毒物として記録に登場するのは，爬虫類や両生類等の動物由来の物質である。動物毒としては，毒蛇が最も頻繁に取り上げられてきた。スサノオの八岐大蛇退治，中国の三皇の一人庖犧氏が蛇身人首であったと伝えられている。インドでもリグ・ヴェーダの中にセシアと称する千頭の怪蛇が登場する。エジプト最後の女王クレオパトラの毒蛇による自殺話も知られている（小酒井，1923）。

植物毒であるドクニンジン・セイヨウキョウチクトウ・トリカブト・バイケイソウ・アヘン・毒キノコもよく知られている。植物性毒として，しばしば取り上げられるのが，マンドレーク（マンドラゴラ）という馬鈴薯類に属する。わが国ではキチガイナスビの毒成分アトロピンと同じ作用がもたらされる麻酔剤がある。その形はインドの人参に類似，太古のヘブライではデーンと称し妊娠促進薬として用いられていたという

（小酒井，1923）。

　鉱物毒としては，まず，外科手術に用いる「鍼」が本邦では知られている。欧州では磁石を毒と見做していた反面，不老長生のお守りとして珍重された。ガラスの粉末は殺児に用いられていたし，動物の体内からの腸石・胆石は憂鬱病の予防薬，イギリスでは矢の根石が用いられていた。宝石類はお守りで，特にダイヤは平和をもたらし暴風を防ぐと尊ばれてきた。墓石という宝石はクモや毒性動物の毒消しであるとされてきた。また，ヒ素はよく知られていたが味で分かるため，毒殺には不向きとされていたが，西暦800年頃，アラブ人錬金術師がヒ素を味のしない白色粉末に精製してからは，食べ物や飲み物に簡単に混ぜることが可能となり『相続用の粉』と呼ばれ頻繁に利用されるようになった。当時はヒ素使用を明確に立証できなかったからである（Wagner, 2006）。

　法医科学において，病理学に次いで触れられた最初の犯罪科学分野は，法毒物学とされている。事実，毒物の研究を行う毒物学という独立した分野そのものは，法的問題に適用する関心以外には考えられない。近年には，一般毒物学として部分的な専門分野として相応の発達を遂げている。16世紀から18世紀にかけて出版された大抵の法医学教科書には，毒性物質の記載がされている。もっとも有名な最初の法毒物学者は，スペイン出身の侍医オルフィラ（J. Orfila：1787～1853）である。ミノルカ島出身のオルフィラは，1811年パリで医学を修め，同市の法医学教授になり，「毒物学の父」とされている。1814年"Treatise on Poisons"初版を公刊，実験ならびに犯罪毒物学の創成書と見なされ，重版を重ね，多数の言語訳本が出されている（Camps, 1968）。

　史上最もよく知られている毒物は，容易に入手でき人体から検出されにくい，かつ，当時のはやり病，特にコレラ（Cholera）の病状と似通った症状を呈するため，中世には非常に殺人者に好まれた凶器"ヒ素"である。オルフィラ等は様々な毒物検出手法を提唱したが，1836年イギリスの化学者ジェームズ・マーシュ（J. Marsh：1794～1846）が開発したヒ素検出法は，人体組織中の極微量の検出が確実に可能な画期的な技術開発として，次の数十年間の毒物分析の改善に多いに役立った。ヒ素を用いた殺人事件捜査や裁判で多数の貢献が果たされたのである。1840年フランスのマリー・ラファルジェ（Marie La Farge）事件（後述）でのオルフィラの法廷証言は圧巻であった（Curran, McGarry & Petty, 1980）。

　もう1人のスコットランドの法医学の主導者としてイギリスエジンバラ大学のロバート・クリストソン（Robert Christison：1797～1882）がいる。彼は1829年毒物学の教科書を出版している（Camps, 1968；内藤，2001）。

　遺体から植物毒に由来するアルカロイド成分（例えば，阿片から分離抽出されたモルヒネのように）を検出することも困難であった。1851年ベルギー人ジャン・セルヴェ・スタースが遺体組織をすりつぶし，アルコールと酸を混ぜ，ニコチンアルカロイドの分離に成功したことに端を発し，様々なアルカロイドが検出されるようになったが，逆に，死後生成されるアルカロイドの存在も明らかとなり，様々な問題が起こるようになった（Marriner, 1993）

(1) 毒殺抄史

　ヨーロッパ王室の歴史のみならず欧州の歴史には毒殺は極めて多く述べられている。「トリカブト」は，一週後・一月後・一年後，と自在の時期に人をたおすことができる調剤方法が書き遺されており，『英雄傳』の著者ブルターク（Plutarchus：BC48～BC127）も発熱・咳嗽・

喀血・痴呆を起こさせて人をたおす毒が存在すると記している。紀元前2世紀頃のローマでは毒使用が盛んであった。ローマ帝国第5代皇帝ネロ（Nero Claudius Caesar：37〜68）の母親アグリッピナ（Agrippina Major：BC14〜AD33）はローマ帝国第4代皇帝クラウヂウス（Claudius：BC10〜AD54）を除くため，毒殺を職業とする女性の助けを仰いで，目的が達せられた後死ぬようにと，一定の時日まで生かしておける急激でなく徐々に身体を衰弱させる毒による毒殺を試みたという。皇帝暗殺は失敗したが，暴君ネロ皇帝の命で，自身の義弟クラウヂウスと三番目の妻との息子ブリタニンクス（Britannicus：41〜55）を毒殺した。彼らは多く植物性の「トリカブト」「毒人参」「阿片」を用いたが，鉱物性「ヒ素」も相当使われた。

しかし，その化合物「亜ヒ酸」は，欧州で16〜7世紀になってから使われ出した。17世紀，呪術師が「バーリの聖ニコラスのマナ」と名付けた透明の液をローマとナポリで女性に売り出した。表向きは化粧品として，実質少量を使って自然死にみせかけて殺せる薬と言われていた。これは，その後「トファナ水」として知られ，妻の手に負えない夫が消化器の不調で死亡する例が増えていった（小酒井，1923）。

インドのベンガル地方では，古来から寡婦殉死の風習，夫の死後その死骸と共に寡婦が焼かれる風習があり，これは不倫相手の女性の夫を毒殺することを防ぐためであったとの説明がある。インド人はヒ素・トリカブト・阿片を殺人に，曼陀羅華大麻（チョウセンアサガオ）を一定時間知覚麻痺に用いていたとされる。インドでは，鴆（ちん）という毒鳥の羽を浸した酒を飲ませて毒殺を行った。

中国漢末期の荀悦の「阿保乳母論」中には「甘體有鴆毒」の記載があり，後漢書單超傳にも「多所醜殺」，漢書高五王傳にも「鴆殺之」の言がある。漢高祖妃呂后の鴆毒使用はよく知られている。中華民国初代大総統はストリキニーネで暗殺された。

中世は毒殺が横行し，死体の黒い斑点は毒の存在を示すとされ，病気や腐敗の自然変化と殺人との違いは明らかでなかった。万能解毒剤として，ミイラの粉末やユニコーンの角（実質はサイの角），あるいは，薬剤師処方の「テリアカ（30〜60種の材料調合）」，さらには，死者，特に処刑人の頭蓋骨に生えたサルオガセ属コケは有効な治療薬とされた。動物の腸や胆嚢で固まった胃石「ベゾアール」も盛んに解毒剤として取引がされた。腎石については，16世紀，フランス王シャルルⅨ世（Charles Ⅸ：1550〜1574）の医学顧問外科医アンブローズ・パレ（A. Pare：1510〜1590）がこれの薬効について調べた。入獄中の宮廷料理人の恩赦を条件に腎石入りの料理を与えたところ，7時間後苦悶の末死亡してしまった。しかし，加えた胃石がたまたま偽物であったのではないかとの疑問は残った。

わが国での毒物使用は，鎌倉足利時代以降徳川時代に散見されるが，概して知識は疎く，また，毒物そのものの入手が困難であり，伝わる毒殺事件の多くはインド伝来である。特異的には，堕胎専門の中條流という女医が知られており，幕末明治には，「石見銀山鼠取り」（亜ヒ酸）で，妾の夜嵐お絹が旦那の殺人を行っている以外，さして毒にまつわる事件は少ない。一方，御家騒動などの徒党の陰謀では毒殺が登場し，越後・加賀・伊達騒動が伝わっている。越後騒動は越後中将光長郷を，烏蛇（カラス蛇）の毒酒で毒殺しようとした臣小栗美作なる侫人による断絶事件，加賀騒動は，大槻傳蔵なる逆臣が太守前田宗辰公を砒霜で殺害した事件，伊達騒動では，原田甲斐なる人物が時の幼君鶴千代君を鴆毒で殺害しようとした事件である。（小酒

井，1923）。

(2) 男性毒殺者

　欧州犯罪史上，男性毒殺者の多くは医師であったらしい。また，毒殺の目的の多くは財産もしく保険金を得ることであった。

カスターン医師事件（モルヒネ）：1823年，フランスのカスターンなる医師は，妻子を安楽に暮させようと，患者であったバレー兄弟の財産を得るため，酢酸モルヒネで毒殺し，1853年，逮捕され死刑となった。毒殺犯エドム・カスターンは，官吏の三男として1796年に生まれ，1821年免許を得て医師となった。医師の仕事は順調ではなく，1818年友人の借用証の保証人となり財政上窮迫していた。その頃，両親が死去し，各自26万フランの遺産を相続したオーギュスト・バレーとヒポリート・バレーなる青年兄弟が居た。兄は満足な養育を受けぬまま不良行為を続け，両親から譲られた遺産は使い果たしてしまっていた。一方，弟のヒポリートは順調に成長したものの，1822年肺疾患で10月5日に死亡する前に，医師カスターンの治療を受けていたのである。1822年8月半ば以来，医師カスターンは頻繁に往診し，10月1日には水蛭治療を行い，快方に向かっている風であった。翌晩，数回の激烈な嘔吐を催し，翌朝重態に陥った。見舞った親戚によれば，顔が腫れ上がり，目が真っ赤，雇い人の言で，容態が幾分持ち直し，カスターンが終日病床に付き添っているとのことであった。翌日，カスターンは手伝いのヒポリートの妹の看護を断り，その晩10時に危篤となり，自分では手に余ると訴え，別の医師の往診を求めたが，ヒポリートは死亡した。両医師によって肋膜炎が死因とされた。遺言書ナシの死亡とみなされ，弟ヒポリートの遺産は兄オーギュストに4分の3，残りは妹に分配された。一方，弟ヒポリートの遺言書には10万フランの財産相当の終身収入をカスターンに与えるとの一項があるとのことで，これに見合う額を兄オーギュストからカスターンは受け取っていた。その際，カスターンは，兄オーギュストに弟ヒポリートの遺言書には，カスターンへの遺贈の際，遺言書を破棄するよう記載されていると告げ，封緘の章のついた遺言書を見せられていた。兄はこれに従い遺言書を破棄していた。

　一方，カスターンは，弟ヒポリートの死亡する前5月1日パリの薬剤師から10グラムの酢酸モルヒネを購入，死亡1カ月前の9月18日にも同量買い求めていた。1823年5月末，カスターンは公証人書記に財産を譲り受けるのに必要な内容を問い合わせていた。そして，1822年11月1日付けでカスターンを単独の受遺者とする兄オーギュスト・バレーの遺言書が5月29日公証人書記宛てに保管するよう送られてきた。この遺言書が供託された日以後数日間，オーギュストとカスターンはうち揃って旅行，付近を散策するなどして，翌30日午後9時に帰宿後，カスターンが誂えた葡萄酒を，女中が二杯の湯割りにして運び，カスターンが持参のレモンと砂糖を混ぜて，オーギュストが飲んだところ酸っぱいと言って女中に杯を返した。彼女もこれを確認した。その後女中部屋に戻った彼女についてカスターンもついてきて女中部屋に留まった。オーギュストは夜通し腹痛に悩まされ，翌朝には両足が腫れ歩行もままならなかった。早朝4時にカスターンは起きだし，二時間後パリの薬剤師の店に行き，医師と告げないまま，カスターン医師署名の処方に基づく洗浄薬用吐酒石12グラムを求めた。ついで，一時間後，別の薬剤師を訪れ，36グラムの酢酸モルヒネを購入した。部屋で臥せっていたオーギュストにカスターンの指示で冷やし牛乳が飲

ませられ，再び，激烈な腹痛と吐き気に襲われた。吐物の臭気が不快だとして，カスターンの指示で捨てられた。午前11時過ぎオーギュストの依頼で呼ばれた地元の医師にカスターンはコレラと思われると告げ，吐物をみたいと言ったがすでに捨て去られており，食療法とレモン水と鎮痛薬を処方した。午後3時再来診，レモン水を飲んで少し落ち着いており，「だいぶ良くなった早くパリに帰りたい」とせがんだりした。その晩11時頃，カスターンは医師処方の鎮痛薬をオーギュストに与えたところ，数分して，激しい痙攣を起こし人事不省に陥った。医師が呼ばれ，患者に刺胳（しらく：皮下の静脈から瀉血する）法を施し，水蛭20匹も付け，6時頃来診，すでに危険状態に陥っており，6月1日正午，オーギュストは死亡した。6月2日，旅館内で行われた死体検案で殴打致死もしくは毒殺の形跡は発見されなかった。検査医は，自然原因の胃穿孔が原因と断定した。この結果にもかかわらず，カスターンは拘束されパリに護送され，予審が開かれた。狂人のふりをして抵抗を試みたが効を奏さず，1823年11月10日，カスターンは，ヒポリート・バレー並びにオーギュスト・バレー殺害およびヒポリートの財産遺贈書類破棄の件で，パリ巡回裁判所で裁かれることとなった。ヒポリート殺害に関し，ヒポリート死亡前に酢酸モルヒネをカスターンが購入したという事実以外なんらの論拠となる証拠はなかったため，求刑は放棄された。次いで，ヒポリートの遺書破棄に関し，仲介の公証人の言では，妹に全財産を与える旨の遺言書の下書きを見たが，十万フラン出せば遺言書を破棄する旨の内容はなかったと述べた。また，カスターンは，オーギュストにそのような話をした覚えはないし，オーギュストと共に公証人の事務所におもむいた事実も否定した。そして，急に十万フランの金を入手した理由について，ヒポリートが毎年4千フランの収入を約束しており，これを基に，オーギュストが十万フランと見積もってくれたと主張した。購入した酢酸モルヒネは犬猫駆除用と説明した。病人の吐物を破棄したことについて，捨てさせたことを認めた上で，購入した酢酸モルヒネは毒殺の嫌疑を受けるかもしれないと思い，旅館の便所に捨てたと述べた。

裁判上，医学的証拠は被告人に有利であった。有名な化学者オルフィラの証言では，オーギュスト・バレーの死体徴候は，酢酸モルヒネもしくは他の植物精毒薬作用に帰することができるが，同時に，自然発生の急病に基づくともできるとした。オーギュストの胃液には毒物の痕跡は示されず，一方，オーギュストの示した痙攣の徴候は，酢酸モルヒネの大量服用の場合の特徴でもある。カスターンは酢酸モルヒネと吐酒石を混合したと言うが，死体からは両痕跡とも発見されていない。したがって，彼の病症は自然原因によって発したかもしれないと証言した。カスターンにとって不利な証拠は，多く伝聞に基づいていた。オーギュストの遺体から毒物の痕跡が発見されないことは，罪体が存在しないことになるとの主張について，法学者ダーグソーの説「罪体とは罪そのものである」が引用されたが，「罪の証拠は性質上千差万別足らざるを得ない，一般的・特殊的・主的・従的・直接的・間接的，いずれをとっても，罪の証拠とは誠実な人士の心証を定むる所以の一般的印象を形作るものである，さすれば，本件のような毒殺の場合，被害者の死後，被告人を断罪したり，例え，被害者の生命が助かった場合の未遂行為を断罪することは，不可能となる」と論じ，さらに，刑訴法上の規定を引用して，陪審員の職務について注意を喚起した。「法律は，諸氏に断罪の理由を述べろと要求するのではない，証拠を十分と認めるには該当する規則が何

かを挙げる必要もない，法律は，唯一，心証は十分かと問いを発しているのである」「毒殺の証拠として実際毒物の存在が必要であるならば，刑法は新たなる規定が設けられなければならない．即ち，植物性毒薬は痕跡を認められないためこれを罰することはできないと，毒殺者には，ヒ素若しくは鉱物性毒薬は痕跡を残すので使用してはいかん，植物性毒を用いて，自由に毒殺を続けるよう告げざるを得なくなる」と論ぜられた．陪審員の合議の末，ヒポリート殺害は無罪，遺言書破棄は有罪，オーギュスト殺害は5対7で有罪評決，上告も棄却され，死刑となった（小田，1919）．

パーマー事件（ストリキニーネ）：ウィリアム・パーマーは，1824年，イギリスの富裕な材木商の子に生れ，幼児期から明らかな嗜虐性と犯罪気質を有していた．長じて，女とギャンブルに目のない素行不良者だったが，知能は高く，豪胆で，機敏，押しが強い反面無謀，無思慮，無計画の極み，また，不可解な楽天性の性格で，放蕩は止まず，美女と見れば手を出して私生児を量産しながら，ロンドンで医師の資格を取る．1846年，故郷で開業したパーマーは陸軍大佐の妾腹の娘アンナ・ブルックスと持参金目当てで結婚したが，1849年，競馬の借金がかさみ収拾が付かなくなってしまっていた．パーマーは最初の（あくまで判明している殺人の中で最初の）殺人を遂行した．義父の莫大な遺産を相続していたはずの妻アンナの亡父ブルックス大佐の未亡人を殺害したが，庶子のため遺産の相続権がなかったため当てがはずれてしまった．それで，パーマーは競馬の胴元を毒殺して競馬の賭帳を奪い，競馬の借金を帳消しにすることに成功した（死因の判断はコレラであった）．これらは疑念さえ持たれなかった．味を占めたパーマーは1853年，妻のアンナに13000ポンドの保険を掛けて毒殺（死因はコレラ），1855年には実兄にも妻と同様に保険を掛け，毒殺した（死因は卒中）が，保険金支払いは拒否されて手に入らず，疑惑の対象になりつつあった．しかし，パーマーは性懲りもなく次の犠牲者として金持ちの競馬仲間クックを持ち馬が優勝した祝いの席で，一服盛って殺害（死因は悶死），賞金や祝い金などを全部奪い，借金の返済に充てた．親族の1人がクックの死に様に不審を抱き，遺体の解剖を請願し，捜査が開始された．状況証拠は山のようにありながら，遺体から毒物は見つからなかったが，専門家の努力で，動物実験を経てクックの死がストリキニーネによる服毒死であるとの確定がなされた．クックをはじめ14人の毒殺でパーマーは死刑判決を受けた．おそらく，彼の手にかかった犠牲者は叔父，友人，債権者，不倫相手の女性などもっと多数だったはずで，不自然に夭折しているパーマーの子供たちの死因にも疑惑の念は拭えない．1856年6月14日，つめかけた群衆の前で処刑が行われた（Wagner, 2006）．

ウエイト事件（ヒ素）：1837年，ミシガン州グランド・ラピッズに生まれたアーサー・ウエイトは，ミシガン州立大学歯学科に進学したものの，人を騙したり，バイト先で金を盗む，カンニングがばれて，退学寸前となるなど，成績も最低であった．裕福な実業家の父のおかげで，歯科医の資格を取得した彼は，親のコネで就職し，南アフリカのケープタウンに嘱託医として配属されたものの，給料が歩合制だったため，治療伝票を偽造して解雇された．故郷に戻ったウェイトは，1915年9月，製薬会社を経営する億万長者ジョン・ペックの娘クララと結婚，新居をニューヨークの超高級マンションに構えた．ウェイトは細菌学の勉強を始め，腸チフスやジフテリア，炭疽菌等に関する文献を片っ端

から買い求めていった。年明けの1916年1月30日，義母のハンナ・ベックが死んだ。次いで3月12日，妻の後を追うかのように義父ジョン・ベックが死んだ。共に死因は「腎不全」と診断された。ベック家のしきたりではないが，火葬の手筈も整っていたところ，これに待ったをかける匿名の電報がベック家に届く。「ギネンガショウジタ。イタイノカイボウヲヨウキュウサレタシ」。後に判明したところでは，電報の主はベック家とは旧知の女性で1月の初旬にウェイトが女とホテルにしけこむのを目撃しており，ハンナが死んだ時から疑念を抱いていたのであった。その1カ月半後にジョンが死んで，ウェイトの仕業に違いないと確信したのであった。解剖の結果，遺体からヒ素が検出されたのを知ったウェイトは睡眠薬で自殺未遂，そして，救急病棟のベッドでは精神異常のフリをした。法廷で，古代エジプト人の生まれ変わりだと装いへらへらと笑いを浮かべながら，「義母の食事に細菌をブレンドした毒を混入した。義父には細菌も塩素ガスの噴射も効果がなく，ヒ素を使ってみたが胃痙攣を起こしただけだったので，クロロフォルムを嗅がせて窒息死させた。もちろん金のためで，妻も殺す予定だった」と，犯行の一部始終を語った。迫真の演技にも拘わらず，精神異常の申し立ては却下されて有罪を宣告されたウエイトは，1917年5月24日，電気椅子により処刑された。処刑場へと向かう途中もへらへらと笑みを浮かべていたというから，ひょっとしたら本物だったのかもしれない。ちなみに，処刑後の解剖で，脳に髄膜炎の痕跡が発見された（Wagner, 2006）。

プリチャード事件（アンチモン）：1846年，王立外科医大を卒業し，海軍の軍医を経て1850年にヨークシャーで開業した医師エドワード・プリチャードは，醜聞のため1859年グラスゴーに転居，1863年，不審火で自宅が半焼，妊娠していた女中が焼死した。15歳の女中に手をつけ問題が起きそうになっていた矢先の1865年1月1日，突然妻のメアリーが嘔吐し，看病に当たっていた義母が発作に襲われ死亡した。ついで妻も死亡した。検事に送られた匿名の投書がきっかけで，発掘された遺体から吐酒石（アンチモンカリウム）が検出され有罪となり，公開処刑には10万人もの観衆が押し寄せグラスゴーでの公開処刑の廃止のきっかけとなった。処刑直前，保険金目的と共に下女と結婚するつもりであったと告白した（Wagner, 2006）。

スメサースト事件（ヒ素汚染）：医師トマス・スメサーストは20歳ほど年上の妻とロンドン郊外のベイズウォーターの下宿屋に居を構え，人体の穴という穴全てに水を強制的に送り込む水療法というビクトリア時代の治療法を専門としていた。トマスは，下宿の女主人に開業を告げ，積極的に近隣の人々にも勧誘した。折から，同じ下宿に住む42歳で相応の魅力を持った裕福なイザベラ・バンクスは，消化器官の不調に悩まされており，トマスに相談を持ちかけるようになった。2人の親密な相談が長くなるのを，トマスの妻は全く無関心であったが，女主人は不快に思い，下宿を出るようイザベラに告げた。そこで，イザベラは下宿を引きはらったが，このときトマスも一緒に下宿を出て，重婚を承知で教会で結婚式をあげ，リッチモンドに移住して生活を送ろうとした。ところが，イザベラが体調を崩し，下痢と嘔吐を繰り返し，当初は夫のトマスが看病したが，はかばかしくなく，地元の開業医ジュリアスが呼ばれ，石灰の粉末が飲み薬として投与されるなど種々の治療が施されたが，症状は激しくなる一方であった。あげく，弁護士が呼ばれ，全財産を友人トマス・スメサーストに贈るという遺言に署名した。ジュ

リアス医師とその同僚は刺激性毒物が原因ではないかと考え，イザベラの寝室用便器の内容物を有名な病理学者で毒物にも詳しいアルフレッド・スウエイン・テイラーに依頼した。テイラーは単純なラインシュ法で検査した。検体に塩酸を混ぜ加熱，その溶解液に銅製の網を浸す，ヒ素が存在すれば銅の表面に黒っぽい膜ができる。その結果，イザベラの資料からヒ素が検出されたとテイラーは報告した。イザベラに飲食物を与えていたのはトマスであったので状況的に逮捕された。しかし，治安判事に対し涙ながらに一刻も妻のそばを離れるのがつらかったことや，妻が自分の看病を必要として頼りにしていたことを訴えたので，釈放された。翌日，イザベラは息を引き取った。そして，トマス・スメサーストは殺人で起訴された。1859年7月の裁判で，解剖結果により妊娠5〜7週目で，ヒ素中毒症状に一致する内臓の炎症が認められたが，内臓からはヒ素が検出されなかった。生前に検出されたヒ素が死後検出されなくなるのかが問題となった。試験内容が検討された結果，テイラーが検査した際に使用した銅製の網の汚染が浮上した。すなわち，これまで幾度となくつかわれた網には，洗浄の不備で，従前のヒ素が付着残存していたと指摘されたのである。そして，赤痢による高齢妊娠の悪化だとの弁護側主張にもかかわらず，有罪の死刑判決となった。これに対し，医学界から科学的事実を無視する不当な判決だとの批判が巻き起こり，正当な法的妻の女王宛の嘆願書に影響され，内務大臣の判断で判決が覆され，重婚罪で一年禁固刑を受けた後，釈放となった。その後，イザベラの遺産要求裁判で財産を手に入れ，世間から消え去った。法医学の不確実性を世間に広くしらしめた事件でもあった（Wagner, 2006）。

クリッペン事件（ヒヨスチン）：1862年，アメリカ，ミシガン州出身のホーレー・ハーヴィー・クリッペンは，後々医師とされているが，ホメオパシー，ある病気の症状を引き起こす薬剤を希釈して与えることでその病態が治療できるとする民間療法家で，正規の医師であったかは疑問である。それはともかく，ニューヨークの診療所で働いていた頃に，ベル・エルモーアと呼ばれる人並みの容姿だがオペラ歌手志望のコーラ・ターナーという19歳のポーランド娘と知り合う。コーラはマゾヒストが好む浮気症でわがまま贅沢，常に多数の崇拝者を左右に近づけ女王の如く顎で酷使し奴隷的奉仕を強いる女であった。女は見るからに騒がしくて無神経で太っているが，自分では美人のつもりで，気取ったポーズなど取っている。それが却って，彼女の内面の卑しさを表現している。男に取り入る才能だけはあるらしく，従前のパトロンであった裕福な会社の社長から，この貧相な大きな口ひげ分厚い眼鏡姿の神経質な三十路男クリッペンに乗り換えた。不況風が吹く1890年代のニューヨークでは，治療費を払えない者が続出しクリッペンの収入もままならず，診療所を辞め，インチキ薬販売の会社に就職し，1897年には1万ドルという破格の年俸でロンドン支社長に抜擢された。一方，オペラ歌手は諦め，ミュージック・ホールの人気者を目指していたコーラは実績もなく，醜く太り口汚くクリッペンをののしるようになった。折しも，勤めていた支社長をクビになってしまい，1901年に聾治療用の膏薬を販売している会社の嘱託医となる。そこでタイピストをしていたのが，当時17歳のエセルだった。2人はたちまち恋に落ち，この会社が詐欺で告発され倒産したのを機に，彼女を助手として引き抜き，歯科医を開業したのである。若い頃の支配的なコーラによく似た性格のエセルにマゾヒストの気があったクリッペンが魅かれ，ベッドを共にするまで

に5年間もおあずけを喰らったとも言われている。1906年12月6日，エセルは離婚を約束に，関係を許したのだった。この直後の1910年1月19日，クリッペンは馴染みの薬局で猛毒のヒヨスチンを買い求めている。コーラの姿が最後に目撃されたのは1月31日の晩のことである。翌日，クリッペンはコーラの指輪とイヤリングを質に入れ，エセルはクリッペンの家に移った。その翌日，ミュージック・ホールの支配人にコーラの親類急病のため渡米するので辞職するとクリッペンの手紙が届いた。3月24日，コーラの友人のもとに彼女の死亡通知が届いた。友人たちの通報で，事情を聞かれたクリッペンは，コーラは私を捨て，シカゴで愛人と暮らしていると釈明した。コーラの行状から十分納得できる事情から，落着しかけた矢先，クリッペンはエセルと共に行方をくらませてしまったのである。クリッペンの家を捜索し，地下室にある石炭置き場の床下から石灰と共に埋められていた骨を抜き取られた人間の胴体を掘り起こした。頭と手足は見つからなかった。当時令名を馳せていた法医学者バーナード・スピルズベリー（Sir B. Spilsbury：1877〜1947）が皮膚に残る痕跡が外科手術の跡と断定，コーラが受けた手術跡と合致するとした。彼は，イギリスで最も著名な法医理学者として知られており，1910年から1914年にかけて事故死と見られていた3人の女性が，被害者の顔に残されたあざ痕跡から外力の圧迫による事故死を装った結婚詐欺によるジョージ・ジョセフ・スミス（G. J. Smith：1972〜1915）による殺人事件の解決に寄与した。一方，男装させたエセルを連れてクリッペンはカナダ行きの蒸気船モントローズ号に乗り込み父子を装っていたのだが，船長は2人がお尋ね者のカップルであることを見破り，実用化されたばかりの無線電信で直ちにスコットランド・ヤードに情報を伝え，2人は入港と同時に，別の船で先回りしていた捜査官により逮捕された。地下室の死体は，以前の居住者が埋めた誰か別の女性だとの弁護人の拙劣な主張もあり，死刑を宣告された。エセルは無罪とされ，1967年に84歳で天寿を全うした（Marriner, 1993。

ド・パウ事件（ジキタリス）：1863年，パリの画家の寡婦ド・パウが死亡，死因が不詳であったが，著明なタルデュー医師が解剖して中毒死と判明した。被害者には娘がおり，1859年，ルレアンからパリに来た医師ド・ラ・ボムムレと知り合い，被害者の母親の反対にも関わらず結婚した。そのまもなくの急死であった。被害者は，ボムムレの患者であったが，貧しいため「生命保険に入りなさい。最初の掛金は払ってあげますから，二度目以降に薬を飲んで大病を患ったら保険会社から生活に困らない位のお金を支払って貰える。その代り貴方が死んだら遺産を私に残してください」と説きつけ，遺言状を作成，病気を起こさせた後，ジキタリン（ジキタリスという植物の葉毒）で毒殺したのである（Wagner, 2006）。

ユースター事件（アトロピン）：フランス南部ペルツィにはユースター医師が居て相当流行っていた。そこへ，新たにツルナトアールという医師が移住してきたため，患者を奪われ，門前雀羅を張るようになった。このため悶々の情に耐えず，競争者を中傷しようと考え，匿名で土地の新聞に悪口を投書したものを切り抜き，ツルナトアールの患者に送り付けた。ところがこの仕業がばれ，ユースターは罰金刑に処せられた。6週後，ツルナトアール氏宅に「一患者より御礼の為に」と記された鶫（ツグミ）の贈物が届いた。当日，同家では客の招待で晩餐会を催しており，早速料理して振る舞ったが，す

でに食事を終えていたため誰も手をつけなかった。翌日，ツルナトアールの細君と召使が昨晩残ってしまった鶉を食したところ，2人とも眼が眩み，幻影が見え苦悶した。調べてみると，鶉には硫酸アトロピン（きちがいなすび成分）が入っていたのである。直ちに医師ユースターに嫌疑がかかった（小酒井，1923）。

クリーム事件（ストリキニーネ）：カナダ人医師トマス・ニール・クリームは，1891年にロンドンに渡英，斜視で禿頭，軽度の精神障害があり，男女かまわず奇妙な手紙を書き送る常習者であった。衝動的に若い売春婦を拾ってはストリキニーネの入ったカプセルを飲むように薦め，4人を殺害した。後日自分の与えた毒薬がどんな効果をおよぼしたかを何とか知ろうとしたり，できるだけ騒ぎを大きくすることに悦びを覚えていた。サディズムと自身の存在確認をもった不安強迫症にさいなまれていた。著名人を人殺しと糾弾する手紙を書きちらし，スコットランド・ヤードに出頭して「警官に尾行されてはなはだ迷惑だ」と文句をつけたりした（もちろん，尾行など誰もしていなかった）。（Marriner, 1993）。

バーロー事件（インスリン）：1957年5月の夜，イギリスのブラッドフォード居住の病院看護師エリザベス・バーローの夫ケネスが，妻のエリザベスが衰弱し浴槽で倒れたと地元の医師を呼んだ。医者は空っぽの浴槽に横たわって死んでいるエリザベスを発見した。夫の話では，気持ちが悪くなった妻は風呂に入ろうとしたとのことで，風呂に入っている間に自分は寝てしまい，目が覚めてみると，浴槽内で頭を水に漬けぐったりしていた。身体を持ち上げようとしたが，重くて持ち上がらなかった。そこで湯を抜き，浴槽内で人工呼吸したが手遅れであったと告げ

た。直ちに，医師は警察に通報した。駆け付けた捜査官は，夫ケネスのパジャマが全く濡れておらず，浴槽に水はねも見当たらなかったことに気がついた。法医学者デイヴィッド・プライスが死体検分したところ，被害女性の腕の凹みに水が残っており，人工呼吸をした点について疑問が残った。検死の外観検査によって，雀斑のある遺体の肌に不自然な痕は見当たらず，内診で妊娠初期が判明した。死因は確定できなかった。さらに，拡大鏡で身体中を数時間かけて調べてみたところ，臀部に皮下注射の微かな跡が2カ所みつかったものの，毒物検査では何も検出されなかった。夫ケネスも看護師で勤務先病院での仕事についての事情聴取の結果，インスリン注射を担当することもあったとのことで，被害者は糖尿病でもなく，大量のインスリンを注射されれば，急激な低血糖ショックとなると考えられたが，インスリンの確認法は知られていなかった。そこで，法医学者プライスは毒物学者 A. S. カリーに協力を求め，皮下注射の跡を切除，2組のマウスで実験した。1つのグループにはインスリンを注射，もう一方には切除した組織を混ぜた液体を注射した。両グループとも同じ症状を示し，死亡した。数回繰り返しても同じであった。夫ケネスは有罪で終身刑となった。裁判員には知らされなかったが，ケネスの最初の妻も数年前同じ状況で死亡していたことが判明していた（Marriner, 1993）。

セント・アルバーン事件（タリウム）：1971年，イギリス，ボビントンの写真店の倉庫係主任（60歳）が，急に嘔吐を繰り返すようになり，胸と背中に痛みを訴えたあげく，平衡感覚を失って意識消失の後，死亡した。医師の診断は末梢神経炎であった。4カ月後，同じ写真店の後任の主任が同様の症状で死亡するとともに，部下2人も胃痙攣，脱毛，麻痺におそわれ，相次いで

死亡した．別の同僚 2 人も重篤な症状を呈しており，同写真店の従業員の調査が行われた．その際，同店の販売助手が「ヒ素中毒とタリウム中毒の違い」を得意げに話すのを聞きとがめ，家宅捜査の結果，タリウムによる犯行が克明に記録された日記が発見され，犯人と判明した．販売助手の母親は，生後数カ月で他界，14 歳の時，父親と義母および妹にアンチモンを飲ませ，義母を殺害，精神疾患で精神病院に収容され，9 年後完治したとして退院した直後の再犯行であった．1990 年，犯人は心臓疾患で死亡した（Holden, 1974）．

(3) 女性毒殺者

最も有名な女性毒殺者と信じられる人物は，1519 年，メディシス家に生まれ，フランスのブルボン朝王家に嫁いだカトリーヌ・ド・メディシス（C. Medici：1519 ～ 1589）である．フランス王との婚姻の持参金として毒物の処方箋を持ってきたと言われていた．1559 年に夫アンリ 2 世，翌年長男フランソワが死亡した際に毒殺を行ったとの噂があった．また，当時は貧民の数を減らし，また，科学的知識を得るための必要な手段として，毒入りの食べ物を貧民に与え，その後，その人物の体調をこっそり調べさせているとされていた．女性による毒殺は，他の男との結婚のため良人をヒ素で毒殺したりする場合も多いが，多分に最も多い動機は「無動機」，言い換えれば毒殺を面白がることがあげられる．毒殺では動機が特定できないまま見逃され，多数の被害を繰り返し数えることが多い．後述のように，女性による毒殺はヒ素が用いられることが多い．入手が容易で，亜ヒ酸は白色無味無臭で，茶や食物の料理に混じやすく，また激烈な症状を引き起こすことから他虐的楽しみを満足する点も考慮すべきである（小酒井，1923）．

コナン・ドイル（C. Doyle：1859 ～ 1930）の父によると 1857 年の事件では，グラスゴー在住の控え目で冷静な若い女性がココアにヒ素を混ぜ恋人を殺害したと起訴されたが，陪審員は証拠不十分とした．1886 年，夫エドウィンをクロロホルムで殺した容疑に問われたアデレード・バートレット（A. Bartlet）も美貌と上品な物腰が同情を誘い，無罪評決となった．また，1876 年のブラヴォー事件では，妻フローレンス・ブラヴォー（F. Bravo）が気難しい夫チャールズ・ブラヴォーに赤ワインに混ぜて重金属アンチモンを飲ませ殺害したとされたが証拠が十分でないとされた．これらの事件では，いずれも毒物に対する科学的検査結果の評価が十分に行き届いていなかったきらいがある（Wagner, 2006）．

エレーヌ事件（吐酒石と亜ヒ酸）：1851 年 7 月，フランス，ブリタニーのリューヌ警察にピタール家の女中が毒殺されたと医師およびその同僚から届出があった．早速，同家に警察が駆け付けると，居合わせた女中の 1 人エレーヌが警官の姿を見るなり，何も訊かれもしないのに，「私は何も知りません」と口走った．怪しいと睨んだ警察では，同女を警察署まで同行を求め事情を調査した．孤児のエレーヌは，30 歳まで取り立てて問題は起こさなかったが，ある時 3 カ月雇われた家で 7 人が突然死し，解剖しても死因が判明しなかった．その後 1833 年から 41 年までの間に，彼女の周辺で 23 人が死亡，多数の盗難事件が発生していた．1849 年，エレーヌの雇われ先のロボー家でも同様のことが起っていた．使われた毒はヒ素であった．エレーヌは，酒飲みの良人と結婚，貧乏暮らしの後，良人が死んで，諸方を流浪，ある所では窃盗を働き，自殺も二度試みたうえ，50 歳に達した頃，ローゼンドルフに来て判事グラーゼル家の家政

婦となった。同家の婦人を除いて自分が後釜に座ろうと慾望し，婦人と判事の喧嘩仲裁に取り入って，婦人の信頼を得，ヒ素を茶の中に混じて婦人を毒殺したが，目的は果たせなかった。その後判事宅を去り，サンスパレイルの判事グローマン氏の家に住み込んだ。グローマン氏は痛風病みであったが未婚で，諸方から結婚話もあり，これを妬んで殺害しようと計画した。それには，先ず2人の雇人を消そうと，吐酒石と亜ヒ酸をビールに混ぜて飲ませたが目的を達せられなかった。そして，同家を去り，今度は婦人が病気療養中の裁判官ゲブハルド氏宅に住み込むこととなった。婦人の病気を親切に看護しつつ，しばらくして毒殺した。その後の数カ月間，出された料理を食した来客は，いつも食後疝痛に苦しむので，解雇されることとなった。そこで，出がけの駄賃とばかりに全ての食物に毒を混じておいた。そのため，彼女が去って後，家中の者が苦悶することとなり，遂に嫌疑が露わになった。1809年，旅先から帰郷したところを逮捕。否認を続けたが，グラーゼル婦人の遺体を発掘して解剖し，罪状の自白に至った（Wagner, 2006）。

ブランヴィリエ侯爵夫人事件（昇汞水他）：パリの軍人ドーブレー氏を父とし，姉1人兄2人がいて，1651年19歳でブランヴィリエ侯爵に嫁したブランヴィリエ侯爵夫人は，9年間は美しく忠実な麗夫人であったが，1660年，良人がノルマンディー連隊で懇意となったセント・クロアが訪ねてきた。2人は一目で相愛する仲になり不義の快楽に耽るに至った。侯爵は無関心のまま，あまつさえ，夫人の迫るまま別居を許してしまい，2人は相携え諸方に出歩き世間の評判となってしまった。これを慨嘆した夫人の父ドーブレー氏は，娘の行状を憤り，警察にセント・クロアの召捕を要請した。折から遠乗り途中に逮捕，バスチューユ牢に監禁された。牢には先客としてイタリアのエキジリなる人物が幽閉されていた。彼はイタリア，フランスでは知らぬ人のいない毒殺の天才で，ローマを逃れパリに来ていたが，官憲としては証拠がないため捕縛はできなかったが，とりあえずの措置として牢に監禁されていたのである。悲憤の情収まらぬクロアは，このエキジリの技量を会得することで煩悶極まる相手の人々への呪いを成就しようと考え，監禁中の1カ年間を過ごした。白日を仰ぎ見るや直ちに夫人との旧交を温め，中でも，エキジリの放免をしるや，彼を自己の従僕の態で同棲せしめ，3人で復讐の実行に取りかかった。

まずは，夫人の父ドーブレーの毒殺のため，下準備として，召使のルーセルに毒入りの食物を与えたが苦悶するのみで死に至らないことを見届け，もっと強い毒の準備に専念した。ドーブレー氏がとある田舎で静養することとなり，娘として同行することを懇願。氏はクロアと離すこととともなるとこれを認めた。ことさら孝行を尽くす態を装い，ある夜，喜ぶドーブレー氏のスープに毒を混じたところ，食後にわかに唸り始め，直ちに医師が呼ばれたが消化不良とし，薬を投じて去った。翌朝，症状が増悪していたので，パリに帰るよう勧められ，パリに帰還。パリの医師は最初の症状を不問のまま，疑うことなく，消化不良の処置を続け，その4日後に死亡した。毒殺の目的の1つであった財産分与は，大部分が兄2人に帰し，夫人の手にはわずかしか分配されなかった。その頃，クロアは，マルタンと仮名したエキジリと3人の仲間（家僕と名乗らせていた）ジョルジ・ラピエル・ラショッセーと共に，社交界に出入りし，豪奢な生活を楽しんでいた。知り合いの富豪の番頭であるプノーチェの希望で，ダリベールという男を毒殺，財産を奪った。また，プノーチェはメ

ンネヴィエットという人の地位を狙って金銭譲渡を申し出たが拒否され，かえって無償でサン・ローランなる人物に譲ったので，このローランを除こうと時期到来を待っていた。夫人の父の喪が過ぎ，夫人はクロアとの交際を繁くしたため，兄2人は尼となっていた姉を介して忠告を試みた。この時，夫人は，兄たちが父の死について疑いを持っていることを覚り，クロアと謀って兄たちを除くこととした。このため，今度は徐々に命を奪う毒を工夫することとして，その頃病院を訪問して貧困患者に食物を与える習慣となっていたのを幸いに，これらの患者たちを実験材料として，順に工夫した毒を与えて回った。医師たちには患者の不可解な死因が判らなかった。

　一方，夫人の斡旋でラショッセーが長兄宅で働くこととなり，毒入り葡萄酒を調整したが，香りが悪く長兄は飲まなかった。次に，2人の兄たちは揃って田舎の別荘に滞在することとなり，今度は2人に葡萄酒を飲ませることに成功，長兄は70日後，次兄は3カ月後に死亡した。死体解剖が行われたが，胃十二指腸は黒く変色し，肝臓は壊死していたが，毒殺とは断定できなかった。次兄はラショッセーに金を残しており，ラショッセーに嫌疑はかけられなかった。ところで，クロアは，サン・ローランと知り合うようになり，プノーチェは岳父を毒殺して財産を奪ったにも拘らず，なお，ローランの地位を狙い，遂にジョルジュをローランの家僕に住み込ませることに成功，直ちに毒をローランに薦め，24時間でローランを殺害した。友人が不審がって解剖を勧めたのを聞いてジョルジュはその場から逃走した。解剖では断定されなかったが，ローラン夫人はジョルジュを訴えることとなった。プノーチェはローランの地位を得た。

　クロアはパリに実験室を持ち，グラーゼという薬剤師と共に種々の実験を繰り返していたが，グラーゼは死に，師匠エキジリも大病を患った。クロアは手が触っただけで直ちに死に至るような薬の開発に取り組んでいたところ，炉に向かって俯いた時，かけていたマスクが外れ落ちてしまい，毒ガスを吸い込み床上に昏倒してしまった。部屋から出てこないので心配した妻が戸をたたいたが応答なく，扉を破って中に入り，異変を発見，警察を呼んだ。警察は部屋を封印してしまった。ラショッセーは，クロアの死を知って駆け付け，重要書類をとり去ろうとしたが無駄であった。真夜中に知った夫人も，直ちに駆け付け，特別な箱を渡して貰えるよう懇願したが番人は聞き入れなかった。夫人は絶望のあまり，田舎に逃げ，さらに，リエージュの尼寺に住み込んでしまった。

　1672年8月，扉の封印が解かれ，役人たちによるクロアの所有品の点検が行われ，その中に一尺立法位の箱があり，夫人の探していたものだと見てとった役人が中を調べてみると，夫人に渡すよう，もし夫人が死亡していたら中身を調べず焼き捨てるよう記した遺言状とともに，多量の昇汞・アンチモン・阿片・硫酸・その他液体類13点の猛毒の包みが見つかった。夫人が不在であったため，クロアの書類からラショッセーを捕えて訊問したところ，夫人による2人の兄殺害が明らかとなり，クロアとの共謀も判明した。リュウージュの僧院に潜伏中の夫人に，テリアと称する愛人ができた。彼は婦人逮捕の命を帯びたデグレーという探偵であった。二度にわたって僧服をまとい夫人を訪問し，リュウージュを去ることに同意させた。

　騙されて警察の馬車に探偵の部下に護られ僧院を出た夫人が，騙されたことを知って，同乗していた探偵の部下の1人を買収し，テリアへの言伝を依頼したが，そのままテリア（デグレー）の手に渡り，進退きわまった。夫人の去っ

た僧院の捜索で，「我が懺悔」と上書した紙片を発見したが，夫人は全ての罪状を否認，拷問にかけられた末，断頭台の露と消え，死体の灰は捲き散らされた（Wagner, 2006）。

メーブリック夫人事件（ベラドンナ）：1889年，夫が死ぬ前に食した肉汁にヒ素が混じっていたことが確認され，夫をヒ素で殺害したとメーブリック夫人は裁判に付された。夫は，平素から滋養強壮のため，亜ヒ酸を飲む習慣があり，亜ヒ酸を肉汁に入れるよう夫が指示していたが，その際，夫人はその粉が亜ヒ酸であるとは知らなかったと主張したにもかかわらず，死刑判決を受けた。世間の関心が高く助命運動が起こった。認知症になりかけの裁判長高等法院判事フィッツジェイムズ・スティーヴンの事実誤認に満ちた2日間に及ぶ最終判示によって有罪，死刑判決となった。

この事件では，イギリス大衆の批判と憤激によって，政府が終身刑に切り替え，1904年に釈放された。水銀は帽子工場で使われ，肌を白くするためヒ素，瞳を大きくするベラドンナが普通に用いられていた。「害虫を駆除する」とすれば，どのような薬物も当時は購入できた（Marriner, 1993）。

(4) 毒物鑑定抄史

科学的に毒の成分を判別できなかった時代では，毒は迷信による方法もしくは動植物に与えて作用から判断するしかなかった。毒性があるかどうかだけが判別され，どのような毒かはわからなかったのである。

迷信的方法：迷信的方法の1つは，宝石類による毒の存在指摘である。「伽羅先代萩」には珊瑚が毒で割れるとの迷信が記されている。宝石学者ジョージ・クンツ（J. Kuntz：1858～1932）の指輪論には，墓石を指輪に附けて皮膚に接触するようにして置くと，毒に近づくと接触部に熱感が生じるので，墓石は尊ぶべきであるとの迷信が存在すると述べている。イギリスでの17世紀サフォークの魔女裁判では，マシュー・ホプキンス（M. Hopkins）という弁護人まがいの男による扇動で，女2人が隣人の子供を苦しめたのは（多分毒を使って）魔法を使ったと解釈した裁判をおこし，時の医師が法廷でデンマークの妖婆例を挙げ，魔法の存在を肯定したので，陪審員はこれを受け入れ，女2人を有罪と断じたのをはじめ，およそ300人以上の魔女を摘発したことが記録されている。こうした判断は18世紀終わり頃まで諸所で行われていた。

動植物法：疑問の物質を動物に与えて中毒症状を見ることは化学的検査の精確さに及ばないが，確かさでは唯一の方法であった。1829年，イギリスで，薬剤商の女中が寝台上で死亡，青酸服用の痕跡（傍にあった薬瓶中の青酸が確かに減少していたから）があった。しかし，死亡の女中は，手を胸の上に組み合わせ，布団を正しく着て，薬瓶の栓を元の通りにして傍に置いてあったので，自殺ではなく殺害されたと想像された。そして，その嫌疑はその家の薬剤師の助手に及び，告発され拘引された。法廷に5人の医師が招かれ，4人の医師は青酸の作用は非常に迅速で，自殺とするとあのように整然たる死に方はできないと断言，残る1人は，犬に実験してみて3秒で即死したと証言，助手の立場は極めて不利となったが，幸い，確実な無罪の証拠を挙げることができ，無罪となった。

また，化学の未発達の時代では，動物実験は麻酔作用のある毒の場合には最も確実な鑑定方法であった。1838年，リヴァプールの女性が他の女を殺すためプディングを作り，2人の小児に持たせて届けさせた。途中で小児が内緒で舐めたところ苦い味がしたので，先方の女に告げた。女は思い当たることがあったので，警

察に届けた。薬剤師の手でプディングが分析されたが，種々化学反応を試みても思わしい結果を得られず，犬に小部分を与えたところ，犬は3時間後に麻酔毒による中毒症状を発して死亡したので，有罪となった。

化学試験が発達していたとしても動物実験の結果は有効である。1881年のラムソン事件では，被告人医師ジョージ・ラムソン（J. Lamson）は，用意周到にしかも検出困難なアコニチンを使用，無罪を主張したが，化学的検査と動物実験とで確実な証拠が提示され，死刑宣告となり，処刑直前に犯行を自白した（Marriner, 1993）。

分析化学法：19世紀初頭まで，毒殺で有罪となるには状況証拠と拷問に基づく自白に左右されていた。1752年，父親毒殺のかどで絞首刑となったメアリィ・ブランディ（M. Blandy）の有罪の根拠は，父親の食事にヒ素のように見える白い粉末を入れていたことと，死亡した父親の腸が不調であった点だった。

しかし，1787年，スペインのミノルカ島出身のオルフィラは，1814年頃までに『法医学講義（Lecons de Medicine Legale）』と題する書を著わし，ヒ素などの毒の腸管への影響を明らかにし，動物組織からヒ素を取り出す技法を開発していた。また，イギリス出身の化学者マーシュが金属毒物検査を開発し，一端が開き，他端が細いノズルのU字形のガラス管をつくり，細い方の端に亜鉛を吊るし，もう一方端には，検査する液体を酸と混合する。混合液と亜鉛が接触すると，ヒ素が存在すればアルシン（ヒ化水素）ガスがノズルから噴き出してくる。炎を近づけ，ガスに着火，炎の傍に冷たい磁器片を置く。すると，磁器上に砒素鏡と呼ばれる黒く光る物質がつくられる。後に，アンチモンも発見できることが分かった。このマーシュ法は，まさに，殺人を映し出す鏡として法廷で劇的な効果を発揮することとなる。このマーシュ法は，もっと簡易なヒ素検出法に改良され，1842年頃確立した。毒物を利用した医師の犯罪は，科学的合理的検査によって抑制されると期待されるようになった（小酒井, 1923）。

マリー・ラファルジュ事件（ヒ素）：1816年，フランス貴族の血を引くと噂される両親の元に生まれたマリーは，孤児となった後，叔父叔母に養育され，成人に達して，自分たちの利益となる候補者探しを始めた。結婚斡旋所が選んだ相手シャルル・ラファルジュは，鉄工所経営の裕福な男で，田舎にはルグランディエと呼ばれる壮麗なシャトーを所有しているという触れ込みであった。行儀作法や見かけが芳しくない点はともかくとして，くだんのシャトーは洗練された様子で描かれており，結婚歴があり妻に先立たれていることは伏せられたため，叔母の勧めもあり，シャルルとの結婚を承諾し田舎に嫁いだ。現実のシャトーは石造りのみじめなあばら家に過ぎず，そこには，陰鬱で不気味なシャルルの母親がいた。加えて，敷地内には数人親戚と居候が住み込み，あのシャトーを描いた女性アンナ・ブランも同居しており，シャルルに恋愛感情を抱いていた。小動物が屋敷内をうろつき，台所には家禽類の巣がつくられていた。衝撃を受けた彼女は，数日間部屋に閉じこもった末，冷静にこの状況に対処すべく，生活改善に取り組んだのである。新しいカーテンを取り付け，蔵書を整理，トリュフを使った手の込んだ料理もつくった。衛生面を気にして地元医師に，「鼠に手を焼いています。ヒ素を少々分けていただけますでしょうか。」と手紙を書いた。

こうして，徐々にシャルルの愛情を勝ち得ようとしつつあった矢先，パリに出かけたシャルルにケーキを送った。残念なことに，このケーキを一口食したシャルルは，体調を崩し，ルグ

ランディエに戻り，静養することとなった。新妻として精一杯の看病を尽くし，効果があると思われるあらゆる飲み物やスープを与えたが，体調は悪化するばかりであった。アンナ・ブランは，マリーがマラカイト（孔雀石）の箱に入れて持ち運んでいる白い粉末をシャルルの食べ物や飲み物に入れるのを見たと言い張った。そして，アンナはこの食べ物のサンプルを集め，密かに隠しておいたと言った。

　2週間後，容態は悪化の上，シャルルは死亡した。アンナは隠していたサンプルを提出，地元の医師たちは，「加熱法」という原始的な方法で，このサンプルや孔雀石の箱の中身を検査した。強いニンニク臭を発し，黄色に変色したのをもとに，ヒ素が含まれていると断定，シャルルの胃内容物にも同様の結果が得られ，マリーは夫殺しで告発されることとなった。

　事件が報道され，広く世間が知るところになる。叔母は家名が傷つくことを恐れ，敏腕弁護士パイエを雇い，検査が不適切であったと糾弾することとなった。オルフィラの友人でもあったパイエは，毒物検出の新しい検査法マーシュ法を採用すべきと提案，法廷から依頼されたリモージュの薬剤師たちは，経験不足を認めたくないばかりに，言われたとおりの手順で検査に臨み，ヒ素が検知されなかったと報告した。一方，検察側は，かの有名なオルフィラによる再検査を主張し，弁護側も同意させられた。パリから呼ばれたオルフィラは，地元薬剤師たちの面前で一日かかって試験を行い，翌日午後，全てのサンプルからヒ素が発見されたと証言した。マーシュ法は細心の注意が必要な専門家が行わなければならないと説明した。マリーは有罪となり死刑宣告されたが，重労働懲役の終身刑に減刑された。後には重労働も免除，結局，10年刑務所で過ごし，回想録を著わしたり，文豪アレクサンドル・デュマとも文通したりして，釈放後まもなくして，結核で死亡。最後まで無実を訴えていた。

　今日，人体からヒ素やアンチモンのような重金属の検出は極めて微量でも可能である。しかし，これらの検出結果については慎重な判断が求められる。ヒ素は岩や土壌の自然環境に存在し，20世紀後半までペンキや壁紙の合成素材に含まれていた。人体にも微量ながら発見されるし，死体処理用防腐保存液として使われ，実験的に埋葬した遺体からもヒ素は検出される。したがって，遺体からヒ素が検出されただけで，誤って有罪判決が下される危険がある（小田，1919）。

シャントレル事件（麻薬様物質）：1878年2月2日，メイドが寝台上で昏睡状態となっているエリザベス・シャントレルを発見した。食物を吐いた跡がシーツを汚し，部屋内にガス臭が漂っていた。かかりつけの医者でない医師カーマイケルが呼ばれ，簡単な検査を行い，監察医で毒物学者ヘンリー・リトルジョン博士に来診を乞うた。ヘンリーは，ガス中毒よりも薬物中毒の疑いが濃いと判断し，嘔吐物を採取して検査したところ，致死量の麻薬が検出された。エリザベスは病院に送られたが死亡した。遺体からは毒物は検出されなかったが，摂取後から死亡するまでに毒物は体外に排泄されてしまったと判断された。住居のガス管が破損されているのをガス会社が発見，被害者エリザベスの夫ユージーン・マリー・シャントレルが有罪判決を受け，死刑に処せられた。夫はフランスのナントの医学校で学びスコットランドのエジンバラに移住して，フランス語教師となり，生徒の1人エリザベス・ダイヤー16歳と結婚，子供を1人もうけた。当初はうまくいっていたが，だんだん結婚生活がうまくいかなくなり，エリザベスをいじめるようになった。妻の反対に

も関わらず，死亡の前年1877年に事故死の際の1000ポンド保険に加入していた（Marriner, 1993）。

カーライル・ハリス事件（モルヒネ）：1891年，ニューヨークのカーライル・ハリスという医学生がコムストック女学校の寄宿生ヘレンポッツと結婚したが，ハリスの言い分では卒業前の結婚では家族からの勉学援助が打ち切られるので婚約中と偽っていたとのことであった。一方，ヘレンの母親は早く公にするよう言い始め，ヘレンはこのことで不眠症にかかり，ハリスがキニーネとモルヒネの鎮静剤カプセル6個を処方，薬局マッキンタイヤ＆サンに注文した。ハリスはこれを受け取って持ち帰り，うち4カプセルを一晩に1カプセル飲むようヘレンに与えた。4日目の夜，意識朦朧となり呼吸困難，瞳孔収縮し，学校医の手当にも関わらず，ヘレンの死亡が確認された。ハリスが提出した残りのカプセルには適量のモルヒネしか含まれていなかった。新聞で疑惑が報道され，いったん埋葬された遺体が掘り返され，ニューヨークの毒物学者ルドルフ・ウイットハウスの検査で，内臓全てからモルヒネを検出したが，キニーネは検出されなかった。言い換えれば，モルヒネの過剰摂取が考えられた。薬局は調剤に手違いはないと主張，ハリスは逮捕され，殺人で起訴され，有罪判決，1893年，処刑された（Wagner, 2006）。

(5) 仮死症状

生命活動の永久停止を「死」（Nekrobiose）といい，「仮死」（Anabiose）とは生命現象が極めて微弱で，客観的な把握が困難で，見掛け上，死んだようであるが生きている状態である。

生命活動の要件は，①物質代謝，②刺激に対する反応，③運動，④分裂・増殖をいい，営むに不都合な生活環境に応じて調整される。

植物の仮死状態では，エジプトのミイラの胃中の苺の種が発芽したことがハーレーの記述にある。梅や桜の冬季の落葉も知られている。

動物の仮死状態では，マクロビオーツスと称するクモ類の細小動物は，器官系と血管系を欠くが，四対の有鉤歩行脚，咽頭・胃・肛門・唾液・生殖器・神経系統を具えており，乾燥させると水分を失い萎縮し，原形は砂粒状になる。この砂粒状を水中に投じると，再び，もとの動物に復し活動する。1845年3月，ジョン・ラボック（J. Lubbock：1834～1913）がエジプトから持ち帰ったカタツムリを大英博物館に標本展示し5年過ぎた1850年3月カタツムリの口元が大きくなった様に思われ，水中に入れると動き出し，菜の葉を貪り食べた。カエルを氷箱に3年間保存し，再び常温にもどすと蘇生した。樹幹の中に入り込んで居たヒキガエルが年輪から67年間冬眠していたことが分かった。ドイツにはムルメチール（ナマケモノ）なる温血動物は，呼吸心臓運動および新陳代謝を非常に緩慢にして冬眠する。田ネズミやコウモリはあらかじめ冬眠場所に果実を貯え冬眠中少しずつ食する。しかし，冬眠しない動物の人工的冬眠は実現していない。

人間の仮死状態として，溺水で人事不省の仮死状態が知られている。15分後，14分後，25分後に蘇生できた報告がされている。縊頸蘇生では，19分間の報告がある。

巷間伝えられているいくつかの蘇生事例を以下に列挙する。

紀元前ギリシャでソクラテス以前の哲学を論じたエムペドクレス（Empedocleus：BC490～430）が埋葬されんとする女性を蘇生させたことから，死後6日または7日間埋葬してはならない法律が制定された。同様のことは，ローマのポンペイでは，埋葬を8日間猶予する法律が

アスクレピアデス（Asclepiadesu）によって制定されている。

　フランス王フィリップ２世（PhilippeⅡ：1165～1223）の宰相大僧正が死亡後まさにミイラにされようとした時，執刀者の腕を掴んだという。解剖学者アンドレアス・ヴェサリウス（A. Vesalius：1514～1564）は，ヒステリー発作に襲われ死亡したと思われた夫人の解剖に着手，皮膚に傷をつけたところ叫声を挙げたのに驚かされ，以後健康を害した。ドイツのケルンの一婦人が死亡して埋葬された後，墓守の男が密かに墓を開き女性のはめていた高価な指輪を盗みかけたところ，蘇生した。また，金細工師の妻が死亡，宝石類とともに埋葬されたのを乞食が奪おうと指から指輪を抜き取ったところ蘇生し，蘇生後も健康で，数人の子を産んだと言う。若い男がペストで死亡したものと思われ，他の死骸と共に積み捨てられて置いたところ，生きていたので病院に収容，ところが２日後に死んだので墓地に送ったところ，またもや途中で蘇生した。1630年４月10日，イングランド貴族ウイリアム・ハーバート第３代ペンブルック伯爵（W. Herbert：1580～1630）が死亡したのでミイラ化のため最初の一刀が加えられた際，手を挙げた。インドからイギリスに帰航する船中で，旅客の士官の妻が死亡，水葬に附そうとしたが，士官のたっての希望で故郷に持ち帰ることとなり，船大工が数日を擁して丈夫な棺を誂え，妻の遺体を棺に入れ，最後の訣別の後，婚約指輪を抜き取ろうとしたが，非常に緊く嵌っていて，強引に抜き取ろうとしたところ蘇生し，健康も回復した。アメリカの政治家の令嬢が，痘瘡で死亡，死体を安置した部屋の窓を開放して置いたところ，ほどなく蘇生した。父親はこのことから，人々を驚かすことのない様，自分の遺体は火葬にしてくれと言い残した。

　エドガー・アラン・ポー（E. Poe：1809～1849）によれば，早すぎた埋葬（Premature Burial）の物語中で４つの実例を引用している（Poe, 2003）。

①　19世紀初め，アメリカのボルチモアの弁護士の妻が急病に苦しんだ後死亡，死後硬直も認められ３日間置いてから，家代々の墓室に棺を安置した。３年後石棺に移そうと墓室の戸を開くと，妻の骸骨が墓室に散乱していた。おそらく墓室に安置後２日以内に蘇生，棺と共にもがいたため，棺が棚から床に落下，拍子に棺の蓋が外れ棺外に出たものの，今度は墓室の鉄扉で閉じ込められ，棺の破片で知らせようとしたが届かなかったものと考えられた。

②　1810年，フランスのラフールカードの田舎富豪の娘が，パリの貧乏な雑誌記者に恋せられたものの，家の地位を考え無理に銀行家に嫁がされた。銀行家は娘を虐待し悲惨な数年を経て娘は死亡した。共同墓地に葬られたことを知った記者は，せめて遺髪でも記念にと，墓地を掘り返し棺を開き，髪を切ろうとした途端，娘の眼が開いた。驚きかつ喜んだ記者は娘を村の宿にまで運び手当を施したところ完全に生き返った。そしてそのままアメリカに逃亡して20年を過ごし，故郷に戻った。前夫がこれを提訴したが却下された。

③　ドイツで，立派な体格の騎兵が落馬して頭部に重傷を負って人事不省に陥った。病院で検査したところ，軽度の頭蓋骨折のみで危険状態と認められなかったので，穿頭術等の応急手当により一時意識回復したがまもなく昏睡状態に陥り死亡，共同墓地に埋葬，葬式を木曜日に執り行った。日曜日参拝客が雑踏する墓地で，百姓が士官の墓の地下で何か揺れている感じがしたとしきりに訴えるので，墓を掘り起こしたところ，士官は意識を失ってはいるが棺の中で座っていたので，付近の病院に運び手当すると

意識は回復し,生き埋め経験を物語ったりした。医師等が刺激実験を試みたところ,急に発作があり死亡してしまったとのことである。

④　1831年,ロンドンの年若い弁護士が発疹チフスに罹って死亡した。医師たちが死体解剖を希望したが友人は拒んだ。しかるに,医師たちは密かに取り行おうと葬式後3日目に人夫を雇い8フィートの深さの墓から死体を掘り出し,病院で解剖に取りかかった。まず腹部にメスを入れたところいかにも新鮮な状態であったので,電池を応用して諸所の筋肉の反応を試みてみた。大分時間も過ぎ,夜が明けかけたため,解剖を終えようと再びメスを執り斬ろうとした時,学生の1人が思いついたことがあると見え,大胸筋に電流を通じてみたいと言い出し,とりあえず行ったところ,死体が全身震えだし,台上に起き上がり大声を出し,そして,台にたおれてしまった。驚いた人々は介抱に努め手当の結果完全に蘇生した。仮死者は,医師の死の宣告も埋葬もよく解っていて,解剖室では生きているのだと叫んだそうである(小酒井,1919)。

ワルトン・ドワイト事件(ゲルセミウム):南北戦争2年後のアメリカのニューヨーク州のビンガムトンにワルトン・ドワイトという黄色顎鬚の大男が,以前元老議員であったデッキンソンの邸宅を借りて住み込み始めた。隣人たちは彼の素性を知らず種々の噂が持ち上がった。30年前同州ウインゾル生まれであることが確認された。南北戦争では連合軍に従軍,中佐に進み,二度の負傷後除隊,ウイリアムスポートで材木投機をやって,故郷に帰り村の素封家の娘と結婚した。身長190センチ余り体重100キロを超す大男,髭は長く密生,結婚後ほどなく,ある家を買い取り多額の火災保険に附しておいたところ,ある夜家族と共にニューヨークに出かけた留守に出火全焼,自身の放火だとの噂があったが,保険金は支払われ,ここビンガムトンに越してきた。移住後,付近に40軒もの家屋と旅館を建てドワイトハウスと名付け豪勢な生活を張っていた。ところが1873年の経済恐慌に伴い,財産をなくしてしまい,シカゴに出て家運の挽回を期したものの,運が悪く,5年後生まれ故郷のウインゾルに帰り,諸会社の合計25万6千ドルの生命保険契約を行い,大きな墓場を建て,遺言状に数人の保険金受取人を指定したりして人々の噂になった。冬の寒い日に氷の張った河を泳いだり,雪山登山など身体を疲れさすことに熱心であった。ある会社は保険金を返却して契約破棄を求めたが,彼は自己の権利を主張するのみであった。この時,重病である旨を公表(ニューヨーク5番街のホテルで見かけられた際には健全であった),その後,ビンガムトンの小さな家に移り病床に臥すようになった。一夜激しい悪寒を訴え,一友が終夜看病,頭髪や髭を剃ってやったが,翌日,以前の友人義弟に囲まれついに死亡した。死亡後,隣の旅館に泊まっていたドワイト夫人と旅館支配人と旅客の1人が呼び入れられた。2日間死骸はその家にそのまま安置され,錠を下ろし誰も出入りが許されなかった。鍵は旅館支配人が持っていた。医師の1人は胃カタルで死んだ旨告げたが,保険会社側の医師は自殺と推定,顎の周囲に縄の痕を見たと言う者もいたが,死体解剖の結果,保険金は大部分支払われ,事件は決着した。ところが,彼のいた部屋の窓の下の地上から1つの小瓶が発見され,自殺も病死も覆される事となった。瓶の貼紙の上に「ゲルセミウム」と書かれていた。意識を消失させずに運動神経を麻痺させ,一時死に等しい状態を呈する毒物薬であることが一部のものに知られていた。ドワイトはこの毒で一時仮死状態に陥ったとみられたのである。一時的に中毒に陥り回復,田舎に運ばれ身代わりの遺体を医学校から

持ちだし解剖に供したと言われたり，死後数カ月経って，かつて事務を執ったことのある男が，シカゴで会ったと断言，このことが引き金となり，毒を飲んですぐ箱の中に移されある場所に運ばれ，そこで一味の者と保険金を分け合ったとされた。しかし，現今においても，この植物性アルカロイドは神経筋肉毒として，運動神経を麻痺し，皮膚知覚を消失させ，大量では死亡に至るが，死と判別不能な仮死状態を惹起することはない。要するに，完全な仮死状態を生じさせる毒物は存在しない（小酒井，1919）。

10. 法精神医学

医学の領域で，精神医学ほど深く法的合法性に係わるものはない。このことは，精神病患者の治療に対する規制に必要な手続き，心身機能不全の法的制限，法執行機関による不法行為や犯罪等の精神障害性違法行為の摘発ならびにその不作為対応といった法的措置を考える場合には特に銘記すべきである（Ficarra, 1976）。

大陸では，法精神医学は大学の法医学講座での法医学的業績と関連づけられるようになっていた。19世紀，最も影響力を及ぼしたのは，イタリアのチェザーレ・ロンブローゾ（C. Lombroso：1836〜1909）である。犯罪者の性癖に刑法と刑罰学は関連しているべきだとの考えから犯罪学の父と呼ばれている（Mazzini, 1923）。クレチン症（先天性甲状腺機能低下症）とペラグラ病（トリプトファン・ナイアシン欠乏症）の研究結果は，法的措置の基盤となった。解剖学者から出発したロンブローゾは，ダーウインの進化論に影響され精神医学に関心が移っていった。ほとんどの犯罪者は身体的精神的進化が一時的に停滞し，人類発達期の原始的かつ攻撃的な時期に"先祖返り"した結果であるとし，19世紀後半の全世界の囚人数の調査結果によってこの見解は裏付けられ（Lombroso, 1918；Lombroso & Lombroso, 1972），犯罪行為の主要な説明理論は人類学的となった。典型的犯罪者は小さな脳と小さな頭，後退した額，拡がった鼻と口，頑丈な顎とされた。彼の見解はヨーロッパやアメリカで20世紀前半まで支持され続けた（Ficarra, 1976）。

精神医学の法医学との関わりは，20世紀初頭，一方的に生じた。20世紀以前，精神病患者の治療は，拘束が原則で，残酷極まる取り扱いがされていた。鎖に繋がれ，鞭打たれ，隔離され，無恥で無慈悲な管理下に置かれていた。イタリアの医師ヴィンセント・キアルージ（V. Chiarugi：1759-1820）はこの蛮行に対し雄々しく人道的かつ法的戦いを挑んだ。精神疾患治療改革の法的扶助に成功し，改革を訴えただけではなく，フィレンツェ（Florentine）に研究所を設立し自ら医長を務め（Morselli, 1920），狂気治療に隔離病院を設け適正な法的理念をうちたてた（Cusing, 1935）。キアルージは，1793年に法的目的のための精神疾患の診断と予後徴候について詳述した書を上梓した。精神疾患を三種に分類し，鬱病，躁病，痴呆と名付けた。法的に痴呆は，感情の爆発と知的および意欲的に欠陥のある状態として，一般的には狂気と見なされ，最も憂慮すべき症状とされた（Ficarra, 1976）。

精神病患者の措置と治療で医学上最も有名な先進的改革者は，フランスのフィリップ・ピネル（Philippe Pinel：1745〜1826）で，精神医学の領域ではめざましい成果が遂げられた（Curran & Hyg, 1980）。精神医学の進展を妨げていた最大の障壁は，精神障害の異様で理解しがたい振る舞いと実証的証明という客観性がないための迷信が横行していたことである。1798年パリのビセートル（Bicetre）病院の主

任医師となって精神障害（者）の治療制度を全面的に改革した。患者の鎖を取り払い，病院内を自由に移動できるようにし，食事の栄養に配意した。患者を無慈悲に侮辱することなく，人間として品位ある扱いを取るよう指図した。この新しい患者取扱い方法はきちんと整備された"道徳療法"と呼ばれた。しかし，一般人の残虐さや恐怖と精神障害とは隔離されることを強く主張した。狂気を道徳的に教育するには，病院内に閉鎖分離すべきであるとしたのである。精神医学領域での医事法制学的改革者としてピネルは，精神に問題のある人物の暴力によって被害者となった人物と同様，精神障害者は法の下に適切に保護される必要性を強調した。彼の著書『精神病に関する医学（Traite medico-philisophique sur l'alienation mentale)』（1801）は，精神障害の原発が病理的脳変性であるとしている。1798年，ビセートルに収容されていた49人の精神障害患者の鎖を取り除く法律をフランス議会から承認を得た（Castiglion, 1941）。自分たちの専門性を通じて精神医学の医事法制学的原理原則の推進に多大の影響力を駆使したのである（Ficarra, 1976）。

ピネルの最大の後継者は，ジャン・エスキロル（J. Esquirol：1772〜1840）である。精神障害の教育者研究者として専門知識を育み，精神医学の疾病分類の先覚者となった。「幻覚」と「妄想」の精妙な説明用語，「知的障害（白痴）」と「精神錯乱」との区別を行った。狂気に基づく犯罪行為について初めて関心を持った精神医学者でもある。様々な形態の偏執性が原因だと考え，犯罪的狂気には刑罰より治療が優先されると主張し，臨床精神医学の新しい医学的専門化を樹立した人物と評価されている（Alexander & Selesnick, 1966）。法医学分野に非常に重きを置いており，医学・公衆衛生・犯罪科学を対象とした。精神に問題のある人物に襲われ重傷を負った友人の窮状を救う証言を行って以降，精神医学関係の法的な専門家として一生を捧げた（Curran & Hyg, 1980）。

こうした理念は他の国々に引き継がれた。先覚的な改革を試みる医師たちが，精神的に病んだ人々の治療に人間的な方法を取り入れる前に，法的権限と極端な医学的反動姿勢に立ち向かうというほぼ克服されがたい問題に対処することは非常に難しいことである。拘束中の精神疾患患者に人間的な措置の合理性と有効性を示す法律と医学の融合した事態が結束した場合にのみ，改革は成功する。法医学において健全な精神問題は，様々な事態で判断されなければならない。精神状態が異常であれば，法的問題や特定の事象に対する精神能力の程度を，異なる範疇の異常性を評価して，法的に判断する必要がある。長年にわたって，裁判上の判断は，白痴，痴愚，精神病，神経症等々の医事法制学的定義に基づいてきた（Hellman Commercial Trust and Saving Bank v. Alden, 1929）。

狂気に関する法的見解の変化は，イギリスの自殺問題に端を発している。古い英国法では，自殺は重罪とされた。自殺者は車が走る公道に杭を打たれ埋められ，財産は没収されることが法律で定められていた。法的志向の精神医学者たちの尽力で，陪審員たちはずいぶんと人間性を受け入れ，法律よりも博愛精神をもつようになった。精神医学的意見が法廷に提供されると，自殺者は狂気に陥った人で，責任を問えないと大抵の陪審員たちは決定した。この重罪法は1823年まで廃止されなかった。1843年1月のイギリスで首相暗殺未遂事件でマクノートン（M'Naghten）に下された狂気に基づく殺人事件の無罪判決は歴史上の記録にとどめられる。この判決は貴族院に一大論争をもたらした。結局，イギリス王国の15人の判事たちは犯罪責任と精神疾患に関する法律を全体的には明確に

すべきであるとの重要部分について決議を可決した。多くの議論を経て，王国の判事たちは新たなる判断を示した。健全さの基準とは"行為中の時点で被告人が是非善悪の別を弁えている"ということとなった。自己の行為の内容と程度を弁え，あるいは，善悪を知り，そして，善悪の違いを認識できる能力の欠如に関する定義である。

マクノートン規則は，アメリカの多くの州法廷で効力を発揮した。合衆国では，1847年，犯罪で告発された精神疾患をもった人々を保護する法律がメイン州（Maine）で先鞭をつけた。裁判で狂気の申し立てがなされたり，申し立ての告知があると，そのような人に対して，さらなる裁判所の指示があるまで申し立ての真偽の確認を見極めてから，決定するよう精神病院の管理に係る治療を命じなければならないとされた（Ficarra, 1968）。

この規則に基づく最初の判断は，1954年コロンビア自治区合衆国控訴裁判所の家宅侵入強盗で告発された被告人ダーラム（M. Durham）についてなされた（Durham v. U. S., 1954）。この事件で裁判所は，「精神疾患もしくは精神遅滞の故であれば，彼の違法行為について刑事上の責任を問えない」と判示し，有罪判決は破棄された（Snyder, 1959.）。ダーラム決定は，国中に多大な論議を引き起こした。例えば，アイオワ州控訴裁判所の決定では「ダーラム事件を考慮にいれた全ての裁判所は，これを否決する」と記録された（Feguer v. United States, 1962）。

暴力に伴う犯罪性の紛争を解決するために，法医学が立ち上がった。この法的議論は継続し，法医学的問題に解決を示唆する特別委員会が設けられた。例えば，カリフォルニア特別委員会は，狂気と犯罪者に関する特異勧告を行い，2つの目標が定められた。第1はマクノートン規則の放棄で，禁止された行為を犯す時点で，被告人が精神疾患もしくは遅滞の結果，違法行為だと法が定めている行為を確認する実質的な能力が欠落していると陪審員が確信する必要がある。第2に，被告人の最高機密監視施設によって新しい法的基準の採用を通じて，被告人が有罪だとする報告書を必要とする（Currens Decision, 1962）との勧告であった。

現在，実質的にダーラム判決は放棄されている。多くの法医学の権威者の意見によれば，既述の二番目の勧告は銘記すべきである。有能かつ真っ当な法曹家，陪審員，および医学専門家は，マクノートン規則やダーラム判決あるいはそれらの修正判決に基づいて個々の被告人の権利を極めて確実に保護できる。医事法制学的意見によれば，どのような判断を適用するのであれ，刑事上狂気であるとされた被告人は，一般社会に開放されるより，病院に収容されるべき権利を社会は有しているとされる。そうすれば，合理的な管理下にある責任ある医学的専門家が，十分に治療でき，必要な時間，被告人に人道的な治療を施せるのである（Ficarra, 1976）。

今や人々の関心は，法医学問題に向いている。収容された精神病患者が外界と意思疎通をとる権利について，法令上憲法上の制約があるという事実を，法医学は明らかにした。法律は，親戚友人知己との交友や表現の制限とか納得できる範囲の規制を打破しない。近代法医学の目的は，精神障害者とのより有益な交流を目指す新しい理念を標榜している。各人が社会環境に応じた特異的考察のもとに固有の問題，人道的な人間性を備えた精神欠陥者の能力を評価すべきである（Gostin, 1975.）。

法医学の関心は，法的分野と行動科学との発展が社会科学者の注目の的となり，放任されてきた領域に向いている。法医学は，個人の権利や自身の要望が精神障害に基づくと気がつかな

い個々人に認められる法的保護を必要とする社会的自覚の高まりを背景に現代最先端の影響をもたらしている（Rosenberg, 1975.）。

アメリカ精神医学会が出版している 1952 年第 1 版，1968 年第 2 版，1973 年第 3 版，2007 年の時点で第 5 版と改訂されている「精神疾患の診断統計マニュアル」（Diagnostic and Statistical Manual of Mental Disorders: DSM）は，統計調査並びに精神障害の分類のための診断基準を設け，診断には，症状の継続期間，頻度のガイドラインが示されている。精神科医による「正気」と「狂気」の診断に基づいて，ある人物の社会的適合性——親としての能力・仮釈放後の危険性・囚人の更生可能性——が一定の信頼性のもとに判断できるとの前提が存在する。この前提について，デビッド・ローゼンハン（D. Rosenhan, 1929〜2012）は，精神科医の診断力量を確認するため，8 人の仲間に精神病患者を装ってもらい，精神科医療施設に入院し，その後完全に正常行動をとった際の診断結果を検討した。1972 年，心理学者 3 人・大学院生・少児科医・精神科医・画家・主婦各 1 人に「声が聞こえる，"ドサッ"という声が」という訴えを行い（この不安の訴えは精神医学文献に現れた報告はない），その他には正直に返答し症状があるふりはしないよう依頼した。服薬剤は舌下に滑り込ませ呑みこまず，後でトイレで吐き出す練習も行った。様々な施設に赴いた偽患者は全員入院措置が取られ，そして，1 人が躁うつ症，残り 7 人が統合失調症と診断されたのである。精神医学的正気と狂気の判断の曖昧さを指摘したのである。「患者」というラベルに従って異常に違いないとする思い込みが判断を曇らせており，精神病の生理学的基盤の実質は整っていないことが裏づけられたと主張された。しかも，その後，ある病院から，「今後 3 カ月の間に偽患者を送り込んでもらいたい。当院ですべて正気であることを判別してみせる」との挑戦がなされ，ローゼンハンは，「今後 3 カ月間不特定の偽患者を送る」と応じたのである。そして，3 カ月後，病院側は 41 人の偽患者を見破ったとローゼンハンに回答したところ，意外なことに，ローゼンハンは 1 人も偽患者を送りこんでいなかったのである「患者」というラベルに従って異常に違いないとする思い込みが判断を曇らせていることが問題視されると報告された（Rosenhan, 1973）。精神医学的判断の根幹を否定しさった顛末は，忘れられてはならない出来事である。

第3章
犯罪科学の歩み

あり得べからざることを除去していけば
後に残ったのが如何に信じがたいものであってもそれが事実に相違ない
——コナン・ドイル「緑玉の宝冠」(『シャーロック・ホームズの叡智』延原謙訳,新潮文庫)

1. 犯罪科学抄史

(1) 犯罪科学の登場

19世紀以前では,司法に関連する科学的手段は唯一法医学がその任にあたった。その他の科学技術支援としては,当時の専門職業人の標準的な人々から得ていた。フランスの裁判所は,対象となる事象について工学や医学の複雑な問題について,それ相応の価値を幅広い観点から意見や評価を行う一連の専門集団を法廷顧問にする制度を設けた。しかし,これらの専門家は誰も法廷専属の職員としてではなかった。犯罪科学の医学的もしくは非医学的発達経過について線引きすることは難しい。18世紀後半から19世紀初期にかけての新規の技術開発——顕微鏡・写真撮影・放射線など——について法医学専門家は非常に熱心であった。ヨーロッパでは,犯罪科学の領域は,大学基盤の法医学研究所活動の協力の下に,大いに拡大した。犯罪捜査や法執行部門への科学技術の幅広い利用は,着々と急速に1800年代後半から浸透していった。大西洋両側にまたがる英語圏の国々にとっては,犯罪科学の起源は,警察業務の中の法医学であるとされ,犯罪科学の誕生には警察機関の多くからの支援育成があった (Walls, 1974)。

オーストリアの弁護士兼治安判事ハンス・グロス (H. Gross:1860〜1924) は,英語圏以外で犯罪発見捜査にあるゆる科学技術の導入を提唱すると共に,法執行機関を指揮する大学規模の犯罪学研究所を設けた特異な存在であった (Curran & Hyg, 1980)。

もう1人の先達者はエドモンド・ロカール (E. Locard:1877〜1966) である (Locard, 1902)。彼は,リオン (Lyon) 大学の犯罪捜査学研究所長で,1923年に出版された著書は,豊富な知識に裏づけられている。犯罪捜査の成果は,犯罪が発生したとされる現場で発見されたもの如何に大きく左右される。ロカール教授が提唱した犯罪現場の「交換原理 (Theory of Interchange)」である (Erzinclioglu, 2000)。当該容疑人物もしくは犯行当時現場に居合わせた人物は,常に大抵,何かを現場に遺留し,何かをもち去ることになる。熟練した捜査官の仕事は,現場を綿密に注意深く鑑識し,遺留されたものの痕跡を見い出すことである。指紋から衣服に付着した血痕,現場に居合わせた容疑者に付着の物質,被害者の血液や衣服についた埃や塗料といった具合である。容疑者と犯行現場との結びつきは,全体的に有罪と認められるほ

ど十分に見つけ出されないかもしれないが，容疑者が現場にいたことを客観的に証明できる程度は十分達せられる。そして，被疑者のアリバイの不成立を証明し，他の適切な証拠発見を促すこととなる。

"犯罪捜査学（Criminalistics）"あるいは"警察科学（Police Science）"なる用語は，犯罪捜査に適用するに際し，警察および検察訴追側にとって，何かと近年は圧迫制限を感じるようになってきている。実務上，ほぼ例外なくこの領域は，検査所や研究所として警察捜査機関が支援し，処理に携わってきたので，ほとんどの事案では当を得た表現ではある。しかし，こうした研究所で開発された様々な技術は，他の民事事案をはじめ司法処理とは無縁な問題にも利用されるようになってきている。血液型同定などは，犯罪とは関係なく父権申立に際し適用されている。また，疑問文書検査は遺書問題や真偽判断あるいは署名の正当性などに用いられている。このような事態から，裁判所をはじめ法執行当局および法務当局等全ての機関の評価および制度に添った要請に応えられるよう，この科学を"犯罪科学"と総称する方がより理にかなっていると考えられている（Curran, 1980；Evans, 1996, 2004；Zonderman, 1990）。

ティチボーン事件（失踪・個人識別）：独身で准男爵の位と広大なティチボーン家の地所相続人RTは，1854年，25歳の時，ブラジル沖の海上で行方不明となった。息子を16歳まで育てた母親は死亡を信じようとはしなかった。1866年オーストラリア・ウォガウォガのCAという男が行方不明の相続人だと名乗り出た。海難事故の後，一旗あげてからイギリスに戻ろうとオーストラリアに渡ったが，うまくいかず，ある時，母親が息子の安否を問い合わせる広告を見て，後悔の念が一杯となり，連絡を取ることとしたとのことであった。ヨーロッパに帰り自分の身元を確認しようと母親に渡航費用を送ってくれるよう連絡をしてきたのである。母親は直ちに送金し，CA一家はヨーロッパに帰港したのである。

消息を絶った頃のRTは，非常にやせており，華奢な体つきであった。ところが，母親の前に現れたCAは肥満体であった。また，第一言語で流暢に話せたフランス語は全くしゃべらず，母親の洗礼名ヘンリエッテ・フェリシテも忘れてしまっていた。幸い，飼い犬の名は思い出した。自称息子と称する二重顎の男の顔を一目見て，母親は息子に間違いないと断言，年間千ポンドを支給する手続きをとったのである。母親はともかくとして，親族の多くは同意できなかった。というのも，RTの腕には刺青が彫られていて，その特徴を詳しく絵にして説明できた。しかし，この男の腕には刺青はなかった。また，男の脇腹に母斑が認められるが，RTにはなかった。当時の治療法である瀉血をRTは度々行い，その傷跡が残っていたが，この人物にはそのような痕跡はなかった。RTの目の色は青だったが，この男の色は茶であった。鼻も耳も形が異なり，背の高さも違っている等，数々の不一致の指摘にも，母親は恬として受け付けず，奇跡が起こって息子が帰ってきたと頑固に信じ込んだまま，1868年，急死してしまった。

保証人である母親の死亡で，権利を主張するこの男への手当支給は中止されたが，遺産相続人としての法的争いが始まった。ティチボーン家一族こぞって，この男を認めないと法廷に提訴，国会でも討論される大問題となった。結局，裁判で詐欺行為として有罪となり，14年の懲役刑に処せられた。思いこみによる理不尽な判断，目撃の曖昧さなど，客観的身体特徴確認の科学的手法の必要性が知れ渡ったのである。犯罪捜査上，個人識別の重要性が認識された

きっかけとなった事件である（Wagner, 2006；Wilson et al., 1995）。

（2）犯罪科学捜査の充実

　アメリカ大陸に法医学ならびに犯罪科学手段を導入する試みは，イギリス諸島での法源としての慣習法（Common Law）による制約があった。慣習法は，科学的実証について積極的ではなく，アメリカの法律家たちは，ほとんど科学ならびにその利用についての訓練を施されていなかった。犯罪科学の歴史が示す1つの原理があるとすれば，実証の基本的法的制度と法に関係する科学技術の発達の相互補助協力関係が存在したはずである。法の豊沃な土壌なくして，犯罪科学は成長できない。アメリカでは法的基盤の促進がずいぶんと長期にわたって進められてきたものの，今日に至ってもなおアメリカの裁判所は，平素の裁判において科学を正当な立場に受け入れる姿勢は積極的でない（Curran & Hyg, 1980）。

　合衆国の法医学は，大英帝国の初期時代の感化により，イギリス初期植民たちによって英国法と検死官制度が持ち込まれた。最初の検死は，1635年ニューイングランド・ニュウプリモス植民地でのジョン・デーコン（J. Deacon）なる人物の死亡に関する記録である。「遺体を検死したところ，いかなる打撃痕，外傷，身体的損傷も見いだされず，極度の寒冷時期での長期の絶食と疲労によって身体的弱体化が，当該人物の死因である」と記されている（Camps, Robinson & Lucas, 1976）。

　1867年のニューヨークの法医学会創設以外，19世紀中葉のアメリカでは，法医学領域には見るべき進展がなかった。しかしながら，医師の技術的劣化と検死官選任制度の不備に批判が集中したアメリカの検死官制度 Coroner System に対し，1877年，マサチューセッツ州が，ボストンで1878年，1918年ニューヨークで全面的に検死官制度を廃止し，代わって，州各地区ごとに不審死について医師が報告することとなり，"監察医（Medical Examiner）"と呼ばれるようになった。裁判権や司法権はないが，法執行機関や法廷制度に対する国が任命した中立な医学顧問を設けたのである。ニューヨークの新制度下での初めの20年間に，25万件以上の死亡が調べられ，うち7,000例が殺人，2万6千例が自殺，8万例以上が事故死であったと記録されている。この改編がマサチューセッツで始まった点からすれば適切な動きであったにしても，他の州においては，政治的に強力な影響力を持った検視官制度の一掃の気運とはならなかった。わずかに，19世紀末中に，ニューイングランド地方のコネチカットとロードアイランドに監察医制度が採用されたものの，検死官制度を全面的に廃止する運びには至らなかった（Curran & Hyg, 1980）。

　アメリカ合衆国では，法医学は病理学の一部門に位置づけられ，医事法制学問題は，必要性の生じた病理学の機関で対処されることとなる。主任監察医を長とする体制の整った州規模の監察医死因調査制度が多数の州に整備され，一方，ダラス・マイアミ・フィラデルフィア・ロサンジェルス・ワシントンDCといった大都市の中心には総合監察医死因調査局が設置されている。これらの機関には，付属の優れた検査所が設けられ，生物学的犯罪科学同様，広い領域の犯罪捜査分野を網羅している。多くの州もしくは市当局には，法学的事案に対し，監察医が担当できるようになっている。最近，一般的に法医学的検査や警察活動に研究所を活用することが相当進展してきている。特に，連邦捜査局の研究所では，非常に優秀かつ専門的な職員の採用によって，大変効率的な支援が行われている。さらに，各主要都市の警察，ニューヨー

ク・シカゴ・ロスアンジェルス・セントルイス等に優秀な研究所が設けられ、多くの法医学センターは、多大の質と量をもった実績、研究、同様の機関設置をめざす訓練機関として、法医学の発展に多大の貢献を果たしてきた。このことは重要な措置であったが、20世紀の今日までどこも追随していない（Chaille, 1949）。

最近のアメリカのほとんどの医学校および大多数の法学校には、最低1つの法医学課程があり、多くの医学校には臨床医事法制学講座が設置されている。これらは、全米にまたがる監察医局もしくは監察医事務所にある法病理学部門における認定医学専修の一環である。

大学における法毒物学の教育は、次第に改善され、今や25にも達する研修課程を備えるようになってきている。その他の犯罪科学の実務家たちは、ほぼ全てが全て職業として知識や技術を習得した人々で、犯罪科学の経歴を開始した時点で、専門もしくは科学的学位を得るようになっている。犯罪科学、あるいは、犯罪捜査学の様々な分野での学術的学習計画は、総合大学・専門学校・短期大学等様々なところで取り扱われてきたが、最も専門職が濃い分野であり職業訓練として基本的な内容の教育が、主に州立専門学校で施されてきた（朝倉他、1978）。

(3) 犯罪科学技術の現況調査

犯罪科学技術の現況調査が、犯罪科学財団の手で実施され、1975年に結果が出版された（Field et al., 1975）。その内容的には、功罪相半ばしていた。刑法関係の判事や開業弁護士への質問紙調査結果では、相当大多数（85%）が、科学的証拠は一般証人の証言より信頼性があると思っていた。そして、その大半（92%）が刑事事件ではもっと科学的証拠を利用すべきだと考えていた。多くの人たち（78%）は、管轄の裁判所でもっと容易に精神医学的支援が得られ

たら良いと答えている。判事や弁護士の3分の2は、アメリカの法廷がもっと効率よく科学的証拠を採用できるよう法改正すべきだと考えている（Schroeder, 1975）。

しかし、一般社会では犯罪科学の研究で得られた専門知識は本質的には理解されていない。連邦法執行機関支援計画のような刑事裁判上重要な公的機関でさえ、この犯罪科学領域への関心は極めて低いことが知られている。調査結果では、犯罪科学の研究成果も少ないことが示されている。また、法執行あるいは裁判に際して犯罪科学がどの程度の寄与貢献をしたかを評価した基礎資料もない。犯罪科学の様々な特殊分野における専門実践訓練や資格についてももっと言及すべきであるが、現時点では、学位取得を意図した犯罪科学の教育計画は非常に制限されている（Field, et al, 1975）。調査が行われた時期で、一点だけ特殊な事情として、法病理学が正規の認定資格となっている。しかし、その調査以来、人類学・文書鑑定・法心理学・法歯科学・法毒物学など数多くの犯罪科学専門知識が資格認定の委員会の俎上に候補として挙げられているが、2015年現在、実現はしていない。

犯罪科学自体の信頼性と有効性は進歩し、前世紀以来、犯罪科学の"信用と自負"は間違いなく前進している（Curran & Shapiro, 1970）。法執行機関は、科学捜査に信を置くことを着実に根付かせているが、予算上の制約が総合的な計画を制限し、研究活動に歯止めをかけている。

おそらくアメリカの予審法廷では、科学的専門意見や客観的技術手法をより受け入れやすく、上告審は、それらの事柄が審議されやすい状況下にある。思慮深い判事たちによる非常に進歩的かつ科学的に洗練された意見もあれば、慣習法の下の判事や陪審員の中には伝統的手法に対する侵略と考え、科学的無知に偏見あるいは盲目的な反感を露わにした悲しむべき判断も

ある (Curran & Hyg, 1980)。

　証人証言の信憑性の判断に対する科学的手段に対しても，今だに最大の反対抵抗を示している。その最たるものが，ポリグラフ技術である（現在活用している欧米各国では，「虚偽検出技術」と名付けているが，わが国では，「認知判断技術」と呼ぶようになっている）。このポリグラフ技術は，相当初期に下された一般陪審員並の判断機能を踏襲され続けている（後述）。控訴審の評価は最低の酷評に終始し続けている。とはいえ，ポリグラフは最も信頼性があり，適正な条件のもとに優れた熟練の技術者によるポリグラフ結果の採用が究極の必要項目であるとの意見も出されている (Raskin, 1983)。

　また，個人識別の新しい方法として，声紋があるが，司法的判断には未だ一定の域に達しておらず，相対する専門家の間の論争によって，一審裁判や上告審で科学的課題として論争されるのが常である。加えて，死因調査や法精神医学診断のある事案について，例外的に慣習法の裁判権限で公平無私な医学的科学的専門制度に反対し続けている場合もある。

　犯罪科学の希望に満ちた明るい展望は，現状の分析からすれば，既述の評価が客観性・信頼性・完璧性が整った適正な基準のもとに下されつつあり，それらに応じた法的判断が定着することを期待するしかない。

2. 犯罪科学技術の諸相

(1) 法弾道学

　1820年頃，撃鉄でたたくと爆発する激発雷管が発明され，ついで，1835年頃，撃鉄を起こすと回転する円筒を取り入れた連発銃がサミュエル・コルトによって工夫され，人間殺傷の武器として設計されたのが拳銃である (Evans, 1996, 2004)。

　1838年アメリカボルチモアで遺産相続を目的に父親を射殺した事件で，遺留された弾丸が被告人に依頼された特注品であったことが判明，有罪の決め手となったのが司法弾道学の嚆矢となった。

　1869年，フランスはブルティニーの教区司祭が射ち殺された事件で，被害者の頭から発見された衝撃で破損した弾丸を，化学分析（重量・溶融点・錫や鉛の組成）によって同定した。これらは単発式の拳銃の時代の出来事である (Owen, 2000)。

　1882年，イギリス東ロンドンで巡査が射殺された。現場から発見採取された銃弾4発と被害者頭蓋内の銃弾の口径が一致するとの意見で被告人は有罪となった。この当時は単なる大きさについての結果に基づいたものに過ぎなかった。

　ラカサーニュは，1889年，殺人事件被害者体内から摘出の弾丸に特有の7本の溝の旋条痕があるのに着目，容疑者たちの拳銃から同じ溝の拳銃を選び出すことに成功している (Ficcara, 1976)。

　1898年，ドイツの化学者が容疑者の拳銃を試射，被害者の体内から摘出された弾丸との顕微鏡写真を撮影，比較して，両方ともに小さな珍しい傷があるので，互いに同じ銃で発射されたと判断されるとした。1913年，フランスでも，発砲された弾丸には，それぞれ小火器固有の痕跡が残され，一種の指紋のようなものだ認められると考えられていた。これに呼応するように，ニューヨーク州検察局で銃器目録が作成された。1923年，灯りとプローブを銃身に挿入して銃身内部を見る装置が開発され，さらに，1929年，別々の弾丸の半分の映像を同じ視野で観察できる比較顕微鏡がアメリカのフィリップ・グラビレ (P. Gravelle) によって考案された。

これらにより弾丸細部の拡大が可能となって，弾道の検査は大きな影響力をもつようになった（Wilson, 2002）。

弾道学の先覚者は，ヨーロッパの法医学者であるが，総合的な分類の試みを行ったのは，アメリカのグラビレやカルバン・ゴダード（C. Goddard：1891〜1955）である。彼らがニューヨーク市地方検事局の協力のもとに，1924年ニューヨーク市にアメリカ法弾道研究所を設立した。ゴダードが主導者となり，法弾道学の世界での第一人者となった。数々の有名事件をてがけており，1920年代の中西部を席巻した最大の組織犯罪集団同士の抗争殺害事件である1929年のシカゴでのバレンタインの虐殺事件捜査にも加わった（後述）。現場および被害者の遺体に残された機関銃の弾丸と薬莢の検査から，アル・カポネ（Al Capone：1899〜1947）一派の犯行として，犯人逮捕と有罪を導いた。事件解決に成功後，総合的科学犯罪捜査推進計画を遂行するよう求められ，ヨーロッパの法医学および犯罪学研究所に派遣され，イリノイ州エバンストンのノースウエスタン（Nortrthwestern）大学構内の一角に，私設の犯罪科学検査所（Scientific Crime Detection Laboratory）の所長におさまった（Curran & Hyg, 1980）。ヨーロッパでは科学捜査全般の分野を犯罪捜査学として認知しており，エバンストンの検査所ではこれを推進し，後に，1932年に連邦捜査局（Federal Bureau of Investigation）の初代長官エドガー・フーバー（E. Hoover：1895〜1972）が国立の研究所設立の際の模範とした。

また，1930年以来からのノースウエスタン大学の『アメリカ犯罪学・警察科学雑誌（American Journal of Criminology and Police Science）』を創刊し，今日までノースウエスタン法科大学院（Norttwestern Law School）に引き継がれている（Curran & Hyg, 1980）。アメリカ合衆国の犯罪科学業務は，司法省の連邦捜査局（Federal Bureau of Investigation in the Department of Justice）の鼓舞奨励に係る法執行機関の支援の下にあった。1950年，アメリカ犯罪科学協会が設立され，初代協会長にセントルイス市警の警察犯罪検査所長リチャード・グラドール（R. Gradwohl：1877〜1959）が選任され，1956年には機関誌『法科学雑誌（Journal of Forensic Science）』が創刊された（Gradwohl, 1954）。

比較顕微鏡の開発3年前，弾道学が注目を浴びた著名事件「サッコとヴァンゼッテイ事件」（Sacco and Vanzetti Case）がある（Fisher, 1995）。事件は1920年，アメリカのマサチューセッツ州サウス・プレイントリーで製靴工場の給与運搬中の警備員2人が2人組の男の運転する車で停止を求められ，警備員は射殺され，給料箱を奪われた。事件後，この車は乗り捨てられているのが発見された。盗難車で，この車と同型車で前年にも給与強奪未遂事件が発生していることが判明した。この事件の情報から，無政府主義運動の活動家ニコラ・サッコ（N. Sacco：1891〜1927）とバートロメオ・ヴァンゼッティ（B. Vanzetti：1888〜1927）が逮捕された。サッコは被害があった製靴工場で未遂事件当時勤務していたことが証明された。1921年の裁判で，サッコが逮捕時所持していた拳銃の弾丸の異同識別の結果が問題となった。検察側の被害者から見つかった弾丸とサッコの所持していた拳銃の弾丸は同一であるとの主張が受け入れられ，両人は有罪で死刑と宣告された。これに対し，国内外からの抗議が寄せられ，再審の要求が繰り返されるようになった。1927年，事件調査委員会が発足，カルヴィン・ゴダードが参画，サッコの拳銃弾丸と被害者から採取された弾丸とは同一であると宣言した。こ

れによって，サッコも有罪が確定，ヴァンゼッティとともに死刑執行されたのである（津野瀬，1988）。

ランダル事件（狂言強盗）：1835 年，イギリスサウサンプトンの裕福な資産持ちのマクスウエル家に，強盗が押し入り，就寝中の執事に銃弾を浴びせたものの，勇敢にも賊に立ち向かい撃退した。梱包積みの屋内の宝石や銀器も無事残されたままであったとのことであった。現場調査に派遣されたゴダードは，その勇敢な執事ジョゼフ・ランダルから状況説明を受けた。その晩，通常の通り窓の戸締まりを確認し就寝したところ，午前 1 時頃屋外で耳慣れない物音が聞こえ目が覚めた。続いて寝室のドアがそろりそろりと開く音がし，寝室ドア対面の壁に掛かっている小さな絵に，腕の高さに掲げたランタンの明かりがちらつき，明かりの前に立っている男の影と，その後でランタンを持っている男の姿が目に入った。眠ったふりをしていると男たちは立ち去ったので，大変なことになったと思い，枕の下に隠していたピストルを手に取ろうとした瞬間，屋外から室内に鎧戸の穴越しに発砲された。弾は執事の枕を貫通，寝台の頭板を打ち抜いた。もし，ピストルを取ろうと身体をひねっていなかったら死体となっていただろうと興奮気味に執事は説明をした。そして，ベッドから飛び降り覆面の強盗たちに玄関で組み付いた。驚いた賊は逃げだし，盗もうとした貴金属も置いていったとのことであった。地元の警防団員は，裏口のドアがこじ開けられ，家が荒らされていることを確認した。ところが，詳しく裏口のドアの傷を調べてみると，ドアの外側と内側とがかみ合っていないことが判明した。さらに，当時（1835 年）の銃弾は，各自の鋳型で手作りされていたが，ランダルのピストルの弾を提出させ，ベッドの頭板に刺さっていた弾と較べてみたところ，小さな丸い粒状突起が両方の弾に認められ，両者とも同じ鋳型から作られたと考えられた。かくて，この事件は，内部の事件であり押し入り事件ではないと判断された。事情説明を求められた執事ランダルは，夫人からの報奨金，雇用の継続を期待してのでっち上げであったことを自白した（Wagner, 2006）。

バレンタインデーの虐殺事件（銃器）：1929 年 2 月 14 日にシカゴで発生した「バレンタインデー虐殺事件」では，6 人のギャングメンバーとその知り合いの 1 人が，サブマシンガンによって市内のガレージで射殺された（Wilson, et al, 1995）。世間の注目をひいたこの事件について，ゴダードは，ニューヨークからシカゴに招かれ，銃器由来の証拠物を解析することとなった。この事件では，口径 0.45 インチ自動装てん式拳銃用の弾丸が 70 発発射された。ただ，被害者の遺体とその周辺から回収された弾丸の多くは破片化していた。さらに多数の口径 0.45 インチのコルト自動拳銃（45ACP）の打ち殻薬きょうが回収された。その当時，45ACP の実包を使用する主な銃器は 5 種類だった。コルト自動装てん式拳銃がその 1 つで，アメリカ軍の装備拳銃として 1911 年に採用されていた。他にサベージ自動装てん式拳銃があるが，これはわずか 200 丁が製造されたにすぎなかった。その他に，コルトとスミス・アンド・ウェッソンの 1917 年型回転弾倉式拳銃とトンプソン・サブマシンガンがあった。その中で，コルト M1911 自動装てん式拳銃と M1917 回転弾倉式拳銃の腔旋諸元は同一で，その他はそれぞれ異なる腔旋諸元であった。もっとも，発射痕鑑定の経験を積んだ者にとっては，コルトの自動装てん式拳銃と回転弾倉式拳銃の発射痕の識別に困難を感じることはなかった。ところで，現場弾

丸の腔旋痕は右回転であり，コルトの左回転は除外できた。現場弾丸は右回転4条の腔旋痕であり，トンプソンを除く各銃器の腔旋痕は，いずれも6条であることから除外できた。S＆W回転弾倉式拳銃の発射弾丸には，回転弾倉式拳銃特有の弾丸頭部側で旋丘痕幅が広くなる特徴が残されるが，現場弾丸の腔旋痕にそのような特徴は見られなかった。それに加えて，打ち殻薬きょうのきょう底面には，トンプソン特有の円弧状痕跡が残されていた。そのような痕跡は，その他の拳銃では見られることのない痕跡であった。これらの解析結果から，すべてがトンプソン・マシンガンによって発射されたものと結論された（Fisher, 1995）。

メレット事件（銃殺）：スコットランドのエジンバラでパーサ・メレット（62歳）が居間で手紙を書いていてピストルで重傷を負った。この上位中流家庭に属するイギリス人女性は，技師の夫とニュージーランドやロシアのペテルブルグと海外でほとんど生活していた。ところが虚弱な一人息子ジョン・ドナルドが過酷なロシアの気候に耐えられそうにないので，療養を理由にスイスに転地，ロシアに留まった夫は動乱のため行方不明となった。1924年，息子ジョンが16歳に達し，イギリス諸島に渡りエジンバラ大学に在籍し，自分たちは質素なフラットで，日通いのメイドの世話で暮らし始めた。母親は知的で息子を献身的に愛し，息子は魅力的な男性であるが，自己陶酔的な側面があり，あまり授業に出席することなく，小遣いも賭け事・女・酒に浪費し，できた子のことは母親に隠し通していた。

1926年3月17日，いつも通りメイドが朝9時にやってきて，親子に挨拶，2人には変わったところはなく，母親は手紙を書き，息子は同じ部屋の向かいで読書していた。メイドが台所で働いていたとき，銃声と悲鳴，ドサッ人が倒れる物音が聞こえ，ジョンが台所に来て，「母さんが銃で自殺した」と言った。居間で夫人は仰向けで床に倒れ，頭の傷から出血しており，未だ息があった。数フィート離れた書き物机上にピストルがあった。駆け付けた巡査2名は，現場状況の保存を心がけなかったばかりか，返って，現場の物品を勝手に動かし，しかも何らの記録も残さなかった。ただ，かろうじて，息子ジョンの供述は書きとめた。「金銭問題で悩んでいた母親は手紙を書いていて，突然自分で自分を撃った。使った銃は，自分が兎撃ち用に購入した」。書きかけの手紙の内容は，友人宛の，何の問題もない普通のとりとめもない事柄を伝えており，自殺をしそうな含み事項もなかった点も見逃された。しかも，机の上にあったピストルを何の控えを記録することなく，無造作に自分の制服のポケットに回収してしまった。意識のない夫人は，診療所に運ばれ，自殺という犯罪行為者を監視する鉄格子付きの施錠された病室に監禁された。意識を回復した夫人は右耳が非常に痛いと訴え，X線検査で頭蓋骨基底に弾丸が見つかった。手術は不能とされ，事故にあったと被害者には告げられた。そして，病院の職員や友人に質問された訳でもないのに，繰り返し繰り返し「息子があんまり近づいてくるので，あっちへ行って，邪魔をしないでちょうだいと言った。突然，頭の中でパンというピストルのような音がした。屋内にピストルがあったかどうか知らなかった。これはドナルドがやったの？　いけない子ね」と話し，耳の専門医に診てもらうよう何度も頼んでいた。こうしたやりとりは，一切，警察で記録されていなかった。息子ジョン・ドナルドは母親見舞いの病院通いに疲れたのか，医師に回復の見込みを訊ねるなどあまり心配な風ではなかった。

4月2日，母親は死亡，息子は公式に母を亡

くした子として世間の同情を寄せられる立場となった。検死解剖の結果，死因は，銃創が感染源の髄膜炎とされ，「どの程度の距離で銃の発砲が起きたのか知るすべはない。傷の位置に関する限り，本事例を自殺として矛盾はない」と報告された。一方，パーサ・メレットの家族や友人たちは，自殺は彼女らしくなく，銃撃される前に気分が落ち込んだ様なところは見えず，入院中の彼女の発言ももっともらしく，さらに，後頭部の傷の角度は不審と言えば不審であると自殺を納得しなかった。息子ジョン・ドナルドが，母の名を騙って預金をひきだしていたことも疑いを助長した。診療所の医師の所見によれば，銃創の周りに黒ずみも火傷痕も認められなかった点を注目，発射実験を提案した。メレット家事件で使われたのと同じ型の弾丸が込められたけん銃で，様々な標的に向け発砲，射程距離を測定した結果，3インチ以内で標的上に火薬で焦げた跡が鮮明に認められ，6インチ以内まで痕跡が現れ，肉眼で確認でき消えにくいことが判明した。9インチ離れると痕跡は生じず，その距離で，自分の耳の後を撃つことはできないと報告された。ジョン・ドナルド・メレットは殺人と文書偽造で起訴された。

これに対し，イングランドで，殺人特に銃の事件で主権側の最高の専門家とされていたサー・バーナード・スピルズベリーが，スコットランドの弁護側専門証人となった。そして，スピルズベリーは協力者鉄砲鍛冶のロバート・チャーチルと共に，火薬による火傷や黒ずみは重要でなく，繰り返し行った実験で，至近距離から発射した場合でも必ずしも火傷痕が残るとは限らないと，パーサの自殺を強く主張する証言を行った。評決の結果，殺人は証拠不十分，文書偽造は有罪で禁固1年となった。息子ジョンは，軽罪刑務所で服役，出所後，母親と祖父の莫大な遺産を相続，勝手放題な人生を送り，戦時には軍役に就いていたが，あげくには，犯罪にも手を染め，ドイツに逃亡した。その後，自分の財産が乏しくなってきたため，若い頃，結婚し別れた妻に多額の金銭を分与したことを思いだし，取り戻そうと，密かにイギリスに舞い戻り，元の妻宅に忍び込み，風呂で溺死させ，事故死に見せ掛けて逃走しようとしたところを義理の母親に見つかってしまい，計画は全て御破算となった。有名人で自己を正当化した証言をする専門家ほど危険な人物はいないという教訓が残された事件である（Evans, 1996：Wilson & Wilson, 2002）。

(2) 犯罪者特定（犯罪人説）

ウィーンの解剖学者フランツ・ガル（F. Gall：1758～1828）が，1796年に発表した"骨相学（Phrenology）"は，生来性の知的能力，精神性格が頭蓋骨の形状に反映するという確信に基づいている。この考えは，十数年後には英国に到来，1881年英国骨相学会が創設され，19世紀には一般にも流布して一定の評価を博した。特定の脳機能が存在するという指摘は正しいとしても，それが外形にまで反映している点の価値は評価しがたい（Gardner, 1957）。

イタリア人チェザーレ・ロンブローゾ（C. Lombroso：1835～1909）は，1876年"犯罪人論"を発表，犯罪者の中には隔世遺伝で引き継がれた欠点を示す特有の身体的特徴を帯びている者がいるとの見解を披露した。1870年，イタリア・トリノで開催された第6回犯罪人類学会議で，狂人と犯罪者の本質的違いを突き止めるため，ある掠奪者の頭蓋に非常に長期にわたり繰り返されてきた隔世遺伝的異形を発見，特に，後頭中央の巨大窩（陥凹）および下位脊椎動物に見られる形態と相似性のある小脳虫部（小脳中央部）肥大が指摘され，原始的人間下等動物の特質がこの時代に再生されたに違いないと結論

付けた．犯罪者の行動特徴として，刺青，独特の隠語，暴力的刹那的感情，大胆さに似た洞察力欠如，臆病とうらはらの大胆さ，遊びや仕事にかける情熱と逆の怠惰を説明できるとした．この論調からは，問題を提示し，仮説を立て，将来の観測結果を予測し，個別の研究者にそれぞれ同じ結果を導き出させるという今日の科学的手法に依拠していないことは確かである．貧弱な特異例に自分の意見の基礎をおき，文化的産物のような異なる次元の事柄を持ち込み，原因と結果を混同している．また，報道に扇動されて犯罪が誘発先導されるともしている（ダーモン，1992）．

(3) 顕微鏡術

19世紀末以来，観察しようとする対象物質の確認に，拡大レンズほど，犯罪捜査に寄与してきた手段はない．ましてや，既述したロカールの"交換原理"に裏づけられた犯罪現場の様々な資料の詳細な観察，分析，確認には，欠くべからざる手段である．

1290年頃，フィレンツェの貴族が凹レンズの作成と眼鏡を発明した．少なくとも半世紀以内にはイタリアのガラス職人が，レンズを極微小にすると飛躍的な倍率が得られることを見つけた．しかし，幅が数ミリのレンズ製作は，当時としては極めて困難であった．

一方，1607年，オランダのミッデルビュルヒの眼鏡職人のサハリアス・ヤンセン（S. Janssen：1580～1638）と息子ハンス・ヤンセン（H. Janssen）が2個のレンズを一定の距離を隔てて置くと物が逆さまながら大きく見えることから，管の両側にレンズを嵌め込んで，今でいう「望遠鏡」を発見した．ただし，これは，両方のレンズが凸レンズであれば物が逆さまにしか見えないことから，子供の玩具程度にしか利用されなかった．同じ町の眼鏡職人が，目に近いほうを凹レンズにすると逆さまに見えることが解消されることを知った．この際，倍率は著しく縮小してしまっていた．

時代は下って，1670年頃，オランダデルフトのアントニー・レーウェンフック（A. Leeuwenhoek：1632～1723）という亜麻布商が，趣味でレンズ研磨をはじめ，これを使って微小物質の観察を行い，その形状の驚くべき精密さを明らかにした．こうして微小な像の拡大化，すなわち，顕微鏡技術を人類は手に入れたのである．1665年，英国王立協会のロバート・フック（R. Hook：1635～1703）は，レーウェンフックの単レンズより性能は劣るものの，今日に通じる対物レンズと対眼レンズで構成された複合顕微鏡と呼ばれる管状顕微鏡を製作している．

顕微鏡が初めて殺人事件捜査に用いられたのは，1847年フランスで発生したナポレオンの娘が嫁ぎ先の公爵家の寝室で射殺された事件である．部屋から発見されたコルシカ製の拳銃を拡大鏡と顕微鏡で詳細に観察の結果，被害者の毛髪と皮膚組織片の付着が認められた．この拳銃の持ち主であった公爵は犯行否認のまま，拘束前にヒ素をあおって自殺した．

光学顕微鏡は理論的には8千倍の倍率が可能とされているが，可視光線による分解能は限界があり，最小は0.2マイクロメートルである．1924年，フランスのルイ・ド・ブロイ（Lois de Broglie：1892～1987）によって電子波の概念が提唱を経て，1933年，電子顕微鏡が作られた．電子ビームの加熱効果による観察標本の損傷が解決され，はるかに短い波長の電子ビームによる電子顕微鏡で約50万倍の倍率が可能となった．

この機能に着目して，最も目覚ましい成果が得られたのは，毛髪である．1909年パリのカフェ2階のフラットで，この部屋の居住者の情婦の殴殺死体が見つかった．女性のくす

んだブロンド色の毛髪を被害者は手に握っていた。この毛髪の特徴を精密に観察し，その結果容疑者が特定され，部屋の居住者から金を奪うため忍び込んだところ，居合わせた被害者に見とがめられ争いとなり殺害したことを認めた（Wagner, 2006）。

犯罪捜査への顕微鏡技術の進展につれ，観察内容，すなわち，対象となる資料の成分の特定が必要となった。第二次大戦後，分光器と分光測光器が開発され，吸収スペクトルの吸収帯を分析して，組成成分の種類が判別できるようになった。さらに，可視光線外の赤外線や紫外線による分光分析で，さらに詳しい識別ができるようになった（Saferstein, 2001）。

（4）写真技術

1725年に塩化銀が日光に晒されると黒くなることが発見された。これを利用して，1802年，イギリスで，感光紙に写真を写しだすことに成功したが，日に晒されると黒く変色してしまった。その後，フランスで撮影直後に硝酸かアンモニアで洗うと，感光しなかった塩化銀が溶解し，映像部分のみが残ることが見出され，1824年，世界では初めて風景写真の撮影に成功した。もちろん，この時点では，乾板の露出は一日近くであった。露出時間の短縮には長い年月が必要であった。

ルイ・ダゲール（L. Dauguerne：1787〜1851）が1839年披露した"ダゲレオタイプ銀板写真"による写真製版は，1843年ベルギーの警察に採用された。手順の簡便化，レンズ開発が進んでいったものの，高価であり高度な技術と時間がかかりすぎる欠点に加え，撮影の規格化，特徴分類制度がなく，あまり有効な手段とはされなかった。

一方，1882年，フランスのアルフォンソ・ベルティヨン（A. Bertillon：1853〜1914）が，ベルギーの統計学者アドルフ・ケトレー（A. Queteler：1796〜1874）と共に，1840年に提唱した身体の寸法が全て正確に同じ人間は存在しない論点に従った人体計測手順を設計した。伸ばした両腕の全長・座高・身長・頭部長・頭部幅・頬幅・右耳・左脚・左手小指・左手中指・左右の腕肘から伸ばした中指までの長さの11カ所を3回測定した平均値を求めた。これに同じ方向，同じ明るさの正面と横顔の写真と細々とした本人の特徴を記載することとなった。こうした手順の複雑さは実務捜査員にとって煩わしかったものの，徐々に資料の蓄積が進みにつれ有益視されていった。フランスでは警察の一環した制度として，オーストリアではグロスが推奨し，イギリスにも導入された。本邦では，現在でもこの規格に則った方式による"被疑者写真"撮影が行われ，保管され続けている（Wagner, 2006）。

（5）個人特定

犯罪科学の根幹は，個人識別である。犯罪者の手がかり，あるいは，言葉による描写を通じて，数百数千の人物の中から，どのようにして1人の人物を特定することができるのか。この課題は，数世紀にもわたって警察捜査を悩ませてきた。個人識別のより効率的より正確な方法は常に模索され続けてきた。毒物，塗料，血液，銃弾，精液，土砂といった物品同定もまた同様の課題である。さらには，身元不明の遺体あるいは白骨の個人同定も，犯罪捜査にとって同列の重要な課題である

初期の頃は，個人識別のために秩序だった分類や選別を試みる真摯な努力は，容疑者や犯罪者の口頭による描写であった。古代エジプト人や初期中国人たちは，手配中の犯罪者や囚人の身体特徴を表現するという骨の折れる作業に精をだしていたと言われている。過去数世紀にわ

たり，有罪刑事犯を特定しておく手段は，ヨーロッパ・アジア・アメリカに広く浸透していた。囚人の犯罪歴や身元確認は，身体に直接印を付ける恒久性のある特定分類法であった（アメリカの古典小説『緋文字(The Scarlet Letter by N. Hawthorne：1892〜1987)』には，植民地時代には"赤色のA"が姦通者に刻印されていた）。犯罪者の鼻をそいだり焼印を押したりするのが死刑執行人の副業でもあった。フランスでも，1832年まで重労働懲役（travaux forces）のTF，窃盗はV（voleur），二度目はVが付け加わった。終身刑ではP（en perpetuite）の焼印が使われたという。ロシアの囚人は，19世紀半ばまで額と両頬に焼印が押された。刺青はまた別の意味で個人特定の指標となった。ロンブローゾは刺青を彫る者たちが犯罪性・鈍感・先祖帰りといった犯罪者特有の性癖と考えたが，ヴィクトリア時代ロンドン上流階級のご婦人方の間で刺青が流行していたことを知って，考えを改めた（Curran & Hyg, 1980）。

A．ベルティヨン式身体測定法

19世紀に入り，生活の近代化と人々の移動性およびそれに伴う匿名性の拡張という近代社会背景のもとに大勢の人々が，新たな身元を手に入れ，当時の行政や警察力では識別される見込みが少なくなった。しかも，こうした状況は，犯罪の増加や暴動（時には革命さえ）につながり，最終的には道徳や社会秩序の完全な崩壊を招くとも考えられていた。こうした歴史の必然性のもとに，犯罪者識別のための人類学的分類法を応用した科学的個人識別法が，1880年，フランスパリ犯罪捜査局のアルフォンソ・ベルティヨン（A. Bertillon）によって考案された。フランスの警察機構は急速な都市の膨張と交通の発達に伴い，警察の経費削減すなわち合理化と累犯者を確認し同定する方法の確立の必要性に迫られていたのである（渡辺, 2003）。

この身体測定法では，11カ所の測定部位を定めている（身体全体では，身長・両手を横に伸ばしたときの最大値・座高，頭部では頭長（頭部の前後方向の最大の長さ）・頭幅（頭部の幅の最大値）・右耳の長さ・右耳の幅（これは正確な測定がむずかしく後に両頬の幅におきかえられる），四肢については左足の長さの最大値・左手中指の長さ・左手小指の長さ・左手前腕の長さである（警察庁, 1969）。

個人識別法がその機能を十分に発揮するには，十分な個別性を持っていること（不同性）と終生変化がないこと（不変性）のほかに，検索のための分類保管が便利であることが必要である。非常に精密な身体特徴分類描写制度が工夫され，莫大な量の資料が精細な文章で保存され，法執行当局において確保された数千人もの人物の資料が収集されていった。後々，線画や白黒写真も取り入れられ，成果が大幅に捗った。制度自体は，人件費・時間・場所すべてに非常に費用がかさみ，捜査手法としては限界があった。現在もこの方法は，写真資料の部分だけは利用されているが，個人識別用としては効率よい指紋法に取って代わられてしまっている。とはいえ，「ベルティヨンの身体測定法はすばらしい技術的成果で，フランスだけでなく，イギリス，アメリカ，オランダ，スペイン，ロシア，ドイツ等の国々にも広がり，指紋による個人識別が生まれ育つ以前には，常習犯罪者対策に大きな成果を挙げた」と評価されている（岡田, 1900-1901）。

B．指紋法

指紋は万人不同，終生不変であり，現在では最も確実な個人識別の資料である。指や掌に隆線が紋様を描いていることに人間が気付いたのは太古のことであろうが，指紋の個別性という

事実が科学者の目にとまり，研究され始めたのは17世紀に入ってからのことである（Beavan, 2001：警察庁, 1995）。

1686年ボローニア（Bologna）大学の解剖学者マルチェロ・マルピーギ（M. Malpighi：1628〜1694）が隆起を話題にし，後に，1823年プロイセン王国領ブレスラウ大学ヤン・プルキニュ（J. Purkinje：1787〜1869）が，指の圧痕を9タイプに分類し，指紋分類の嚆矢となった（Wilson, 1989）。

指紋の近代的研究は，医師であり宣教師でもあったスコットランドのヘンリー・フォールズ（Henry Faulds：1843〜1930）の報告が始まりである。1874年から約10年間，医療施設団の一員として，東京築地の病院で稼働中，貝塚から出土した土器の表面に残された指の跡の微細な紋様にひかれ，指紋の標本を集めるようになる。アジアでは，古くから人指の隆起線模様に基づいた手形の使用が行われていたことに着目した研究の成果が，病院の医療用アルコールを盗み飲みしていた学生の割り出しや，侵入窃盗の容疑者の疑いを晴らすのに役立ったというエピソードも残されている。フォールズの指紋に関する「手の溝について」と題する考察が，『Nature』1880年10月28日号に投稿された（Faulds, 1880）。既述のティチボーン事件に触れた犯罪捜査への指紋応用を世界で初めて論じ，後の犯罪捜査を一変させる動きとなる。

一方，インドで勤務する傍ら，指掌紋に関心を持ち，契約書に指紋を押させたり，年金受給者の受領印として指紋を使用したりしたほか，既決囚の収監時に指紋押捺を強制したりもした（Beavan, 2001）ウィリアム・ハーシェル（W. Herschel：1833〜1917）は，『Nature』の1880年11月25日号に，1853年から約25年間，インドで署名の代わりに指紋を使ったことや，指紋は年月が経過しても変らないという観察結果を報告した（Herschel, 1880）。ただし，指紋の科学捜査への実践的応用について考えていたとの証左はない。

チャールズ・ダーウィンのいとこで人類学者サー・フランシス・ゴールトン（F. Galton：1822〜1911）は，ベルティヨン方式が身元確認の最適手段とは納得しておらず，『Nature』のハーシェルの投稿文を読み，直ちに指紋の利点を理解，専ら，ハーシェルと連絡を取り情報を得た上，指紋の唯一無二と終生不変を確信するに至った。そして，人体寸法の変遷，表情・仕草などの可変性を指摘し，ベルティヨン方式を否定した。代わりに，指紋の合致を証明する方法として，渦状紋・蹄状紋・弓状紋のパターン分類を提唱した（後述）。これは，後々，スコットランド・ヤードの身元確認の基盤となった（Saferstein, 2001）。

そして，犯罪科学にとって，指紋の実用化が促進されたのは，指紋の不同性と不変性に伴う確実性の理解に加え，指紋の複雑な紋様の分類方法が確立された点にある。ゴールトンの著書『指紋』（Galton, 1892）に啓発されたインド・ベンガル警察のエドワード・ヘンリー（E. Henry：1850〜1931）は，1893年から指紋同定法を導入，指紋分類のゴールトン・ヘンリー法を開発した。ゴールトンの3グループ分類（弓状紋・蹄状紋・渦状紋）に，突起弓状紋を加え，さらに，渦状紋は渦の流れの左右差2グループに細分し，5グループの基本パターンとした。ちなみに，現在では，この5種の基本パターンに，変体・損傷・不完全・欠如の特徴を設けた分類が行われている。

このヘンリー式指紋分類法（Henry, 1900）は，ロンドン警視庁に1901年全面的に採用され，以降，個人識別の決定的な手段として指紋の実用化は世界各国に急速に進展することとなった。フランスでも，ベルティヨンの弟子，アレ

クサンドル・ラカサーニュの助手であったエドモン・ロカールが指紋同定法を支持した。1910年，フランス・リヨンの警察研究所に任じられ，施設の整備に努める傍ら，指紋同定の規準として最低12の一致点（ゴールトン細目）を定めた。この数は各国で統一されておらず，アメリカでは定められていない。また，身元確認には，痕跡の明瞭さ，指紋パターンの希少性，指の孔および芯，すなわち中心部の視認度などを考慮するとされた（Saferstein, 2001）。

指紋の紋様は，渦状紋（円形または渦巻状の線で構成されている指紋，日本人の約5割が渦状紋といわれる），蹄状紋（蹄の形をして流れている指紋，日本人の約4割が蹄状紋といわれる），弓状紋（弓なりになった線のみで構成されている指紋，日本人には少ない），変体紋（前記のいずれの分類にも属さない指紋，上下に流れる線で形作られているものや，点または短い線だけで形作られているもの等，極めて珍しい。「指紋がない」指紋もこの種類に分類される）の4種に分類されている。実際の個人識別鑑定においては，指掌紋の特徴点（隆線の出発点および終末点，隆線の分岐点など）が12カ所以上合致していれば日本では同一人の指掌紋と判断することになっている。一卵性の双生児では，DNA型は一致しているが，胎生期に形成される指紋は類似していても，特徴点は異なっている。現在では，指紋認証として，生体認証の分野で最も普及して利用されている（警察庁, 1969）。

ほとんどの世界の国々では，この指紋法は，制限が設けられており，非犯罪者の指紋は滅多に登録されない。しかし，アメリカ合衆国では連邦捜査局が"総指紋化"運動を実施し，非常な成果が実りつつあり，犯罪分野での犯罪者識別事項として指紋法は早くから高い評価を与えられている。特に，身元不明死体の確認には，歯型と並び指紋は重要な情報を与える点で，現在でも活用されている（Owen, 2000）

日本では，1908年（明治41年）10月16日をもって，司法省が監獄に指紋押捺の実施を訓令し，日本の行刑制度に指紋法が導入された。警視庁では1911年（明治44年），指紋法を採用した（警察庁, 1995）。

しかし，犯罪捜査の一環として国家的な制度として指紋法を世界で最初に受け入れた国は，イギリスではなく，この分野での初期時代の主導的立場にあったユアン・ビセティヒ（J. Vucetich：1850～1931）の薫陶を得たアルゼンチンであった（Sengoopta, 2003）。

フランシスカ事件（殴殺）：指紋で解決をみた最初の事件は，アルゼンチン・ラプラタ警察で起こった。2人の子供が血だらけのベッドで死んでいるのが発見された。取り乱した26歳の母親フランシスカ・ローハスは，隣家の男から関係を迫られており，断わったら一番大事な子供を殺すと脅されていたと伝えた。しかし，この男には確実なアリバイがあった。捜査をしていると，フランシスカには愛人がいて，常々，2人の子供さえいなければ喜んで結婚するのだがと言っていたとの噂を聞きつけた。担当の刑事アルヴァレスは警察で指紋分類法が研究されているのを知り，犯行現場を調べ，ドア上の僅かな茶色っぽい乾いた血のような親指の指紋を見つけた。ドアの部分は警察に運ばれ，フランシスカの親指の指紋と拡大鏡で照合され，一致しているのが確認された。恋愛成就のため，石で2人の子を殴り殺し，石は井戸に捨てたことを自白した（Wagner, 2006）。

C. 血液型

古代，人類が異種民族や他の野獣との争闘に伴う際，「出血」の印象が刻みこまれ，血液は

勇気の象徴，最も美しい装飾あるいは異性の歓心に応える最善の武器と見られていた。そして，血液を失えば死に至ることから，失血（血液の喪失）により精神も失われると考えられ，血液には精神が宿っており，血液を補充すれば精神力が恢復すると思われていた。モーゼの経典では，肉を食することは許されても血を飲食することは厳しく禁止されている。仏教でも，仏身から血を流すのは五逆罪の一に数えられている。17世紀頃は精神の血液内在説がさかんであり，スペインの僧侶が，聖典中の文言に従って血液中の精神を求めようとして，人体の肺循環系を見出している。また，精神は血液の中にあるとされているところから，夜な夜な世の亡者が墓を抜け出し人間の生き血を吸い歩くという吸血鬼（ヴァムピール）迷信が信じられ，才能の優れた人物からの血液交換によって怜悧になることを目指したり，柔和な子羊の血を飲用し猛々しい人物を改善しようとしたり，少女の血を採って老婦に与え，昔日の若々しい容姿を取り戻そうとしたりした。15世紀末から，16世紀初めにかけて，俗に「血伯爵夫人」と呼ばれているハンガリーのエリザベート・バートリー伯爵夫人（E. Bathory：1560〜1614）は，若返りを行うために3人の従者と謀って，約600人の少女を城内に連れこんで殺し，その血を風呂として浴したといわれている。

　こうした血液の尊敬の高まりに伴い，難病治療に血液が応用され，ドイツでは，人間の温かい血を飲ませ癲癇を平癒させるとの民間迷信が存在する。ベルリンでは死刑執行により斬罪に処せられた際にその血を布に染みこませ傷の特効薬として売買されたり，西洋では，分娩時の血は痣を治すと信じられていた。その一方で，血縁に象徴されるように「血族」とか「血の繋がり」に属する迷信も根強い。親の血と子の血には深い関係があると信じられており，唐書

『孝友列傳』中の王少玄傳に依ると，王の父は隋の世末，乱軍中に殺害され死体は行方不明となった。十歳の時，母から父の遺骨の確認がなされていないことを聞き，子の血を白骨にそそぐと，よく滲み込む時は父の死体だとの伝承に従って，山野に白骨を見つける度に皮膚を切り血をそそぎ，遂に父の骨を探り当て，手厚く葬ったと記されている。梁書の『豫章王綜の伝』にも同様の事柄が記載されており，『先怨録』中の「滴血」という章には，「父母の骸骨他所に在りて士女相識らんと欲せば，身上を刺して血を出さしめ，骨上に滴す。親の生む者ならば即ち血骨に入り，然らざれば即ち否也」とある。同書にはまた「親子兄弟或いは幼より分離し，相識認せんと欲し真偽弁じ難ければ，各をして刺して血をださしめ，一器の内に滴す。真なれば即ち其れ凝つて一と為り，否なれば即ち凝らざる也。但し生血壚錯を見れば即ち凝らざるは無し。故に壚錯を以て先ず器血を擦るあらば奸を作し，混ずるを朦す。凡そ滴血を験する時は先ず用ふる所の器を得て當にまのあたりに洗浄すべし。或は店舗に於て特に新器を取らしむれば即ち其の奸は自ら破らる。」とある。こうした迷信を，今日の科学的知識に照応して，どのように位置づけるのが正しいのかは即断できない。例えば，ある種の蛇毒は血液中の類脂肪酸の一種レチチンと合併して毒性を現す。このことは，マルクス・カトー（M. Cato：BC234〜149）がポンペイの軍勢と共にアフリカに遠征した際，毒蛇のいる河水に毒が含まれているのではと飲むのを逡巡した兵士に対し，蛇毒は血中に入ってはじめて毒となるのだ，飲んでも大丈夫だ」と命じたのは，この事実を弁えていたと言える。したがって，取るに足りぬ迷信に過ぎない場合もあるが，迷信といえども，これを無視することは賢明な態度といえない場合もある。例えば，「血液交換」は「輸血」に通じ，「血

清療法」に至る道程が導かれる。さらに、「血縁」としての遺伝的解明は周知の通りである（小酒井, 1923）。

血液の同定にはおおよそ三種の方法が考案されている。①グアヤック・チンキ法：西インド諸島産のグアヤックという木の樹脂は、酸化するとサファイア・ブルーに変化する。血液と過酸化水素の混合液でも変化するが、胆汁・唾液・赤ワインでも起こる。したがって、少なくとも陽性結果でヘモグロビンの存在は推測できる。②顕微鏡血球検査：1882年頃、乾燥していないいわゆる生血液資料を拡大観察して、構成内容を参考図と比較して特定していた。③分光化学分析（Spectroscopic Analysis）：ドイツの光学器製作者、物理学者のヨーゼフ・フラウンホーファー（J. Fraunhofer：1787～1826）は、ニュートンやウイリアム・ウォラストン（W. Wollaston：1766～1828）の業績を基に、19世紀前半、レンズ・プリズム・小型望遠鏡で構成した装置を組み立て、光を通すスリットが一本入ったウインドーシェード（日除け）の前に装置を設置、光がレンズとプリズムを通って回析されると、分離された色の帯によって色の分解が行われる。犯罪捜査上は、その分離した帯の中に混じる暗い筋（フラウンホーファー線）が重要である。1859年、ハイデルベルグ大学化学教授ロベルト・ブンゼン（R. Bunsen：1811～1899）と物理学者グスタフ・キルヒホッフ（G. Kirchhoffsches：1824～1887）が、顕微鏡に分光器を装着、高精度のヘモグロビン検出法を開発した。血液が一定の光線に干渉し、血液スペクトルの暗色吸収帯を生じさせる。血液の希薄溶液が光源とプリズムの間にあると暗色帯が生じる。この分光化学分析は高感度で、古く乾燥した血液でも鑑定可能である（Wagner, 2006）。

現在では、現場に残された微細な血液様乾燥物質は、アルコール・フェノールフタレン容液および過酸化水による試験で判別でき、また、ロイコマラカイトグリーンによる発色反応で血液かどうかが判別できる。さらに、沈降テストによって人獣の識別も可能となっている。1901年、ドイツのグライフスヴァルトの衛生研究所助教授パウル・ウーレンハート（P. Uhlenhuth：1970～1957）は、人と獣の血液を識別する沈降試験法を開発した。ある動物（例：ウサギ）に他の種に属する動物の血液を注射すると、その動物（ウサギ）の血中にはその注射された血液に対する生体反応が起るという事実に基づいている。この反応で形成される血清は沈酵素と呼ばれる。予め人間の血液を注射されたウサギの血清は、もう一度同じ血液暴露に反応することとなる。したがって、人間の血液血痕に明確に反応するのである（Uhlenhuth, 1901; Wagner, 2006）。

1900年、ウイーンの病理学・解剖学研究所助教授カール・ランドシュタイナー（K. Landsteiner：1868～1943）が、輸血の失敗は血液型が存在しているためであることを発見した。彼は、"血清及びリンパの抗酵素性・溶血性・凝集性作用"を発表、正常凝集素（Normale Agglutinin）の存在を暗示、翌年、正常人血液の凝集現象についてと題する約1頁半の論文を発表。輸血にとって重大な貢献となったノーベル賞（1930）の対象となった内容は、健康成人22人の血球と血清をそれぞれ組み合わせて反応させ、当初二種だとされていた血液型を三種（A・B・C）の3群分類を明らかにした。後に、国際連盟保健部第3回標準委員会（1928, Frankfurt a. M.）は、O・A・B・ABを採用、加えて、凝集素 α・β を、それぞれ anti-A・anti-B と変更するよう決められた（Landsteiner, 1901）。

こうして、数人の血液を赤血球と血清とに分

けてそれぞれの赤血球と血清を別々に混ぜると凝集する組み合わせと凝集しない組み合わせがある事で血痕種別判定，加えて，ABO 式血液型により，個人識別と親子鑑定の可能性が増大し，血液型は個人識別に応用が可能となった。

　日常生活で血液型という時には ABO 式をさすことが多いが，現在では数十種類以上の血液型が見つかっている。犯罪捜査における血液型検査では，まず ABO 式血液型検査を行い，つぎに対照資料がどこまで検査できるかによって変ってくるが，ルイス式血液型，MN 式血液型，P 式血液型，Rh 式等の分析が行われてきた。

フランツ事件：1864 年 7 月 9 日 22 時 15 分，イギリスノースロンドン線ハックニー駅で，銀行員 2 人が無人の一等車両コンパートメントに乗り込んだ。1 人が何気なく座席に手をやると，一面にべっとりとしたものが付着していた。薄暗がりで赤色だと見てとれ，車両が調べられた。血のようなものがクッションや窓，ドアハンドル，そこにあったステッキにもついていた。また，小型の鞄，製造元の JH ウオーカーのネーム入りビーバー毛皮製山高帽が残されていた。その後，ハックニー駅手前の線路沿いの地面に横たわる意識のない男性が発見された。めった打ちされており，ポケットの中身からロンドンのロンバード街ロバーツ銀行頭取トマス・ブリッグズ（70 歳）と判明した。頭蓋骨が骨折しており，意識が回復しないまま翌朝死亡した。駆け付けた息子は，鞄とステッキは父親のもの，車内の帽子は見たことがなく，父親が平素かぶっている山高帽，金の懐中電灯と鎖も見あたらないと述べた。この事件はイギリス犯罪史上，最初の鉄道列車内強盗殺人事件として，世間の関心をひいた。

　すぐさま，とある宝石商（"Death" という店名でディースと読む）から，なくなっていた装身具が持ち込まれ同価値の装身具と交換していったと届けがあった。この話が伝わり，今度はマシューズという今日でいうタクシー用途の辻馬車の運転手が，家族ぐるみで付き合いのあるフランツ・ミュラーなる友人が運転手の十歳の娘に"ディース"のラベルのある宝石箱をくれたと警察に届けた。ミュラーは JH ウオーカー製の山高帽をかぶっていたとのことであった。ミュラーの写真を運転手から入手，ディースの店員が確認したので，居住先に警察が駆けつけた。しかし，下宿の女主人によると，帆船ビクトリア号でニューヨークに発ったとのことであった。蒸気船シティ・オブ・マンチェスター号で数週間早く先回りしてニューヨークで，被害者ブリッグズの帽子を所持していたミュラーを逮捕した。ロンドン病院化学部教授ヘンリー・レサビーは血痕の位置について明確に同定し，1864 年 11 月公開処刑された（Wagner, 2006）。

リジー・ボーデン事件：1892 年，マサチューセッツ・フォールリバーのボーデン一家は，手狭な家であまり裕福でない生活をしていた。元葬儀屋で一応成功したものの倹約が必要な実業家アンドリュー・ボーデン（70 歳）と彼の最初の結婚でもうけたエマ（42 歳）と十歳下のリジーの 2 人の娘，アンドリューの二番目の妻アビー（64 歳），および，家族から前任のメイドの名のままマギーと呼ばれていたメイドのブリジッドが同居していた。2 人の娘と継母の間は相続のことで争い，酷くいがみあっていた。自宅の前半分が夫婦の居宅。後ろ半分が姉妹の住居と分離し，お互いに一緒の食卓には一切つこうとしなかった。姉妹は常々アビーをミセス・ボーデンと呼んでいた。一人の身体の調子が悪いと毒を盛られたとの話になり，ボーデン夫人の持ち物がなくなると各部屋のドアが施錠される有様であった。

1892年8月4日，酷い暑さの日，上の娘エマは友人を訪問するため町に出かけていた。腸の調子が悪かったボーデン夫妻は，同じように調子のすぐれないメイドのマギーと共に，温め直したマトンスープ，バナナ，コーヒーで朝食を済ませた。遅くなって起きてきた下の娘リジーはコーヒーだけを飲んだ。ボーデン夫人はベッドのシーツを取り替えに二階にあがり，ボーデン氏は仕事で町に出かけた。マギーは吐き気を我慢しながら窓拭をしていた。10時45分ボーデン氏が帰宅，居間のソファに寝そべってうたた寝をしたらしい。マギーも屋根裏の自室に戻った。11時頃，マギーは地階からのリジーの悲鳴で跳び起きた。「マギー降りて来て，お父さんが死んでる。誰かが入ってきて殺したのよ」。ボーデン氏は，頭からおびただしく出血しソファに倒れていた。片目が眼窩から垂れ下がり，鼻も切断されていた。少なくとも11回は顔面を傷つけられ，傷口から血がほとばしり出ていた。医者と近隣の人が呼ばれ，検分して遺体にシーツをかぶせた。リジーはマギーに対し，ボーデン夫人は知らせがあって知り合いの病人の見舞いに町に出かけたまま帰って来た気配がないと思うと告げた。近所の人と一緒にマギーが様子を見に二階に上がるとボーデン夫人は客用寝室の床に倒れ，斧のような凶器で繰り返し殴られ，頭はつぶれ，凝縮して乾いた血だまりに死体はうつぶせになっていた。

　事件中の所在について，リジーの話は納得できる内容でなく，事件の前日，毛皮のケープを洗浄したいので青酸を売ってくれとリジーが頼んできたがこれを断ったと地元薬剤師が届け出てきた。父親の財産を相続しそうな状態でもあり，犯罪動機ならびに犯罪機会の両方が揃っていたのはリジーだけであった。しかし，医師の判断では，ボーデン夫人が殺されてからボーデン氏が殺されるまで少なくとも1時間は経過しているとの判断であり，その間，父親を殺害するため，屋内に止まっておれるかどうか疑問だとする考えもあった。

　最初の法医解剖は，ボーデン家の食堂のテーブル上で行われ，殺害後1週間後の葬儀の後，墓地戸外で二度目の詳細な解剖が実施された。リジーの衣類には一切血痕らしき滲みはついておらず，ただ，事件数日後，自分の青い衣類を台所のストーブで焼いているのを目撃されており，ペンキ塗りたてのところでペンキがついたので焼き捨てたと主張した。凶器と思われる"斧"を警察が地下室で見つけたが，血痕は付着しておらず，柄は大部分失われていた。検察は，柄が血だらけだったので折ったと主張したが，警察は，発見時，柄があったと証言。また，検案医は，犯行後，柄に細工する時間はなかったはずだと証言した。もっとも，この検案医は，現場の血痕状態の計測や撮影は一切行っていなかったが，詳細な状況の証言は行った。また，問題の斧を検査した化学者である医師の証言では，この斧に血液は付着していないという結果を報告している。しかし，ボーデン氏が事件の数週間前に，リジーの飼っていた鳩が騒々しいと首を切り落とした事実とは矛盾していた。

　ともかく，凶器が特定されず，衣類に血痕が付着していなかったことが主たる理由としてリジーには無罪評決が下った（Wagner, 2006）。

テスノウ事件：バルト海はドイツのポメラニア地方の沖に位置するリューゲン島は，不規則な形に入り組んだ入り江や浜辺に富み，森と白亜の壁と相まって風光明媚な島である。過去デーン人やスラヴ人等様々な民族に征服支配され，先史時代の墳墓が多く存在し，トロール，ドワーフ（こびと），巨人，異教の神々といった複雑な民間伝承（フォークロア）がその歴史を物語っている。20世紀の黎明期になっても，絞首刑

にされた者の首から切り取った紐で自分を縛ると"狼男"となるという狼憑伝説が根強く信じ込まれていた。狼男となると，馬，羊，子供を襲い殺し，死体を切り刻むと言い伝えられていた。

1901年7月，シュトゥッベ家の8歳と6歳の兄弟ヘルマンとペーターが夕食時になっても帰宅しなかった。その晩の内に捜索隊が組織され，松明の灯りを頼りに森の奥深く分け入って捜索したが発見されなかった。翌朝になって，日の光のもとに血だらけとなった大岩が見つかった。異臭に添ってたどっていくと藪に行き当たり，そこに切断された手足，切り裂かれた胴体，内臓が散乱し，あたり一面に巻き散らかされていた。首も切り離されていた。6月11日には，島の牧草地で大量の羊が切り裂かればらまかれるという虐殺事件が起こり，羊の飼い主が犯人が逃げていくのを見ていたが捕まえることはできなかった出来事があった。

残虐なことや確たる動機理由が不明なため，古くからの狼男伝説が呼び覚まされ，島中が戦慄の渦に巻き込まれた。兄弟が行方不明になった日の午後，ルートヴィヒ・テスノウという大工が2人に声をかけていたのを見たという果物売りが警察に通報した。渡りの大工職人は様々な場所に雇われており，着衣に茶色の染みがついていたところを目撃されていた。これにより逮捕され，着衣が調べられた。確かに，色合いの異なる茶色の染みが認められ，仕事中の木材の汚れで，帽子の染みは牛の血がついたというのがテスノウの言い分であった。木材の汚れだといったことが決め手となった。

捜査担当の治安判事は，1898年9月，レヒティンゲンという小村で起きた殺人事件を覚えていたのである。ハンネロア・ハイデマン7歳とエルゼ・ラングマイア8歳の少女が学校から帰宅しない。その日は学校にも登校していなかった。心配した親たちが探していたところ，夕暮れになり，森の中でバラバラにされ，内臓がばらまかれた遺体が発見された。挙動が不審で，着衣に茶色の染みをつけた男が逮捕された。地方の小村とて，検査設備もなく，男が木材の汚れだと説明すると，そのまま釈放されたのである。名は，ルートヴィヒ・テスノウといった。リュウゲン当局で拘束しているテスノウについて，羊の飼い主に面通しさせたところ，羊殺しだと確認した。この頃，グライフスヴァルトの治安判事がこの事件記事を読み，ウーレンフートのヒト血液検査の新手法を知っていたため，この検査を試みることとした。100カ所以上の染みについて4日間かけて検査したところ，大半は木材の染みであったが，9カ所が羊の血，17カ所が人間の血だと確定された。強迫観念に取り憑かれた残虐捕殺者として，有罪となった（Wagner, 2006）。

ケント事件：イングランドのウイルト州サミュエル・サヴィル・ケントの4歳の息子フランシス・サヴィル・ケントが1860年6月，家人が寝て居る間に三階建ての豪邸の子供部屋からいなくなった。外部から侵入した形跡はなかった。家には，妊娠中の二番目の妻と彼女の幼い子供3人，亡くなった前妻との間の15歳を超える子供3人，数人の使用人が住んでいた。家族・警察・近隣の人々の捜索にも発見できず，中に，伸び放題に繁った庭の，植え込みの半ば隠れている使われなくなった使用人用屋外便所を念のため覗いてみようということになった。便所の床は血だらけで，ドーム状の容器に子供の死骸が押し込まれてあった。遺体は，寝間着姿で毛布に包まれ，胸に傷があり，喉が深く切られ，首が落ちそうになっていた。窓枠に血まみれの指紋が発見されたが，家族を動揺させないようにとの配慮から，拭き取られてしまった。家族

のプライバシーを尊重し，クローゼットの捜索も行われなかった。

　ケント氏は態度が横柄で嫌われ者であったので，これといった理由もないまま，幼い息子を殺したと噂された。警察は，とりあえず，動機もないまま子守のメイドを逮捕したが，証拠も出ず，結局釈放せざるを得なかった。

　地元警察のもたつきに，スコットランドヤードは，観察に基づく推理こそが捜査の要諦であることを信条とした捜査官を派遣した。被害幼児の母親である現ケント夫人は，年長の子供たちの母親が病床に臥せっていた頃，彼らの家庭教師として雇われていた。その子供たちのうち，16歳のコンスタンスが，被害者が見つかった屋外便所を隠れ場所にしていたことから，注意を向けた。娘の母親には精神錯乱の既往があった。コンスタンスの3着の寝間着の1つがなくなっており，警察はボイラー室付近で血のついたシュミーズを発見していたが，放置したままであった。ウイッチャーが改めて調べようとした時には，消えてしまっていた。

　コンスタンスの寝室を捜索して，マットレスの下に古い新聞の切り抜きが見つかった。1857年，愛人を毒殺したとして裁判になったスコットランド人女性マデレン・スミスの記事の切り抜きであった。その記事には，証拠不十分の評決が下された際に，告発した人々に対する冷静沈着な態度が詳細に報じられていた。7月16日コンスタンスを逮捕したが，司法取調も不調，コンスタンスの態度も冷静で，町の同情は彼女の一身に集まった。証拠不十分とみなされ，そのまま釈放，再度子守のメイドが逮捕されたがこれも釈放，手違いで寝間着も死体と共に埋葬されたのではと，墓を掘り返したが発見されなかった。流言蜚語に苛まれたケント一家は町を引っ越し，コンスタンスはフランスの女子修道院に入ってしまった。

無垢のイングランド娘を拘禁したと非難された捜査官は辞職せざるを得なかった。5年後，コンスタンスは，イングランドブライトンの未婚の母親たちのホームを提供している宗教的修養会の助産婦手伝いとして奉仕活動を行っていた。その修養会の聖職者とかなりの時間をかけて相談を重ねた形跡があるが，20歳のコンスタンスは聖職者に付き添われ警察に出頭，自分の母違いの弟フランシス殺害を自白した。刺し殺した際にあんなに血が流れるとは思いませんでしたとの供述に従って，死刑が宣告された。未成年時の犯行・自首が考慮され，終身刑に減刑，20年の刑期を務め，1885年釈放された。切り裂きジャック事件の3年前のことである。担当の捜査官は，既述の1854年のティチボーン事件などで活躍，本件解決の後，報奨が申し入れられたが断っている（Wagner, 2006）。

D．DNA型法

　DNA（デオキシリボ核酸）は，生物の核内に存在する物質で，1869年に発見され「ヌクレイン」と名づけられる物質の主成分である。遺伝子の本体が，学会で公認されたのは，1952年である。二重螺旋で知られるDNAの立体構造，いわゆるワトソンとクリックのモデルが発表されたのは，1953年4月である。この発見は，分子生物学史上最大の発見の1つと称えられ，以後DNAの研究は急速に進展した。

　犯罪捜査への応用として，イギリスのレスター大学の遺伝学者アレック・ジェフリーズ（A. Jeffreys：1950〜）が，「DNA指紋法」（DNA Fingerprinting）と名づけた識別法を開発し，DNAによって「個人を区別できるか否か」を試み，1985年，『Nature』314巻および316巻に論文を発表した。30億塩基対ともいわれるヒトのゲノム配列の中には，遺伝形質の発現にとっては無意味な繰り返しが存在し，ヒトに

よって繰り返し回数が異なることに着目して分析し，そのパターンから個人を高い精度で識別しようとする方法である（Jeffreys et al, 1985a, 1985b）。

しかし，この方法は資料が少なかったり，劣化していたりすると，各部位ごとの検出感度に違いがあることから，その再現性は低いともいわれている（岡田，1992）。

個人識別法がその機能を十分に発揮するには，①十分な個別性を持っている（不同性。人によって異なっている）こと，②終生変化がない（不変性）こと，③検索のための分類保管が便利であることが必要である。DNA 指紋法では，新鮮な細胞を分析対象にする限りにおいては，不同性・不変性の点で優れているが，陳旧腐敗性の高い資料を対象にした場合には，不同性・不変性いずれに関しても問題があり，繰り返し配列が位置する染色体の場所や，その配列構造が不明であることに由来する問題が生じる。このため，現在この方法は，犯罪鑑識では使われていない（坂井，2001）。

代わって，特定の染色体上の特定の遺伝子部位（シングルローカス）での個人差を利用して個人識別を行う方法であるシングルローカスDNA 型鑑定法が開発されている（Weinberg, 2003）。

ところで，1983 年に至り，キャリー・マリス（K. Mullis：1944～）が DNA の複製を行う酵素，DNA ポリメラーゼの性質を利用して，DNA 分子の特定の部分を人工的かつ大量に増やすポリメラーゼ増幅反応技術（PCR 増幅法）を開発し，実用化され，分子生物学研究から，医療，犯罪捜査，その他 DNA 関連分野で，極めて重要な役割を担うこととなった（Rabinow, 1996）。当初，PCR 増幅法は，増幅される断片の塩基数が 1000 程度以下でなければ正確性は保証されないという制限があった。また，こ

こ十数年の間に，短鎖縦列反復配列（STRs: Short Tandem Repeats）と呼ばれる 2 塩基から 5 塩基の繰り返し単位をもつ DNA マーカーが多数発見され，多型性の高い STR が，証拠資料の法科学的異同識別のための検査キットとして市販されるようになった（笠井他，1996）。STR は繰り返し単位が小さいため，PCR 増幅産物のサイズも短いものが多い。

DNA 型鑑定の世界警察の趨勢として，対象とする塩基数をより少なくする方向に向かっている。事件に関する鑑定証拠資料は，劣悪な環境にさらされていたり，鑑定までに長期間経過したりしており，DNA が乱雑に寸断されてしまっている場合が考えられる。繰り返し部位の長い場合には，途中で切断されている可能性が高い。ところが，STR では，対象となる塩基配列が短く，切断の可能性が低く，元々の塩基増幅の確実度は高い。しかし，STR の座位ごとの対立遺伝子数は少ないので，実用面からすれば，複数座位を組み合わせることで識別能力を高めておかなければならない。現在の個人識別における主流は，7～15 座位程度の STR の多座位同時増幅・型判定システムであり，世界的にデータベースの整備が進み，広く利用されている。ただ，これらの手法では，約 100～300 塩基対程度の増幅断片長が必要で，DNA 型鑑定が犯罪捜査に取り入れられた当時に比べれば格段に進歩したとはいえ，さらに低分子化した DNA については利用できない問題点がある。また，突然変異もやや多く，座位を増やして識別力を上げることも限界があるともいわれている（岡田，1992）。

一方，最近，塩基置換による多型が存在し，蛋白の翻訳コード領域には，蛋白を作るためのエキソン（Exon）領域や役割がはっきりしないイントロン（Intron）領域などが含むすべての領域に無数といえるほどに存在する塩基多

型（SNPs：Single Nucleotide Polymorphism）が，個人識別上も注目を集め始めている（勝又，2014）。SNPsは座位が多く，適切な座位の選定には多大の労力と研究が必要であるものの，低分子化したDNAの型判定にも強く，また，突然変異も少ないので座位を増やすことで識別力を高めることができる。その点に着目すれば，SNPsは現在のDNA鑑定の限界を大きく広げる可能性を持っている反面，犯罪現場資料にありがちな混合資料の分析が困難となり，今後の検討が必要である（勝又，2014）。

　この細胞の核内以外に，細胞質内のエネルギー産生や呼吸代謝の役目を果たすミトコンドリアに存在するミトコンドリアDNAは，ヒトのミトコンドリアが，最初に全塩基配列が解読された。このミトコンドリアDNAを検出して，非常に微量な資料から検査が可能となっている（宝来，1997）。このミトコンドリアDNAは，核DNAがほとんど残存していない毛髪や白骨などの資料からの検査ができ，配列を読み取って比較する方法で，古代人骨や動物の骨のDNA分析の標的DNAとして用いられている（匂坂，1998）。ただし，感度が優れているが故に，混在してしまった対象者以外の配列も検出することとなる点や，母系のみからの遺伝であるため，母方の血縁者は同一となり，異同識別では用いられない（Kaneda et al, 1995）。

　ジェフリーズがDNA指紋法の論文を発表する1年余り前（1983年11月），イギリスのレスター（Leicestershire）近くのナーバラ（Norborough）という村で15歳の少女を被害者とする強姦殺人事件（ナーバラ事件）があり，さらにその約2年半後の1986年7月にも15歳の少女が同様の被害にあった。数日後，2件目の事件について17歳の少年が逮捕され，少年は殺害を認めた（1件目については否定）が，血液型の鑑定結果には矛盾があった。警察から依頼を受けたジェフリーズによる検査の結果は，2つの事件現場からの精液同士のDNAのパターンは一致したが，少年のそれとは一致しないということだった。考えられる可能性は，少年は犯人ではないか，検査の手順にミスがあったか，のいずれかであろう。何度かの再検査の結果も同じである。結局，容疑の少年は釈放された。100年余り前，東京築地病院の医師であったフォールズが，指紋の活用によって，窃盗容疑者の疑いを晴らしたエピソード（Nemec, 1969）と相通じるところがある。その後，警察は地域住民の協力を得て数千人分の血液サンプルを集めるが，結果はいずれもシロと判定された。しかし，他人（後に犯人と判明）の身代わりに血液を提供した人物の情報が警察に入って事件解決に至った。これがDNA鑑定によって初めて容疑者の特定に成功した事件といわれている（Wilson, 1986）。アメリカでは，1987年にフロリダのレイプ事件で初の有罪があったとのことである（Cyriax, 1993）が，反面，近年になり，性犯罪を中心にDNA型鑑定によって冤罪が証明される事態が報告されていることも事実である（Scheck et al, 2003）。

(6) ポリグラフ

　犯罪現象で多様な足跡を印したロンブローゾは，犯罪者の特徴を把握する方法の1つとして，人体の生理変化に着目して水盤内に手首を浸し，脈拍の変化に伴う水面上の変動を観察する「水脈波計」を開発し変動を観察した。ある窃盗事件の容疑者を診察する際，この装置を取り付けて質問してみた。容疑事実の質問には脈拍は安定していたが，容疑者が所持していた別人のパスポートの質問には顕著な変化が生じた。この事から，当の容疑者は窃盗については無関係だが，パスポートの入手には問題があると判断した。後に警察の取調で確認された。今日で

いうポリグラフ技術のはじまりである（Larson, 1932）。

その後，20世紀初頭に至りカリフォルニア・バークレイの保安官オーガスト・ヴォルマー（A. Vollmer：1876～1955）が，1921年，ブロンクス（Broncos）・フォーダム（Fordam）大学ウイリアム・マーストン（W. Marston：1893～1947）による脈波計の研究結果に着目し（Marston, 1938），部下のジョン・ラーソン（J. Larson：1892～1965）巡査部長に警察の取調導入を指示したことをきっかけに，ポリグラフ技術の警察実務への進展がなされた（Larson, 1932）。1926年，レオナルド・キーラー（L. Keeler：1903～1949）によって血圧・脈拍・呼吸に加え皮膚電気抵抗が同時に測定できる携帯型ポリグラフが誕生し，現在の様式に至った（Keeler, 1933）。その後，被検査者の安静を保つ検査環境の整備や検査時間の制限あるいは質問方法の考案などを経て，この技術は弁護士ジョン・リード（J. Reid：1910～1982）やシカゴ大学法学部教授フレッド・インボー（F. Inbau：1909～1998；Inbau & Reid, 1977）や，米ミネソタ大学のデビッド・リッケン（D. Lykken：1928～2006）らの質問技法の改良，あるいはユタ大学のデビッド・ラスキン（D. Raskin：1942～）らの自動計測技術導入の客観的研究を通じてアメリカ司法界に深く浸透していった（Lykken, 1981；Raskin, 1983）。本書「第4章　取調」の項にはこの技術の実践応用の実態が述べられる。

とはいえ，ポリグラフ技術の急速な進展に対して法廷は極めてそっけない対応を示した。1923年，殺人で告発された被告人ジェームズ・フライ（Frye）の無実を示すポリグラフ結果が初めて法廷に提出されたことについて，コロンビア特別自治区の判断は，新しく開発された科学技術もしくは科学的原理は関係する専門的学術分野での一般的承認が前提であるとし，この技術の結果を採択せず，被告人フライを有罪としたのである（Frye v. US, 1923）。問題はこの判断が誤っており，被告人フライは無実であったことが確認された点にある。しかしながら，1985年のダウニング裁判（Downing v. US, 1985）や1989年のピッチノナ裁判（Piccnonna v. US, 1989）では，フライ判決の一般的承認基準は保守的に過ぎると破棄，証拠として採用しうると判断されるようになっていったものの，1997年ポーター事件を審理したコネチカット最高裁判所（Porter v. State, 1997）はポリグラフ結果の陪審員への甚大な影響力を配慮して，この技術の改良進展は認めつつ統一した見解が存在しないことを懸念して，証拠から排除すると判断した（山村, 2006）。

いずれにしても，ポリグラフ技術に対する法廷の評価は流動しており，全米大半の州で制限付きの採用を示しているが，一切受け付けない州も存在する。

一方，先のフライ判決の措置に応じて，ポリグラフ技術は法廷を相手にしない独自の路線を歩み続けている。実践技術として，この技術は被疑者（容疑者・関係者）全てに警察取調前に受検が要請されるのはもちろんのこと，あらゆる公職に就く際にはポリグラフを補助とする事前面接が慣例化しており，加えて，全米の警察では，取調を始めるに当たり，ポリグラフによる容疑者の容疑性の確認作業が実施されることが常態化している（Inbau et al. 2004）。

わが国のポリグラフ技術は，1960年代に導入されたが，人材育成の不備，関連専門領域の関心不足，ひいては，実践活動の格差と劣弱等から，この技術の積極的な活用は停滞している。わが国の技術は，発祥地アメリカでは当初より虚偽事象を扱うと標榜してきたが，そうではなく，単に認知事象を判別するだけなどと自らの

機能を弱体・矮小化する姿勢は，わが国の科学捜査の進展を妨害する象徴的行為である。ある現象を科学的に把握する方法は，巨視的および微視的の両面，表現的には全体を俯瞰すると共に，細部の詳細も把握するのが通弊である。これを拒否するわが国のポリグラフ技術に対する対応は，形而上の非科学的態度に拘泥した誤った姿勢である。本書で論じられる犯罪行為に伴う「虚偽事象」は，れっきとした形而下の科学的課題として処理されるべきものである。

ともあれ，この技術が絶対性を発揮できないことは実験事態の検討からも明らかである。いわゆるフォールス・ポジティブはともかくフォールス・ネガティブは厳然と存在する。この点に鑑みたポリグラフ否定論は相当根強いことは確かであり，今後の検討を要すると考えられる。

ポリグラフ技術史上，最も有名なフォールス・ネガティブ例は，トンプソン事件（Inbau & Reid, 1967）である。1935 年 6 月イリノイ州ベオリアの墓地の溝でミルドレッド・ホールマークという女性の死体が発見された。被害者の少女は，6 カ月前バスを待っていて青年に声をかけられ車に乗ったところ，人気のないところで強姦され，写真にとられ公表すると脅されていたのでそのままにしておいたが，2 カ月ほど前あるダンスパーティで暴行された男に出くわしたので以前お会いしましたと尋ねたところ，ジェリィ・トンプソンと答え，イースト・ペオリアに祖父母と住んでいると答えていたことが判明した。当局はトンプソンの出頭を求め，当時すでにポリグラフ技術で令名を馳せていたインボーがポリグラフを実施したが，反応は示さなかった。しかし，自宅の捜索で，少女の遺体写真が発見され，さらに車にはミルドレッドと同じ型の血液が発見され，死刑となった。死刑になる前にトンプソンはポリグラフの際，別

のミルドレッドとの性行為を思い浮かべることにしたと述懐したとのことであった（警察庁, 1958）。

また，逆に，フォールス・ポジティブ例としては，1950 年代アリゾナのフェニックスで洋服仕立業者殺害事件で，ポール・アルサイド（P. Arside）がポリグラフの結果も含め有罪とされたが，4 カ月後，アリバイが証明され，釈放となった。以後，1923 年のフライ判決に基づく検察弁護双方の同意もしくは裁判官の要求以外は，ポリグラフは一切却下されることとなった（山村, 2006）。

(7) 犯人像推測技術

犯人像推測手法（Offender Profiling：OP）とは，殺人等の凶悪犯罪を関連付けて，犯行現場などから得られる多種多様な情報を集約，統計的多変量解析による要因分析を施し，事件間の類似性，犯人の素姓，犯行予測などを行う作業である。従来，この作業は，経験豊富な捜査官によるいわゆる"筋読み"をはじめ"鑑"の判断あるいは"識"の有無といった犯人像もしくは事件間の関係を特定する活動で対応されてきた。しかしながら，後継捜査官の訓練不足や経験未熟などから往々にして，単なる先入感や思い込みに拘泥する傾向が否めないと指摘されるようになった。できるだけ論理的客観的分析に基づく合理的結論を導く必要性が生じて来たのである。

ところで，この技術自体の歴史は以外に古い。史上, 推測技術に関連する最も古い事件は，1888 年 8 月から 11 月の間にロンドンで 5 人の売春婦が殺害され腎臓と卵巣が切り取られた「切り裂きジャック」（Jack the Ripper）未解決事件である（Wison & Pitman, 1961）。次いで，1929 年 1 月から 11 月にドイツのデュッセルドルフで刺殺・撲殺・絞殺等の多様な手口で

8歳の少女から45歳の労働者など9人を殺害したピーター・キュルテン（P. Kurten：1883〜1932）事件がある（飯島，1963）。これら比較的古い事例では占星術師・透視者・占い師等による伝承的手段による不慣れな対応が反映して，適切な犯人像に到達できなかった点は否めない。

　1905年，パリのモンマルトルで起こった連続幼児死亡事件では，女性が，親戚の幼児2人を一時預かっていたところ，相次いで死亡した。女性は自分の子3人のうち2人を失っていた。2人とも首に赤いマークがあったのをみられているが，医師はそれぞれ痙攣およびジフテリアが原因と診断した。その直後には，当の女性の子供も死亡した。さらに，2週間後女性が別の知り合い宅に招かれた際，昼食後知り合いの夫婦が生後10カ月の息子の面倒を頼んで外出し，戻ってきたところ息子は呼吸困難で口から泡を吹いていた。直ちに，医師の診断を求めたところ，首のマークに注目し，首を絞めようとしたらしいと判断，警察に通報した。警察の調査で女性の3人の子供も原因が不明で痙攣状態で死亡していたことが判明した。当時の医学専門家の診断は気管支炎，さらに，埋葬されていた3人の子供の遺体の発掘調査でも，扼殺の痕跡である舌骨の骨折は認められなかった。かくて，医事専門家の判断のもとに裁判は無罪となった。

　この事件にはさらに続きがある。1907年，解放された女性Jは家政婦として雇われた1カ月後，雇われ先の9歳の息子が急死したのである。医師は首の赤いマークがあることを理由に，診断書の署名を拒否した。そこで，検案医の判断を求めたところ，脳膜炎だとしたのである。これに対し，雇われ先の死んだ息子の姉が，女性Jがうそをついていると告発したので，予審判事による再検案が命ぜられ，今度は，絞殺の証跡があり，止血帯を用いたとの結果であった。ところが，弁護側の先の出来事で発掘遺体の検視を行った医師が，間欠熱による自然死と診断，再び，無罪となったのである。無罪となった女性Jは，児童保護協会の斡旋で雇われ先で，子供の首を絞めようとしているのをみとがめられたものの，公にはならなかった。その後，浮浪の身で売春を生業とする状態となり，精神病院に収容されたりしていたが，保護の手を差し伸べる人によって，職工と知り合い同棲することとなった。ある晩，女性が同棲先の家主の妻に，主人が酔うと乱暴するのが嫌なので，お宅の息子さんと一緒に寝させてくれないかと依頼した。依頼された夫人は同意し，7歳の息子を預けた。その晩10時，子供の叫び声が聞こえたので，部屋に飛び込んだ家主の妻は，息子が口から泡を吹いて死んでいるのを見つけた。女性も血だらけであった。呼ばれた医師は，首を絞められ，苦しんで自分の舌を噛み切ったと診断した。警察は，女性の身元を判別，これまでの履歴を照合したものの，精神病院収容歴も考慮し，精神病院収容となって，死亡した（Wilson, 1989）。

　こうした事例は，極めて稀な事件として取りざたされるだけで，凶悪犯行の連続性に関する視点は等閑となっていたことは事実である。文字通り，個々の事件での対応に終始した，連続性の視点の欠落と言える（Noris & Birnes, 1988）。とはいえ，近代になるにつれ，長期間にわたる同一犯による連続犯行が発生しているという背景があり，こうした新しい犯行形態に不習熟なための未解決となる懸念も徐々に情報交換の効率化によって改善されつつある。

　一方，時代はとび，1956年のアメリカニューヨークで，過去十数年間にわたる爆弾事件の犯人が逮捕された。逮捕後判明した事実では，1931年，ユナイテッド電力会社（後に，コン

ソリデーテッド・エジソン社に吸収合併される）の発電所の清掃係であったジョージ・メテスキー（J. Metesky：1903～1994）なる人物がボイラーの吹き戻しで有毒ガスを吸い込み出血, 肺炎と結核を発病, 転地療養せざるを得なくなった。これに対し会社側は僅かな疾病手当を支払っただけであり, そのことに不満を覚えたことから, 1940年そして9年後の1949年に会社工場に爆弾を仕掛けたがいずれも不発であった。これを皮切りに1951年からグランド・セントラル駅公衆電話, 1カ月後に図書館の公衆電話が爆破されたのに続く5年間, 劇場・バスターミナル等に28個の爆弾を仕掛けた。幸い死者重傷者とも出なかったが, 1956年の映画館の爆発で7人が負傷した事件の犯人である（Wilson, 1989）。この事件で特筆されることは, 最終的には新聞社の呼びかけによって犯人が突き止められたとはいえ, 警察の要請により, フロイド派の精神科医ジェームズ・A・ブラッセル（J. Brussel：1905～1982）博士が, 犯人像について意見を述べた結果である。博士は, 自己の変質者の研究診察経験に基づいて, 事件資料および新聞社に届いた犯人からの手紙を分析, 結論づけた。「犯人は, スラブ系のカトリック信者, 50代男性, 几帳面な性格で年配の近親者女性と比較的良好な地区に同居, 体格はがっちり, ダブルの背広を着用するタイプ」とまとめたのである。逮捕時の写真は雄弁にこのことの意義を物語っていた。文字通り, 犯人像推測技術の真骨頂といっても過言ではない。

このことに触発されたアメリカ等の捜査機関は, これを契機に, この技術の捜査への応用技術として制度的に定着させるべきだとの機運が高まった。しかしながら, 1962年から1964年にボストンで屋内の13人の婦女子を強姦し殺害した絞殺魔の事件では, 200人編成の捜査班の判断は複数犯・性的行為顕示者に留まり犯人に到達できなかった。1960年出所した「寸法トリ男」がモデルを斡旋すると称して上がりこみ強姦殺害する性欲にかまけたサテュロスであった男が逮捕された（Wilson, 1986）。

1976年から1977年にはニューヨークでカップル8人が次々に射殺されたサムの息子事件では, 45人の専門家が提出した結論相互の整合性はなく, 神経症・統合失調症・妄想症, はにかみや・動作鈍く単身居住・人間対応不器用と特定の捜査対象人物像を抽出できなかった。サムの息子と称し, 女は肉料理だから女狩りが好きとの手紙が警察に届けられていた。翌年, ブルックリンの路上車内で抱き合っているカップルが発砲され逃走した犯人が消火栓近くに駐車し, 警官が切符を切ってウインドーに挟んでおいたところ, 事件発生後, 近くでこの車が走り去るのをたまたま通りかかった婦人が目撃した。これが手掛かりとなって, 単身居住の統合失調症者デヴィッド・バーコビッツ（Berkowiz）が逮捕された（Wilson, 1986）。また, 1978年から1996年まで18年間にわたり大学・航空機会社など17カ所に爆弾をしかけユナボマーと呼ばれたハーバード出のマニアックな数学者の事件では, 犯人像は全く不明のまま推移したが, オクラホマの連邦政府ビル爆破事件に対する声明文についての実弟からの指摘により逮捕となった（Gibbs et al, 1996）。

1979年, アメリカ・ニューヨークの学校教師26歳がとあるビルの屋上で扼殺死体となって発見された。仕事に出かける途中襲われ連れ込まれたらしく, 服ははぎとられ, 乱暴されていた。顔面には殴打された傷, 乳首も切り取られ, 両手首と両足はストッキングで縛られていた。大腿と腹部には「お前は俺を止められない」等と殴り書きされ, 噛み傷が残されていた。3週間たっても手掛かりらしいものが浮上せず, 捜査は行き詰まり, FBIに協力が要請さ

れた。FBIではヴァージニア州クワンティコのFBIアカデミー内の行動科学班が担当することとなった。その結果，面識犯で，被害ビルに出入りする人物と判断，犯人を検挙した（Wilson, 1989）。

さて，ブラッセル博士の業績に触発された米連邦捜査局行動科学部門は，この技術に寄与する背景情報の不足を補填するため，逮捕有罪が確定したチャールズ・マンソン（C. Manson），テッド・バンディ（T. Bundy），ジョン・ゲーシィ（J. Gacy），ジェフリィ・ダーマー（J. Dahmer）らの連続凶悪犯36人との面談を実施，犯行の類別・特徴抽出・事件分類作業を行い，凶悪犯捕捉計画（VICAP）を完成，全米の捜査当局でこの基礎資料の収集に努めるようになった。この犯行現場を土台とする犯行行為特徴の抽出作業によって，関連類似資料の蓄積を加速していくばかりではなく，捜査員が多様な犯行現場を認識理解することとなり，捜査実務体験に匹敵する捜査経験を積み重ねていく機能が備わるのである（Douglas, et al., 1992）。

さて，1997年（平成9年），神戸市須磨区で女子小学生が連続して殴殺され，次いで男子小学生が絞殺の上，頭部が中学校にさらされた事件では，マスコミ報道が過熱，様々な虚報・誤報が伝達され，マスコミに披露された精神医学者・社会病理学者・比較言語学者等の意見はいずれも事件情報の収集不足，犯罪行為の深層的理解が欠落した表層的解釈に終始した。中でも報告された声明文の判断は全く論外の様相であった。ただ，被害者の様相と犯人の声明文の投稿先から，犯人は被害者と面識のある関係者との警察捜査側の指摘が報告されている（Yamamura, 2002）。

2004年以来，この技術は日本警察に正式に導入され，ここ十数年で総数2,000例あまりが適用されたとの公刊資料があるが，事案の内容や実効の程度は外部に報告されておらず，この手法実績の実質的評価は今後の課題である。

特に，問題となる点は，この技術のわが国への導入に当たり，すでに定評を得つつあった米国連邦捜査局行動科学班提唱の凶悪犯罪者との直接深層面接によって得られた情報を集約した実践臨床的手法（VICAP）を基盤とする課程ではなく，イギリス・リバプールで考案されたファセット理論による多次元尺度解析という統計処理結果に基づく犯罪行為の解析法を選んだことにある。犯罪捜査の観点からすれば，前者はかなりの基本的捜査経験の素養を必要とするに反して，後者は一定の知的水準さえ備えていれば十分である。この差は言い換えれば，この分野における人材不足の影響でもある。

加えて，分析のために収集される対象事件の質的差異は明らかで，後者が既存の資料集約で済むのに反し，前者は個々の犯罪行為について各犯罪者から固有の内容を新たに収集する作業が求められるという違いは大きいものと考えられる。

ともあれ，所詮，経験知見の軽視と科学的標榜に対する過信の対立とはいえ，既述の背景をもつOP技術の本邦の将来は，人材育成と資料の蓄積を期待するしかない。

(8) 微物同定

ハンス・グロスは，1893年，犯罪捜査に関する著作の中で，初めて，職業によって付着する埃の違いについて論じている。グロスの考えは，科学捜査分析に功績のあった工業材料の研究部門からの同調を得ただけではなく，さらには，犯罪現場での微物交換原理の提唱者フランスのロカール等も科学捜査での化学の有用性を確立する機運を醸成した。以後，交換原則に従った種々の資料は，地質学・生物学にも広く応用されるようになっていった（Wagner, 2006）。

1916年，警察顕微鏡研究誌に，家庭用掃除機が現場の微細な証拠採取に最適な装置だと発表された（Wagner, 2006）。

こうした歴史的変遷を経て，犯罪現場から採取される資料は，犯罪鑑識の専門家によって綿密にかつ厳格な規則の下で証拠化するよう制度化されている。現代においては，その範囲は，広く，あらゆる天然自然物はもちろんのこと化学合成品の分析に及んでいる。中でも，交通事故に伴う遺留塗膜，極めて一般に普遍しているガラス片あるいは歩行につきものの土壌，さらには，普及の著しいプラスチック製品などである。現代の精密分析化学技術は，ナノ（1億分の1グラム）やピコ（1兆分の1グラム）といった超極微量の成分を検出し，同定が可能な段階に達している。とはいえ，この領域で最も注意すべき事項は，「コンタミ」（コンタミネーション）と言い馴らされている資料の汚染，変性，他物の混入である。犯罪発生から事件現場は相当の時間が経過して事件が明らかとなる例は多く，この間に犯罪行為とは関係のない事象によって本来の証拠資料が失われたり，逆に，付け加わったりする虞は否めない。特に，証拠資料の成分量が少なければ少ないほど，自然介在物の影響を受けやすいことは心得ておかなければならない（Owen, 200）

デッシュ事件（絞殺）：1904年10月，ドイツのヴィルトハートの町近くの豆畑に女性の絞殺死体が見つかった。両手に縫い物で生計を立てている人特有の小さな刺し跡がいくつもあった。身につけていたと思われる鮮やかな赤と青の絹のスカーフで首を絞められていた。被害者は，地元のお針子エヴァ・デッシュと判明した。周辺の捜索で泥まみれのハンカチが一枚見つかったのみで，手がかりとなるものは発見されなかった。このハンカチを工業材料研究所の化学者ゲオルグ・ポップ博士に調査を依頼した。当時，グロスの見解に触発され，煙草・灰などの放火残渣の分析をてがけていたからである。顕微鏡で観察すると，スカーフの赤と青の絹糸が筋を引いた鼻水で糊付けされたように付着していた。粘液には砂・石炭・嗅ぎ煙草・角閃石という鉱物結晶が付着していた。一方，警察では，ガス工場と砂利採取場で働く元外人部隊隊員カール・ラウバッハに嫌疑をかけていた。仕事上ハンカチ付着の物質に接触する機会があり，嗅ぎ煙草の常習者でもあった。そこで，ラウバッハの爪下の埃を採取，観察してみると，ハンカチ付着の物質と同じ成分の結晶に加え，スカーフの糸繊維も見つかったり，さらに，この男のズボンが検査され，黒土・雲母石炭粒子・草木の染みも見つかった。犯行現場の土壌と一致したのである。当初は頑強に否定していたラウバッハだが，自白した（Wagner, 2006）。

マリー・ラテル事件（扼殺）：1912年，リヨンの若いマリー・ラテルが両親宅で不審な死を遂げた。死後硬直の状態から，前夜に死亡していたと考えられた。彼女に求婚していた地元銀行員エミール・グルバンが疑われたが，不動のアリバイを申し立てた。数マイルも離れた場所で，複数の友人と午前1時までカードゲームに興じていたとの主張である。身元の確かなどうみても嘘をつくとは考えられない数人の友人たちも彼の話を裏付けた。相談を受けたロカールは，遺体を調べ，首の回りにはっきりとした扼殺痕を見つけた。その後，グルバンの爪の下から採取した微物を綿密に顕微鏡で調べた。そして，その微物の中に微少な上皮細胞片を見つけ，その皮膚細胞片にはピンク色の粉末が付着しており，ステアリン酸塩マグネシウムと酸化亜鉛に酸化鉄顔料（ベネチアレッド）が含まれていた。さらに極微量の米粉の痕跡も認められた。

科学捜査研究もさることながら，音楽と演劇に造詣の深いロカールは，直ちにこれが化粧品であると理解した。ヨーロッパでは，顔の化粧の評価は定まらず，18世紀では男性でさえ化粧していた。ヴィクトリア時代初期には婦人たちがごく控えめにするようになっていたが，1890年以降上流階級の婦人にとってはきわどくかつ時代遅れだとみなされるようになった。ただし，白いでんぷん（スターチ）で流行の白顔にするのは認められていた。睫毛を濃くするマッチの燃えさし，唇の色づけに花びら，顔色を鮮やかにするためヒ素を塗った蝿取り紙を使った。20世紀初頭は化粧品を買うことは慎むべきことであった。しかし，1910年頃以降，ロシア・バレー団のヨーロッパ講演をきっかけに，ダンサーの舞台化粧に触発され，中流階級の女性たちが化粧クリーム・粉白粉・マスカラを使い始めていた。これらは大量生産品ではなく未だ貴重品であった。丹念なリヨン中の化粧品販売業者の調査が行われ，マリー・ラテルが注文した白粉を作った薬剤師が判明，その結果をつきつけられたグルバンは自白した。ほろ酔い気分でカードに参画していた友人たちを騙すため，時計を1時間半進めていたのである。交換法則の提唱者ロカールの事績である（Wagner, 2006）。

ヘイ事件（銃殺・微物）：1949年に発生した事件では地質学の交換法則の有効性が証明された。ロンドン近郊サウスケンジントンのオンスローコートホテル周辺の地区のホテル滞在者の多くは地位の高い引退した人々である。その1人，69歳の未亡人も経済的に何の不足もない暮らしであったが，進取の気概を持っており，付け爪の製品化を計画していた。とりわけ，住民仲間のジョン・ジョージ・ヘイ（40歳）が熱心にこの計画に耳を傾けてくれ，ウエストサセックスのクローリーにあるヘイの工場が付け爪の製造に適しているか見てきてはどうかと未亡人に提案した。そして，2月18日に見学する手筈となった。2日後，ホテルの朝食の席で，ヘイが他の客に向かって，未亡人はどこにいるのだろうと心配げに言った。未亡人が用足しに出かけた軍用品販売店で落ち合い，車で自分の工場見学に行く予定だったが，約束の場所に現れなかったという話をした。心配した客たちは警察に知らせることとなった。事情聴取した女性捜査官はヘイの熱心を装った態度に違和感を覚え，警察記録を調べてみたところ，サリー州ノッティンガムとロンドンで詐欺と窃盗を繰り返し服役していた経歴があった。サセックスのレオポルドロードのヘイの工場は物置程度の代物であったが，38口径の回転式拳銃，実弾8発，ゴム製防護服，未亡人のものと思われるペルシャ子羊革のコートをドライクリーニングした2月19日付けの領収書，箱入りの硫酸大型ガラス瓶3つが見つかった。捜索数日後には，この失踪した未亡人の宝石類が売りに出され100ポンドで買い取られていた。直ちにヘイに取調協力が要請された。2月28日の事情聴取で，ヘイは，「ブロードムア施設（精神障害犯罪者収容施設）から出してもらえる見込みを教えてくれ」と言い，「実は，あまりにも異様で信じてもらえないだろうが，未亡人はもうどこにもいない。酸で消したので，完全に消えてしまった。工場にはスラッジ（泥）しかなく，死体がなければ殺人は立証されない」と打ち明けた。法律上，殺人の立証は犯罪があったことを確証する実質的証拠――罪体（コーパス・デレクタイ；corpus dilicti）が必要で，死体を必要とする訳ではないが，絶対罰せられないと誤解したヘイは，自分が吸血鬼で血が必要なため，これまで数年にわたり少なくとも5人は殺害し血を飲んできたことと併せ，未亡人殺害の詳細を得々と話し始めた。工場の物置で未亡人の後

頭部を撃ち，首の横に切れ目を入れ血をグラスに受け飲んだ。毛皮コートと装身具を外し，死体を服のまま大桶に放り込み，酸を注いだ。そして，お茶を飲みに外出，ポーチドエッグを食った。数日にわたり酸を追加，全て溶けた頃，大桶の中身を路上に空けた。他の5人も同じように処置し，全く消え失せてしまったと嬉しそうに語った。これまでに殺したという人物には確かに行方のわからない人物もいたが，でまかせに過ぎない点もあり，中でも，血を飲む吸血鬼の話は，自分を精神異常者とする演出だと考えられた。法病理学者キース・シンプソンに調査を依頼，現場を観察，この近辺にはないサクランボ大の小面に光沢のある小石を発見，胆石と判明した。犯行現場の工場の外にまき散らされた幅六フィート長さ四フィートの軟泥400キロあまりを収集，キースが分析したところ，義歯・ビニールバッグ片・骨片数片・胆石数個が見いだされた。ヘイは心神喪失を申し立てたが，結局，マダムタッソーの蝋人形館に折り目の付いたズボンにシャツの袖口を覗かせた分け目正しい盛装の自分を展示することを条件に死刑判決を受け入れた（Wagner, 2006）。

（9）筆跡・文書

犯罪に関係した文書に記された文字や文書の作成者を判別することは重要である。1910年，オズボーン（Albert S. Osborn：1858～1946）による『不審文書』という著書は，系統的な筆跡分析の端緒とされている（Osborn, 1929）。

1932年アメリカで発生したリンドバーグ子息誘拐殺人事件で，身代金の一部を費ったとして逮捕され，被告人となったブルーノ・ハウプトマンが有罪と判断された根拠の1つが，身代金要求の手紙の文字とハウプトマンの筆跡とが一致するという結果であった。個々人の筆跡はそれぞれ異なり，自分と同じ文字を書ける人はいないけれども，自身の間では極めて類似した文字を一生書き続けることが認められている。通常は，問題とする文字や文章の筆跡特徴点を多く拾い出し，対象とする人物の筆跡とを丹念に比較するのである。低倍率の顕微鏡，拡大鏡，さらには，照射装置，あるいは，写真記録装置が用いられ，文字の大きさ，傾斜ぐあい，筆順，などを調べていくのである。

筆跡の比較で最も留意すべきことは，個々人の筆跡特徴には一定の幅が無視できないことである。署名なり文書なりを作成する時の状況や筆記具によって筆跡の特徴に幅が生じることを受け入れる必要がある。したがって，比較しようとする対象筆跡はできるだけ多様な状況での資料を収集していなければならない。

一方，犯罪に関係する文書内容の改竄や抹消部分の再現作業，破棄文書の復元あるいは，偽造・模造文書の判別も行われており，凹み文字痕跡読み取り装置，赤外・紫外線照射装置等の特殊光源装置や画像処理装置が応用されている。

さらに，近年では，印刷技術の発達や印字装置の開発，複写技術の進展によって文書鑑定作業は複雑多様化している。コンピュータ処理による暗号文書記録解読も文書鑑定の一部とみなされている（Fisher, 1995；Evans, 2004）。

ダーン・リー卿殺害事件（暗殺）：スコットランド女王メアリ・スチュアートが自国の政治的軍事的混乱から逃れ，従姉のイングランド女王エリザベス一世の支援をあてにイングランドを訪ねた時，放蕩者のメアリの二番目の夫ヘンリー・スチュワート（ダーン・リー卿）殺害に荷担したとイングランドの貴族たちに告発された。1567年2月，エジンバラの投宿先の司祭館が爆破され，病気療養中のダーン・リー卿が殺害された。その証拠は，彼女の三番目の夫ジェ

イムズ・ヘプバーンの所持品中にあったメアリの手紙であるということであった。罪状を否認するメアリ側の顧問たちに許されたのは、手紙の複写を調べることだけで、実際、本物だと証言した取り巻き連中にしても、特段筆跡の専門知識がある訳ではなかった。エリザベス女王の評決は、充分な証明がないのに善良な妹が邪悪な考えを持っていたと言えないと曖昧であった。しかし、結局、後に"カスケット文書"と呼ばれることとなるこの手紙問題によって、メアリは断頭台で処刑されることとなった。客観的筆跡識別手段をもたなかった時代の悲劇とされている（Wagner, 2006）。

ウエブスター事件（撲殺・バラバラ）：偽造文書にまつわる事件として、耳目をそばだたせたのは、1849年、ハーバード大学医学部で起こった殺人事件である。チャールズ川畔に佇む二階建ての煉瓦造りの建物内に医学部はあった。建物の裏手は川底に深く打ち込まれた木杭で支えられていた。解剖室と処理用洞穴が地階奥に設けられており、川の増水に添って洞穴が浸水し、部屋の中の人間の残骸が浮き沈みするのであった。感謝祭の直前、慈善家で事業家、内科医のジョージ・バークマンが失踪した。医学部内に入っていく姿を見られたのが最後であった。警察の捜索が始まり世間が注目するようになり、事件についての論評や助言の手紙が寄せられ、その中の三通が当局の関心を引いた。"シヴィス"との署名のある教養ある人物らしき人が書いたと見られる手紙には、川と共に屋外便所も捜索すべきと提案されていた。あと二通は、バークマンが拉致され船に乗せられた死体はブルックリン・ハイツで見つかると書きなぐられた無教養な人物の手になる手紙であったが、三通の手紙いずれの内容とも成果に結びつかなかった。一方、解剖室清掃員イーフレーム・リトルフィールドは、化学のジョン・ウエブスター教授が感謝祭用七面鳥クーポン券という珍しい贈り物をくれたことで疑惑を持ったと後に語っている。しかし、単に報奨金がもらえるのが目当てだったかも知れないが、無人となった夜間の研究室の屋外便所穴を囲っている煉瓦の壁を削り崩したのである。その便所から骨盤などバラバラとなった身体部位を発見したのである。ウエブスター教授はバークマンからの多額の借金の返済ができずにいたことが判明、検察官は、既述の手紙三通は嫌疑の矛先をそらすためウエブスターが書いたと主張、筆記者として免状に字を書き入れる仕事に従事してきた人物の証言、ならびに彫刻師の証言によって、ウエブスターが出した手紙と認定された。ウエブスターはリトルフィールドが取引に応じて遺体の始末を行い屋外便所の穴に埋めたと主張したが、謀殺で有罪と決した。後に、計画的でなく激情に駆られたあまりであるとしたが、手足が切断され遺体はバラバラ、その後焼かれていたので故殺も却下された。結局、1850年8月30日絞首刑となった（Wagner, 2006）。

ラヴァル事件：第一次大戦中の1917年、フランスのテュール市の住民たちは、匿名で性に関する様々な不品行を責める内容の手紙を受け取るようになった。女たちには戦地に出ている夫の不貞、男たちには放蕩三昧の妻をそしってあった。最初は郵送であったが、監視強化と共に手ずから配達されるようになった。ある司祭が通行中、薬局のドアに封筒が挟んであり重要と考え店内にいた店主に手渡し、重要そうだから早く読むようにと勧めた。手紙を見た店主はやにわに激昂し、司祭にとびかかり暴力を振るい始めた。居合わせた人々が2人を引き離し、手紙を見てみると薬局の妻と司祭が寝ているとの中傷の内容であったという笑い話の様な事態

もあった。この中傷の手紙は，20年代初めまで続き，ある時，1つの手がかりが得られた。アンジェレ・ラヴァルという宗教上の戒律を重んじる評判の良い若い女性が，未だ届けられて居ない手紙の内容について人に話しているのを聞かれたのである。ここで，エドモン・ロカールがこれまで配達された300通を越える手紙を検討，いずれの書状もブロック体で書かれており，同時に，このアンジェレならびに同居の母親の2人にブロック体の口述筆記をするよう求めた。その資料と届いた書状とを比較してみると，ほとんどが特徴あるYの字で一目瞭然でアンジェラの書いた手紙と判明した。残りは母親の仕業だと確認された。逮捕をいやがった母と娘は，貯水池に飛び込み母親は死亡した。アンジェレは裁判にかけられ禁固2カ月と罰金に処せられた（Wagner, 2006）。

（10）医療器具

1853年，フランスのチャールズ・ブラヴァーズ（C. Pravaz：1791～1853）とイギリスのアレグザンダー・ウッド（A. Wood：1817～1857）がそれぞれ別個に皮下注射器を発明した。その結果，訓練を受けた医療関係者が，私宅で種々の犯行を可能としたが，微細な穴が残ることで多くの薬品犯罪の重要な手がかりとなった。

1965年，弛緩剤サクシニルコリンを妻に注射して死亡させたとして，彼女の夫の麻酔医カール・コッポリーノ（C. Coppolino）が有罪となっている（Wagner, 2006）。

（11）検視・検案活動（自他殺・災害死の鑑別）

イギリス，ケント州の巡回裁判条例によって国法維持のため，法執行の公的職務として1194年に生まれたとされる「検死官」（コロナー）は，定められた管轄区域内の暴力あるいは不自然な手段もしくは未知の原因によるあらゆる死について，検案業務を行うこととなっている（Evans, 1996）。わが国では，この職務は極めて特殊な領域の知識と素養，経験・資格を必要とするとしており，医師の介在の下に司法警察職員が従事している。

法的な定義はされていないが，日本法医学会では，病理学的あるいは病的異状ではなく，不自然に死亡したと思われるすべての外因死・死因不明死・発症や死亡前後の状況が異状な死体は，異状死体として届出すべきとしている。ここでいう「異状」とは法的な定義ではなく，病理学的な意味でもなく，法医学的に定めたものである（日本法医学会, 1994）。届出に基づいて，検察官あるいはその代行者である警察官が死体の外表検査とともに，死因や成傷器の判別をはじめ，死体の周辺状況，身元等に関する調査を行う。現在，検視を行うのは死体知識の研修を経て，検視経験を積んだ刑事調査官という立場の警察官が実施しているのが大半である。異常死体の中でも「犯罪性」の疑われるいわゆる変死体の取り扱いは最も重要である。すなわち，一口に外表検査というが，死体については体温・死斑・死後強直・角膜混濁・腐敗などの状態から死後経過時間の判断，死体および衣服の創傷・損傷の形状から成傷器の種別判定，さらには，縊頸による窒息死，ひいては，絞殺・扼殺，あるいは，溺死，焼死，そして，中毒死等々，各死亡に伴う関連状況の確認が求められている。特に，自他殺あるいは事故災害死の鑑別は，外表検査や周辺状況の調査で確定されず，犯罪性が疑われる場合には司法手続きとして医師による司法解剖が実施される。遺族の承諾に基づく行政解剖という措置もある（警察庁, 1965；国家地方警察本部, 1954-1955）。現在，こうした異状死体の死因調査を専門とする公的な監察医制度は，東京・大阪・名古屋・神戸の4都市に存在している。また，2013年（平成25年）か

ら死因・身元調査法による調査解剖が実施されている。

ちなみに，日本法医学会では，1998 年（平成 10 年）以来，一定の法医学的水準を備えた医師による検案・解剖が達成できるよう，また，そうした資質のある医師の人材育成を維持できるよう「認定医制度」を設けている（日本法医学会，1996）。

1950 年代のある年の正月早々，大阪市郊外の農家で年若い嫁が自宅庭先で血まみれで倒れているのが発見された。頭部に無数の割創が認められ，遺体わきに血まみれの鉈が遺留されていた。母親と若夫婦に幼児 1 人の家族で，暮らし向きは比較的順調円満と見られた。発見当日はよく晴れた新年のことであり，人の往来も少なく，家庭内部か近辺の住人の犯行と判断され，捜査が進められたところ，被害者の夫が犯行を自白した。ところが，遺体を解剖した医師の判断は異なっていた。頭頂部から頸部にかけての 50 余個にのぼる割創はいずれも並行しており，傷は比較的浅く，自らが加えることが可能な創傷であるとしたのである。再度の調査で，嫁の自殺であったことが裏づけられた。死亡者の夫が母親の犯行と忖度し，母親をかばっての自白であったことが判明した。自殺を他殺と誤認した例である（松倉，1971）。

また，他殺の疑いがもたれた事故死の例もある。ある大河岸に漂着死体が発見された。体格は優れ，近辺を航行する船頭と判明したが，船が行方不明，しかも，男の前額部に大きく強い打撲痕が認められ，骨折を伴っていた。解剖の結果，死因は溺死と判断されたが，吸引した水量は多くなかった。溺死に至る過程での他為的原因が予測された。この情報のもとに捜査を行ったところ，被害者は発見される前夜の満潮時，大川から支流に向かって船を漕ぎ昇って行ったことが判明，しかも，支流から大川に入る手前にコンクリート製の桶門があり，水位の高い時には潜り抜ける際うち当たる危険がある様相であった。そして，問題の桶門柱に血痕があり，被害者の血液型と合致した。後には被害者の船も下流で漂っているのが見つかった（松倉，1973）。

このように，現場鑑識による死体発見状況の把握，犯行に関わる証拠の特定，法医学者による死体現象が示す法医学的事実と生前の被害死体行動の捜査結果等の情報を融合させて犯罪を明らかにしていく活動は，「捜査法医学」と呼ばれている（松倉，1971）。

旭越山事件：1955 年（昭和 30 年）12 月末，徳島県の某村の鉄工所職員（21 歳）が失踪した。平素，外泊等したこともなく，内気でおとなしく，酒もあまり飲まず，友人も少なく異性関係の噂もない人物が，勤めに出たまま帰宅しなかった。人からの恨みをかうことも考えられず，村民の協力のもとに村内周辺を捜しまわったところ，失踪当日も平常通りの時間にいつもの駅で下車した姿は確認されたものの，発見には至らなかった。ただ，勤務先の工場の人員整理の対象者であったことを苦にしていたとの事情は判明した。捜索開始後，8 日目の昼過ぎ，捜索していた兄が自宅から 800 メートルほど離れた付近の旭越山という小山の山中で遺体を発見した。発見場所は，村道沿いの細道から人一人が通れる位の竹薮小径を 50 メートル上った 3 メートル四方の平地であった。この窪地に右側を下にした横臥位で，両下肢を前こごみに上肢は前に伸ばした状態で横たわっていた。検証の結果，右脇腹の 1 個の刺創，顔面鼻左側から左耳下方から後方への数個の擦過傷および右中指背面と左膝蓋内側の小さな擦過傷が認められた。脇腹の傷は右脇腹から左横わずか上方向きで，長さ 2 ～ 3 センチ深さ 12 センチのいわゆ

るためらい傷がなかったものの，自傷可能な位置であった。衣服の乱れはなかったが，着ていた外套は頭部から1メートルほど離れたところに袖たたみしたようにたたんで置かれていた。靴は死体と外套の間にバラバラに離れて残されていた。外套には遺体の右脇腹の傷に一致する箇所に突き刺し穴があり，加えて，外套の背部の左肩胛部に相当するところにも右下方向への切創があり，これも自損可能な部分であった。そして，問題は現場周辺からは刃物が発見されなかった点である。自殺者が使った刃物を投げ捨てたり隠したりすることも皆無ではないものの，凶器が現場にないことは他殺と判断するのに十分である。傷の状態や人目のつきにくい現場の位置から見て自殺の可能性が高い反面，現場に凶器が発見されないことは他殺を疑わせるものであったと，自他殺の判断は決しなかった。閉鎖的な村内の事件であり，聞込みや足取り捜査による情報の集積も捗々しくなく，捜査は行き詰った感があった。ところが，捜査方針として表面上自殺と答え，相手から何らかの情報を得るよう指導されていた村内の交番巡査が，偶々顔見知りの若い女性と事件のことを話す機会があり，なにげなく，「あの事件は自殺と考えられる」と告げたところ，当の女性が強く反発してきたのである。さりげなく問い返してみると，「自殺ではない。暮れの26日，村の神社脇で，死んでいたあの人と19歳のOSという人とで喧嘩があったらしい」とのことであった。ただちに，内偵捜査したところ，最近，男は非行問題で警察に調べられており，任意同行の上取調べた結果，仲間3人とで神社をうろついていると，被害者が女性連れで通りかかったので金をせびろうと襲いかかったところ，逆に逆襲された。咄嗟に所持していた匕首で右脇腹を刺したとのことであった。結局，被害者は刺された後，よろめき歩きつつ現場にまで辿りつき

力尽きたものと判断された。同行の女性は襲われて神社から逃げ出し，後難をおそれ誰にも告げることなく日を過ごしていたとのことであった。自殺者は往々にして人目につかない場所に赴くとか，他殺では抵抗跡や防御創が存在するとの考えがあるが，すべてが適用される訳ではない。本件では，被害者が重傷を負いながら，当該現場に辿り着いた理由が謎のままであったものの，閉鎖的な村内で貴重な情報が伝わらなかった点について隔世の感があるのか，依然としての残された問題なのかは評価が分かれるところである（松倉，1960）。

(12) 犯罪偽装

捜査員による検視活動の中で最も注意すべきことは，犯罪の偽装の有無である。犯罪の実態を解明する上で当然の視点であるとはいえ，この判断を誤ることは，重大な結果を招く。犯罪を明らかにできず，犯罪者を見逃すばかりではなく，逆に，無辜の人物を犯罪者とみなしてしまう危険をも生みだすのである。後述する八海事件のように，被害者が縊死したと装ったために悲劇的な事態が招かれている。

他殺を自殺と装い犯行を隠蔽するとか，逆に，自殺を他殺に見せかけることで他人を陥れる場合もある。さらには，他殺を事故死にみせかけて，保険金などの利益を得る場合が存在することもよく知られている。死体所見・死体と現場の相互関係・現場の各種証拠資料の詳細な分析，加えて，被害者および関係者の情報，種々の捜査経過上の事実等々を総合的に収集することが肝要である。従前からの原則論や経験論に基づく拙速な結論に到達すべきではない（国家地方警察本部，1954-1955）。

自他殺の鑑別にとって，重要な外部所見は，様々である。縊死では索状物および索状痕，絞殺では索状物・痕に加え頸部所見が，自他殺の

鑑別上重要である。溺死あるいは水中死体の場合は，生前創傷の有無の見極めが求められる。また，明らかな切創・刺創・割創・射創・爆創など外部性の凶器が原因と考えられる時は，当然，凶器の種別と創傷の形状との比較が最重要事項となる。

兵庫県龍野の一家7人殺害事件：1926年（大正15年）5月中旬の深夜2時頃，糀製造業の従業員から，主人TT（35歳）宅で殺人事件の報せがあったとの通報がなされた。警察で検証したところ，同家の居住者である主人夫婦，主人夫婦の長男（5歳）・長女（4歳）・次女（2歳），および主人TTの実母（58歳）と主人の亡兄の長女（12歳）・次女（9歳）の2人，合計8人中，主人TTを除く7人が奥六畳間で死亡しているのが確認された。寝床で実母はTTの長女を抱いたまま木槌で殴打され，頭部を鑿で刺され，頸・胸・顔部に4本の五寸釘を打ちこまれていた。TTの亡兄の長女は頸部を切断され，頸部に鉄製火箸，胸部に出刃包丁が刺し込まれていた。亡兄の次女とTTの長女は刺身包丁で頸部を切断され，頸部および胸部に五寸釘が刺されていた。TTの長男は細紐で首を絞められ，TTの次女も細紐で首を絞められていた。そして，TTの妻（28歳）は，TTの次女を背負って，縁側の梁で縊死していた。TTの妻，TTの長男およびTTの次女の3人は晴れ着であったが，他の者は平常着のままであった。また，TTの妻は薄化粧姿であった。

通報を従業員に依頼したTTが唯一の生存者で，「夕食を終えた後，全員がいつものように催眠剤カルモチンを飲んで，午後9時頃に妻に言い付け着替えの上，糀の様子をみるため，冷酒一合を飲んで糀室に行った。部屋は暖かくて，つい眠り込んでしまい，表戸を叩く音に目覚め，起きて見て，死んでいるのを発見した。急いで警察に通報するよう従業員に頼んだ」とのことであった。

捜査の結果，凶器がいずれも同家のもので，特に，五寸釘はTTの妻が従業員に命じて購入させたものであり，姑である実母との折り合いが悪いとの風評もあること，さらには，「母を殺しました。私は死にます。後のことはよろしくお願いします」旨の内容の主人TT，親戚一同および兄宛の，同人の筆跡と判断された遺書が懐中から発見された。このため，外部犯行ではなく，TTの妻の犯行と考えられた。

ところが，事件の半年ほど前，TTの妻の実兄が，財産の分配が不公平で，一家全員を殺してやると主人TTが言っている旨の手紙を実妹であるTTの妻から受け取っていたと届け出てきた。さらに，事件当夜11時過ぎ，現場の隣に居住する親戚から，TTの妻が長男を抱いて悲鳴を上げながら，二階座敷から裏屋根を伝って逃げようとしてTTに追跡され連れ戻されているのを目撃していることが判明した。また，TTの妻の着ていた晴れ着付着の血痕はわずかで，平常着と認められる木綿着にも血痕は付着しておらず，ただ，外出用の大島紬にも少々血痕付着が認められただけで，同人の凶行は疑問視された。遺書はTTの妻の真筆と判断されたが，一通に複数の人宛である点は，同人の平素の習癖から不自然と考えられ，さらに，事件の発生夕刻時に一家全員で飲んだという催眠薬カルモチンは，TT本人が直接購入，所持していたことが確認されたことが決定的となった。

これらの捜査結果をもとに，TTを取り調べたところ，最初は頑強に犯行を否認し，次いで，一時長男の絞殺を認めたが，結局，すべて妻の仕業と全面否認のまま，逮捕起訴され，一審死刑判決，控訴上告棄却の上確定，死刑執行された（国家地方警察本部，1954-1955）。

(13) 人間の犯罪性

犯罪捜査の目標は，誰が，どのように犯行を行ったのかを明らかにすることである。司法的には，これらを客観的にかつ科学的な証拠によって証明しなければならない。

ところで，近年，犯罪性をはじめとして犯罪行為に関する考察に心理学的知見が重宝されつつある。しかしながら，犯罪心理学としたり捜査心理学と標榜する領域の実態は，犯罪行為の解明というよりも，犯罪実行者である犯罪者の個人特性を種々論じたり，刑罰の効果や教育，矯正に焦点が傾いている。それはそれで，相応の成果ではあるが，形而上の通弊としての解釈であり，結果の説明に過ぎない。すなわち，予測性に欠けており，再現性に難がある。

そして，現在のところ，一般基本心理学の知識習得の整っていない，しかし，捜査の実践活動によって会得もしくは自得した経験をもつ捜査官による捜査の実践が行われているのが現実である。確かに，基礎的心理学素養を持った捜査官の捜査支援の機会も増えているとはいえ，未だ十分な人材が育っていないのも現実である。

以下に，犯罪捜査上必要不可欠な人間の「犯罪性」の理解について既述していく。

人間の犯罪性は，社会的環境的要因が不可欠と主張されているのが多数意見である。貧困，崩壊家庭，教育不全は犯罪形成に関与することは確かであろう。しかし，こうした要因の最大の欠点は，予測性に極めて鈍いことであり，えてして，捜査結果の是非について，先入観あるいは偏見といった観点からの論議が免れ難い場合が多い。ここでは，神経生物学的知見に添った犯罪現象および犯罪行為の事実解釈について略述する。

A. 性差

犯罪の九割は男性によるものであるという動かしがたい事実がある。わずかに犯罪の影に女性ありとの言い回しが流布されているにしても，犯罪の性差はほとんど省みられて来なかった。近年，女性の犯罪が増加したとの指摘もあるが，元来の女性犯罪者の母集団自体が少ないのは動かしがたく，男性犯罪者数には遠く及ばないのである。性差は，攻撃・支配・敵意という性質に最も顕著であり，男性に特徴的である。逆に，痛みに対する耐性は女性に優位である。恐怖感は男性の方が鈍い（Wilson & Hernstein, 1985）。

人間には46個の遺伝子から成り立つ染色体が存在し，44個は同じものが対になっており，45番目と46番目の性染色体だけに違いがある。そのうち，X染色体が2個だと女性，X染色体とY染色体の組合せだと男性になる。Y染色体自体の遺伝情報量は限定的であるが，男性を作り上げる上で他の染色体に男性を形成する反応を連鎖的に引き起こすのである。すなわち，胎児期に精神と身体に働く化学物質を合成してアンドロゲンホルモンを作り出し，一定水準のアンドロゲン分泌で男性となり，アンドロゲンが全く分泌されないと女性となる。通常，女性には潜在的な男性の染色体に有しているが，Y染色体がないと起爆しないのである。胎児期の男性はY染色体の指示に従いアンドロゲン生成が開始され，生殖器はペニスとなる。したがって，女性がすべての基礎であり，男性は女性の転化物であることになる。アンドロゲンは通常女性ホルモンとされるエストロゲンやエスラジオールに簡単に変わることが可能である上に，このホルモンは胎児期の男性パターン形成に関わっている。アンドロゲンと総称されるホルモンのうち，テストステロンは男性の潜在的暴力性や攻撃行動に影響があることが確認されている。ホルモン分子は遺伝子の指示に従って

脳構造，特に，脳内神経網の配線を行い，神経電気的活動を差配している。こうしたアンドロゲンホルモンは，思春期に劇的に分泌され，男性では女性の20倍もの量に達する。一方，女性は，対照的にエストロゲンやプロゲステロンがアンドロゲンを圧倒しているのである（Moir & Jessel, 1995）。

B. 年齢

犯罪と年齢の間には，生物学的相関関係があるとなっている。それも若者には犯罪行動がつきまとっていると指摘され，少なくとも公式の犯罪統計では，収入・社会集団・家族状況よりも，若者の年齢が重要視されている。幸いなことに，これら若者の犯罪非行は，治療もしくは矯正が可能であり，年齢があがるにつれ非行の回数や程度は減少するのが実情である。特に，年齢40歳以上になると，ごく限られた人間に収斂していくことが知られている。年齢を重ねた人物の犯罪種は，飲酒に関係し，社会的にはみだした浮浪行為に次第に偏っていくのである（Wilson & Harrnstein, 1985）。

C. 知能指数

あまり公に評価されないが，犯罪者の知能は相対的に低いことも忘れてはならない事実である。犯罪を犯す集団とそうでない集団との間には知能指数にして10点程度の開きがあると指摘されている。

もちろん，社会経済的地位の影響という条件を考慮しても，米国テネシー州で6千人の白人犯罪者の調査では，両親の職業的地位よりも知能指数との強い相関が指摘されている。特に，非行少年とそうでない少年との比較調査では，体格や家族構成員の不都合などでは差が認められなかったが，知能を構成する要素中の動作性知能指数は高いものの言語性知能指数が低かった。また，知能指数の低い人物ほど衝動性の犯罪に陥りやすい傾向があることが判明している。しかしながら，全般的に見て，知能指数の低い人物の犯罪はより多く逮捕され刑に服する率が高いとする意見も根強いことも事実である（Wilson & Harrnstein, 1985）。もっとも，知能指数によって診断される知的障害について，法的定義上，精神疾患と位置づける考えの是非の論議が続けられている（Woody, 1974）。

目下の情勢から言えば，法医学的領域はもっと関心および改革をすべきであるので，法医学は先々の立法化の必要性を指摘している。個々人の知的能力の観点からして，知的障害の社会学，医学，および法学的位置づけの再評価は肝要である。現時点での法制度の実際的変化は，法医学の専門的支援のもとに精神衛生上の権限から出発すべきであると主張されている（Shorter, 1997）。

知的障害の診断の基になる値（IQ）について次のような見解が報告されている。1年から6年の小学生に学業成績の上昇を予測すると称して，ある種の非言語機能を測定するだけのIQ検査を実施した。教師には，良い結果を残した児童を知らせ，これから1年以内に大きな成績の伸びが期待されると告げたのである。実際はそのような予測に結び付く検査ではなかったにも関わらず，1年後に再調査したところ，急上昇と割り振られた児童の成績は，そのように割り振られなかった児童に較べ，IQ得点が有意に上昇していた。IQは機会や周囲の期待に関係していることが示されたのである（Rosenthal & Jacobson, 1966）。

D. 性格

性格もまた犯罪に関して最も注目される要因である。性格は，ミネソタ多面人格目録（MMPI）という性格検査による566項目の文章を読ませ

て，自分に該当するかどうかを応えさせていき，その結果から，精神病理学上の反社会的行動性が予測される。非行者は，家族の教育程度も低く，身体的疾患・情緒障害・両親の不和という悪影響が多かった上で，心気症・精神病理的異常が高く質問への回答が嘘などで無効となる割合も高かった。独断専行，強い攻撃性，外交的であるが社会性に乏しく帰属意識が低い点も指摘された。感情不安定・衝動的・猜疑心が強く，敵意もあらわで，立腹しやすく，自分勝手，不満にあふれ，所属集団の規範に反抗的であった。また，責任感や克己心が弱く，規則順守感覚の欠如，社会規範の方向性ができない傾向が見出されている。

これらの非行に陥りやすいと予測された児童とそうでないと予測された6千人に対する7年後の調査が，イギリスのバッキンガムシャーで実施されている。女子では母集団が少なく統計的意味は見出されなかったが，男子では，法廷に立たされた割合で2倍，児童相談診療所通院歴で6倍の差が見出されている（Wilson & Harrnstein, 1985）。

E. 脳機能

人間の脳は三層の部分から成り立っている。第一は，脳の上部の各種「葉」または「大脳半球」で，大脳皮質と呼ばれ，神経細胞ネットワークで外界への反応を支配している。皮質は，言語，推理，高度な思考回路を処理する。脳の前部および後部の前頭葉は，行動の整然性組織性を担当している。注意力や集中力を維持したり，抽象概念や推論構成も行う。また，それらの目標達成の準備をし，加えて，そうした行動そのものを自制するのである。衝動的で不適切な行動を規制し，他者からの評価反応，懲罰への対応，倫理的道徳的ふるまいといったことを統治している。目のすぐ下に位置する眼窩部前頭皮質は，道徳的推論や善悪の観念に関わっており，経験を感情や情緒に移し替える大脳辺縁系や扁桃体と密接に連携している。

前頭葉の後部が頭頂葉で，知覚情報の評価・整理を行う。さらに脳の後部にある後頭葉が，眼からの視覚情報処理を行う。大脳半球の両側の側頭葉は，言葉の聞き取りおよび発声が主な役割である。加えて，側頭葉の重要な機能は，自身の実体と他者との関わりについての感情的基本感覚を処理することである。人間の左右の脳は機能も異なり，完全に対等でもない。右脳は感情を受け取り認識し，左脳は感情を処理・管理し，感情行動を抑制する役目がある。左右どちらの脳も言語情報と非言語情報の処理に関係しているが，言語の発話は左脳が大きい役割を果たす。右脳は，視覚，空間，触覚情報の処理整理に当たっている。人類の96パーセントを占める右利きの人はほとんど左脳が優位である。左利きの人の65パーセントは右脳が支配的である。したがって，必然的に左脳の感情に依存せず整理と規制を司る部分が優位な人が多く存在することとなる。

通常，左脳は支配的で，情報を順序だって系統的に処理する。非支配的右脳は，情報全体を俯瞰し時間的判断を可能とする。左右の脳は脳梁という連絡回路で繋がっている。男女で左右の脳機能の連絡密度は異なり，女性は左右まんべんなく機能が広がっており，ばらばらの考えを関連付けることができるが，男性は区分された機能しか発揮できない傾向が高いのである。感情に潜む手掛かりを察知するのは女性の方が高い。

第二の層は，大脳のすぐ下層の「大脳辺縁系」で，情緒の動機に関係する恐怖（fear），逃避（fleeing），食欲（feeding），性欲（fuck）等の感情を管理しており，「視床下部」（性行動），扁桃体（攻撃行動：恐怖・不安）などが存在す

第3章 犯罪科学の歩み　117

る。この系は，思考皮質からの信号（指示）に依存せず，独自の活動を展開する。外部からの知覚情報に反応して，恐怖・愛・憎悪といった感情が生まれるのである。

　第三層は，辺縁系の下部にある脳幹で，外部から入力される情報すべてが通過しこの部分の「網様体賦活系」が警告と喚起のフィルター機能をもっている。

　これら三つの層は神経伝達物質によって結びついている。感情や動機を制御するモノアミン系神経伝達物質であるドーパミン・ノルエピネフリン・エピネフリンの三種の活動促進的なカテコールアミンと，逆に活動抑制的なセロトニンが存在し，食物摂取・不安・うつ状態・痛みへの敏感さ・傾眠性などに関与しており，特に，攻撃性や衝動性を伴う反社会行動について重要な役割を担っている。セロトニン量によって，脳幹活性領域，大脳辺縁系および前頭皮質が適度に結びつけられているのである。男性のセロトニンレベルは平均して女性の約半分である。衝動的な攻撃性はセロトニンレベルが低いことと関連性が認められている（Moir & Jessel, 1995）。

(14) 犯罪性検証

　前段で論じたように，形而上の哲学的背景をもつ心理学の犯罪行為への寄与，貢献は，解釈と説明に終始した意見である場合がほとんどである。これに反し，綿密に計画され，統制された条件のもとに一定の犯罪性の概念について実験を試み，客観的表現を裏づけ検証した業績がいくつか認められる（Slater, 2005）。

A. 愛憎

　犯罪，特に，殺人で最も重要視される要因は，動機としての殺意である。一部の殺人犯を除き大抵は，殺人の事前準備や計画性を否定し，「殺す気はなかった」との主張がなされる場合は少なくない。しかしながら，この主張には人間感情の根本機制を無視していることは明白である。相手に危害を加えようとした時点で，当人が相手に対して何らかの感情（普通は，怒りや恐れであろうが）を持った点は否定できない事実である。行為者が，どこをどう攻撃すれば死ぬことはないとの知識をもった人は少ない。

　さて，この他者に対する関心，特に感情は，「愛情・愛着」と言われ，ヒトが自分以外の他者，親兄弟をはじめ縁戚者，学友，知人あるいは他人に対していだく感覚的状態は，全て，幼育期に形成される愛情感覚が基本となっている。

　1930年代から50年代にかけて，人間は，餓え，あるいは渇き，セックスといった基本的動因を減少させようとする存在と考えられ，愛着も例外ではなく，栄養を与えてもらうことと引き換えに生じるとされ，ミルクが供給される母親を愛すると理解されていた。この時期の子育ては全く異なる見解が主唱されていた。小児科医らの勧告する予定通りの授乳をはじめ，幼児への強化と罰のパターンからすれば，泣き止ませるには抱き上げによる報酬を与えないことだとする主張，子供を甘やかさないことが重要で，おやすみのキスをしないで身をかがめて手を握ってから部屋の電気を消すのが適正だとされていた。

　アメリカ・ウイスコンシンのハリー・ハーロー（Harry Harlow：1905～1981）は，アカゲザルの知性検査を行っていて，母親から引き離された小猿の挙動から，母猿への愛情形成要因について1950年代後半から60年代にかけて調べることとしたのである（Harlow, 1958）。アカゲザルの遺伝物質は人間の約94パーセントを共有し，言い換えれば，人間の94パーセントはアカゲザルであって，僅か6パーセントが人間なのである。系統的には，およそ98パーセ

ントがオランウータンで，約99パーセントはチンパンジーなのである。

　段ボール製の円錐の胴体に乳房1つの代理母を2体作った。代理母の一方は滋養に満ちてはいるが針金の母親，他方は空の乳房と暖かい布製の母親の2種である。母猿から引き離された赤ん坊のアカゲザルは，引き離された当初，恐怖と悲しみで満たされたものの，しばらくすると，布製の母親ににじり寄り，しがみついて長い間すごすようになった。布製の母親からミルクは出ないので，空腹となると金属製の母親に向かいおなかを満たしてから布製の母親の下に戻ってすごすようになった。小猿はミルクを出す金属製の母親人形より，ミルクを出さない柔らかい母親人形に向かうことから，愛情における近接接触の重要性を明らかにした。すなわち，接触による安らぎこそが情動愛の基本であることを確認したのである。まず母親に愛着を覚え，生涯母親を愛し続け，成人後は，外界の対人関係を育むこととなる理由が解明されたのである。先の1930年代から50年代の子育て法は形骸化すべき内容であったのである（Blum, 2002）

　また，刷り込まれたあるいは彫りこまれる最初の母親の光景が最善であり，他者とのつながりを継続する出発点であることも示された。産婦人科医が新生児を母親の胸の上に直に置いたり，孤児保護施設の捨て子に哺乳瓶をあてがう以外，抱いて揺すってやったり，微笑みかけたりすることの重要性が認識されるようになったことは事実である。

　しかし，この接触による愛着の形成には，悲しむべき負の視点も存在した。鋭い棘を突きだしたり，冷たい空気を吹き付けたりする邪悪な母親の影響について実験を試み，どれだけ苛められ驚かせられようとこの邪悪な母親を遠ざけることはできなかったのである。凍えさせられひどい目にあっても，幾度でも母親に這い寄っていく姿が認められたのである。この悲惨な所見には，さらなる悲劇をもたらすことが確認された。布の母親で育ったサル達は正常に成長しないことが判明したのである。暴力的反社会行動を示し，正しい性的姿勢もとれず，自傷行為を伴う自閉症状も明らかとなった（Harlow, 1986）。

　この結果について，接触以外の揺する動きをする母親人形に加え，本物のサルとの日に30分の遊び時間を加えることで，この悲劇を避けることができ，ほぼ正常に成長することも報告されている。子供は，ほんのちょっとの揺すりと柔らかいセーターと生身の人間のわずかな時間の相手によって正常な成長を遂げると言えることも確かめられている（NIMH, 1994；Rosenblum & Smiley, 1984）。

　以上の結果に関して，注意を要することを記しておきたい。遺伝的に極めて類似しているという動物とはいえ，人間と同一視できないことは自明である。サリドマイドによる催奇性は有名であるが，HIV（ヒト免疫不全ウイルス）はチンパンジーには症状を現さない。ペニシリンはモルモットに有害で，アスピリンはマウスやラットに先天的障害を引き起こし，猫には毒性を発揮する。アカゲザルの脳は人間の10分の1の容積であるが，発達は早く誕生時には人間の脳は成体の10分の1であるが，アカゲザルでは成体の3分2の容積である。上記の見解が，これらのことと無関係であるかどうかは，今後の課題である。

B. 耽溺・依存症

　人間をはじめあらゆる動物の行動について，その機制を明らかにする試みが行われてきている。1903年，飼育係の足音で，犬が唾液を分泌することに気がついたイアン・パブロフ（I.

Pavlov：1849～1936）は，餌によって得唾液が分泌される遺伝性の生得的反射と呼ばれる行動を，一定の音や条件を与えて獲得させる「条件反射」と呼ばれる現象を理論づけたことはよく知られている。これをさらに拡充して，自発的で意図的な反応を，「報酬」あるいは「罰」によって増大もしくは低減・消去させられることを定式化された（B. F. Skinner：1904～1990）。このオペラント条件付けと呼ばれる行動変化は，報酬が与えられる頻度が不定期なほど，獲得された行動は消去されにくいことが実証された（Hunt, 1993）。間欠強化と呼ばれる状態で形成される行動こそが，薬物中毒，博打，男女間の愛憎劇のような耽溺と呼ばれる犯罪性を説明したとされたのである。

さて，耽溺あるいは依存症と呼ばれる状態は，多くは薬物が介在している。身近な薬物として知られるアルコールも依存性薬物であり，化学物質は依存性の原因となるとされている。ケシの種の果実から採れる阿片は，幼児の鎮静剤，命の聖なる恵みと呼ばれる万能薬として重宝されてきたが，依存性薬物である。ヘロインやクラック吸引によって薬物渇望が形成されるのは，薬物摂取を続けると薬物への耐性が生じ，身体依存が起こるからと言われている。

依存症の生理的機制は，ラット脳の正中前脳束の電気刺激によって偏執的にレバーを押し続けることが確認され，快楽中枢と呼ばれるようになった。次いで，自身で薬物が注入されるカテーテルが挿入された動物は，摂食よりも飢餓状態のまま死亡するまで薬を摂取し続けた。また，電気床を通過すると阿片が与えられるラットは，床からの電気衝撃に耐えて阿片を摂取することも見出された（Olds & Milner, 1954）。生理学的には「神経適応モデル」として，脳内には神経伝達物質という鎮痛麻痺物質エンドルフィンの存在が認められ，行動活性物質ドーパミンや多幸感をもたらすセロトニンなどが外部からの薬物によってホメオスタシスの不可避的代謝変化を生じさせているとされている（Goldstein et al, 1971; Pert & Snyder, 1973; Hughes et al, 1997）。

その一方で，大半の人々は依存性の強い薬物をくり返し摂取してもいわゆる依存症状は起こらないことから，依存症は薬理によってもたらされるのではなく服用者自身を支援しない社会の複雑な関係性，すなわち，生理学的事実は感情的社会的な複雑な環境の中で存在しており，困難な状況に適応する手段として薬物が使用されるに過ぎないとの認識も根強い。歴史的に見て，薬物禁止運動が始まる前の阿片が合法であった頃の依存症患者の割合は人口の1パーセント程度で安定していた。また，入院中大量のモルヒネを投与され続けた患者の大半は，痛みが治まった後に何の問題もなく退院している。カナダ・オンタリオ州世帯調査の結果では，コカインを用いている人の95パーセントが，月一度以下の頻度であったと報告されている。1974年のサンフランシスコで行われた11年間におよぶ27人のコカイン常用者の調査では，全員が定収入の職に就いており，この11年の間に強迫的なコカイン常用癖に陥ったのはわずか1人，11人は毎日使用していたのが徐々に使用頻度が減少していった。その11人中7人が使用量が7グラムから3グラムに減ったとのことであった。また，ベトナム戦争でヘロイン依存になってしまった兵士たちの90パーセントは帰国によってヘロイン使用を止め，強迫的な使用に戻らなかった。さらに，1990年に行われた若いアメリカ人を対象としたクラック調査の回答結果では，最低1回はクラックを使用した経験者が5.1パーセント，調査月に使用した者は0.4パーセント，調査月に20日以上使用した者は0.05パーセントだった。継続的

な依存を引き起こすのは100人に1人に過ぎないと考えられる事態が存在しているのである（Alexander et al, 1999; Slater, 2005）。言い換えれば、背中を剃られそこにカテーテルを突っ込まれて窮屈なケージ内に閉じ込められたラットが薬漬けの依存症となるとの生理学的見解の妥当性に疑問が呈され、1873年の禁酒運動の意義を問い直す必要性が指摘されたのである。この考えに立脚して、「ラットパーク」という視点からの実験が試みられた（Alexander et al, 1981）。実験用のラットは20平方メートル四方の群居可能な空調施設（ラットパークとした）に飼育し、交尾出産可能な空間も設けられた。甘い飼料を好むラットには、にがい生モルヒネを蔗糖で徐々に甘く味付けしていく誘惑条件を設けた。普通の飼育形状であるケージ内の孤立飼育状態のラットとのモルヒネ飲料の摂取状況を比較した。普通の飼育の孤立飼育ラットは、比較的薄い甘みの段階からモルヒネ入りの飲料を摂取しはじめ、酩酊状態となる率がパーク飼育の16倍にも達した。パーク飼育条件下ではラットは甘くされたモルヒネ飲料よりも水道水を好んで摂取し続けた。好ましい場所に置かれた動物は社会的行動を妨げるものを回避することが明らかとなったのである。さらに、依存症に陥った後の離脱症状との関係を調べるため、普通のケージ飼育とパーク飼育のラット双方を8週間、モルヒネ入り以外の飲料は与えず、耐性と依存を形成させた後、普通の水とモルヒネ入りの両方を与えた。ケージ群はモルヒネを飲み続けたものの、パーク群はモルヒネを定期的に摂取せず、離脱症状に抗してモルヒネ摂取量を減らしていったのである。依存症は自由意志の賜物であると主張された。しかしながら、この研究成果は、生物医学領域からは無視され、医療より教育の充実が優先されてしまうとの批判が相次いでいる。世に言う、権威主義の「せめぎあい」でないことを期待したい。

C. 記憶と虚偽事象

本書が対象としている犯罪事象の司法的解明に当たり、虚偽現象は最も頻繁に検討されなければならない問題であり、可能な限り的確かつ正当に評価しなければならない課題である。本章前半で、虚偽行為はポリグラフ技術が本来処理すべき課題にも関わらず、わが国の専門担当者たちは放棄していることは既述した。したがって、虚偽行為の本質についての説明原理を確立し、理解を深めていく必要がある。

虚偽とは、自己の記憶と異なる事実を意図的に表現する行為であると定義されることが多い。とはいえ、この意図的という点が常に曖昧で、確固として掌握できない点も確かである。

虚偽を成り立たせている記憶については、従来、抑圧されるというフロイト流の意見が圧倒的に正当であり、記憶は歪められ、偽の記憶が新たに植え付けられることなど不可能であるとの考えが大勢を占めていた。

1953年、アメリカコネチカット州ハートフォード病院で癲癇発作に悩むヘンリーという若い男性（後にHMというイニシャルで呼ばれるようになる）が、ロボトミー手術（精神外科における白質切除、帯状回切除などの医療措置）による海馬域切除が行われた。有意識下で行われた脳手術の結果、ヘンリーの発作は激減したものの、記憶が全く残らないことが判明した。

当時の記憶脳内散在説は誤りで、海馬が記憶中枢であることが明らかとなったのである。このHMの詳細な観察の結果、海馬は明示的な記憶を司り、自伝的詳細な意識の核であることが実証された。手続き記憶と呼ばれる無意識な記憶が脳の他の部分で保持されていることも明らかとなった。人名や顔が憶えられなくなった

ものの，自転車の乗り方や歯磨き方法は憶えているのである。フロイドの無意識説が神経学的に裏付けられ，少なくとも2つの記憶水準を導き出したのである（Hilts, 1995）。以後，運動技能に関する無意識記憶，事実を保持する意味記憶，自身が何者かを知識を規定する記憶などそれぞれが脳内の特定部位に存在している定義された。当時の記憶についての考えは，新規の神経接続形成あるいはニューロンの刺激連鎖によって貯蔵されるとの説が提唱されていたが，実証されてはいなかった。そこで，神経学的な記憶記憶研究として海棲軟体動物アメフラシに電気探針を触れさせるとエラを引っ込める反射を利用した実験が行われた。習慣性・感作性・古典的条件付けによる学習を記憶とみなして，記憶が生じている間のアメフラシのニューロン変化が観察された。その結果，エラをひっこめるよう条件づけられたアメフラシのニューロンの接続部であるシナプスが電気化学的信号の受け渡しにより強化され，ニューロン間の関係が強まることが判明した。行動が刻み込まれれば込まれるほど感覚神経と運動神経間で受け渡される信号は強くなった。使わないと錆びるのである。課題がこなされるにつれニューロンネットワークは一層深く焼きついていく。記憶を想起し，繰り返せば繰り返すほど特定のシナプスでの電気化学的対応が強く滑らかとなるのである。さらに，これら短期記憶に関する基礎的知見に加え，これら短期記憶が長期記憶に変換される機制についても実験が実施された。アメフラシの組織から，無傷のニューロンを2本取り出し培養しつつ，互いにニューロン1および2同士間にシナプス結合を発達させ記憶の最も単純な形を作った。そして，ニューロン1のCREB（cAMP応答配列結合）蛋白をブロックすると，ニューロン間の結合が断裂した。CREBは，脳細胞核中の神経細胞間の恒久的接続を確立するタンパク質合成の誘発を促す役割を果たす分子で，ショウジョウバエの遺伝子操作でCREBの活性化によって記憶の増進が起こることも確かめられている（Kandel, 2007）。

1990年，実の娘アイリーンは63歳の実父ジョージ・フランクリンが20年ほど前の子供の頃，友人の女の子に暴行し殺害したと訴えた。事実，凶器と見られる石塊と頭骨が発見された。この事件に対し，アメリカの心理学者エリザベス・ロフタス（E. Roftus：1944～）は，十数年間封印されていたトラウマ的出来事が突然思い出されるようなことはないと分析，記憶とは意識から完全に引き離されて保存されるのではなく，記憶は急速に失われ，回想時に別の要素，主に，示唆が加わるに過ぎないと指摘した。しかし，実際の裁判では，ロフタスの見解は受け入れられず，フランクリンは有罪となった。子が親に幼児期に性的虐待されたとの訴えが急速に注目を浴び始めた契機となる出来事であった（Roftus & Ketcham, 1994）。

このことを明らかにするための実験が行われた。先ず，予備テストとして休暇中の学生に，兄弟に話しかけ偽の記憶を植え付ける努力をするよう課題を出した。前もって提出された会話記録の中から24人の被験者を選定した。彼らにはそれぞれの家族内の実際のエピソード3つに加え，嘘のショッピングモールでの迷子挿話を入れた小冊子を手渡し，それらの出来事を記憶しているかどうかを確認した上で，それぞれの家族にそれらのエピソードの記憶を確認させた。対象となる出来事は"迷子"となった事柄である。結果は，25パーセントの被験者が詳細な迷子となった出来事（嘘の記憶）を再現した（Roftus, 1993）。

ロフタスは，これ以外にも誕生直後の数日間の出来事，結婚式で白のドレスに染みを付けた出来事，あるいは，子供時代に猛獣に襲われた

出来事などの嘘記憶を，多い場合には50パーセントもの被験者に回想させることに成功している（Loftus & Ketcham, 1994）。

　記憶の抑圧というフロイドの学説は崩壊したと主張される所以である。加えて，フロイドの考えの物質的基礎となる事実であるワイルダー・ペンフィールドの脳特定部位に針を刺し特定の記憶が再現される結果を導き出したことを否定したのである。

　実際，ホロコーストを生き延びた人々の中で強制収容所に閉じ込められたことを忘れてしまった人はいないことや，飛行機墜落事故に遭遇して助かった人が墜落の体験を忘れ，数十年の年月を経て突然思い出す例は皆無である。ワシントン州オリンピアで，ファンダメンタリズム系の宗教団体の修養会で2人の娘たちが父親からおぞましい行為をされたことを思い出したと告白，父親であるポール・イングラム（41歳）が刑事の取調で自白する事件が持ち上がり，服役刑を宣告されたにもかかわらずである。偽の記憶は主観的な正確性が優先されることとなる（Ofshe & Watter, 1994）。

　これらロフタスの見解に対し，トラウマ的記憶は保持され続けており脳内で特殊暗号化されているとの批判がある。圧倒的なトラウマ事態に遭遇すると言語による対応は不可能となり，非言語領域の皮質体性感覚野に保存され，筋肉の痛み，パニック発作，断続的フラッシュバックの形で存在する。そして，このトラウマ記憶は言語回路に引き上げる手続きが必要であると反論されており（van der Kolk, 2014），両者間の合意は，現在のところ成立していない。

D. 狂信・自己正当合理化

　1954年アメリカ・ミネソタ州レイクシティのマリオン・キーチという宗教集団教祖が同年12月21日深夜，大洪水が起こるとの予言を行い，周辺住民を巻き込み騒然となった。結局，何も起こらなかった。この結果にもかかわらず，以後もこの宗教集団の予言の正当性を訴え続け，かえって，従前以上の熱心さで改宗者を集め始めた事件があった。このことは，まさに認知的不協和（予言の誤りが事実となった点と自己の信仰のゆるぎなさとの対立）が生じた時点から，その不整合による不快を軽減するため，できるだけ多くの賛同者を獲得するようになったのである（信念／反証パラダイムと名付けられている）。これに触発され，アメリカの心理学者レオン・フェスティンガー（L. Festinger：1919〜1989）は，イソップ物語の酸っぱい葡萄の逸話に象徴される「認知的不協和理論」を提唱した。すなわち，個人の中に同時に存在する互いに相いれない観念——認知的不協和——の心理的対立は，適切な条件下では当人の行動に信念を適合させることを導く動因を生みだすのであって，従来想定されてきたような当人の信念に適合する行動変化を導くのではない。複数（通常は2つ）の不協和が存在すると，その不協和を低減させるか除去するために，なんらかの圧力が起き，一方の要素を変化させることによって不協和な状態を低減または除去することができる。不協和を低減させる圧力の強弱は不協和の大きさの関数で，認知的不協和の程度が大きければ大きいほど不協和を低減させる圧力は大きくなるとした（Festinger, 1957）。

　この仮説を検証するための実験が行われている（Festinger & Carlsmith, 1959）。被験者の一部には20ドル，別の被験者には1ドルの報酬で嘘をついて貰う実験を行った。そして，実験後，ついた嘘を信じていると語る率を調べたところ，1ドル群の方が20ドル群より高かった。通常の善良でかつ賢明な人物であれば，わずか1ドルで嘘を正当化し，悪いことを理由もな

く実行したりはしない。そのため，すでに小銭を受け取ってしまった以上，自己概念と自分の問題行動との不協和を弱めようと，信念の方を行動に合わせて，実験中の嘘を引っ込めなかったと説明された。20ドル受け取った場合には，極めて，安直に嘘であったことを認めその原因は報酬が20ドルと相当高かったからだと，不協和を感じていなかった（不十分報酬パラダイムと呼ばれる）。

また，新入生がクラブ入会に際し，激しい様々な儀式を通過した方が集団への忠誠心が高いことも同様の機制である（誘導服従パラダイム）。この理論は，朝鮮戦争中，中国が効果的に米軍捕虜を共産主義者に変えてしまった理由の説明を裏付けるのである。拷問を加えたり多大な報酬を与えるのではなく，わずかの食料や菓子を与え，この時，反米的文章を書かせたのである。作文をさせ，褒美を与えられて容易に共産主義者に変更させたのである。普通，洗脳では激しい拷問と莫大な報酬が約束されると思い込んでいるため理由の説明がつかない。ところが，認知的不協和では，報酬の価値が低ければ低いほど，信念を変える可能性が高くなるとされるのである。わずかの報酬，雀の涙の謝礼で自分の信念を放棄した場合，何故そうしたかの納得できる理由を告げない限り，単なる愚か者と見られてしまうと考える。書いた文章の内容を後に取り消せない場合，信念を変えればよいのである。

ここでは，先のスキナーの言う報酬による反応の強化，罰による反応消去という行動主義は誤りであることを端的に指摘したのである。人間の行動は，罰や些細な報酬で変更されるよりも，自分の安らぎを得ることで変われるのである。自らの偽善を正当化するためだけに心の修正を行おうと考えるのである。

とはいえ，自己の正当化・合理化で全ての人間行動は規定されているかどうかは未定である。不協和と協和のどちらにも与しない人間の存在は否定できないのも事実である。

E．集団・群衆

前章までに既述した組織捜査における弊害条件としての従順さ（アッシュの集団同調実験）や権威への服従（ミルグラムのアイヒマン効果実験）などは，当然，集団暴行や群衆犯罪の機制にも通じる結果であるが，前章で記述してあるので，参照されたい。

F．傍観者効果・集団の中の1人

1964年3月13日（金）午前3時のクインズ地区は初春のことで未だ寒く雪模様であった。この街を夜勤明けで帰宅した若い女性が自宅アパート横の駐車場で車から降りたところ，突然背中を男に刺された。助けを求める女性の悲鳴で，周辺の家々の明かりが灯り，屋内から誰かが「娘を離せ」と声がしたため犯人の男は逃走してしまった。しかし，誰一人家の中から出てくる気配はなかったので，逃げかけた犯人の男は引き返してきて，路上に倒れている被害の女性の喉と陰部に傷をつけた。女性は再び叫び声を挙げたけれども，今度も，誰も屋外に現れることはなかった。男は女性の衣類を脱がせ女性の体に覆いかぶさって思いを遂げた。この3度に渡る35分間におよぶ助けを求める叫び声続く犯行に対して，実際は38人の人々が目撃していたことが後に判明するが，窓越しに女性が襲われているのを見ていただけで，犯行後1人の人物だけが警察に通報したに過ぎなかった。この事件は，新聞各紙に「38人の目撃者事件」と詳細に報道され，道徳問題として議論が巻き起こった。社会学者のいうショックに伴う不活動麻痺状態を引き起こす「情動否定説」，精神分析による「興奮に伴う麻痺催眠状態説」等と

様々な見解が披露された。

　この事件に触発され，犯罪に対する市民の一般的反応を検討する臨床実験が行われた（Dailey & Latane, 1968）。都会学生の生活の適応度を調査するとの目的を告げられ実験参加を求められた学生が，1人づつ別々の部屋で，2分間現在の生活の問題点をマイクに向かって話してもらうという設定が取られた。それぞれの被験者の居る部屋の間はマイクとスピーカーで繋がれていた。しかし，他の部屋へは予め録音された話が流されているだけであった。被験者は存在するとされた相被験者の話が聞こえている間は聞き役に徹さなければならず，自分の話す順番になるまではマイクは切られていた。一方的に流された録音内容は，話し中の学生がてんかんの発作をおこした状況が起こり，その状況を，聞いていた被験者の反応が検討された。実験中，他の被験者の姿や会話は制限されており，全体で幾人かの被験者がグループであることだけは気がつくようになっていた。録音の話中に異変を起こしたと見られる場合に，急を告げる行動を起こした被験者の割合は31パーセント（既述のミルグラムの権威服従の際の反抗率32〜35パーセントに類似する）であった。しかし，この率は複雑で，グループが自分と2人だけで他の参加者が居ないと信じていると85パーセントが3分以内に急を告げた。一方，4人以上のグループと信じていた者ではこの率は低くなった。また，3分以内に行動を起こさなかった被験者の大半は最後まで何もしなかった。集団の大きさについての自己認識の程度に意外な関連が指摘された。通常，1人だと心細さが先に立ち，集団の数が多い方ほど共に危険に立ち向かえると考えられるけれども，傍観的立場が許される状況では，介入を抑制する傾向が高くなるのである。危険への対応率は一貫して集団の大きさと関係しており，「責任の拡散」と名付けられた。責任は集団内で平均的に分散し，個々の個人の責任負担率は希薄となる。発生した事態に対する確固たる原因が不明であるための事態への軽視感が抜けがたく生じてしまうのである。

　これらの集団における社会的サイン，傍観者効果，複数性無知という現象は，モンタナ大学の社会心理学者アーサー・ビーマンによる，危険察知訓練，責任行動の推進といったレッスンによって是正されることも指摘されている（Beaman et al, 1979）。

　こうした責任の分散，傍観者効果は，本邦でも報道されている。2006年8月，JR北陸線特急電車内，および同年12月湖西線普通電車内で，男（36歳）がそれぞれ乗車中の女性に乱暴し傷害を負わせた事件（大津地裁，2014）で，犯行の行われた車両内には多数の乗客が乗りあわせていたにも関わらず，誰も止めに入ろうとしたり，通報を行った者もいなかったとの報告がある。

（15）スーパーインポーズと復顔

　犯罪捜査上，個人識別は，犯人を識別・特定する以外に，身元不明死体，特に，白骨化した遺体（死後相当の年月が経過したり，災害に伴う焼却破損した場合の被害者）の身元確認の必要性がある。最も古く注目された事件では，1936年イギリスで発生した医師ラックストンによる死体遺棄事件である。発見された白骨化した頭蓋骨と被害者と考えられる女性の写真との輪郭を重ね合わせて，被害者を特定し，医師ラックストンの犯行を明らかにした（Evans, 1996）。この事件を契機として，白骨化した頭蓋骨に予測されるような皮膚や筋肉状態の統計的計測推定平均値から，生前の顔貌を再現する技術が開発されている。これまでのところ，身元不明の被害頭蓋骨のスーパーインポー

ズ・復顔法によって身元を特定し，強盗殺人事件を解決した例が，本邦で唯一報告されている（Mainichi Daily News, 1970）。

付き馬事件：1970年（昭和45年）2月19日夕刻，兵庫県神戸市東南部の工場街のゴミ捨て場の路上脇でゴミ撤去作業中，白骨化した人骨が発見され，届け出た。詳細な現場資料採取活動によって，末梢指骨以外は揃った20〜30歳の身長150〜158センチの男性一体分が，布団袋，ネグリジェ，毛布片等共に緑色カーペットに包まれていたことが判明した。上前歯3本が出っ歯で死後2〜3年，切歯縫合から20代前半の血液型B型と判断され，該当する年齢層の行方不明失踪者を中心に捜査したものの，被害者と思われる情報は得られなかった。そこで，発見された頭蓋骨を基にした復顔を試み，石膏像として生前の顔貌が再現され，10月2日これを報道機関に公開したところ，翌3日，白骨発見場所から2キロ北西の飲食店街のゲイバー経営者（28歳）から「2年前（1968）の，1月5日午前2時過ぎ，客の「付き馬」に出たまま消息が絶えてしまった住み込み店ホスト，Y（20歳位）が新聞に出ていた復顔像の写真によく似ている」との情報提供があり，同人写真3葉を提出した。そこで，同人の身元確認と身辺捜査の結果，行方不明であり，提供された写真の裏記載の13カ所の電話番号の裏付け捜査から，妹の元稼働先が判明，家族親戚からの聞込捜査によって，宮崎県出身1947年（昭和22年）生Yが2年前から連絡が途絶えていることが確認され，関係者の血液型はB・O型であった。中学卒業後，集団就職で来阪，いくつかの仕事を経て，1967年（昭和42年）11月から通報のゲイバーで働き，女装を好む人物と判断された。次いで，提供の写真と白骨死体の頭蓋骨でスーパーインポーズを行い，Yと一致するとの結果が得られ

た。一方，ゲイバー出入りの客についての事情聴取の結果，失踪者が付き馬として同行した客が，「バーKのH」と代金請求の帳簿付けが残されており，当該店を聞きこんだところ，雇っていたH（25歳）と判明，1968年（昭和43年）1月6日夕刻，勤務先の同僚であった21歳の女性を就職斡旋を口実に自宅に連れ込み緊縛監禁の上，姦淫，被害者所持の現金を奪ったとのことで，懲役4年の服役中であった。Hの身柄を刑務所から移管して取り調べたところ，付き馬として付いてきたYを自宅に誘い鶏姦行為の後，代金の請求でもめ口論となり，自宅にあったペティナイフで刺殺し，ネグリジェ姿のYの遺体をカーペットに包んで自宅近くのゴミ捨て場に捨てたと自白した。凶器も自白した便所から発見された。復顔法によって身許が確認され，殺人事件が解決された世界初の事例である。なお，事件解決の鍵となった石膏性復顔像は，阪神・淡路大震災によって失われてしまった（兵庫県警察本部，1970）。

(16) その他

エボーン・V・ズィンベルマン訴訟（臨終映像）：臨終映像として，死直前に網膜に映し出された映像は死者の網膜に定着されているとのフィラデルフィアの「フォトグラフィックジャーナル」1877年5月に掲載されたヴォーゲル博士の報告が引用されて以来，死者の網膜に犯人像が残るとの思い込みは根強い。ニューヨークで1920年6月の暖かい朝，マリー・ラーセン夫人は，カードゲームのブリッジの名手として有名なジョセフ・ボウン・エルウエルの家政婦として仕事先のマンハッタンに向かっていた。エルウエルは，妻（エルウエルの著書『エルウエル・ブリッジを語る』や『上級者向けブリッジ』などの著者と考えられていた）と別居中の一人暮らし，投資家で競走馬のオーナー，都会の洗練

された物腰と魅力的な笑顔，栗色の髪の毛で評判の人物であった。夫人は有名人に雇われていることを喜んでいた。その朝は，前夜遅くまで友人と出かける予定だったのを知っていた彼女は，静かに鍵を開けてタウンハウス内に入ると，思いがけず，酷く苦しげな息づかいが右の部屋から聞こえてきた。背もたれのある肘掛け椅子に裸足で赤い絹のパジャマ姿の，頭がはげた年配の男が座っていた。大きく開いた口から隙間のあいた歯が3本覗いていた。額の真ん中に弾の跡があり，傷口から出た血が膝の上の手紙にしたたっていた。弾丸の薬莢が床に落ちており，男の背後の壁に傷口から飛び散った血や骨片，組織片がへばりついていた。弾丸は頭骸骨を貫通し壁に当たり跳ね返って，肘掛け椅子の脇のテーブル上にあった。夫人は折から配達中の牛乳販売員に頼み，警察に通報，病院に収容したが，2時間後意識を取り戻すことなく死亡した。屋内捜索で，死亡した人物は，エルウエルと判明した。クローゼットの奥に，高価な段階的に長さが異なる高級なカツラ40個が揃えられていた。自前の3本の歯に合わせて作られた義歯がグラスの水に漬けてあった。美容補助器具を装着しない姿を見せてもさし支えない人物は不明であった。弾丸に適合する45口径拳銃は発見されず，動機もなかったので，自殺ではないと判断された。手紙はその朝7時半に配達されており，発射はその後である。しかし，担当捜査官の大半は，これを自殺と考え，拳銃は事後盗み出されたとの情報を新聞に漏らした。しかし，検死官ノリス博士は，射入口を詳細に調べ，周辺には3インチほどの火薬粒を認めたが表層火傷はなく，少なくとも4～5インチ離れて額の中央が撃たれたとし，自殺はあり得ないとした。捜査側にはこの事実をもとにした実証実験（死体に拳銃で実祭に発砲再現）で殺人事件だと受け入れた。一方，加熱一方の報道は，ローランドクックなる医師が死者の網膜に死者が見た最後の映像が残っているとの説を述べ，検死解剖で眼球写真が撮られなかったのは検死官の怠慢だと非難した。地方検事補もこれに同調，検討することを約束したが，当の検死官ノリスはこれを無価値と一笑にふしたため，この問題検討で改めて一悶着あった。第一，残っているのが正しいとして，病院搬送の被害者が最後に見た映像は，病院職員であって，犯人たりえないのである。迷宮入り（Wagner, 2006）。

第4章
取調技術の変遷

　現代西欧民主主義社会では，警察が被疑者を取調べる場合，被疑者には黙秘する権利を認めている。とはいえ，その権利を行使しようとする被疑者に自由を許すのかどうかでは，警察の取調側と被疑者側とでは対立がある。アメリカでは，著名なミランダ判決（Miranda v. Arizona, 1966）で示された判断（後述）に添って，被疑者に黙秘権があることと，取調の前そして取調中にも弁護人からの助言を受ける権利があると告げることになっている。フランスでは，被疑者は勾留後20時間経過するまで弁護人と接触する権利が認められず，黙秘権があることも告げられず，取調の前も取調中にも弁護人からの助言は認められない。ドイツでは，取調の前だけに弁護人からの助言を受けることが認められている。しかし，イギリスでは，取調の前および取調中に弁護人からの助言を受ける権利は知らされるが，当局が証拠収集の支障があると判断すると，この告知はひとまず延期される。また，イギリスおよびドイツでは，被疑者に黙秘権があることは告げられるが，その権利を行使して質問されたことに何も話さなければ，後々の裁判に影響し，弁護側すなわち被疑者であった被告人側は不利になると告げられる（Slobogin, 2003）。

　過去10年間，ヨーロッパ人権裁判所は弁護人の立ち会いのない取調が人権をないがしろにしていると非難し続けてきた。しかし，対象となった被疑者の多くは，無防備な人々（未成年やアルコール依存症者）であり，判例であれEUの刑事訴訟手続き上の権利に関する枠組み決定の提案にしろ，取調中の弁護人の立ち会い接見には触れてはいない（Bejier, 2010）。

　捜索差押の際の事情のように，ヨーロッパの規定では，アメリカと異なって警察に強制力を少なくとも一定の基準内で行使できる権限を認めている。イギリスでは，アメリカのように通告することは留置までの間まで延引が認められている訳ではなく，被疑者となった時点でできるだけ迅速に警告するよう求められている（Bradley, 2009）。さらに，現在のイングランドでは，警察署や一定の場所での取調はすべて全行程および時間のビデオ記録をするよう定められてもいる。これはアメリカ最高裁でも求められなかった規則で，アメリカのいくつかの警察管轄区域で適用されているだけである（Sullivan, 2004）。イギリスとドイツでは，証拠を一方的に過大評価して提示することは禁止されている。ドイツでは，留置場の被疑者の監房に情報を流しておいて供述を得る試みは認めら

れていない。対照的に，アメリカ最高裁は，入手した証拠について過大に評価した結果を伝えることは許容できるとの意見が述べられている (Frazier v. Cupp, 1969；Mathiason v. Oregon, 1977)。

このように，警察の最大関心事である"取調"は，基本的理念の了解は遂げられているにしろ，実質の実践における個々の取調の条件は異なり，ましてや，その実行に対する国際的基準の統一は果たされていないのが現状である。

いずれにしても，警察の犯罪捜査において，被疑者の取調を実行することは，捜査の重要な分岐点であることは事実である (Baldwin, 1993)。犯罪の通報を受理した後，初期捜査情報に基づき，犯罪現場の検証ならびに証拠の収集，現場周辺の目撃情報，あるいは，被害情報の集約的な結果として，ある特定の人物から事件に関する関与の有無について事情を確認する必要が生じる。この捜査活動の結果に基づく特定の人物からの事情聴取あるいは取調は，当の人物から犯罪についてのさらなる情報を得ることが目的であり，一挙に事件解決に至る場合もあれば，それまでの捜査経過を見直す必要が生じる場合もあれば，また，対象事件内容にそれまで知られてなかった新たな事実が判明する場合もある。したがって，目撃者や被害者からの事情聴取に加えて，逮捕した被疑者からの取調は犯罪捜査にとって最も重視された作業であるといえる。ちなみに，特に断らない限り，本稿では"取調"対象者は，一定の要件に添って逮捕された被疑者，あるいは，特定の事件に対する疑いが強く，逮捕勾留の要件を満たしている状況の人物をいう。任意で情報収集のために事情聴取される目撃者などの人物は，司法上事情を聞かれる立場が異なっており，本稿の対象としていない。

1. 取調技術抄史

(1) 中世

中世前半のゲルマンでは，目撃者も証拠もない事件で被疑者も事件の関与を否定している際には，当時の「罪を犯した人物には神が印をつける」との神への絶対的信頼・信仰に準じて，神への伺いを立てる"神明裁判"が行われた。決闘・籤・火・熱湯・呑咽などの課題審判を克服したものは無実とされた。しかし，キリスト教の平等思想の普及につれて，その背景にある「神を試す」という背信行為の疑いが生じ，13世紀には聖職者の裁判参加が禁じられて以降，決闘をはじめとして徐々に神明裁判は衰退していった。代わって台頭してきたのが，後世にまで悪名を喧伝された"拷問"である (秋山，1997；Mannix, 2003；森川，1974)。公権力による合法的司法手段として，裁判官や書記官といった役人が立会い，死刑執行人が兼務する拷問官が実行し，証拠が不十分な事件では裁判官の命令で実施され，得られた「自白」が証拠とされた。肉体に傷を付け，苦痛を与えるためではなく，罪を自白させ，共犯者を明らかにすることが目的とされた。この拷問は，キリスト教化が進んだ16世紀神聖ローマ帝国皇帝カール5世が制定した刑事裁判例 (別称カロリナ法典で知られ，ヨーロッパ刑事訴訟法の基礎となった) で，正規の法律条文として定められたのである。一方，教皇庁の教え通りの正当な信仰をもっているかどうかを問ういわゆる異端審問の中で，悪魔との契約による妖術による殺人行為が問題視され，1487年，教皇インノケンティウス8世の大勅書によって魔女裁判で拷問の実施が定められた。拷問は後にわが国の事情を中心に述べられる。

17世紀半ばでは，人間の理性を尊重する啓

蒙的考えがイングランドに生まれ，18世紀前半にはドイツでも相次いで拷問行為は禁止されるようになったが，実質は，16世紀から18世紀にかけて，不服従・虚偽・嫌疑の刑罰を科せられた被疑者への殴打罰則，すなわち拷問が実行され続けた。全能の神に支配された宗教の名のもとに，司法の場で"拷問"は一定の立場を維持し，半ば公然たる手段として，証拠のない事件での犯行を否認する被疑者に対し，自白を迫る手段として君臨し続けた。

(2) 近世

こうして1930年代頃までは，取調は，脅迫のようなある種の威圧，あるいは鞭打，拷問による身体への暴力といった方法が常態化していた。"拷問"では，被疑者に対する攻撃的な手法を用い，燭光もしくは冷水浴びせや身体への攻撃等の加罰的行為を伴って被疑者に取調を行い，被疑者が事件に関与していたとの自白を得ることを目的とする合法正当な方法として定着していた。たとえ，事情聴取の段階であったにしても，"君が関与していたことは解っている"旨の言い渡しがなされ，取調が始まれば，"やったのは君か"との問いに終始し，被疑者が別の出来事ないしは軽微な罪を認めるかアリバイを述べるまで続けられるのが通弊であった（Munsterberg, 1923；Leo, 1992）。

1930年代半ばに至り，この方法によってなされた自白は，被疑者が加えられている以上の暴力を避けようとしてしばしば有罪とはほど遠い荒唐無稽な内容の自白を行うことが問題視され（虚偽自白），この手法による取調結果の正当性が疑われるようになった。自白を得ることを目的とする聴取自体は，1930年代末まで持続されたものの，特殊な質問方法を行うことで被疑者の無実を確認したり，見逃されていた新しい手掛かりを得るようになった（Perina,

2003）。

取調技術は次の世代1940年代において様々な考察が加えられた。スエーデンでは，1945年，警察官は被疑者に事件関連の取調を施すまで，被疑者の信頼を得るよう努めなければならないとされた。また，自由回答式の質問をする前に被疑者に様々な事件様相を述べることは許されるもの，記銘には限界があるとの記憶の知識を警察官は持つべきだとされた（Williamson et al., 2009）。被疑者特性の理解の重要性や神経質な徴候そのものは有罪の徴候ではなく，取調者の振る舞いに応じた普通の感情的反応であるに過ぎないことに注意を喚起している（Gerbert, 1954）。

ところが，こうした客観的，合理的取調技術への提言は，警察捜査活動，特に，現場の取調事態に全く省みられることはなかった。実際上，1990年代のほとんどのヨーロッパ各国では，威迫によって自白をさせ，罪を認めさせたりする種々の方策が取調者によって工夫されていた（Baldwin, 1992）。こうした理解のなさ，あるいは，客観性の技術採用が浸透しなかった背景には，新しい提言の多くが非英語圏の国々からのものであったため，英語圏の国々の警察官には馴染みが薄かったとの理由が考えられる。加えて，警察と学術組織とはどちらかと言えば疎遠であり，また，両者間の対立不信感が強いのも事実である。1930～1950年代に提言された客観的科学的思考に準じた考えに触発された取調方策が，特定の地域において，現在に至るまで最高の取調技術とみなされているのはある種の皮肉である。

(3) 1960年代以降

1960年代には人間の記憶の様相や取調時の被疑者の振る舞いについて体系的な研究が進み，取調の方法に関して，全てではないけれど

も，自白を得るための身体的暴力を克服した目覚ましい改良がもたらされるようになった(Ord, Shaw & Green, 2008)。もちろん，行動科学の成果を無批判に取り入れ，倫理的合法的な関連について考慮することなく提案された方策は特に問題視されるようになっていった。

加えて，取調による自白について，アメリカとイギリスにおける重要な法的判断がなされた。まず，アメリカのミランダ判決（Miranda v. Arizona, 384 U. S. 436, 1966）に基づくミランダ警告である。1963年3月，強盗で逮捕されたアリゾナ出身のアーネスト・アルトゥーロ・ミランダは，自白ならびに被害者の犯人識別供述に基づいて，強姦と誘拐の罪で下級審において有罪判決を下された。上訴によって，弁護人を同席させる権利の告知がなされないまま自白を強要されたという事実を重く見た最高裁判所の判事は，身柄を拘束された被疑者の取調に際し，黙秘権の告知と弁護士の立会を求める権利を被告人に告知すべきであり，その権利を被告人が放棄しない限り，取調を行ってはならないという意見つきで，有罪判決を破棄した。以後，アメリカの司法当局ならびに警察では，ミランダ警告として定着することとなった。被疑者の取調において，被疑者には黙秘する権利があること，供述は不利益な証拠になること，被疑者には弁護人の立会を求める権利があること，さらに，公費により弁護人がつくこと，それぞれの意思確認を求め，その条件下でのみ取調は任意性が認められると示されたのである。ただし，1984年の判決では公共の安全に関わる場合には例外とされている。

また，イギリスでは，より圧迫性の少ない取調方法に関する世間の関心の高まりと，それに続く立法化の動きは，「ギルフォード（Guilford）の4人組」あるいは「バーミンガム（Birmingham）の6人」事件と言われるイギリスの有名な誤審に端を発している（Gudjonsson, 1992）。

1970年代，イギリスとアイルランドとの政治的紛争を背景に，アイルランド共和国軍（IRA）の暫定派は，北アイルランドのプロテスタント系組織にゲリラ攻撃を加えたばかりか，戦線をイギリス本土（ブリテン島）にも拡大，大規模な爆弾テロを実行した。1974年にはロンドン近郊の飲食店，通称パブの爆破が集中的に実行され，10月には，サリー州ギルフォードのパブ2カ所に爆弾を仕掛け，5人が即死，57人が負傷した。11月に今度はロンドン南方ウールリッチのパブに爆弾が投げ込まれ，2人が死亡，27人が負傷した。同年秋までに6度の爆発事件があり，さらに同11月バーミンガムでは，2軒のパブが爆破され，21人が死亡した。

これらギルフォードの事件について，11月末アイルランド人とその友人の犯行として逮捕，さらに関与を認める自白調書に署名，そして他の共犯6名との犯行とした。その6名中2名の男女が自白，結局先の2名と加え4名がテロリズム防止法で審理された。検察は，IRAに属していたとの裏付け証拠がなく，爆弾事件の目撃証言，物的証拠もなかったが，自白を証拠として立件，弁護側は，アリバイ証言を提出，陪審人は有罪答申，全員無期懲役の判決がなされた。ところが，1977年1月に別のテロ集団4人組がギルフォードの4人は無関係だと証言した。これに基づき，1977年10月の控訴は棄却された。1987年，内務大臣による調査で，自白証拠捏造が判明，有罪判決が破棄された。また，バーミンガムでは爆破事件の深夜，4人のアイルランド人がフェリー乗船手続き中に警察官の職務質問により，任意同行を求められた。その間に，同行を求められた4人中2人にグリース（Greiss）試験でニトログリセリン付着が認められた。グリセリン付着の2名中の1名が犯

行を認め，続いて同行を求められた4名も自白，そして先の職務質問で任意同行された4人中2名も自白した。しかし，残る2人は自己負罪供述も，署名もしなかったし，口頭でも自認しなかったと主張。ところが，警察は，口頭では自認したと主張し，6人が逮捕され，全員有罪となった。しかしながら，ギルフォード事件では，別のIRAテロ要員の犯行であったことが判明。バーミンガム事件でも，逮捕の端緒であった爆薬試験の不備が判明し，いずれも，有罪判決が破棄された。

さらに追い打ちをかける事態は続く。1998年，イギリスロンドンの高等裁判所は，1987年に逮捕したある男に対する取調行為そしてそれに続く数年間の投獄生活に対して20万ポンドの賠償を命じた（The Daily Telegraph, 1998）。報道によれば，「無実の男が，刑事に暴行を受け自白を迫られ，5年間もの悲惨な生活を強いられた。裁判所は，この男が刑事に小突きまわされ殴られ，挙句は，汚物を浣腸するとまで脅されたことを確認した」と記している。

かくて，1980年代，イギリス控訴裁判所における（警察の取調状況からみて）自白は信頼できないと陪審裁判の有罪判決を破棄する決定がされ，警察の取調行為に対するメディアや世間の関心を考慮して，政府は警察刑事証拠法（Police And Criminal Evidence Act：PACE）の法案を提出した。これらの事件を通じて，イギリスでは，1986年，この刑事証拠法が施行され，取調において録音の義務化と弁護人立会の容認を骨子とする捜査機関の対応が定められたのである（Gudjonsson, 1992）。取調に際し，弁護人の立会あるいは可視化の措置によって，被疑者の供述特に自白の任意性を決定する要素を訴追側だけではなく弁護側にも具体的に判断できる状況をもたらしたのである。捜査における取調について，ある意味，画期的な変更である。

2. 取調方法の比較

(1) 種々の取調方法

英国王室刑事訴訟審議会の部会は，警察の被疑者の取調60例を調査し，取調担当者は，被疑者に対して特定の操作的あるいは意図的方法によって取調を進めていると指摘した（Irving, 1980）。すなわち，取調対象事件の罪状軽減，被疑者の自負心の尊重，現実に入手した以上の証拠入手の示唆，否認行為の無効性説得，自白が最良の選択行為との指摘等である。審議会の答申は，これらの方策による取調方法の是非について論議を加えたものである。現在の取調方法は，大まかに言って，こうした背景事情を備えていることは疑いもない。以下に，いくつかの代表的な取調方法について記述していく。

A. 一問一答型（Question and Answer）

古くは，スエーデンで提唱された「一問一答法」による取調官の関心事に関わる一連の質問を順次被疑者に質問する方法が提唱されていた（Walkley, 1987）。通常，このやり方では，被疑者と友好関係を構築，持続できない（Bull & Milne, 2004；Roberts & Herrington, 2011）ものの，この方策は取調が完全ではない上，事件に関わりがある質問は必ず一方的に質問されることとなる。警察側は入手したい必要な情報を心得ており，被疑者側は事件と関わりのある別の情報を持っている場合があるため，この質問－返答方策では，被疑者に付け加えることはないかどうかをはっきりと念押ししない限り，被疑者は自己の知っている重要情報を披露できない場合があるという確実な欠点がある。加えて，警察が質問する話題について，被疑者が知っている出来事や情報は重要でかつ関係があるとあらかじめ強く伝えておく必要があり，被

疑者は協力的であるとの前提がなければならない（Shepherd, 1991）。

この「一問一答法」は取調の基本形態で，取調官を優位とする不均衡な会話が行われ，畏服あるいは強制をほのめかしたり，もしくはあからさまに示すのである（Gudjonsson, 2003）。取調は疑いもなく取調官の管理制約下に，現実的な脅威が，被疑者の感情状態に影響する危険をはらんでいる。自分の体験事項について，（記憶の）不安を増大し，不確実性や疑念を招く。そういった状態の人物は，目下の状況を受け入れ，これ以上の不快を終えたいと取調官に過剰な対応を示すこととなる。その結果，取調官の求める回答を行い，被疑者側の細部の状況は等閑にされ，不安と恐怖に疑心暗鬼となり，取調官の示唆する情報を取り入れた内容につじつまを合せることになる。

B. 説得型（リード方式）
(Persuasive Technique ; Reid type)

1960年代以来，行動科学的知見を取り入れた「説得型取調法」が提唱された（Inbau & Reid, 1967）。主として北米で活用され，リード方式と名付けられるこの方法では，自ら有罪を認めるよう説得が行われ続けるのである。自白を得るために，被疑者に犯罪事件そのものがやむを得なかったと理解を示し，相互に理解し得る関係をつくりつつ，9つの段階を踏むよう構成されている。

段階1：実際もしくは架空の証拠提示，および犯行関与の直言，「捜査の結果，君が犯人の1人だと判明した」の言明の後（もっとも，全てではないにしても，ポリグラフの受検後である），ほんのしばらくの間，被疑者の挙動，動向をじっと見据える。そして，再度，同じ問責の言葉を投げかける。この二度目の告発を否定しない被疑者は，虚偽であるとみなされる（これには，いくつかの仮説があり，二度にわたる否定は有罪を意味するとの原則を標榜しているが，経験的な検証はなされていない）。

段階2：話題の提供ならびに被疑者が感情的かそうでないかを区別する。感情的な被疑者であれば，取調官は，被疑者との親密な関係を築くよう心がける。犯行を行ったことに対する道徳的弁明を披露する。同じような状況に陥れば，誰もが同じような犯行を行ってしまうと告げるのである。犯行は道徳的に受け入れ可能な範囲内の動機に基づいているとか，他人を悪し様にののしったりして，道徳的深刻さを和らげるのである。こうした提案に耳をかす被疑者であれば，有罪と判断する。これは，過少化法とも呼ばれ（Kassin & McNall, 1991），取調官が相手に同情を示し，被疑者に架空の安堵感をいだかせるようにする方法である。例えば「彼女（被害者）のような魅力的な女性が，夜間1人で外を出歩くのはどうかと思う。普通の男性にとって，誘っているとしか思えない。彼女が，あんな服装でなかったら，君は決してここに呼ばれたりすることはなかったろう」というような言い回しを行う。

感情的でない被疑者に対する場合には，「忍耐の争い」「取調官の執着と被疑者の意志との戦い」が展開される。感情的でない被疑者への事情聴取での効果的方法は，事件の中の偶発的出来事について，嘘を受け入れる余地を見いだしてやることである（君は嘘をついていたのに，また今度も嘘をつくのかい）。犯行現場に被疑者を結びつくようにし，「すべての証拠が被疑者の有罪を示している。本当のことを言わないでいるのは無意味だ」と指摘するのである。これは過大化法と呼ばれ，取調官は，犯行の重大さや刑罰の厳しさを誇張し，必要に応じて「目撃証人が君だと識別した」とか，「ポリグラフ検査が有罪だと出ている」とか，「指紋やその

他の科学的証拠が見つかっている」、「共犯仲間がおそらく犯行を認めてしまっている」とかの偽の証拠の存在さえほのめかしながら、被疑者に自白するよう威圧する。

段階3：有罪の否認対応処理である。被疑者が否認を繰り返したり、詳細に否認を続けていく場合に、段階2で用いた方法を使って否認を遮る最も重要な過程である。というのも、有罪の被疑者が否認の嘘を繰り返していけばいくほど、取調官が被疑者に本当のことを話すよう説得することが難しくなるからである。大抵の無実の被疑者は、自分の否認を遮ることを許さないが、有罪の被疑者では取調官が会話の話題に添って話を進めることを容認するのである。無罪の被疑者は否認にこだわるし、有罪の被疑者は、告発の間違っている理由を述べることで対応を変えてくる。「あのことは俺にはできない。拳銃を持っていないもの」。

段階4：異議に対する抗議の克服。話題の理解を促し、話題に戻るのである。「本当かもしれない。でも大切なことは……」。いったん、被疑者が異議申立を無益だと感じると、不安定となり、投げやりな兆候が見え始めるようになる。

段階5：取調官は、被疑者のこの不安定な状態に、注意を引き留めるべく対応する。これには、被疑者に身体を近づけ、相手に寄りかかり、目と目をあわせるのである。

段階6：被疑者の積極的な気分を引き立たせる。被疑者が相手に注目をするようになれば、被疑者が犯行を行った理由のいくつかを被疑者の心に訴えかける。取調官は、理解と同調の兆候を露わにし、本当のことを話すよううながすのである。最終的には、取調官は、犯罪が被害者に与えた否定的な結末に対して悔恨の情を強く指摘しなければならない。

段階7：二者択一質問の提示。被疑者に、犯行の容認をしやすいように、犯行の説明と弁明の機会が含まれた質問がなされる。「君自身が考えたことだったのか、誰かがそうしろと言ったのか」と、どちらを被疑者が選ぼうと、実質、容認を意味することとなる。

段階8：最初の容認自白の確認。事件状況・動機・事件の詳細内容をつめていく自白の精密化である。取調官は、短くかつ明白で、簡単に返答できる質問で進めていかなければならない。特に、語彙的に、非難めいた、感情的な質問は絶対に避けなければならない。

段階9：口頭の自白を書面化して署名させる。口頭で認めていても、書面化で否認する場合もあるので、この段階も重要である。

表1　リード方式の9段階

1	積極的な対峙	断固たる有罪宣告
2	話題の展開	犯行の正当化　免罪の可能性言及
3	否認の対処	否認　防御の主張を打ち消す
4	異議の打開	道徳性の反論
5	被疑者の注意保持	
6	被疑者の気分対処	理解と同情　協力の申し出
7	自白気分の促進	犯行の代替の解釈可能性提示
8	口頭自白	詳細　有罪証拠に結び付く内容供述
9	署名調書作成	

最初の段階での目的は、被疑者は助けが必要な状況下にあることを確信させ、取調官への依存心を植え付けるのである。ついで、取調官は、被疑者にとって不利でないような内容での自白をした方が有利であるとの説得を続ける。信仰心の深い被疑者であれば、神の前では正直であることの重要性を述べたり、あるいは、自白に伴う有罪判決での刑期は自白によって確実に軽

減されるといった風にである。次に，取調官は，はっきりと被疑者にどちらも有罪を意味しかつ二者択一のうち1つを選ぶよう迫る。例えば，この事件が初めてだったのか，それとも同じような事件を前にもやったことがあるのかと被疑者に尋ねるのである。本説得法での互いの友好関係は，被疑者は取調官に対し義務感をもつよう仕向けられているのである。どちらも有罪を負うような質問では，被疑者が自白を行いやすいのである。やってもいない犯行を認めてしまう虚偽自白の危険性がある故，警察機関として被疑者の有罪が確信された場合にのみ，この方法は適用される。この取調方策が採用される背景には，取調の前にポリグラフ技術を活用するという実践上の影響が強いことを付け加えておかなければならない（後述）。

警察は，ともすれば被疑者が有罪であると考えがちである。警察が検挙した1,067例の事案のうち99％は有効な証拠があるとされ，一方，取調官が有罪と確信していたのは73％であったとの報告（Stephenson & Moston, 1993）からすれば，リード方式による説得の意義は至極当然である。しかし，当の被疑者が犯人でない場合はないのか？ 逮捕後に送致されずに釈放される人物は相当の数になる。イギリスでも2007年および2008年中で24時間以上警察に留置され，送致されず釈放された人数は相当数に達しているとの報告がある（Povey et al., 2009）。警察が送致しない理由には証拠不十分や微罪相当などいろいろあるが，当の犯罪で送致された人物が全て有罪であるとの判断はあり得ないこととなる。また，報告によれば，このリード式の説得法は，無実の人物から虚偽自白を導き出す危惧が高いと言わざるを得ないと指摘されている（Gudjonsson, 1992, 1994, 2003）。取調直前に実施されるポリグラフ検査結果の判断も参考にされているとはいえ，検査結果が完璧であるとの保障がないからである。

こうした状況で生じる虚偽自白は，どの裁判制度でも起こりうることで，主として，警察の取調技術の結果が警察自身の自由を損なうことになるのである。1980～90年代のイギリスの実感からすれば，無実の人物に対する説得性取調法に対して，数多くの誤判に伴う否定的な警察への公的認識をもたらしたと言える（Baldwin, 1992）。

この取調法は，相手から自白を得ることを目的としている。被疑者に圧迫を加えつつ，取調官への依存かつ義務感を植え付け，犯行の重大さを軽減し，自白以外には打つ手がないように仕向けるのである（Gudjonsson, 2003）。これらの操作は，被暗示性に関係しており，取調官によって述べられる犯行状態を被疑者が同意し，受け入れるように説得が続けられる。犯行が意図的あるいは偶然的な行為の結果だとする取調官の話題が提供される。説得性取調では，認知的そして感情的受け入れ幅が睡眠不足，高まった不安，身体的もしくは心理的不調で変動させられ，傷つきやすい被疑者ほど，問題性が生じる事態となる。

被疑者が有罪であるとの見込みは，取調官の先入観を左右する。この考えに陥った取調官は，何事にもまして自白が有効であると考えている。被疑者が述べた情報はどんな些細なことも取調対象の目下の事件に関わりがある（付言すれば，自分で有罪と認めた供述）とみなす。別の被疑者を選別したり，誤って被疑者を釈放する事態を招く事態であったりしたりしてもである。

この方式の基本には，事情聴取と取調が区別されていることが肝要である。事情聴取は起訴されていない段階に実施される。事情聴取の目的は，被疑者のアリバイを確認したり，言葉使いや動作を観察するなどして，有罪かどうかを

見極めることである。嘘をついている人物の言葉使いは，つっかえ，曖昧で，はっきりしない受け答え，不自然に乏しい記憶，自己本位な供述（「気が狂ってるのかい」），質問に質問で答える（「なぜそれをやりたがったんだい」）などの様相を的確に把握しておかなければならない。虚偽の振る舞いの手掛かりとしては，姿勢の変更，姿勢の撤回（腕組みを固くする），身繕い動作，しゃべる際に眼や口に手をあてがう，眼をしかめる，手を敷いたり，足を椅子の下に引き込んだりして手足を隠す，これらのてがかりが示された場合は，虚偽の印と見るよう多くの警察取調官は教え込まれている。ちなみに余談ながら，この段階で，アメリカでは多くの場合，任意の同意のもとにポリグラフ検査による事件関係の認識の有無を判断する検査が実施される（Lykken, 1981；Raskin, 1983）。この検査は，個別の刑事事件の被疑者を対象とするだけではなく，特定の職業への求職者の中から不誠実な人物を排除したり，警察官任用時の適性判断あるいはスパイやテロリストからの情報収集，さらには，不正な従業員の監視のためにも広く利用されている（Ekman, 1985）。

いわゆる取調は，逮捕留置あるいは送致起訴後のことであり，その目的は，有罪の被疑者が自白するよう説得することである。取調官が被疑者の有罪をある程度確信した場合に実施される。警察が事情聴取以前に，被疑者が有罪だと信じこんでいれば，事情聴取過程を飛び越え，取調を始める。このことは，一般的には，両者の親密な関係や信頼を形作る事情聴取過程によって後々の取調の助けとなるので，あまり勧められないことである（ただし，被疑者が確実に有罪とみなされる状況で確認されていたり，最初から本当の話をするよう求められる明白な証拠があれば，事情聴取段階は必要としない）。本方式による"取調技術"は，豊富な取調経験に基づいて，数千人にも及ぶ取調官を成功に導く9段階方式が提唱され，有罪の被疑者が本当のことを話す抵抗を打ち砕くことを目的とする厳しい対応・厳然とした対峙を特徴としている（Kassin et al., 2007）。説得性取調は，最終的に誤判をもたらすような不確かな証拠を生みだす危険もある。被疑者の自白によってもたらされる有効さをはるかに凌駕して，関係の個々人への深刻な影響はもとより警察や刑事裁判制度への社会的信望や公正性を損なう危険である。有罪の被疑者にとってよりも無罪の被疑者にとってより悲劇であることは言うまでもない。

C. 倫理規制型（Ethical Interviewing）

1960年代頃から，警察の逮捕ならびに取調といった活動での司法的関心が高まり，取調が主たる原因とされる様々な誤判問題が提起されるようになった。被疑者の権利と利益を担保するためには容認できるかあるいはできないかと判断される警察活動に関して，多くの条例法令が議会で制定されるようになった（Skolnick & Leo, 1992）。例えば，イギリスでは警察刑事証拠法（Police and Criminal Evidence act：PACE, 1984）の制定，アメリカでは第4・5修正条項とミランダ規則，オーストラリアでの共和国犯罪法1c部分等がある。こうした法制定にも関わらず，取調にまつわる誤判は頻発し続け，こうした現状に鑑みて，取調の実態調査を実施した結果がまとめられた（Baldwin, 1990, 1992, 1993, 1994）。

まず，これまでの取調実態の状況をまとめてみる。イングランドとウエールズ政府内内務省は，これまでほとんど報告されることがなかった警察取調内容の調査結果を公刊した（Baldwin, 1990；1992；1993）。1989年10月から1990年11月までに記録された4つの警察署400例の映像記録と2つの警察署200例の音声

記録，合計600例の取調について，取調状況が分析された。申立の内容・被疑者の反応・一般的態度・取調官の取調状況・取調方法・弁護人および第三者機関の役割・取調の結果・被疑者の黙秘権行使状況・取調前の有意な交流生起の有無・全重罪種（窃盗・強盗・暴行が大半）を網羅し，担当取調官の数は数百名であった。警察官の中には，単純な事件でさえ取調を行うことが困難な者，自分たちの技術能力不足に気づいていない者もいた。結果として，訓練過程を改善し，訓練内容を充実させる努力が必要であることが示された。そのための技術指導書は国内には一種のみしか存在せず，取調官は引き続き地方水準の監督管理が必要だと考えられた。被疑者に必要な保護機能が映像録画により達成され，法廷に対して取調官の再評価が得られるまでには相当の配慮と努力を傾ける必要があると認められた。その内容は，ほとんどが驚くほど短い時間内で，かつ，友好的な話し合いに終始しており，被疑者に容疑内容を告知するのも断固としたものではなかった。およそ3分の2は，被疑者の言い分に対する取調官による積極的な追及はなかった。600例中20例だけが取調過程において被疑者は言い分を変更した。内9例では取調官の説得技術に心がわりしたものであった。3例は重大犯罪であった。大多数は最初の主張を変えることなく，自認あるいは自白，部分的な自認を押し通した（Bull, 2014）。

その他，イギリスの別の118例の画像記録でも類似の結果が得られている（Moston & Engelberg, 1993）。最も多く取られた取調態度は，対決姿勢と自白追及であった。取調官は被疑者にお前が犯人だと頻繁に非難した上，これを認めるよう迫っていた。被疑者が黙り込んでしまったり，抵抗を示したり，取調官の主張を否定したりすると，厳しく繰り返し質問をあびせ，被疑者を無視し，取調を中止してしまう。

また，証拠が強力だと判断された場合，取調官は，被疑者に対し，近く本件で間違いなく告訴されると非難する。これは先のリード式の説得性取調と異ならない（Stephenson & Moston, 1994）。証拠が弱体だとみなされている場合には，直截的な非難や自白を迫る姿勢を示さず，情報収集に傾きがちである。興味深いことに，被疑者が提供する事件情報の内容は，そのまま被疑者の立場を悪くする点である。

取調官への被疑者の非協力的態度は，評価が難しい問題である。被疑者の人格特性であったり取調官の態度に帰因するからである（Shephard, 1993）。また，被疑者の感情状態（不安・畏怖・うつ・怒り），精神状態，知能，警察への一般的感覚といった心理的要因は，取調官への応答の意欲を阻害する障壁である。被疑者の非協力さは当然取調官の対人行動に影響する。不適切な聞き取り，投げやりな会話，中断・必要以上の間合い・繰り返しの拒否などの振る舞いは，取調への無関心を意味し，相互交流の遮断に至る有益な親交関係構築の妨げとなっている。この状態の特別な問題点は，取調官が被疑者を取調事態に十分導入できなかったことにある。取調を通じて何がおこり何がどうなるのかを具体的に説明しなかった故の失敗である。問題は，多くの個々人は取調を経験したことがなく，自分はどうすればよいのか，警察は何を求めているのか，そして，今後どうなっていくのかを弁えていない。説明こそが被疑者の経験を落ち着かせ，どう振る舞えば，何が求められているのかを理解できるのである（Shepherd, 1991）。

こうした実情を踏まえ，取調の原形としての倫理規制型取調では，被疑者への敬意，人間としての同等の品位を認め，自己決定，自身選択を持つ存在として扱う。被疑者の立場や関心に注意して共感を得ることが重要であるとする。

信頼すべき情報を得るには，被疑者に非難めいた口調を用いないこととしている。

D. 探索調査型（PEACE 方式：The PEACE Model of Interviewing）

先の倫理型の取調法が取調で得られた情報に基づいて勧められることを原則としており，この方法を一定の枠組みで構成した方法が，1992年，警察取調法としてイギリスで採択され，PEACE 方式と名付けられている。

英国内務省の開発尽力による PEACE 方式取調方法（Bull., 2000）では，原則として。次の5つの段階を経る。

第1段階：計画・準備（P）
第2段階：着手・説明（E）
第3段階：釈明（A）
第4段階：終了（C）
第5段階：評価（E）

（P）：企画・準備．取調開始前に，その目的と対象を十分に計画性を以て吟味し，最終目標を定め，質問群を選択し，取調場所・必要時間および記録方法を検討する。（E）：告知・説明．取調の目的を説明，どんな情報を得ようとしているのかやどのような質問がされるのかを告げる。（A）：弁明．被疑者が告げる事件状況や様子について言及する。これは取調の目的次第で変更され，別の対応が取られる場合がある．（C）：終了．良好な結論を得るため，取調を持続する重要性を強調するとともに被疑者と友好関係を維持し，不安や怒りといった否定的感覚反応を避ける。（E）：評価．取調官は取調結果を評価し，その他の情報の必要性の有無を検討する（Milne & Bull, 2003）。

この PEACE 方式では，どのような事態での取調においても被疑者との信頼関係の進展および維持をこころがけている。相互信頼関係は，被疑者側にとって信頼を生みだし，不安・怒り・苦悩を軽減し，取調官の質問に応答しやすく，関連する情報を打ち明けやすく，また，あやふやな情報を告げる危険を少なくするのである。取調で相互信頼関係を進展するためには，取調事態を個々に固有の雰囲気をうちだし，被疑者へ関心を集中させる（Fisher & Geiselman, 1992）。取調官は積極的に聞き役に徹し，被疑者の要望や振る舞いに注意を払う（Milne & Bull, 1999）。本法の始めの E 段階（告知・説明）は，信頼関係を進展させるに際し，被疑者に事情を理解させるための告知である。何が求められ何をすればよいのかを了解するようにするのである（Shepherd, 1993）。同様に，C 段階（終了）では，被疑者が抱えている問題あるいはさらなる情報などあらゆる関心事を取調官がおさめてしまう機会として重要である。

この PEACE 型取調法はイギリスで頻繁に利用されている（ACPO, 2009）。この方法は，上訴審での取調実務に対して，目撃者や被疑者の供述結果の信頼性を高め，誤判の低下に寄与していると評価されている（Shepherd & Milne, 2006）。

本 PEACE 方式では，捜査中の事件について真実の解明のために，被疑者・目撃者・被害者から正確で信頼できる情報を入手することを目的として，公平な立場で取調に臨むこととしている。取調べた相手から得られた情報は，捜査員がすでに知悉している内容かどうか，合理的に確認できる内容かどうかを常に検討していく。

E. 会話統制型 (Conversation Management)

記憶の研究成果に基づくこの方法は，犯罪被疑者には普通に適用されているが，不従順な犯

罪目撃者にも使われる。この方法は3段階に分けられる。第1段階：被疑者の主張確認，第2段階：警察の意向伝達，第3段階：矛盾追及（異議申し立て）である（Ord et al, 2008）。

取調官は，まず，第1段階（被疑者の主張確認）を始める。問題となっている事件に関する自由回答式質問を行う（導入：どのような理由で呼ばれたのか・具体例：それを具体的に話して下さい・感情：どんな感じでした）かについて順次主導的に訊ねていく。被疑者は自分の知っていることや記憶していることを自由にこたえることができるよう，取調官は，被疑者に自身の言葉で話すよう求め，途中で遮ったりしてはならない。

次いで第2段階（警察の意向伝達）として，取調官の目的は，被疑者の弁明を確認することである。できるだけ詳細に話させるため，これに批判を加えてはならない。被疑者の主張事項に添って警察にとっての問題点や懸念事項を説明する。この段階での取調官は，被疑者の主張に添って，対象事案の詳細事項，被疑者のその場での行為あるいは見聞きした出来事をきめ細かく確認するのである。例えば，被疑者が黄色の車を運転していたと述べている場合，取調官は，車の登録内容，内装など詳細を尋ねるのである。警察として詳細を知れば知るほど，後刻，新しい手掛かりが得られたり，被疑者の主張を検討することができるのである。この段階で，事実関係を調べることができる虚偽，そして，おそらく信頼できそうな事実関係が得られることになる。被疑者の主張確認段階で，被疑者の権利を最も反映する情報を提示しなかったならば，取調は次の段階に進む。

第3段階（矛盾追求：異議申し立て）では，科学的証拠も含め様々な事実から導き出された被疑者の主張の矛盾もしくは不確実性を指摘する。取調の終盤にさしかかると，取調の進行に伴い被疑者の主張の不確実さが増すことは少ない。むしろ，被暗示性や作話の危険が増大してくる。さらに，意図的に嘘をついている被疑者は，警察取調側の異議申し立てによって得た情報を操って主張を変更する機会も制限される。追及／説明の要求は，単に被疑者の主張の矛盾を訂正するのだという冷静で抑制的な態度で行わなければならない。怒りや畏怖は被暗示性の危険を招くので避けなければならない。この追及／説明要求は，取調の証拠価値の可能性を制限し，裁判で証拠として却下される場合がある。それは，一連の圧迫性もしくは威圧性取調とみなされるのである（Ord et al, 2008）。

各3段階までの段階と段階の期間中の会話統制管理は，当該段階時の経過や成果を後々検討する機会を心がけなければならない。この評価によってさらなる質問を行ったり，次の段階に進む前にあらゆる側面を網羅できる余地が生み出されるのである。例えば，第2段階（警察側の意向伝達）後の間では，取調官は自分が目的とする範囲全てを十分に網羅していたかどうかを振り返っておく必要がある。

この方法は，取調官が系統的かつ計画的に情報を得ることができる。しかし，被疑者がすすんで容疑事案について自分なりの状況を披露する機会を与える一問一答型方式の前提と異なり，その進め方を配意することが肝要である。さらに，本法は自白を得ることを目標としていないし，被疑者の主張と真っ向から対立する証拠を提示して相手を困惑させるものでもない。情報を得ることを最大目標として，被疑者が利己的で自分勝手な対象事案の状態を述べた場合のみに，その矛盾を明確にするのが目的である。

会話統制管理法は，取調活動の統制や組み立てが，ある種の対象者，目撃者や被疑者にとって有効である。また，他の方法以上に改善が進んでいる（Ord et al, 2008）。

F. 会話指示型（Topics of Interest and Order of Topics）

　取調での話題内容の選択や提示順序は，被疑者の特徴を反映している（Roberts & Herrington, 2011）。心理的および社会的問題同様，被疑者の態度，信条，教養程度，生活様式，恐れ，威迫感等である。この種の情報のある種の知識は，被疑者の潜在的な事情の影響を考慮することが可能となる。友好関係を作り出し，事情を提示する順序を定める最良の方法を決める取調時の行動予測，例えば，虐待での犠牲者の家族事情の話し合いの際，被疑者に相当程度の苦痛を強いることとなる。そして，被疑者の対応は交流の妨げとなる。被疑者がこの手の話題を当該捜査にとって瑣末な事だと考えると話題にすることはなくなる。この手の話題が捜査上重要だとみなされれば，取調上では，被疑者との友好関係を深くしたうえで，後々，最大の追及点となる。したがって，取調官が被疑者の性癖を考慮することは重要である。

　先のPEACE方式と同じく，会話指示型では，被疑者から自身の事件についての体験事項を得るために自由回答式質問を初期に用いるよう指示されており，そうした質問法は，多かれ少なかれ，他の質問法に比較して，偏ってしまう傾向がある（Clarke & Milne, 2001）。これについて，自由回答式に用いる質問の典型について，記憶を確実にするため5W1H，何を・いつ・どこで・誰が・なぜ・どのようにして，という言い回しを提唱している（Shepherd, 1991）。

G. 用語選択型（Question Type and Wording）

　被疑者の主張を聞き取る際の取調の重要な様相は，疑問形である。記憶はたやすく変容し，取調官は被疑者が想起した内容を偏って受け取らないことが重要である。潜在性の偏りの重要な原因は質問形式であり，用語である。特定の問題を引き起こす質問には2種の形式がある。1つは，被疑者に一定の答えを強いるもので，羅列ができない，そして，もう1つは，指示的質問（その車は黄色でしたか？）で，1つの応答しかないものである（Baldwin, 1992）。

　質問に使われる特定の用語もまた被疑者が披露する体験事項に偏りをもたらす。例えば，ある種の言葉の用語，成句，型によって被疑者に感情的な反応をひきおこすのである。取調官自身が発した質問にはできるだけ一定の情報を加味させないよう留意しなければならない。言外に取調官が伝達してしまう情報が多ければ多いほど，被疑者自身の体験談にその影響が及ぶのである。例えば，車両事故のビデオ記録を見せる実験で，事故時の車両の速度を聞かれた場合，つぶれた時（smashed），衝突した時（collided），突き当たった時（bumped），ぶつかってへしゃげた時（hit or contracted）と聞かれた場合，衝突した時と聞かれた場合が最も車の速度が低く，つぶれた時と聞かれた場合が最も速度が高かった。また，後刻，車のガラス状態について聞いた場合（記録には車のガラスは飛び散って写っていなかった），つぶれた時と聞かれた場合にガラスは残っていたと答えがちであった（Loftus & Palmer, 1974）。このことは，取調官の言外の意味は重大である。質問の用語の僅かな変化でも被疑者の体験した事項表現に影響がある。こうした影響傾向を最小にするよう質問用語に配意し，無機質な質問に終始し，暗示的語句は排除すべきである。

3. 取調技術の検討

（1）諸方法の相互比較

　諸外国，主として英米における教育指導を目

的とした取調技術指導書には，心理学的社会学的技術を応用導入した内容をもったものがいくつか存在し，それぞれが主張する方法にはなにがしかの違いが指摘される。

　中でも，最も歴史的に古くから試みられ，かつ，その基本的な実施要領について，定評を得ている取調技術書として，既述の"リード方式"と名付けられる被疑者から話を得る方法が存在している（Inbau, Reid, Buckley & Jayne, 2013）。古く1947年にインボーとリードによって『犯罪者尋問技術と自白（Criminal Interrogation and Confessions, 1st ed.）』として公刊されて以来，2016年現在，5版を重ね，現在は，米国元シカゴ警察科学捜査研究所長で法学者ノースウエスタン大学ロースクール名誉教授故フレッド・インボー（F. Inbau）およびポリグラフ技術を応用した被疑者取調官ジョン・リード（J. Reid），さらに，リードがシカゴ警察を退職後，設立した国家安全保障局認定のジョン・E・リード法律研究所の所長ジョセフ・バックリー（J. Buckley）およびブライアン・ジェイン（B. Jayne）の共著に基づくポリグラフ技術を基盤とする心理学的取調技術書として知られている。この著書に基づく取調技術は，全米・カナダ・ヨーロッパ・アジア各国の十数万人もの取調技術者を育てる標準法として定着している。リード方式には，いくつかの懸念が指摘されているとはいえ，自白を導く上でのある種の理論に添った機制で説明が可能な先達として，主としてアメリカでは，いくつかの技術指導書に基づいた手引きに添った教育が行われている。ここでは，この，①インボーら（2004）の『犯罪者尋問技術と自白（第5版）』に加え，②元米海軍情報局特別捜査官，ジョージア軍事大学刑事法教授アーサー・オーブリー（A. Aubry）と元海軍情報局特別捜査官・ブルックリン大学警察科学講師ルドルフ・カピュウト（R. Caputo）による『尋問技術（Criminal Interrogation, 3rd ed.）』（1980），③米連邦捜査局指導員ジョン・ヘス（J. Hess）の『法執行における事情聴取と尋問（Interviewing and Interrogation for Law Enforcement, 2nd ed.）』（1997），④元フロリダマイアミ警察ポリグラフ局長，後にポリグラフ協会会長・科学的取調学会会長（前全米ポリグラフ協会会長）で多くの米警察機関取調技術講師ならびにケネディ大統領暗殺・ルーサーキング牧師暗殺やウォーターゲート事件の捜査を担当したウォーレン・ホームズ（W. Holmes）の『論理的な尋問技術要諦（Criminal Interrogation：A Modern Format for Interrogating Criminal Suspects Based on the Intellectual Approach）』（2002），⑤米国防総省教育センター教官スタン・ウォルターズ（S. Walters）の『事情聴取と尋問の動態原理（Principles of Kinesic Interview and Interrogation, 2nd ed.）』（2002），また，⑥イリノイの警察官出身で後にリード研究所のポリグラフを活用する取調専門官となったダグラス・ズロースキィ（D. Zulawski）および同じリード研究所のポリグラフを用いた取調専門官デービッド・ウィックランダー（D. Wicklander）2人の『事情聴取と尋問の実践（Practical Aspects of Interview and Interrogation, 2nd ed.）』（2001）など6種の技術指導書を比較することとした（Blair, 2005）。そして，こうしたアメリカの手引書と対比するため，⑦ニュージーランドの法精神医学者ジョン・マクドーナルド（J. MacDonald）とデービッド・マコード（D. Michaud）の『警察官のための尋問技術（Criminal Interrogations for Police Officers）』（1992）も含めた比較である。そして，参考までに，⑧イギリス，アイスランドの警察官出身で後に英キングス大学法精神医学講師のギスリー・グッドジョンソン（G.

Gudjonsson）による『尋問と自白の心理学（The Psychology of Interrogation and Confessions：A Handbook）』（2003），および，⑨イギリスのレイ・ブル（R. Bull）による『事情聴取による探索（Investigative Interviewing）』（2014）も検討対象とした。ただし，後の3つ⑦，⑧および⑨については，国が異なるための法制度上の違いは考慮すべきである。

以下にこれら取調技術の各主張について，各指導書の内容を対比しながらその特徴を記していくこととする。ほとんどの技術指導書は大筋において似通っていたが，同一であるという意味ではない。反面，お互いの技術指導書の違いの多くは見逃されており，とはいえ，技術指導書相互は区別できないというのが結論でもない。ここで述べられる情報は，いろいろな取調の技術指導書の一般共通性を見いだすのを目的として，本質的に，非常に一般的な事柄である。その結果，取り上げた技術指導書全てから取調の一般原則が見いだされるのかどうかを検討するのが目的でもある。

技術指導書のうちいくつかは，特に，記しておく必要がある。インボーらの指導書①の内容については，既述した。また，ウォルターズ⑤の技術指導書だけが，結末は他と変わらないが，緊張とその反応関係の分析について述べ，人格特性にも触れている。また，マクドーナルド⑦は一般的取調制度について述べずに，犯罪種とその個々の犯罪の犯人の対策について述べている。さらに，マクドーナルド⑦とグッドジョンソン⑧の指導書はいずれも精神医学の立場からの考えが取り入れられ，また，アメリカとの制度上の違いについて考慮しておく必要がある。イギリスのブル⑨の提言に基づくPEACE法

表2　各取調方法の共通点

手引書	取調方法						
	(A)	(B)	(C)	(D)	(E)	(F)	(G)
① Inbau, et al.（2004）	+	+	+	+	+	+	+
② Aubry & Caputo（1980）	+	+	+	+	−	−	+
③ Hess（1997）	+	+	+	+	+	+	−
④ Holmes（2002）	+	+	+	+	+	+	+
⑤ Walters（2002）	+	+	+	+	+	+	+
⑥ Zulawski & Wicklander（2001）	+	+	+	+	+	+	+
⑦ MacDonald（1992）	−	−	−	−	−	−	−
⑧ Gudjonsson（2003）	+	+	−	−	−	−	−
⑨ Bull（2014）	+	−	−	−	−	−	−

＋：yes　−：no

各取調事項：(A) 事情聴取と取調・(B) 説得行為追及・(C) 直接対峙・(D) 主題展開・(E) 抵抗処理・(F) 選択質問・(G) 詳細事項の展開

は，提案されて日も浅く，実質的な有効性は今後の評価となる。

(2) 事情聴取と取調

　法制度上の違いは別として，まず，最も特筆すべき事柄は，リード方式で，事情聴取と取調面接とは画然と厳密に区別した異なる目的意識を自覚すべきことが明記されている。事情聴取は，事件関連情報を明らかにするために使われる非弾劾性の問答形式のやりとりであり，取調面接は，犯行を行った可能性が極めて高い人物から真実を引き出すために，取調官が優先して話を進める弾劾性の応答会話である。既述の9種の取調技術指導書の内8種で，同様の区別を行っている。ただし，既述④のホームズの技術指導書のみ，取調を「弾劾的 vs 非弾劾的」と対比的に表現しており，あくまでも実践的技術としての立場を維持している。取調経験が増すほどに，情報収集の意識的な姿勢の区別が曖昧となり，取調経験の豊富さが重要な要因であることが彷彿とさせられる（Kassin, et al, 2007）。

(3) 説得行為による取調

　取調官が，被疑者の状況や成行きの認識を変えさせ，自白するよう働きかける説得行為であるとするのが大半の取調指導書の所見である。取調官は，真実を話すことが最良のことだという気持ちを被疑者（時として，容疑者）に納得するように働きかけるのである。この方向付けの結果，（そして，普通一般世間に知らされる取調の描写と異なり）事実上，取調全般において，常に（冷淡ではなく）共感かつ同調的な態度が基本的には示されつつ，説得が行われるのである。全ての取調手引書とも，概ね取調が説得行為であるとしている。

(4) 取調過程

　取調の段階に従って，いくつかの方策，すなわち，会話の内容は変化していかなければならないことが指摘されている。すなわち，通常の取調過程では，①直截対峙・②主題展開・③抵抗処理・④選択性質問・⑤詳細事項の展開という順序が示されている。

　①直截対峙：取調の始まりは，被疑者と積極的に直接対峙することである。被疑者がいる部屋に後から入室した取調官は，まず，「捜査の結果，君が＊＊＊の事件（取調対象の事件）をやっていたことがはっきりした。」と取調の目的を告げる。そして，取調官は，数秒間の間をあけ，その間，被疑者の様子を観察する。ついで，この追求を数度繰り返した上，次の段階に移行する。取調官が「君への疑いは，拭い切れない」と告げ，その際の被疑者の振る舞いからして有罪の手がかりを示したと考えられた場合には，取調官は，直接の追求に移る場合もある。被疑者の振る舞いからして，有罪でなさそうな場合には，取調を中止し，犯人だとの追及はそれ以上行わない。この最初の直截な対峙方策は，列挙した技術指導書9種中，アメリカの6種で提唱されている（Inbau et al, 2004；Aubry & Caputo, 1980；Hess, 1994；Holmes, 2002；Walters, 2002；Zulawski & Wicklander, 2001）。

　②主題の展開：次の段階では，取調の主題（対象事件内容）を展開することになる。被疑者が自白しやすいように，道徳的弁明，理由付け，あるいは精神的支えなどの話題を提供する。感情にもろい犯人による犯行と見られる場合には，「同じような状況に至れば大抵の人は同じようなことをやらかす。」とか，「被害者には，そうやられるだけのことがあったんだ。」とか，告げることもある。また，もっと重大犯罪と対比しながら，話を進める場合もある。例えば，

強盗の容疑であった場合には，取調官は，殺人を引き合いにして主題を展開するのである．

あまり感情に左右されない被疑者の場合には，犯行には犯罪の意図はなかった．なにがしかの事故的状況について嘘をついていたと同意して，そうした本当の事情を話さないのは無駄だと指摘する．取調官は，被疑者が取調中，これらの話に耳を傾けるかどうか注意するよう指導される．被疑者がこうした話を受け入れそうな状態であれば，取調官は，その話を続ける．しかし，その話を拒否する気配であれば，取調官は，違う話題に切り替える．このことは，取調官は常に，数種類の話題を用意しておくことを意味する．さらに，被疑者を欺くことは法的に問題はなく，偽の証拠を提示するのは危険ではあるが，必要な方策であるとしている．

先に挙げた9つの技術指導書中6つが，概ね同様の主題の展開を行うことが示されている (Inbau et al., 2004 ; Aubry & Caputo, 1980 ; Hess, 1994 ; Holmes, 2002 ; Walters, 2002 ; Zulawski & Wicklander, 2001)．ただ，主題展開という言葉の代わりに"合理化の抗弁"としているものもある．主題展開の手続きは概ね各技術指導書で似通っているが，主題としての話題に特別なものが盛り込まれている技術指導書がある．主題とは別に，暗示性質問あるいは誘導質問の功罪を論じているものもある．さらに，インボーらの技術技術指導書以外は，被疑者を欺くことが法的に拘泥するかどうかは明らかでなく，検討の対象とされていない．

③抵抗の処理：取調中の被疑者の抵抗をどのように克服するかについて，3つの型の抵抗が取り上げられている．第1は"否定"であり，申し立ては間違っているとの反論がなされる．そしてこの種の否定を取調中に被疑者に声に出して行わせないことが肝要であるとしている．被疑者にしゃべる隙を与えないことで，優位に取り調べをすすめるとしている．もし，否定されてしまった場合には，取調官は，再度，有罪を確信している旨被疑者に念を押し，もちだした話題が被疑者に受け入れられなかった印であるので，話題は変更される．第2の抵抗の型は，"異議を唱える"ことである．異議は，無実の訴えの直接表明ではなく，有罪の申し立てがなぜ正しくないかという理由を挙げるのである．例えば，拳銃強盗に関与した疑いの場合，被疑者は，拳銃を持ったことがないという反論を行う場合が相当する．このような異議の場合には，異議の内容を確認し，新たなる異議を言い直すことで形成する．例えば，先の事件例では，「拳銃を持っていないということは本当だと思う．君は暴力好きな人間でない．誰かを傷つけることも好まないと話してくれた．強盗の時に誰も傷つけたくないとしている人と，傷つけたいとしている人とは違うので，この点の違いを理解することは大切なことだ．人を間違った目で見ることは，望まない．というのも……云々」と言い直す．取調官によって被疑者の異議を話題として新しい話題に変更して被疑者の抵抗を越えるのである．第3の型は，"離脱放棄"である．具体的には，被疑者が取調官に関心を払わなくなる場合である．被疑者の否認も異議も取調官に受け入れられず，取調続行が継続されると気がついた場合に起こることが多いとされている．このような時点では被疑者は取調官を無視しようとする．そのような場合，取調官は再び被疑者の注意を引くように試みる必要がある．自分の視野内にいたり，個人空間内を侵している人を無視することは難しいので，取調官は椅子を被疑者に近づけ，いやでも目と目を合わせるように試みる．そして，返答しなければならない質問を被疑者にするのである．応答さえあれば，被疑者は取調官を無視していないことになる．

技術指導書間で，被疑者の抵抗の処理は，主題の展開ほど幅が多くない。9つの技術指導書中3種（Inbau et al., 2004；Walters, 2002；Zulawski & Wicklander, 2001）が抵抗処理に触れており，3種の型を挙げている。抵抗を人格特性に帰する被暗示性を挙げている技術指導書もある（Gudjonsson, 2003）。

④選択性質問：被疑者と対峙し，話題に同調し，抵抗も排除されると，被疑者は自白寸前である。しかし，率直に「やりました」と被疑者が述べることは稀である。それ故，被疑者が有罪を認めるための二者択一の選択質問を行うことが効果的であると検討対象の半数の技術指導書はしている（Hess, 1997；Holmes, 2002；Inbau et al., 2004；Zulawski & Wicklander, 2001）。二者択一質問とは，普通，なぜ犯行が行われたのかを説明する2つの選択肢を持った質問をさす。一方は他方より心理的に魅力的な内容である。窃盗事件の場合，「あの金は，借金が溜まっていたから必要だったのか，薬を手にいれるのに必要だったのか」と尋ねる。どちらかを認めることで，犯行を初めて自認したことになる。この二者択一選択質問は，複数回，その都度，若干変化を付けて繰り返し行う。例えば先ほどの件では，「溜まった借金の金が必要だったんだな。薬の金じゃなかったんだな。それとも，これは薬の金だったのか。これも，溜まった借金の金が欲しかっただろ，だからやったんだろ」といったようにである。

本稿で取り上げた技術指導書の過半数が，被疑者から最初の有罪自認を得るための二者択一選択質問にふれている（Aubry & Caputo, 1980；Hess, 1997；Holmes, 2002；Inbau et al., 2004；Zulawski & Wicklander, 2001）。残り半数の技術指導書では，最初の有罪自認を得る方策について，特に明確な記載はない。

⑤詳細事項の具体的提示：被疑者が最初の有罪自認をして，取調が終了した訳ではない。被疑者の最初の有罪自認が自白の全てではなく，取調官は，どのように，なぜ，犯行に及んだのか完全な様相を明らかにしておく必要がある。この時点では，取調の雰囲気は一変し，いわゆる取調のような状態となる。取調官は，被疑者に，非指示的質問形式で事件について尋ね，被疑者から，できるだけ詳しく返事と内容を聞き取る。取調で得られた情報は，自白の信憑性を確実にするため，事件事実と照合して確実な裏付けをしておく。9つの技術指導書中アメリカの5つの技術指導書で，確認手続きの励行実施が記されている（Aubry & Caputo, 1980；Holmes, 2002；Inbau, et al., 2004；Walters, 2002；Zulawski & Wicklander, 2001）。

(5) リード方式9段階方式の社会心理的解釈と問題点

取調室において9段階方式によって被疑者の態度変容を促すことは，社会心理的解釈によって説明可能である。9段階方式の理論的有効性は，態度変容の社会心理理論から説明できる。態度とは，特定人物・仲間・対象・行為・考えの個人評価であり，行動予測にとって重要である。簡単に記せば，態度の対象に向けての誰かの態度（例としては，自白）とは，態度対象に向けた肯定的否定的認知様相に基づいている。認知されたより多くの肯定的そしてより少ない否定的様相は，一層より多くの肯定的態度になる。認知されたより多くの否定的そして，より少ない肯定的様相は，一層より多くの否定的態度となる。肯定的様相が強調され，否定的様相が消滅すると，態度はより肯定的となる。警察の事情聴取で，自白へのより肯定的態度，結果的には自白の見込みの増大は，次のような様態で得られる。まず第1に，有罪を認めた際の否定的結果を解消しておかなければならない。否

認に比較して，自白によって被る最も主要な不利益は，自白が有罪判決に通じるが，否認はおそらくそうではない。この否定的様相を解消する効果的方法は，否認もまた有罪判決に匹敵すると被疑者に印象づけることである。このために，被疑者には，最初に有罪判決に至る証拠がすでに十分揃っていると被疑者に告げることである。次いで，「黙秘するなら 12 年は食らい込むことになる」，続いて，「自白すれば刑が軽くなることは確実だ」，「自白すれば嫁や娘を護ってやる」と有罪を認める肯定的様相が強調される（過少化法）。自白によるより肯定的態度を形成するために，自白しない場合の否定的様相も強調される（過大化法）。「自白しなければ，嫁もまた共犯として刑務所に行くこととなる。そして，娘は売春婦に落ちぶれ果てる」。自白に向けての肯定的態度が多くなればなるほど，被疑者は最終的に自白するようになるのである。

欧米諸国の取調実務家たちの間で評判の 9 段階方式（アメリカでは，取調官の聖書，イギリスにもこれに準じた技術指導書が存在する）について，次のような懸念が指摘されている（Memon, Vrij & Bull, 2000）。

第 1 は，（架空の証拠提示・偽の安堵感・犯行の重大さの誇張等の）"ひっかけや騙し"は違法であるとする国もある。ひっかけや騙しで得られた証拠は，法廷で認められないのが通弊である。アメリカではこの 9 段階方式が支持されている（Slobogin, 1997）が，イギリスでは，非道徳的行動は，世間の警察への信頼を損ない，警察の事情聴取で得られた証拠が法廷で受け入れられなかった例がいくつも存在する。違法性はともかくとして，"ひっかけや騙し"は非道徳的だと考えられる。9 段階方式の推奨者たちも，この点は否定しないが，こと犯罪者を相手とする限り実務的には正当だと信じている。義妹殺害を自白した男について次のように表明している。「人類同胞に対し正々堂々たる規範を有していない奴が人の命を奪うのが，殺人である。殺人者は，自分の行為の道徳性について書を読んだり，人から教えられたりして，自白する気になることはない。紙や鉛筆を与えたり，良心が自白を駆り立てると信じ込ませても，実に無駄な事である。もっと何かが必要である。本質的な意味で，取調官には非道徳的な部分を必要とする。本件の状況からすれば，殺人者の有罪をどのようにして裏付けできるのか」と。

ある違法薬物の密売人に対する殺人被疑者に行われる明らかな脅迫や約束や偽の証拠提示同様，過少化法や過大化法でも，虚偽自白を必ず伴う訳ではなく，アメリカでは違法でもないと判断されている。過少化法では「奴を殺すつもりはなかったことはわかっている。君はけちな密売人に過ぎない。そのことは何も悪いことではない。君は誰か人を殺す様な人間じゃない。（だが）最高の人格者でも人を殺してしまう場合がある」と伝える。

（ここ 2 カ月間，会っても話してもいない）娘と妻の写真も見せられ，自白すれば，電話をかけさせてやると言われていた。過大化法では，「自白しなければ，嫁も共犯として一緒に刑務所に行くことになる。嫁が刑務所に入ったら，娘は孤児院に預けられる。孤児院に収容された女の子がどうなるかは知ってるだろう。売春婦になるしかないのだ。嫁や娘に近所の人から嫌がらせをされている。だが，自白さえすれば，護ってやる」と伝える。そして，あげく，この密売人は，誘拐と殺人を自白し，遺体の場所を供述した。しかし，彼の自白は法廷で却下されたが，警察側の事情聴取の担当者たちは何ら悪い点を認めることはなく，法廷では，方法を擁護した。一般民間人より警察官の方が，いくつかの取調方策を受け入れる方向にあることは驚くことではない（Drizin & Leo, 2004）。

第2は，"ひっかけと騙し"によって心理的に人間操作を行う9段階方式は，虚偽自白を招く。この"ひっかけと騙し"によって，有罪の被疑者も無罪の被疑者も自白する様になることが問題である。有罪の被疑者のみに自白させる策略はない。結果として，有罪の被疑者から自白を引き出すことに成功する策略は，その分，虚偽自白も生み出すこととなるのである。9段階方式でもこの虚偽自白を認識しており，次のような対処法を提言している。どのような事件状況であれ，取調官がひっかけや騙しのような特殊な方法を利用することに疑問を感じた場合の指針は，自分がやろうとしているあるいはしゃべっていることは，無実の被疑者を自白させてしまわないかを自問自答してみることである。もしその答えが，「否」であれば，取調官は練りに練った道程をつき進んでいくのである。一方，答えが，「応」であれば，心に浮かんだ文言を差し控えるべきである。
　明らかな問題は警察側が正しい判断を行ったかどうか，確実に確認できない，すなわち，わからない点である。自白の信憑性を決める方法については，後に虚偽自白の項で述べることとする。
　第3は，自白を被疑者に迫ることは，警察側の意図とは逆の効果がもたらされるかもしれない。やぶへび作用と言われる通常ならば自白する被疑者が，煽られ不正に扱われていると感じると一切自白しなくなってしまうことがある。
　第4は，被疑者が不正な手段で自白するよう求められていると感じると，警察に対する強い憤りの感情を以後長期間にわたって持ち続けるようになる。
　第5は，"はったり"は，まずい取調技術である。取調官が嘘をついて，強盗犯に，現場に君の指紋が見つかったと言ったとしよう。犯人が手袋をつけていたならば，これは嘘だとわかり，その瞬間以降，取調官の言うことには，軽視と皮肉をもってしか対応しなくなる。9段階方式でも，この点に関し，"最終助勢手段"だとしている。アメリカの捜査官は"はったり"をかます方法に長けており，ありもしない検査結果を持ち出すことがある。「コバルトブルー試験の結果，被害者の身体で見つかった指紋が君の指紋と一致した」，「中性子陽子消滅情報検査で，君があの男を射った人物だと判明した」といった類であり，アメリカでは許されているが西ヨーロッパ諸国では違法とされ受け入れられない（Ofshe & Leo, 1997a）。
　第6は，警察が"ひっかけと騙し"を活用することは，他の事情下でも嘘を利用することとなり，そうでなくても，嘘を用いている疑いをもたれる。
　第7は，繊細な人々にとって，警察の圧迫性の取調は，外傷後ストレス障害（PTSD）を引き起こす場合がある。
　第8は，自白の段階において，被疑者が短い語句で返答できる質問をすることで，警察は，実際に起こったことよりも起こったと思いこんでいることを被疑者の自白に盛り込んでしまう危険を侵すこととなる。
　最後の第9として，9段階方式で，非言語的虚偽手がかり（姿勢の変更・身繕い動作・口や目への手置き）について触れているが，これは，非言語性虚偽手がかりとは認められていない。必要以上に重要視しているが，非言語性手がかりから虚偽を判断できる人は非常に少ない。

(6) リード方式9段階方式とPEACE型5段階方式との違い

　9段階方式の目的は，被疑者の注意をひきつけ，被疑者の抵抗を打ち砕くことである。オランダ・イギリス方式では，取調は，本質的に情報収集手段であり，関連したあるいは正しい情

報を得るための一定の能力が求められるとする。事実，警察の取調は，実質上，他の事情確認行為である，患者の問診，選別面接と異なるところはない。患者は時には自分の症状や動きについて医師に嘘をつくし，求職応募者は，本当の事柄について少々控えめに表現する場合がある。いずれの場合でも，担当者（取調官・医師・人事担当者）は，本当のことを見出そうとし，担当者はできるだけ相手が話をするような雰囲気を作り出そうとするのである。言うまでもなく，9段階方式は，医師の問診や人事担当者の選別面接とは明らかに異なっている。

　様々な形態の取調方法は，少なくとも，一部は，文化的違いによる。ここで取り上げている例ではアメリカとイギリスである。すでに記述してきたように，アメリカ方式で認められている方式である"ひっかけ"と"騙し"はイギリスでは認められていない。1986年のイギリスの刑事証拠法（PACE）の採用以来，自白を得るためのこうした方策の使用は，法廷での証拠として容認されなくなっている。PACE法では，警察による被疑者の逮捕，留置，取調について新しく規定が設けられている。この法律は，被疑者（および警察官）の保護対策を主眼としている。被疑者は，警察の不当な圧迫，詐略，迫害にさらされてはならないことを保証している。繊細な被疑者の場合には，独立した責任ある第三者（正当な成人）が警察によって手配され，取調中の被疑者の特別な支援を行うこととなっている。さらに，PACE法では，全ての被疑者取調は，映像録画されることが義務付けられている。この記録は，原則的に，弁護士，判事，陪審人，専門家が閲覧して，不適切な方策が使われたかどうかを監視検討することが可能である。もっとも，PACE採用後の最初の10年間は，ほんのわずかな例のみが法廷で参照されただけであった。むしろ，これらの記録の大半は研究調査用に供された。

　イングランドとウエールズで提唱された取調である5段階方式（Baldwin, 1992；Williamson, 1994）とアメリカの9段階方式（Inbau et al, 2004）を比較してみると，前者は後者に比べ穏やかであるが，いつもそうとばかりとは限らない。後者より強硬な部分も可能となっているが，"ひっかけ"と"騙し"は前者で禁じられている。取調で話さないと決めた被疑者は，騙そうとせずに黙ったままであるとされている。だとすると5段階方式は，非協力的な被疑者には通用しないことになる。もちろん，この現実的な不都合な事態は，取調で話そうとしない被疑者の率次第である。高ければ高いほど取調側の都合は大きく悪くなる（Mckenzie, 1994; Leo, 1992）。

(7) 会話導出法（イングランドとウエールズおよびオランダの状況）

　大抵の取調は被疑者に一定の圧力を負担させる状況下で行われるけれども，最近，比較的圧迫の少ない被疑者の取調方法について論及されるようになってきた（Baldwin, 1993）。既述の1986年にイギリスで制定をみた「PACE法」に触発された動きである。心理的圧迫を与える"ひっかけ"や"騙し"を用いた方法を採用せず，非言語的手がかりによる評価も考慮しないが，準備／計画・親密な関係構築・取調官の社会的技術能力が重視されている。優れた取調官は，次のような特徴が示されるとされている。

「最優秀の取調官は，状況が必要とする事柄に適応した，なにがしかの社会的技術能力を取調に自然に取り入れる。普通，注意深い事前準備，疑問点を沈着に明確にとりあげ，その疑問点がどうなのかに対する反応について予断なく，ただ，被疑者が何と言うのかに耳を傾け，

手に入れた証拠と一致しない場合になされる否認を問い正し，繰り返したり追い詰めたりすることなく，目の前の出来事をしっかり把握し続ける。それゆえ，優秀な取調官は，よく発達した，会話の弾む，社会適用技術能力,冷静な性質,気質，忍耐力，鋭敏さ，迅速かつ柔軟な対応力，法的知識，想像性を備えている。」(Baldwin, 1992)

この定義に則すれば，取調は3つの要素に集約できる。①計画性，②親密関係構築力，③社会的対応能力である。情報収集の取調での取調官の資質では，事前準備と計画性が重要と主張される。事実，南イギリスの40名の警察捜査官の報告でも，準備こそが最も肝要だとしている。別の81名の調査でも，聞き取りに加え，準備が重要だとされている。事前準備によって，取調中の取調官の認知的負担を下げ，取調中の情報処理過程のより大きい認知容量をもたらす働きがあると考えられている。また，親密な関係構築は取調の成功を大きく左右することも指摘されている。雰囲気を和らげ，話しやすい状況を作り出すからである。こうした技術能力のある取調官とない取調官とで，被疑者の取調記録69例を評価したところ，交流能力，特に，柔軟性・共感・同情を示す際の能力に差があるとみなされており，公平さ・虚心・聞き上手・高潔さも大事な取調官の素質だとされている（Bull & Cherryman, 1996）。

また，警察の取調の基本的枠組みについて，3種の原則が提言されてもいる（Williamson, 1994)。①警察業務について，被疑者から自白を得るという伝統的姿勢から，真実解明の課題を遂行するという態度への変更，②警察官が虚心坦懐に捜査に取り組めるような奨励策の励行，③公正な警察官の養成が，取調の基本とみなされている。本書の記述において重複するかもしれないが，イングランドとウエールズでは，警察の倫理的取調指導書が数種公刊されており，調査型取調の実践指導では，PEACE方式という5段階方式が提唱されている。P：計画と準備〔Planning and Preparation〕，E：参画と説明〔Engage and Explain〕，A：弁明の確認と異議申立〔Account, clarification & challenge〕，C：討論終結〔Closure〕，E：査定〔Evaluation〕である。オランダやイギリスでは，適応力，物事の分析的取組，社会性の獲得が取調官に求められており，ひっかけや騙しのような手段は用いるべきではないとの見解は根強い。これらの国々の取調の実態に対する立場は，驚くほど似通っている。まず取調を始める前の準備として，捜査初期段階の情報収集の重要性が強調され，そして，取調に当たり，現場を踏み，詳細を把握し，犯行に附随した関連事項（現場で発見された証拠・目撃証言・特異状況等）を理解しておかなければならない。もちろん，被疑者自身についても（性癖・家庭状況・嗜好歴・疾病歴等）も同様である。しかしながら，この方式自体は未だその目標とする成果に到達されておらず，重要犯罪の被疑者や話しにのってこない人物への適応は芳しくないのが現状である。警察取調の最大の目的は自白の獲得であり，大多数の捜査員は，被疑者の有罪を信じて取調に臨むのが通弊であり，あるいは，自白を得るために違法な策略を弄することが普遍化しているという警察取調の質的問題は依然として根強く残っている。

取調前に収集した情報から組み立てられた方法として，"解放型""閉鎖型"質問の使い方も留意されている。被疑者の弁明を引き出す可能性を高めるのである。普通は，解放型質問の方が使われる。質問に対する答えが長く，その分，情報量も多いからである。被疑者の考えを聞かせてくれるよう招じ入れ，取調官がまじめに被

疑者を取り扱うことを信じられやすくするのである。解放型の質問は，被疑者に気安く話しができ，そのため，被疑者がしゃべり，取調官が聞くという取調での望ましい形態ができ上がるのである。そして，確認明確化の手順が進められる。聞き役の取調官には，被疑者から好感をもたれる機会が増え，ますます，取調官に向かって話しだすのである。閉鎖型質問は，特殊な点について，短く事実の有無に応える場合の取調に有効であるが，取調の早い時期ではなく，もっと別の時期に慎重に使うよう指示されている。

4. 取調の諸事情

(1) 取調の目的

　取調の目的は，自ら罪を認めることが被疑者の利益になり，自分が取れる最も合理的な行動であり，逆に，否認を続けるのは利益にならず，最も不合理であることを説得し続けることである（Drizin & Leo, 2004）

　2004年の全米警察取調会議で，John E. Reid and Associates 社（数万人もの法執行専門家の訓練を施している世界有数の取調技術育成組織）が発行している『尋問と自白』（Criminal Interrogation and Confessions. Aspen Publishers, 2001）なる手引書の著者ジョセフ・バックリー（J. Buckley）は，頑強な犯罪被疑者から自白を得る方策として Reid 方式心理的取調法を，世界で最も有力な手引書『犯罪者尋問技術と自白』（1947年初版の第4版）に基づいて披露した。その後，彼らの推奨する説得性の取調方策が，無実の人の自白を引き出す懸念について質問されたところ，バックリーの返答は，「無実の人を取調べたことはない」と素っ気ないものであった。この見解の根本を理解するには，高度に対立的，かつ，告発に偏った取調過程において，被疑者が有罪か無罪かを決定する情報収集のための検査が前もって実施されていることを知っておくことが重要である。多くは，別項で述べられているポリグラフの利用である。しかし，時には，この判断は，目撃者，情報，そして，別の付属的証拠に合理的に基づいて行われる場合もある。しかし，別の事態として，取調前の面接時に取調官が，抱いた勘，直観に基づく判断に過ぎない場合もある。

　普通の人々は，心理学尋問技術というものに惑わされている。肉体的な拷問を受けるか，神経が病んでいない限り，無実の人が警察にやってもいない自白をすることはない。あるいは，「無実の人物は，狂っていない限り，自分に関わったことのないことを自白することはない」と考え，論理的帰結として，自白する被疑者とは有罪であるということになる。

　警察で自白を導くために利用される手段は，"ひっかけ"と"騙し"と"隠ぺい"と"でっちあげ"が用いられるという不都合がある。まず，法廷で自白を却下される危険を冒すことになる。次いで，どちらも，虚偽自白をもたらす。有罪無罪の人物双方に自白を導き出しやすいのである。

　アメリカでの取調の"ひっかけ"と"騙し"の手段は他国と異なり，容認されており，182例の取調中，4例（2％）が強要，30％が（アメリカでは認められている）被疑者が有罪だとする偽の証拠提示によるものである。こうした手段は，事件が重要であるが，証拠が希薄な場合に適用されている。特に，被疑者の良心に訴えたり，被疑者の話の矛盾を際立たせたり，過小化（おべっかや称賛，道徳性正当化の提示）は，非常に，有罪を立証する情報を引き出しやすいことが指摘され，平均1取調当たり5.62種の手段が用いられている（Leo, 1996a）。

　いったん，警察が自供を獲得すると，通常は，

捜査は終了し，事件は解決したと判断，無罪を証明する証拠や他の可能性を示す手がかりなどを探し出すことは一切行わない。たとえ，自白が，内容的に一貫性がなく，別の証拠と矛盾していたり，高圧的な取調の結果であったにしてもである。警察は自白さえ得られれば，あらかじめ設定した被疑者の有罪の見込みが確認されたことになるのである。他の証拠が浮上し，自白が虚偽である疑いが高まったとしても，警察としては，被告人の有罪および自白の正確さに対する確信は持続し続ける。

しかも，虚偽から，真実を分離することは，多分に手際を必要とする。事実，大抵の実験事態で，人は偶然の期待確率程度にしか真偽を区別できないし，訓練を施したとしても，訓練されなかった人たちに比べ，改善があったとしてもわずかであり，必ずしも改善するとは限らないことが示されている。一般的に，警察の捜査員・精神医学者・税関職員・ポリグラフ検査官のような専門の虚偽発見者は，45～60％の範囲，平均54％の正確度であるとされている。こうした統計に基づいて，訓練された捜査員は，自分たちの有罪無実の判断が正確であると思い込んでおり，捜査員と教育訓練を受けた参加者は，教育訓練されなかった参加者と比例して，目標を虚偽と判断する傾向が高くなったと同時に，自信も増していた。特に，皮肉だが指摘しておきたい点は，ある経験の長い（深いではない）捜査員が口にする「唇の動きで，相手が嘘をついているかどうかがわかる」との述懐は記憶に留めておくべき不遜な妄信である（Meissner & Kassin, 2002）。

取調中の行動で嘘をついていると判断された被疑者は，取調官の取調に当たり，一層，対決に拍車がかかることとなる。既述のミランダ警告による被疑者の黙秘権と弁護権という保護機能も充分発揮されないようである。第1に，若さの故，知識のなさの故，教育不足，精神衛生状態の故に，被疑者たちは，判決の意味を理解する能力がなく，自分たちに与えられた権利を適用しようとしない。第2に，警察は，権利放棄をうながす告知を行い，5人中4人の被疑者が権利を放棄し，刑事裁判の経験のある人々よりも，過去に凶悪犯罪の記録のない人物ほど権利を放棄しやすいことが示されている（Leo, 1996c）。

さらに，100ドルの模擬窃盗の有罪と無罪の被験者たちが，同情的，敵対的，中庸な捜査員に，権利を放棄して，取調を受けるかどうか質問された。有罪の被験者のわずか36％が権利を放棄しただけであったが，無実の被験者では，隠したり恐れたりすることは何もないからと81％が権利を放棄した（Kassin & Norwick, 2004）。

心理学的尋問技術の踏襲はいくつかの理由から持続しつづけている。ほとんどの人々は，取調中に起こっている事態を知らない。直接経験したことがないし，経験した人を知らないからである。また，警察が取調技術についてどのように訓練し，また実践過程の研究を進めているかも知らされていない。したがって，一般の人々は，取調官が自白を導きだすために，高度に操作的で，欺瞞に満ち，あるいは，緊張を誘導する技術や方策を駆使することに気がつかされていないのである。ましてや，警察の取調技術が，虚偽自白をもたらすことなども全く知らない（Gudjonsson, 2001）。

過去には，アメリカ警察は，犯罪被疑者に，日常的に，肉体的精神的に苦痛を与え，自白や，その他必要な情報を，引き出したりするサード・デグリーという管理された取調を行っていた。そうした方策は，ほとんど，刑事裁判史上の記録として埋もれてしまっている。しかも，近代の警察取調は，自白を導き出すのに，リード式

の訓練を経た取調官たちが，真実か虚偽かを判断するための事情聴取と，続く判断後の取調という二段階方式を採用しているとされるが，本質的に偏っていることは確かである。取調は，犯人の自白を引き出すことを目的とし，対決，操縦，示唆的心理技術を駆使する。一方，面接は，情報収集，答えの決まっていない質問から真実を獲得するのが目的とされる。そこでは，常に，相手の誘導・孤立・不安・恐れ・無力・絶望の促進が図られるのである。

　有罪の仮定は，警察の取調のやり方にも影響してくる。おそらく，攻撃的で，対決的な質問方策がとられることになる。社会性模倣の自動経過によって，被疑者の行動を取調官が制約することが実証されており，警察官の身振りや身体の動きが増えるにつれ，取調を受ける人の動きが始まり，疑わしい人が示すもじもじした振る舞いや人々が自白する社会的作用の特殊な実践形態を詳細に検討することは重要であると述べている（Mann, Vrij & Bull, 2004）。リード式の取調技術の擁護者は，狭く，備え付けの家具の少ない，防音装置つきの部屋で質問するよう勧めている。被疑者を，孤立させ，不安を煽り，逃げ出したい気にさせるのである。さらに，不快感を高めるために，取調官は，取調の間中，被疑者を硬い肘掛のない背もたれのまっすぐな椅子に座らせ，電灯を向けたままで，温度調整用の道具を手の届かぬ所におき，被疑者の個人空間を侵害する。

　理論概念上，この方式は，被疑者自ら，自分で罪を負うように計画されている。否認を連想する不安を煽り，被疑者を絶望状態に負い込み，自白の結果を最小限に感じ取るように仕向けられているのである。

　いわゆる，なぜ自白するのかをアイスランドや北アイルランドの服役者への 54 項目の自己申告調査を行った結果によれば，大抵の被疑者は，複合した理由から自白するが，最も決定的なことは，自分にとって不利な証拠の確実性への見込みである。これが，警察が存在してもない目撃者をいるように偽ったり，現場で発見されていない指紋，毛髪，血液が残されているとか，ポリグラフ検査で実際嘘をついていると判定されなかったのに嘘をついていると告げたりすることに通じると考えられる（Gudjonsson & Petursson, 1991）。

　説得技術を駆使することは，話にのってこない被疑者を話に引き込むには必要である。重要犯罪では，こうした方法を用いることは，社会的利益にかなっている。それ故，どのような説得技術が有効で，妥当なのかを検討した手引き書を警察が整備するための調査研究を実行しなければならない。

　しかし，こうした非協力的被疑者だけにかまけていてはならない。彼らは，数の上で少数である。大部分の被疑者は，警察取調に協力的である。警察の取調能力は，もっと能力向上，効果的な方向に向く必要がある。イングランドやウエールズのように一部の国々では，心理的方法を模索し始めている。

　過小化もしくは過大化といった取調方策がどの程度の頻度で行われているのか，有罪もしくは無実の被疑者にどのように作用しているのかを見極めることは難しい。アメリカ・メリーランド州のボルチモア警察では，そうした技巧を弄する取調官の能力や創造力に限って，日常茶飯のことであるとしている（Simon, 1991）。

　与えられた選択肢の中から自分が考えられる最善の選択をするという意思決定の基本から自白を引き出す。そこで，選択肢を統制し，理解の仕方に影響を与えるのである。被疑者の意識を特定の事柄に集中させ，現在の自分の立場の認識を，警察側に都合のよい方向に歪めていく。不利益な証拠が圧倒的で，自白しようがし

まいが不利な状態が確定していると信じ込ませ，自白によって相応の利益が見込まれると思わせる。一方，状況は絶望的で自白以外に状況改善は望めないと信じ込ませると，無実の人も自白する。あるいは，犯行を記憶していないだけで，自白しておく方がこの場は適切であると納得させることも可能である（Ofshe & Leo, 1997a）。

　一連の模擬陪審員（裁判員）実験で，被告人が明らかな約束や畏怖を受けて警察で自白する際の説得の効果を調べた結果がある（Kassin & Wrightsman, 1980）。刑事裁判の口述書を読み，取調で被告人が危害や刑罰の畏怖によって自白すると，その情報を完全に除外することがわかった。法律上，そうした自白は任意性がないと判断し，答申にその証拠は影響していなかった。さらに，情状酌量の約束後の自白は，完全に排除されてはいなかった。この場合，自白は任意性がないとしたが，（自白のない対照群と比べ）有罪と答申した。この様相は，"積極的強要の歪み"と名付けられるもので，特別に任意性のない自白を無視するよう強調しても，そうした歪みは生じた。たとえ，6人一組の答申条件でも，被告人が，過少化法の一環として情状酌量されると聞いて自白したと告白してもである。

　アリゾナ対フルミナンテ（Arizona v. Fulminante, 1991）事件の判決で，強要された自白の容認は単なる害のない誤りだとする見解に対する実験が試みられている（Kassin & Sukel, 1997）。3種類の殺人事件の口述書の1つを回答者に読ませ，低い圧力条件では，被告人は質問されるとすぐに警察に自白した。高い圧力条件では，後ろ手錠で痛みがあり，警察官が拳銃を脅すかのようにちらつかせた状態で，自白した。対照群は，被告人は自白しなかった。結果は，最高裁の害のない誤りという分析が全くの空論に過ぎないことを示した。高い圧力下の取調で得られた自白に対して，回答者は法的に所定の対応をとった。任意性がないと判断し，答申に何の影響もなかったと述べた。しかし，答申の重要な尺度として，自白の存在が有罪の裏付けとなっていた。大抵が自白に任意性がなく，答申に何の影響も与えなかったとした高い圧力条件の回答者で得られた結果である（高い圧力条件群の有罪答申率62％；低い圧力条件群50％；対照の自白なし条件群19％）。

　自白証拠の威力を際立たせる事柄として，自白を容認しない，あるいは，無視するよう勧告されても，有罪率は有意に高まることが知られている）。この結果は，裁判所に陪審員（裁判員）候補として招集されたが却下された住民でも同じことが確かめられている。また，自白証拠は，目撃者による犯人識別証言や犯人の性格証言よりも有罪答申率が高いことも知られている（Kassin & Neumann, 1997）。

　次に，偽の証拠提示によってやってもいないことを自白させ，自白を内在化し，自分の思い込みに合致するよう詳細を取り繕うようにする方法について実験が行われている（Kassin & Kiechel, 1996）。反応時間の実験と称して，75人の学生に各課題ごとに，2人組の被験者が入室，1人（実験者側の仲間である）は質問紙を読んでいき，他の1人がコンピュータにできるだけ早く打ちこんでいくよう指示された。実験開始前に，機能が損なわれ記録が失われるからキーボードの「ALT」キーを押さないよう警告された。驚くべきことに，60秒後コンピュータが壊れ，怒った実験者が，「ALT」キーを押したからだと被験者を非難した（実際は全員無罪である）。2つの要因が変化させられた。1つ目は，被験者の脆弱性（攻撃の受けられやすさ：自分の行為についての確信度）では，課題の処理速度を調整し，1分間43文字の群と67

文字の群とが設けられた。2つ目は，警察がよく用いる方策である偽の有罪証明証拠の提示である。予想されたように，最初，実験者は仲間側の被験者に向かって非難し，全部の被験者は，非難を否定した。仲間の被験者の半分は，何も見なかったと答え，残り半分の仲間の被験者は，キーを打つのが見えたと答えた。三段階の社会的作用が設けられた。第一段階は，従順さを引き出すため，決められた様式の自白内容を手書きし，被験者に署名するよう求めた。第二段階として，内在化の程度を調べるため，実験者から離れた間にその体験を記述する様子を記録した。居残らされた被験者は，多分被験者の動揺を感じているであろう，待機中の次の被験者（実際は，次の実験者側の仲間）と出会うことになる。そして，仲間が何があったんですかと尋ねる。この被験者の返答は符号化され，起こったことの非難を受け入れたかどうか（思いもしなかったキーを叩いてしまい，計画を壊してしまった），最後に第三段階の，実験が終了したと思われる時点で，実験者は，被験者を実験室に呼び入れ，再度タイプ文字を読んで，できれば，どの時点で，どのように「ALT」キーを打ったのか再現してくれるよう尋ねる。この手続きは，自分の偽の申し立て（「はい。次の実験参加者を呼んだ後，手の右側を叩きました」）を満足させるための詳細事項の補足状況を見る作話証拠を証明するものである。全て終了後，被験者には，作話の目的，理由，嘘の必要性など詳しく事情を確認した。結果は，被験者全体の69％が自白に署名，28％が内在化した有罪，9％が作話による詳細供述であった。しかし，より重要な結果は，2つの要因が重なった際の作用である。低処理速度群（目撃者としての実験者側の被験者がいない群）では35％が署名，しかし，誰も，内在化した有罪も作話による詳細供述もなかった。一方，高処理速度群の被験者

全員が署名，65％が有罪と思いこみ，35％は作話による詳細を付け加えた。人は自分がしたこともない結果について有罪を内在化するよう誘導され，警察がよく用いる詐略でもあり，最高裁も容認している偽の証拠提示で危険性は増すという挑戦的な仮説結果である。

(2) 日本の実情

前段で取り上げたいくつかの取調技術指導書は，相互に相対的な整合性が認められ，事情聴取と取調とを区別し，取調は，強要的手順であり，自白を得るための有益な手段であると主張され，当然，法的にも容認されているとの見解が定着している。過去半世紀にわたりわが国の警察は技術指導書に盛り込まれたいくつかの取調方策を利用していると予想されるが，全国的かつ全地方的な一般的様相かどうかの実態は不明である。

わが国では，1874年（明治7年）に設置された東京警視庁の初代大警視川路利良によって人民の凶害予防，安寧を保全する警察を創設し，その行政警察規則として，警察官の職務が定められた。人民の妨害を防護・健康を看護・放蕩淫逸を制止・国法を犯そうとする者を隠密中に探索警防するとし，行政警察予防の力及ばずして法律に背く者ある時，その犯人を探索逮捕のための司法警察を設けるとした。1879年（明治12年）にまとめられた川路の語録『警察手眼』には，捜査員が有すべき能力について，縷々述べられている。公平な感覚を持ち，緻密な観察力を備え，慎重な判断力のある人物の中から，捜査する事件の様相に適した人物を選んで担当させることが明記されている。特に，人間の気質，性向の理解が深く，相手の感情を忖度でき，さらには，人物の素行にも注意が行き届く気質，素養を備えた人物こそ捜査員であるべきと諭している（荒木，1970）。

1946年（昭和23年）に定められた刑事訴訟法による刑事手続きとして，いくつかの改正を経た上で，警察（職員）は犯罪があると思料する時は，犯人および証拠を捜査するものとされ（刑事訴訟法189条），捜査については，その目的を達するため被疑者の出頭を求め，必要な取調をすることができる（第197条）と規定されている。ただし，被疑者は，逮捕又は勾留されている場合を除いては，任意を基本とし，出頭を拒み，又は出頭後，何時でも退去することができると定められた。しかしながら，警察の取調は，取調内容自体が微妙な個人的問題に関わる多くの事項が取り扱われることから，外部の監視を制限するとともに，個別に行われることが当然の配慮とされてきた。もちろん，この姿勢は，とりもなおさず，取調執行の権限を有する側の考えであり，被取調者側の立場を忖度している訳ではない。したがって，近年この外部からの干渉を遮断した状態での取調について，取調で自白したものの，自白を悔やんでいる被疑者にとって，警察自身が自身の不手際や不当捜査行為を隠蔽，捏造しているという主張が行われる余地を与えている。したがって，犯罪捜査に際して事件の内容事実を発見する唯一の方法である取調によって得られた自白について数多くの実務上の問題が生じている。すなわち，自白までに強制・誘導・利益供与があったとか，虚偽自白等々枚挙に暇がないのが現状である（Perina, 2003）。

　通常，容疑事実行為を認めた場合を自白とし，証拠となる。アメリカとイギリスとの自白に関する法には多くの類似点があり，いずれの法制においても自白は任意になされなければならないとされている。被疑者が，自由かつ熟慮に基づき，法的諸権利を適切に理解し，心理的あるいは物理的強制を受けることなく，特に，身柄拘束下では精神状態が十分配慮された状態であったことが保証された上で得られた情報，すなわち自白は，任意性の下に証拠として採択される。手続き上，イギリスと異なり，アメリカでは自白が他の独立した情報源から得られた証拠で補強されることが要求される。

　いずれにしても，日本警察の取調に至る捜査の要諦には，通常の活動によって得られた管轄区域内の人物情報の捜査員独自の個人的判断を基盤とする評価を基に，事件に関係する人物集団内から，一定の可能性の有無を割り出していき，該当する人物を捜査側独自で有力被疑者として浮上していく過程が通弊となっている。したがって，被害者を中心として知り合い出入り関係，因縁辿りの捜査証拠収集の弊害として，不利な罪状のみを挙げることのみ努め，ろくに寝させもせず睡眠不足のための心気昂進を煽り，昼夜の別なく大勢で責め通し，拷問に等しい取扱いを重ね，無理に自白を強いる等，警察では事実を言っても採用されないと思いこませ，裁判でしか証明できないと目下の状況を一時的に回避するように自白させるのが常態化している。

　「由らしむべし　知らしむべからず」（「民可使由之　不可使知之」論語泰伯篇）の言う，人民を為政者の施政に従わせることはできるが，その道理を理解させることはむずかしい。転じて，為政者は人民を施政に従わせればよいのであり，その道理を人民にわからせる必要はない，との言い回しでも明らかなように，公明正大，任意を原則とする取調の基本は有名無実化していた（る）と言っても過言ではない。加えて，原罪観を基盤としたキリスト教を精神文化とする欧米国民は，唯一の神に対する罪の告白に"赦し"という救いがあり得ても，捜査官に対する自白は，重刑と損害賠償が反対給付としてあるだけだと観念され，犯行後，"良心に恥じて"自白するということはあり得ないのに対

し，わが国の場合は，神に罪を告白し，その"赦し"を得て精神的安定を図るという方途はない反面，捜査官に対する"良心に恥じて"の自白が，前非を悔いた証として道義の回復があると認識されているのである（藤木他，2000）。さらに，確実な証拠があればあるほど，取調は，事件の不明な事実（盗まれた品物のありかや犯行の動機等々）を明らかにするためにも行われる。その事で有罪判決が左右されるかどうかは問題とならないにしても，被疑者の協力が必要である。

取調の目的は，真実を供述せしめることと，供述したところが真実に符合するかどうかを見分けることの2つにある。取調を担当する警察の報告書記載の取調の在り方についての基本的対応記述（警察庁，2011, 2012；警察大学校，1969；捜査研究会編，2003）をもとに，技術的問題点をまとめてみると下記のようである。

真実を供述すれば刑罰を科せられる危険があり，あるいは，身内の者が刑罰を科せられるおそれがあるという場合に，誰しも真実を供述することを渋ったりまたは秘匿したりして，できるだけ自己または身内の者に有利な供述をしようとするが，これは人間性の発露であり，自然の情といえるのである。したがって，真実ならざるうそを供述することも，やむをえない心情の発露と，取調官がまず理解と同情を持つことが必要であると共に，このうそを排除して真実を話させることは実は至難なことを求めているのだということを十分認識してかからなければならない。

被疑者より優位な立場にあることを自覚し，被疑者の悩みに耳を傾け，何でも聞いてやると同情の気持ちをを持ち，被疑者の信頼を得ることが肝要である。

有罪の証拠がある程度揃っている場合には，確信をもった取調官が，弁解，主張を詳しく聞き，矛盾点を露呈させ，徐々に自白を充実させていく。そして，手持ち証拠は全部さらさず，共犯者や目撃者を利用してうそを告げたり，違法な処分約束をしないことが肝要である。

一方，有罪無罪が疑わしい場合には，相手の主張弁解を詳しく聞き，具体性ある供述を得るようにする。誘導質問を避け，単刀直入に短くどこで何をしたかとの質問をし，特定した質問はしない。無罪主張の供述に疑いを持つのは当然だが，有罪立証に有利な供述にも疑問の目を向け，ポリグラフを活用する姿勢が必要である。

（3）本邦の取調指導書

わが国において，取調技術について客観的あるいは合理的さらには科学的に指導書として検討された資料は，調査範囲内では見当たらない。確かに，成功例に伴う取調要領を称賛する事例報告，あるいは，判例に添う取調の失敗例を声高に批判する記述には事欠かないが，実質，取調を実践していく技術的な標準かつ指導を意図した要領がまとめられてはこなかったのが現実である。毅然とした態度と丁重な物腰，あるいは，端麗な服装や姿勢，さらには，云々といった表現は，成功例に常套的な表現である。一方で，居丈高な物言い，侮蔑的な振る舞い，暴力的な姿勢，強制された長時間に及ぶ取調等々，定型化した取調批判にも事欠かない。そして，わが国でまとめられた取調関連の資料，すなわち，警察実務あるいは刑事法に関する取調用教育書の多くは，法的解釈に基づく法理論や合法性に立脚した説明もしくは取調の法的解釈の理解を促す内容が主たるものである。これら犯罪取調の学術的記述の多くは，法律的実施施策ならびにその法的要領を開陳することが目的である。したがって，著者の大半は法曹関係者であり，法的解釈を中心にした取調の外形的整備および手続きの説明に終始している（熊谷・松尾・田宮，1980；山室，2006）。これらには，取調

に関わる基本的権利関係の説明――黙秘権の告知，弁護人との自由な接見・交通権保証に始まり，供述の真実性の担保，そのための事前準備，被告人との良好な関係構築といった取調側の正当な姿勢を規定し，有罪の証拠が揃っておれば確信的な態度で迫り，疑わしい時は情報収集姿勢に徹することが肝要であるとしている。ここでは，供述証拠の真偽の程度の判断基準は，ひとえに取調官自身の能力に委ねられているというあやふやさが見え隠れしている。

また，教育的価値を意図した取調要領が改訂を重ねつつ発行されている資料もある（捜査研究会，2003）。1959年（昭和34年）に初版された犯罪構成要件に即した供述調書の作成技術を中心に構成されている本書には，取調技術関連として，取調の意義に続く取調上の心得の項の冒頭に，「供述者が自己の良心に目覚めて，心から真実を告白懺悔するよう配意する」とし，取調官は，「品格を保ち，正々堂々たる態度で，冷静に供述者の心理を洞察し，臨機応変寛厳自在の取調をする」との取調心得が記されている。既述のおよそ一世紀近く以前の1879年（明治12年）に編纂された『警察手眼』を彷彿とさせる内容である。

さらに，取調の実践経験のある捜査員による取調実務の検討結果もある。（警察大学校，1969）。取調における拷問，強制等の身体的抑制による自白強要に加え，利益供与，約束，誘導，深夜におよぶ長時間の取調，威圧等の心理的抑制に伴う自白に対する批判等が議論されている。ここでも，自白を得る過程に付随する身体的あるいは心理的抑制状態の解釈もしくは対策を議論することなく，また，取調に必須の心理的操作技術を考慮することなく，自白によって不利な影響を被った側に立脚した批判を論評するか，単に第三者的態度で批判を受けぬよう，取調に先立って，外形的条件を整える等の指揮管理要件を示しているに過ぎない。

近代日本警察の犯罪取調技術は，現場職業訓練（OJT）を重ねていくことが通弊化したまま，徒弟制度よろしく人から人への伝統として伝承されてきたことが定着してきたきらいがある。従前の自白偏重の姿勢に対する批判から派生した，取調によって得られた自白の任意性や法的正当性に対する疑念が近年ますます増しているのは事実である。取調の密室密閉性から生じた取調の録音可視化の実現にしても，実践されている取調技術自体の実態を認識することなく，取調によって得られた自白の合理性や証明性が否定されたりする法的判断の結果に添い取調の拙劣さを忖度した結果であるともいえる。これら最近の風潮に鑑み，2013年（平成25年），警察庁では，取調の技術に関する学術の総合的な研修と，必要な調査研究を行う「取調べ技術総合研究・研修センター」を設置して，科学的合理的取調技術の開発と改良への本格的な取り組み（警察庁，2011）が始まり，2016年（平成28年），制限付きながら取調状況の録画が義務付けられた。

ともあれ，取調中の状況，中でも，自白に至る経過内容を詳細に記録しておく取調の録音可視化は，後に第三者が証拠としての妥当性を検討して，取調の証拠判断に帰するだけではなく，取調行為の合理性かつ客観性の程度を評価し，技術的改良のための基本資料となることは明らかである。

以上のように，少なくとも，本邦において，取調官を育成するための一般教育書として編纂発行されている資料は極めて乏しく，他方，いわゆる，警察捜査官もしくは検察官等による自身の体験や経験事例をもとにして自得した結果を縷々記録したものは存在する。あるいは，実録記録書として特異事件を対象とした資料である作家らの作品にも事欠かない。これらは，結

局，捜査を実践し得た感想を述べたもので，できるだけ客観的な記述をこころがけているとはいえ，なにがしかの意思決定に対する判断基準は一切示されていない。ましてや，他の同様の事態との比較を通じての考察も行われていない。これらは，捜査実践上の価値はあるものの，教育的な意味で，実態に通じた取調技術の向上に期する評価は極めて低いと考えられる。

（4）取調官の適性

イングランドとウエールズで 1986 年に制定された警察刑事証拠法（PACE）以後，警察は警察の取調に新しい基準を設けることとなった。先ず，この法律の施行に伴いイングランドとウエールズに，心理学が取り入れられた調査型取調様式の取調官の養成講座が 1992 年に設けられた（Milne & Bull, 1999）。この方法の養成講座を選んだ警察官委員会は，独自で心理学的知見の調査を行い，被疑者・目撃者・被害者の取調／事情聴取に関する心理学的知見をまとめている（Williamson, 1993）。それによれば，被疑者の自白を得るための伝承伝統形式の依存体質から，真実の探求という課題を処理する警察活動の変更，偏見を払拭し，客観的な捜査活動の推進，公平な警察官の育成を目指すこととなったのである。これらの基準は未だ充分に満たされていないのが現状である。そうした取調技術はいずれ自動的に警察官に行き渡るものと見られ，教育が十分に浸透していないためである。また，他の行政機関や教育機関からの干渉を嫌う警察の文化的側面との軋轢も一因である。

ともあれ，警察の取調官の基本的態度のいくつかを列挙する。警察の事件捜査の目標は，80％以上が自白の獲得にあることが知られている。経験ある警察官は，これを心底から信じており，真実の追求をスローガンに自白優先の姿勢は根強い。警察官が自白獲得に目を奪われる理由は，警察がしばしば（一般大衆・報道機関・政治的信条等から）事件早期解決の圧力を受けているのが第一である。検挙率は，警察の業績評価の重要な指標の1つである。そして，自白獲得は犯罪解決の手っ取り早い経路である。警察官は，一般に被疑者を有罪視しており，証拠がどっちとも言えない時に，74％の警察官は，被疑者を取調べる前に，被疑者の有罪を確信しており，証拠が希薄な場合でも，31％は，その被疑者を有罪だとみなしている。自白を求める傾向は，被疑者の有罪を確信していればなおさらである。当初，頑強に否定していた被疑者から自白をとることは，警察官・取調官にとって，一種の個人的専門的勲章と見ている。イギリスの法制度では，警察官に自白を得るよう奨励している。イギリスでは，法廷で自白が争われたとしても，単に自白のみで有罪になりうる被告人も少なくない。オランダやアメリカでは，実務上裁判官の自白のみの有罪容認基準は甘いけれども，他の補強証拠とともに存在している。イギリスとウエールズでは，裁判官が陪審員に自白のみに基づく有罪判断には注意が必要だと強く警告しても，自白だけで有罪判決を下される場合がある。加えて，自白証拠は，検察訴追側の最も強力な武器である。被告人が自白を法廷で認めれば，相当の価値を見いだされ，その他の法廷での事情は低く見られがちとなる。自白はまた陪審員に圧倒的な影響を与える。目撃証人による犯人識別より，自白に基づいて，有罪の答申をだしがちである。事実，法廷で自白が争われた事件例はほとんどない。自白が争われて成功した例はもっと少ない。

被疑者を有罪とみなすことと，取調官が偏見をもたないこととは別個の問題である。確認の際の歪みや信条への固執等を通して，既存の信条に合致する情報を探し，評価し，作り上げる

人間の傾向が，最終的な確認の歪みとなって具体化するのである。人々は，自身の理屈を支持したがる。それ故，自分の信条を確認することに熱中するが，信条に反する証左を見つけようとすることには消極的である。事実，信条自体があてにならなくなった後でも，自分の信条は守り続ける傾向がある。第一印象が形作られると，新たなる証拠が提示されたとしても，それを見通すことは難しくなるのである。

　取調官自身の取調技術能力は，検討された取調の映像記録の調査結果を見る限り，批判の要があり，満足とは言えない。取調官の意思疎通力の問題として，親密な関係構築は非常にぎこちないことが指摘されている。"君自身のことを何か話してみて"と持ちかけることは，当惑と心配をもたらすだけである。また，取調中にそわそわと落ち着きがなく，自信もない取調官も多い。問題のある，また，専門的とは言えない取調状況もあった（相手を惑わせたり，相手の話に割って入ったり，自認後早々に取調を終えたり，被疑者の怒りに対する過剰反応などの取調制御ができていない等である）。また，被疑者以上に取調官が神経質な場合もある。警察取調官の取調能力はほぼ存在しないとも見られている（Moston, 1996）。

　では，"優秀な取調官とは一体何なのか"という質問の回答は，主観的判断に頼らざるを得ないので難しい。特定の取調の質的価値をいろいろな人々が査定して，同じ結果に到達する保証はない。自白が得られた取調を，得られなかった取調より高く評価する傾向（自白作用）は，警察関係者間では，周知の事実である。

(5) 取調官の態度

　取調中の取調官の振る舞いを評価する別の（そして，おそらくは特別な方策）は，実際に取調中の取調官を観察することである。現在のところ，この方策は，唯一，ある警察の45人の取調官による122件の取調の実際の観察，2つの地域的に近接した警察での各30本ずつ計60本の映像記録が報告されているだけである（Leo, 1996a）。取調方策，取調の長さ，取調結果などが調査されている。ほとんどの取調は，取調官の被疑者への有罪を告げる直截対峙で始められている。そして，主題の展開へと続いている。主題は，既述の技術指導書に記載されたものが大抵踏襲されており，0～15種の方策に対し，一取調当たり平均5.62回の方策，取調時間は，30分以内が34.64％，30～60分が36.60％，1～2時間が20.92％，2時間以上が7.84％であった。これらから，実際の取調では，技術指導書記載の種々の取調方策が少なくとも複数類用いられていることが示されている。しかし，地理的に近接した区域の警察内の調査であるので，普遍的かどうかは今後検討しなければならないものの，少なくとも，取調技術の要点の普遍化もしくは一般化は十分可能であることが考えられる。

　強制的な取調技術の適用を正当化する背景には，大抵の被疑者は何事もなければ自白に転じないが，警察側の圧力には抗しがたい。そして，自白，特に重大犯罪事件の自発的な自白は減多にあり得ないので，持続性の心理的圧力を加えることで速やかに自白に転じるとの取調側の思い込みがある（Leo, 2008）。

　実際，アメリカのマイアミ警察の卓越した取調官は，「被疑者に質問するだけでは自白は得られない。説得技術を用いて被疑者に自白することを納得させなければならない。」と主張している（Holmes, 2002）。

　対照的に，イギリスのロンドン警察の殺人課の巡査長は，「取調での無作法なふるまいは人々の信頼を損ねる。警察活動のうち，質疑によって証拠を得るという機能に重大な欠陥をもたら

すこととなり，警察に留置中の被疑者から自白を引き出すのに多くの手管は必要でない。」と述べている（Williamson, 1993）。

　少し以前のいくつかの調査によれば，イギリスの警察官のおよそ80％が，取調の目的は自白を得ることにあると明言し，そして，70％の取調官は，取調開始前に被疑者が有罪だと考えていたと報告されている（Stephenson & Moston, 1994）。このことは，大多数の取調，特に被疑者の事件に対する主張を確認するのにごく短時間しか費やさない理由の説明となる。その代わりに，取調開始間もなく，警察の手持ちの被疑者の有罪情報を明らかにし，被疑者を責め立てていたのである。他の国では最近でも，（一定の訓練を経ていない）かなりの割合の警察官が，証拠から見て有罪だと告げて取調を開始するとしている（Tsan-chang Lin & Chin-Hung Shih, 2013）。

　普通，犯人は違法行為に関わったことを否定し，進んで認めたり自白したりしないという思い込みは，犯人の側にとっては利益を伴わないのが通弊である。ほんの一部の人々が否認で通そうと取調に応じているだけだと最近の報告で述べられている（Deslauriers-Varin & St-Yves, 2006）。有罪となった性的犯罪者のおよそ半数は，取調室に入る前に，否認するか自白するか決めてしまっているとの調査結果もある（Kebbell, Hurren & Mazerolle, 2006）。20％は否認，30％は自白である。残り50％はどちらにも決めずに取調に臨んでいたとの結果は非常に重要である。

　取調前に，もしくは取調当初に自白しようかどうか迷っている有罪の被疑者の中には，取調べられ方によって容易に態度を決しかねることとなる。この心理的リアクタンス（人は自分の意見や態度を自由に決定したいという動機を持っており，人が説得を受ける時，唱導方向に態度を変えるよう圧力をかけられると，受け手は態度変容に対して抵抗する）については，今後の検討が必要であるとされている（Gudjonsson, 2003；Holmberg & Christianson, 2002；Kebbell et al, 2006）。

　否認か自認かは取調様式に関係している。否認もしくは自認と取調官の反応の間に関連が認められている。畏怖させられたり，圧力を加えられたり，侮辱を受けたりすると自認しにくくなる。したがって，支配的なあるいは非難めいた取調は被疑者を否認に追いやることとなる。この方法は，確定的な証拠のない場合にとられやすい方策であることは想像に難くない。証拠のない場合，取調はその人物もしくは関連する人物と事件とを結びつける確実な情報を得るために行われる。この場合もまた，被疑者の協力は欠かせない。それ故，被疑者が口を開くかどうかが，警察にとって重要となる。警察資料の内々の想定では，非常に有罪らしい被疑者は，取調に協力的でなく，寡黙がちになるとされている（Ofshe & Leo, 1997b）。そうした想定から，取調官は，被疑者に無理やり口を開かせようとする種々の方策を試みることとなる。このため警察が用いる方策として，多くの指導書を通じて，被疑者に口をきかせる方法が考えだされている。被疑者が口をききたがらないとの想定は，一見もっともらしい。事件の自白は，被疑者にとって有罪判決が下される可能性が劇的に増大し，否定的な結末をもたらす。しかし，大抵の被疑者が協力的でなく，口をききたがらないのは，本当であろうか。それでは，口をきこうとする場合は何がそうさせるのか，警察の事情聴取の質的問題も検討すべきである。自分がやってもいない事件を自白する場合が報告されており，虚偽自白も深刻な検討課題である。

　今後，最近になって心理学や行動学の成果を取り入れて提唱されたいくつかの取調方策につ

いて，その基盤の有効性もしくは改良点について検討していかなければならない。

(6) 取調官の教育と訓練

適正な取調官かどうかの判断は，少なくともわが国では極めて制限的であるというより，全く顧みられてこなかったといえる。僅かに，警察官採用時に特定の性格検査によって不都合な性質の有無を判断するくらいで，特定の能力の診断はなされることはなかった。法執行者である警察官としての能力について，犯罪捜査の第一線の刑事たちの共通理解事項が広く踏襲されてきた。「最後の最後までやり通す粘り強さ」，「仕事に取り組む熱意」，「苦難を切り開いていく根性」，「不正を憎む正義感」，「血の通った人間味ある温かさ」等の人間性を挙げ，事情聴取，聞き込み，家宅捜索，取調など，犯罪捜査のあらゆる場面で，必要な実務能力，あるいは，被害者，被疑者，地域住民とのコミュニケーション力といった社会人常識や刑法，刑事訴訟法など法令への知識を重要とし，刑事としての捜査の専門知識だけでなく，社会人としての高い教養と深い人間性を求めている。こうした資質や能力の多くは，現場職業訓練（OJT）に準じた教育過程ならびに各種捜査活動に関する専門知識研修を通じて涵養され，選抜もしくは選考を目的とした公平な競争試験の成績によって評価されている。そこには，OJTとしての継続性・計画性・意図性といった要因は，指導に当たる先任者の個人的判断に委ねられており，従前の徒弟制度的手法が色濃く反映していることは否めない。ここで強調しておくことは，取調官の適性判断は，あくまでも捜査経験の有無，多少であって，通常，階級の上位の者が下位の者を補助者として取調を担当する。下位の者は取調官の取調状況を実地に見聞きし，自得する。時には，先任者の意見を聞くこともあり，また，捜査組織中の監督者からの助言もある。

要するに，後述の1990年（平成2年）の栃木県の足利事件における虚偽供述問題に端を発して発足した「捜査手法，取調べの高度化を図るための研究会」においても，種々の警察活動上のインフラ整備（データベース拡充・通信設備手段の充実）に加え，効率的かつ合理的な捜査推進環境の構築等が提言された中で，取調については，取調機能補強方策の導入に触れているだけで，取調技術の体系化を図り，方策の習得を目指した研修訓練実施のための要領がまとめられているが，背景の心理的知識や手法の記述はあるが，取調官の適性に関わる項目は見当たらない（警察庁，2012）。

取調技術伝承の具体的な現実は，基本的には，古くから踏襲されている先達者から後継者への"徒弟制度"教育が普通とされてきた。基本事項はあくまでも法的規制に準じた方法論の理解と実践であって，取調に伴う基本的事項，取調施設・取調状況等は，かなりの程度統一されており，取調の技術指導書の内容に添って，順次，インフラ整備されているのが現実である。取調方策の多くは，事件で成功を収めており，そして，事件処理にとって最も重要な影響がある自白が得られているという実績が伴っている。言い換えれば，警察取調の実践活動の究極の目的は，自白の獲得であって，自白が得られたことが成功であり，取調技術が優秀であったとの評価がなされるのである。そして，取調官にとって最も憂慮すべき事柄は，経験豊富な取調担当の先輩・同僚を通じて個人的に見聞を続けていくのが通弊であり，系統だったかつ体系化した取調技術を訓練されることはない。文字通り，見よう見まねで自得した方法で処理してきたのが事実である。もちろん，個々の取調内容の検討や，取調官の評価基準もまちまちである。単に自白を得ることができたかどうかが評価の尺

度である．本文脈からすれば，既述した事柄であるが，1963年（昭和38年）3月東京入谷の吉展ちゃん事件の取り調べは優秀で，1963年（昭和38年）5月の埼玉狭山事件の取調は今一つとの評価が定着している．前者は，前後3回にわたって取り調べた後に被疑者が自白して，遺体が発見され，犯人は死刑となった解決事件である．しかし，後者は，別件逮捕後再逮捕されて，自白によって被害品が発見され，犯人は終身刑が確定したが，後に証拠品のねつ造が疑われ，保釈されている．取調の成果は，自白獲得およびその裁判結果に委ねられていることは間違いないのが現状である．

　警察官の職業上の地位は，取調経験も含めた捜査経験を反映しているものと警察部内では考えられている．地域の警察官より捜査関係の警察官，捜査関係でも取調官の地位にいる警察官の方が，取調経験をより加えていく機会があるので，取調経験が一層豊富になるきらいがある．そして，地域の警察官より取調官の方が，有罪情報を引き出すことに，より成功すると見られている．したがって，取調経験があればあるほど，取調で有罪情報を導き出すのに成功する機会に恵まれやすいことがわかる（厳しく言えば，取調の成功例数が増えるのであって，成功率が上昇しているのではない）．いずれにしても，取調技術は個々の取調官に体系的かつ系統だって教育あるいは訓練されている訳ではなく，取調の目的意識の偏りに準拠しているに過ぎない．事実が明確になるよりも自白が得られた場合が成功であるとの考えが横行するのみである（Cassell, 1998）．

　自白を獲得すると，警察が捜査を終結する別の理由として，心理学的取調方策および虚偽自白の危険さについての習練不足が挙げられる．1940年代初期に始まった取調技術訓練の手引書および学習計画書には，事実上，警察が誘導する虚偽自白の問題は，その存在ならびに影響について公刊された資料は相当数に上っているにもかかわらず，無視され，欠落している．例えば，広く活用されてきたインボーとリードの手引書には，2004年の第4版まで，虚偽自白の問題は取り上げられていない（Inbau, et al, 2004）．この問題に関わる章を新たに設けた手引書の中でも，他のアメリカの取調手引書・学習計画書同様，提唱している方策によって，「無実の人が自白するようにはならない」と強調しており，相当数の誤った自白問題の経験事例の指摘に対して，誤った主張であると述べている．結果として，ほとんどの警察官は，未だに，虚偽自白の心理的学習訓練，自分たちの方策が無実の人の自白の原因である理由，虚偽自白が起りやすい事件の種類，そして，虚偽自白に気が付き，それを防ぐ方策，などの訓練が施されていない．

　自白した人物の有罪の見込み，そして，より厳しく取り扱う傾向は，検察においてもひき継がれ，無実の被疑者が虚偽の自白をする可能性が考慮されることは少ない．虚偽自白は，検察手続きにとっても最重要項目との認識は薄いのが現状である．

　弁護人でさえ，依頼された自白者が有罪と考え，厳しく取り扱うきらいがある．しばしば，自白者に，陪審員（裁判員）の有罪宣告によって避けることのできない重い刑罰を避けるため，無理やり刑を軽くする有罪答弁に応じるようにしむける．アメリカの裁判官もまた，自白者を有罪と思い，処罰に値すると考える傾向がある．被告人が無実である，警察の誤認であるとの訴えが信用できないことに慣れすぎて，裁判官は，非常に問題のある場合でさえも，滅多に自白を破棄しない．

（7）取調の失敗

　取調の失敗であるフォールス・ネガティブ（FN）は，被疑者の自分がやった事件を自白しない際に起り（虚偽否認），取調の誤りであるフォールス・ポジティブ（FP）は，被疑者がやっていない事件を自白する際に起る（虚偽自白）。虚偽自白による無実の人々の有罪判決による危機は，次章で検討する。

　自白を得ることに失敗するFNである虚偽否認は，危険さは重大であるが，相対的に関心は低い。つまり，二種の否定的な現象がもたらされるからである（Cassell, 1998）。第1は，有罪者に有罪の宣告を下せないかもしれないことである。事例処理の報告では，有罪を証明する情報を提供しなかった被疑者よりも，少なくとも有罪を証明する情報を提供した被疑者の方が，告発され，有罪を宣告されやすいことが示されている。また，有罪を立証する情報を提供しなかった被疑者は，告発の手続きがとられにくいし，有罪宣告の結果に至ることも少ないと事例報告されている。第2の否定的な現象は，有罪の被疑者が自白しなかったら，無罪の人物が有罪の宣告を下されるかもしれないことである。この論点は，多くの誤った有罪判決事例で支持される。枚挙に暇のないほどの無実の人々が，有罪の自白によって処刑されていることは想像に難くない。

　さらに，全体成功率の検討結果からすれば，取調は，当節40～70％で成功しており，全面自白は，その4分の1である。警察が把握した被疑者の大多数が有罪ならば，低い全面自白率は，FN率が高いことになる（Cassell, 1998）。取調のFP率を増やすことなく，FN率をどのようにして減らせるのか，警察取調方策の改善の余地が，明らかに存在する。

（8）自白結果の影響力

　被告人が自白しているかどうかは，裁判上，重大かつ深刻な影響がある。日本における取調に対する問題について，最近論議されている事態がある。1990年（平成2年）5月に栃木県足利市のパチンコ店から4歳の女児が行方不明となり翌日渡良瀬川河川敷で死体となって発見された事件で，遺留のDNA型の判定の誤りに加え，取調で得られた自白（虚偽自白と判明）が裁判員制度に強く影響を及ぼし，取調制度，特に「可視化」の問題が強く主張されている。

　取調による自白の影響力について検討した結果が報告されている。有罪と見られる情報を提供した被疑者は，より告発され，有罪と認められ，裁判で有罪となる。また，自白によって，判決もまた重くなるとしている（Cassell & Hayman, 1996；Leo, 1996a）。自白が得られた成功取調事件は，より告発され，有罪となる司法取引あるいは裁判に付されると報告されている。また，取調中になんらかの供述を行った被疑者は，司法取引で，譲歩を受けることがより少なくなるとも指摘されている。すなわち，自白が得られた成功した取調と被疑者の告発・有罪・より厳しい判決との間に相応の関係があることが指摘されている。特に，取調で少なくとも有罪と見られる情報を提供した被疑者は，そうしなかった被疑者より，告発・有罪・厳しい判決が下される。この結果は，自白が強力な証拠であるとの警察・検察・法曹家，全ての人々の一致した見解を具体化している。

　自白は他の証拠に強い影響を与える結果も実験的に示されている（Kassin & Hasel, 2009）。最初の面通しで，1人の人物を犯人だと指摘した人々の60％は，誰か別の人が自白したと告げられると，自分の意見を変更した。さらに，最初の面通しで誰も犯人でないとした人々の44％は，誰かが自白したと告げられると，意見

を変更した（そして，特定の人が自白したと告げられた50％の人も判断を変更した）。また，自分たちの判断について訊ねられると，約半数の人たちは，「そう，担当の捜査員が自白していると言っていたので，間違いないと思う」と答え，担当捜査員を信じこむ傾向が高いのである。

また，半数の人たちは，自分たちの記憶を変更し，いったん，記憶が乱されてしまうと，決してもとに復さないのである。さらに重要な点は，犯人だと指摘した人物が間違っていたが自白したと告げられた際の，判断した人々の自信の確信度の程度は急上昇した。確認後には，一層，事件の記憶が強まり，詳細を究めるようになった。この意味は，法廷内で明らかである。面通しで間違った人を指摘した目撃証人は，その人物が自白したと知った時点から，自分たちの選択結果がより確実になる。いったん，採取保管され，再検査されても物的証拠の結果判断が不変であるのに対して，目撃証人の判断結果は，変容なしには再生されないことは，十分注目に値することである。

自白の有無と一定の判断基準を伴う指紋資料の同一性鑑定結果の間にも微妙な関連が指摘されている。イギリスの指紋鑑定専門家6名に，彼ら自身が保管していた標本について検討させた。一年後，（先に，見せられた標本であるとは告げられなかったままで）再び，一致するかしないかの判断をさせる調査が行われた。この時点で鑑定結果についていくつかの状況が専門家に告げられた。犯行を認めた被疑者の指紋であること，あるいは，犯行時間帯に警察の保護下にあった人物の指紋であること，である。非対照試験の17％で，被実験者は先の判断は正しかったと評価を変更した。参画した6人中4人の専門家は，新規の状況情報で判断を変更した。こうした客観的合理的基準に従った指紋鑑定であっても，ある程度の柔軟性があり，自白が情報の1つとして影響していることが指摘されている（Dror, 2006）。

（9）被疑者の自白率と自白理由

自白行為は，制度的，文化的影響下にある基本的役割であり，自白率は，国によってばらつきがある。日本では，警察取調を抑制する事柄はほとんどなく，社会的基準が，宗教や道徳上の罪意識から恥じいるという反応として，自白を好ましいと受け入れられているので，大多数の被疑者が自白する。

警察署の取調で得られた自白の評価について調査された結果がいくつか報告されている（Baldwin, 1990, 1992, 1993, 1994；Irving, 1980；Moston & Engelberg, 1993；Ord et al, 2008；Povey et al, 2009；Stephenson & Moston, 1993, 1994）。ほとんどが，ウェールズやイングランドの結果であり，おしなべて49～61％の範囲の同じような自白・自認率が示されている。1986年のPACE法制定以前と以後とでは"取調技術の軟化"による自白の激しい低下をもたらしていなかった。もちろん，PACE法の影響で，操作的説得的取調数が減っていった時点でも自認数は，1979年の62％から，1986年の65％と相対的に一定であった。とはいえ，こうした結論について3つの問題点が考えられる。①大した働きかけがなくても多くの被疑者は話をする傾向にある。また，強要的方法が認められていたとしても，さして頻繁な必要性が認められない。②PEACEは，"取調の非記録"化に基づく許されていない強要が行われている可能性がある。③違法である強要的取調は，依然として実行されている疑いがある。一方，アメリカの方では，50～55％（Slobogin, 2003；Thomas, 1996）や65％（Leo, 1996a）が強要的な取調が行われているとの数

値が報告されている。

　普通自白が得られた取調の成功には，2種の亜型がある。成功した結果およびその要因の率である。成功した結果の率について，先のレオ（1996a）およびカッセルとヘイマン（1996）の報告がまとめられている。

　レオの取調調査結果では，被疑者が事件に関わりがあるとほのめかしているが具体的なことには何も触れていない場合には"有罪供述あり"，有罪を認めた上，ある部分のみを明らかにしている場合を"一部自白"，有罪を認めて全部を明らかにしている場合，"全面自白"としている。20.1％がミランダ権利を行使，14.8％は有罪を認める供述は何もしなかった。22.5％は有罪を認める供述をした。17.5％は一部自白，24.2％は全面自白となっている。自白の目標が有罪と認められる情報が得られたかどうかとするならば，約64％が成功であったとなる。ミランダ権利行使を除外すれば，成功率はおよそ76％になる。

　カッセルでは，ユタ州ソルトレイクの地方検事局や警察の凶悪犯罪の取調状況を，6週間の間，取調官から聞き取り調査している。被疑者が実質的に事件関与を認めた場合は"自白"，被疑者が事件に何らかの関与をほのめかす供述をしているが，実質的関与というには不足がある場合，"関与供述"，その他は"不成功"としている。27.2％が自白，15.0％が関与供述，12.1％がミランダ権利行使，45.7％が不成功，何らかの有罪を示唆する供述が得られた場合を成功とみなせば，約42％が成功となる。両者の成功率の差は有意であった。この差は，仲介もしくは媒介変数，すなわち，取調の地域・教育・能力・訓練度・犯罪の悪質度などの違いによるものと説明できる。しかし，これらの調査では，どの項目が影響しているのか不明である。とはいえ，警察の取調で，犯罪被疑者の有罪情報を，ほぼ，満足すべき程度の成功に達しているといえる。

　ある取調方策は，他の取調方策より成功しやすい。被疑者に不利な証拠が多ければ自白しやすい。そして，経験ある取調官ほど，有罪情報の導出に成功しやすいようである。より長い取調時間もまた，より短い取調時間より成功に至りやすい。とはいえ，これらの結果を確実にするには，もう少し背景資料が必要である。本稿の資料は，限られた地域の比較的少ない資料に基づいたもので，一般化にはもっと慎重でなければならない。

　長時間の取調によって有意に成功に到達するとの報告（Leo, 2008）があるが，取調時間の長さはあまり成功結果と関係がなく，取調時間の長短と成功失敗との因果関係も不明との報告もあり（Cassell, 1998），取調時間の長短は必ずしも成功不成功と結びつかない。被疑者が寡黙な場合には，自白を得るのに取調時間は必然的に長くなるし，冗舌な場合にも，聞き取りに時間が奪われ，時間との関係は不明である。自白までの取調時間の調査結果では，比較的短時間（20～30分）であった。そして，事件が重要であればあるほど長くなる傾向があった。

　しかし，取調で用いられる方法は，自白を得るために最も有効な要因である。一般的には方法を多く使えば使うほど，良好な結果に結びつく。被疑者の良心に訴えたり（成功率97％），被疑者の弁明話の矛盾を確認したり（91％），称賛または追従に乗じたり（91％），道徳的合理化あるいは心理的口実を提供したり（90％）することは，効果が発揮される。成功率の低い方策は，被疑者に有罪の証拠を突きつけたり（78％），被疑者自身の利益を強調したりする（77％）ことである。最低の成功率でも77％であることは，一回の取調で，平均5.62の方法が用いられていることと無関係ではない。すな

わち，大抵の取調には，最も効果的な方法も，最も効果的でない方法も用いられており，また，被疑者に提示する証拠の強力さは，ミランダ権利を行使した被疑者を除外すれば，証拠が強力であるほど，有意に成功結果に関係している（Cassel, 1998）。

(10) 拷問

旧幕時代以来，明治初期時代を通じて，刑事訴訟の法律は拷問の必要性を要求していた。すなわち，容疑者が自ら自白していない限り，いかに罪証が明白であっても刑罰を科すことができなかったため，白状させることを目的として拷問を認めていたのである（森川, 1974）。

1870年（明治3年），今で言う刑法にあたる《新律綱領》の発布で，拷問を許していた。新律綱領中では，捕亡律，断獄律は，刑事訴訟法に属している。この法律中に。"訊杖"という規定が設けられ，「凡そ訊杖は竹片三個を内合し，圓形になし，その両頭の周り五分，長さ三尺，禾藁を以て竪にこれを包み小麻縄を以て密にこれを横纏す。その重罪を犯し，贓證明白なるに招承に服せざるものを拷訊す」と，拷問法を採用している。ただし，老幼不拷訊の條及び婦人犯罪等の規程があり，老年者幼者および懐胎している婦人には拷問を許さなかった。

1872年（明治5年），臨時裁判所・司法省裁判所・出張裁判所・府県裁判所を設け，ここに検事を置き，また，犯人の口供を録取するについての心得およびその雛形を示した法律として，《罪案凡例》を規定した。諸言には「罪囚前に在り，法を案じ，罪を定むるに其以て議疑論定する所のもの，一の供状によるのみ」とされ，犯人の口供に基づかなければ裁判を行うことができなかったという事情があり，供述を得るための拷問を許していた。

1873年（明治6年），《断獄則例》断獄の心得及び法式等を定め，第十五則に刑具に"訊杖"および"算盤"の二種が規定され，第十七則に"算板"の製法が定めて，被告のための利益擁護は完全に無視されたままの《検事裁判》および捕亡律および断獄律等規定の数十條例附加し，三百十八條で，罪を断じるは口供結案に依ると明文化した《改訂律例》の3つの法規を定め，従来の慣例を法律で明文確定した。

1875年（明治8年），大審院創設，刑事上告の道を開いたが，死刑および終身懲役の刑に至っては，上告の道によらず，裁判前に予め上級裁判所に裁可を乞い，しかる後始めてこれを執行するとされ，最も重き罪でも上告は許されなかった。

明治9年，糾問前事職務假規則を規定，また，改訂律例第三百十八條の規定を改め「凡そ罪を断ずるは口供結案による云々」というところを「凡そ罪を断ずるは證によるべきこと」となし，よって従来の口供結案の法を一変，必ずしも被告人の供述を要しないこととなった。と同時に拷問の必要もほとんどこれを認めないことになった。しかしながら，これで拷問の跡を全く断ったというのではなく，口供結案の法は一変したものの，拷問は廃止されず盛んに行われたと伝わっている。この年，糾問判事が規定され，後々の予審判事が生まれている。

明治10年，"保釋条例"を設け，未決囚人の保釈を許すこととなった。こうして，保釈を認め証拠による罰断という刑事訴訟の改善を経て，1879年（明治12年），拷問に関する法令は廃止され，翌1880年（明治13）年には"治罪法"を頒布，1882年（明治15年）1月1日施行，その後，改まって"刑事訴訟法"となり，拷問は廃止された（花井, 1914）。

表面上許されなくなった分，自白偏重の風潮は変わらず，人格を貶め，辱め，戦意喪失させる総合拷問方法として，拷問要素の濃い巧妙な

取り調べによって自白を迫るようになっていった。正座・膝蹴り・竹刀や箒の利用・鉛筆使用・柔道着の着用・スリッパで殴る・往復ビンタ・鼻に指・膝の上に立つ・膝を踏むといった高圧的な取調が繰り返された。

中でも，被害者を中心とする知り合い出入り関係，因縁辿りの捜査証拠収集に転換したことによって，従前常套化していた暴力的方法に代わり，長時間の正座，連日午前9時から深夜午後10時までの取調，弱点追求，記憶の錯乱をねらった詐術，絶望感，少なくとも警察では否認できないので裁判で否認させようとし，事件内容の細かい点を暗示するようになっていった。これには，

- 痕跡を残さぬゴムホース
- 規則正しい間隔で，鋭い重くない打撃を，頭蓋骨に反復して与える
- 傷つけないと安心させ，背後から突然棍棒か厚板で殴り倒す。回復するとまた繰り返す。（決して殴った人物を見せないことが肝要である）
- 部屋の温度を上げたり下げたりする
- 強力な電灯照射，もしくは点滅
- 断眠
- 友人達と接触させない。弁護人に助言を受けさせない。外部との連絡を遮断する
- 不利な罪状のみを挙げる事のみ努める
- 白状すれば赦してやると伝える
- 子供を連れた家内を警察付近に通行させ目の前に見せつけて問責する
- 警察では事実を言っても採用されないと思わせ，裁判で証明してもらおうと身に覚えのない罪を自白させる

等の巧妙かつ残酷な拷問が繰り返され，冤罪を生んできた（小田中，1993）。こうした行為が一部の警察官にとどまらず。全体の偽証と隠蔽を誘発し続けることとなったに過ぎない。拷問の犠牲者は，暴力組織の職業的犯罪人ではなく，無知で，依る辺のない，権利を侵害する者に挑戦する資力のない人々である。認めると犯人，否認すると犯人だからだと判断する検察官がこれに輪をかけることとなる。

ある警察取調官によれば，「いくら隠してもダメだ，こちらでは指紋も取ってあり確かな証拠が挙がっている」と口々に繰り返し繰り返し詰問する。そして，否認を続ける容疑者の両手を前縛りし，穿いていた靴で横腹を蹴ったり，次いで，頭部顔面部の別なく50回あまり乱打，それでも否定し続けると，手足を縛り道場の梁に逆さまに吊るし，さらに，撲ったり蹴ったりした。その間，食事は一切与えられない。総身綿の如く疲れ果て，相手の言動も定かではなく，しばしば人事不省に陥った。虚構の話でも作り上げなければと覚悟しかけたところに，水で湿した細い絹糸で両手を絞められ，水を吹きかけられる。堪りかねて，痛苦を逃れるため犯行の大筋を認める供述を行う。すると，細部についての追及が始まり（凶器をどう処分したかとか，奪った金の隠し場所はどこかとかである），こうして，事件内容の迷走が始まるのである（自宅の縁下に隠してある。逃げる途中捨ててしまった。女に渡したなど）である。(Frank & Frank, 1957)

モーリス・タフ事件：1931年発生・1931年被告人起訴・1932年有期刑確定・1932年無罪釈放。

1931年4月4日，ミズーリ州セントルイスの織物店に，それぞれ拳銃を持った若い2人の男が入ってきてレジスターから売上金を奪い，逃走した。その間店で働いていたHBとMSの女性従業員はびっくりして立ちすくんでいた。

警察に通報して，人相を伝えた。1カ月後の5月9日，通りを友人WA（18歳）と歩いていたモーリス・タフ（19歳）は，警察官に呼び止められ，2人とも織物店の強盗容疑で逮捕された。警察で面割が行われ，被害女性2人は逮捕された両名が犯人だと確認した。少年を公判に付すにはこれで十分であったが，付加的証拠を得ておこうと取調を行ったところ，WAは犯行を自白，タフは関係がないと否定。しかし，共犯者の名を挙げることは拒否した。タフも取調べられたが無実だと否認。そこで，食事や睡眠をとらせずに40時間の間取調べられ，空腹と疲労に負け，取調官の補助のもとに自白した。起訴後，WAは有罪答弁をし，タフは否認して無罪答弁を行った。11月23日の裁判で，被害女性従業員2人はいずれもタフが犯人の1人と証言した。また，WAは，タフは無関係だと証言したが共犯者の名は明かさなかった。タフ側は，犯行時現場から数マイル遠くのウエイネスヴィルにいたとのアリバイ証言をした。陪審員は有罪答申をし，10年の感化院収容を宣告した。半年後，WAはタフの釈放を思い，共犯者は弟DA（15歳）と告白。1932年12月12日，タフは無条件恩赦となった（Frank & Frank, 1959）。

二俣事件：1950年地裁死刑・高裁控訴棄却・最高裁原審破棄差戻・地裁無罪・1957年高裁検察控訴棄却無罪確定。

1950年（昭和25年）1月7日朝，静岡県磐田郡二俣町で，一家4人（父（46歳），母（33歳），妹（2歳），妹（0歳））が血まみれとなって死んでいるのを長男が発見した。別件でS（18歳）が逮捕され，拷問の結果，拾った匕首で殺害したと犯行を自白した。犯行時刻が6日午後11時過ぎであることは明らかで，また，現場遺留の27センチの足跡痕に対し被告人Sの足は24

センチであったことやアリバイが成立していたが，虚偽自白によって犯行時刻を午後8時半から9時であるとした。自白の真実性に疑問を呈し，物的証拠の矛盾もあった。担当取調官主導による拷問・誘導尋問などが指摘されている（上田・後藤, 1948）。

石和事件（拷問）：1955年地裁有期刑・1956年高裁原審破棄無罪確定。

1953年（昭和28年）2月6日午後6時頃，山梨県東八代郡石和町に住む男性K（65歳）が，全身に多くの擦過傷を受けて死亡した。Kは幼少時から知的障害を持ち，温泉旅館の雑役夫や作男をしてきた老人だった。まもなくKの実兄Aが犯人として逮捕され，拷問によって「足蹴にしたり，キセルで上額を数回殴り，脳震盪を起こさせ殺した」という自白を行った。この事件は実際にはK自身が転んだり，土間に落ちたりした結果の事故死であることがわかった（正木, 1987）。

仁保事件（一家6人殴殺：拷問）：1962年地裁死刑・高裁被告側控訴棄却・最高裁高裁差戻・1972年高裁無罪確定。

1954年（昭和29年）10月26日，山口県仁保農業YT（49歳）一家6人が鍬で殴殺され，翌年10月19日最後の容疑者として別件窃盗未遂で逮捕されたOTが，3日間の昼夜にわたる調べと160日の勾留と拷問などで自白。農家にある凶器になるような道具全てを列挙させ該当するところでやめさせる誘導によって，強盗殺人で起訴。正座により足をしびれさせ・髪や肩を引っ張ったりし，膝の上にのる・膝を蹴る・竹刀や竹箒を膝の間に差し込む・鉛筆指はさみ・柔道の帯を頭に括り端をズボンに結び身体を反り返らせる・鼻を指ではじく・両耳をねじ上げる・座敷箒で顔を掃く・寒気の時期にシャツを

脱がせヤカンの水を首に垂らし団扇や扇風機であおぐ等，朝9時頃から翌朝明け方3時頃まで続ける。調書化までに何回となく3組の取調官が順次ヒントを与えていき，詳細事項を次から次に言わせ，その都度ヒントが与えられ誘導・修正していく等の取調をし，裁判ではっきりしてもらえると暗示した（青木，1969）。

半田署巡査刺殺事件：1967年（昭和42年）6月2日，愛知県半田署当直中の巡査が刺殺された。元不良グループ会員が同日傷害容疑で逮捕されており，黒い車で来たとの被害者の言に該当する車が同会に停車しておりボンネットが温かったので，同会員の犯行とみた。会員を別件の傷害で次々に逮捕。正座による拷問・長時間の取調・記憶混乱・連絡遮断による絶望感を誘導して自白させた。暴力・脅迫以外の誘導，詐術，甘言，正座，髪肩引っ張り，膝乗り，膝蹴り，竹刀竹箒足間挟み，鉛筆指間捻り，蝦縛り，鼻指弾き，耳ひねり，水垂らしという始末の拷問の結果である。12月15日，7人を送検。凶器は半田泊地に捨てたと供述したため，捜索したが発見できず。送検6日後，不良グループとは関係のない少年の真犯人が凶器の刃物を持って，自首してきた（前坂，1982）。

第5章
虚偽自白の実態

　証拠法に基づく自白法則によれば，自白は最も重要な証拠であるが，同時に冤罪を生む危険な証拠でもあることから，その証拠能力は厳しく制限されている。強制，拷問もしくは脅迫による自白，または不当に長く抑留もしくは拘禁された後やその他任意にされたものでない疑のある自白は，これを証拠とすることはできないと規定されている（憲法38条2項，刑事訴訟法319条1項）。また，自白の証明力に関して，被告人は，自己に不利益な唯一の証拠が被告人の自白である場合には有罪とされないとの補強法則（憲法38条第3項,刑事訴訟法319条2項，3項）が設けられている。こうした制限のもとに，自白には，その信用性の判断基準ならびに注意則が存在する（守屋，1988）。

　自白内容の信用性（客観的真実性）を判断する基準は，他の証拠と確認された客観的事実とを照合し，矛盾の有無を検討し，首尾一貫して現実的親近感のある内容が具体的にかつ自発的に述べられ，臨場感のある体験供述として，犯人しか知り得ない秘密の暴露が重要である。たとえ真犯人でも，量刑上不利・不名誉・恥辱・犯人の錯誤・記憶違い・取調官への迎合・将来の否認の布石・悪質さを軽減した内容・取調官による暗示などから虚偽または不誠実な内容が生まれる場合もある。また，客観的事実に合致する部分は不動であるが，その裏づけのない部分の供述が安定し一貫性がある場合と変転動揺している場合とでは信用性は異なる。供述している被告人の知能，性格，情緒，精神状態，疾病などの要因も見逃してはならない（Kassin & Gudjonsson, 2004）。

　争いのある自白がある事件すべては，裁判官が自白の任意性や証拠能力を判断する審問が行われ，任意とみなされた自白に，特別な説明なく，他の証拠同様，採用される。任意性や証拠能力の公判前判断を，陪審員（裁判員）は裁判官と共に行うが，ある種の思い込み，取調状況の圧力に対して敏感であろうか，そして，正しく評価できるのか，あるいは，強要された自白証拠の意志決定の様相を無視できるのかは予測不能である。

　自白証拠は訴追側（検察官）にとって，最も有力な武器である。ある法学者の言葉として「法廷に自白が提示されると，他の如何なる状況も無意味となる」ほど強力である（McCormich, 1972）。その分，警察の取調，検察の起訴の判断，そして，法廷での陪審員（裁判員）たちの答申に大きく影響していることを意識しなければならない。

洋の東西を問わず，歴史上，警察が誘導した虚偽自白は，誤判の最たる原因となっている。殴打・拷問・断眠・暴力的脅しは，無実の人に虚偽の自白を導きだすことは容易に理解できる。心理学的尋問技術によって，無実の人がやってもいない犯罪，特に，終身刑もしくは死刑を予測される重罪を自白するという考えは，直観で容易に受け止めかねる行為である。虚偽自白とは，"やりました"という言葉に加えて，どのようにまたなぜ犯罪が起きたのかを物語る行為であり，事実としては間違っており，告訴された犯罪に全く無実な人によってなされた告白である。ところが，裁判ならびに捜査等の公式機関による正式な記録が残されていないので，虚偽自白の実態を見極めることは難しい。虚偽自白を特定することには固有の困難があるとはいえ，事例研究を通じて虚偽自白の実態を見極める努力を積み重ね，その多くが取調誘導性である可能性を示さなければならない。

かくて，自白には，"立証された虚偽自白"，"係争中の自白"，"不確かな自白"，あるいは，"立証された"，"高度に蓋然性ある"，"蓋然性ある"虚偽自白などと区分されているが，実際の虚偽と虚偽自白とは一致していない（Meissner et al., 2012）。とはいえ，多くの報告で，虚偽自白の危険性は，十分懸念に相当する数量に上ることが現実である。警察当事者，裁判官，陪審員（裁判員）にとっての問題は，一般に，虚偽自白の発生を受け入れたくない立場にある。アメリカの警察の取調官の話として，「取調には鉄則がある。拷問や極端な強要は別として，自分がやったことのない事柄をやったと認める人間はいない。どれだけ質問攻めにあおうと，どのように罵られようと，やったことのないことを認める気になることはない」との考えがある。不幸なことに，この見解は，女性殺しを虚偽自白した精神遅滞の人物に関わった取調官の主張であり，記録された取調状況を検討したところ，厳しい取調が行われていた。被疑者は最初否認したが，取調官の助けを借りて結局自白した。例えば，被疑者が，「被害者の足首を縛ったものは何か？」と訊ねられ，「えーと，ハンカチだったと思う」と答えると，取調官は「違う，違う，違ってる」「粘着テープだったんだよ」と応じていた。一年ほどして，なぜ虚偽自白したかを振り返って，取調官が，顔をわしづかみにして，向かいあわせにさせられたので，怖くなり，「自白すれば，みんな家に帰れるんだ」と取調官がいうので，「取調官も帰りたいんだと思った」と話した（Gudjonsson, 2001）。

虚偽自白の実務への影響の重要性について調査が行われている（Kassin, Drizin, Grisso, Gudjonsson, Leo & Redlich, 2010）。取調の記録化が行われた死刑判決事件について，予備調査の資料として，2種の虚偽自白状況が用いられている。1つは，自白の部分のみの記録，もう1つは取調過程全部の記録である。全取調過程を見せられた被験者等の方が有罪に判断しがちであった。陪審員（裁判員）が持っていないそして必要とする情報とは，被告人がどのような経過で自白に至ったのか，そして，自白した時，もし犯行現場にいなかったら，どのようにして，犯行内容の情報を知ることができたのか，そういった点に関して，被告人にとって，録画記録は最も明快な防衛手段となると述べている。録画記録が高圧的な自白に追い込まれた被告人の防御手段であることは確かであるが，自白を知ってしまった不在証人の脱落や，同じように自白を知っている目撃証人の証言で有罪となったりした被告人には，何の助けともならない。この問題に立ち向かうには，二重盲検法を基盤とする証拠の取扱いや面通しを行う際にどの人物が被疑者かを知らないでおく意味などを徹底することである。そうすることで，証人を，意

識的にしろ無意識的にしろ，特定の人物に向かわせることがなくなるのである．

また，裁判官や陪審員（裁判員）も証拠依存性の問題，すなわち，自白による他の証拠の汚染問題を理解しているかどうかも調べるべきだと望んでいる．虚偽自白が他の証拠を歪めることを陪審員（裁判員）に告げられれば，客観的に自白を見て，自身の判断を行えるだろうか．もし，自白によって他の証拠が歪められるようなことが起きるのであれば，無害な誤りといって見過ごすべきではない．いったん，自白が公表されると，他のすべての証拠に悪影響がもたらされるので，自白が一人歩き始めると証拠を見直すことができるとは考えられない．

結果をまとめると，裁判に付された虚偽自白者は，自白を支える信頼できる証拠なしに，73〜81％で有罪となることが示され，虚偽自白は，裁判官や陪審員（裁判員）の前に提示する証拠としては，事件内容を検討するに当たり，（虚偽）自白は，非常に有罪の気配に偏った評価がもたらされている．被疑者の無実を示す強力な証拠を凌駕して，自白を取り上げてしまう．陪審員（裁判員）は，被告人の自白が高圧的な方策で得られ，他の証拠が強く被告人の無実を支持していたとしても，虚偽自白を，単純明快に，無視しないだけのことである．虚偽自白証拠は，アメリカ刑事司法制度下では，すべての無実の被告人の運命に，先入観を与えるものである．

取調で被疑者が無実か有罪かを見極める問題に加え，警察が，毎年，どれくらいの数，取調を行っているのか集約して報告されないので不明である．さらに，大抵の研究者たちは，有罪判決から虚偽自白を検討しようとしているが，虚偽自白は，誤った有罪判決の一部であることも忘れてはならない．こうして，誤った有罪判決がどの程度起こっているのかを見極め，誤っ た有罪判決のどの率が虚偽自白によるものかを決めることには，さらなる困難をもたらしている．これは，単純な労力で片付かないし，正確な評価に見合う資料が不足しており，大きな間違いを持った評価をもたらすことになる．しかし，全体の取調，逮捕，有罪判決，そして，誤認率などを駆使して，虚偽自白に基づく誤った有罪判決は，年間，全有罪判決の0.001％から最高0.04％の範囲であると見積もられている（Cassell, 1998; Huff et al., 1986）．

警察取調による虚偽自白の頻度評定についての別の試みとして，無作為の事件抽出による虚偽自白の出現頻度を検討する方法があるが，虚偽自白の証左は得られていない（Cassell & Hayman, 1996）．

このように，虚偽自白の出現頻度を決定することは困難であるにしても，その率は非常に稀であると考えられる．事例調査のような方法は排除して，正確な虚偽自白の出現頻度を見極めることは不可能であり，虚偽自白問題は，司法制度の全面的な改革がなされるべき深刻な問題だとする向きもある（Leo & Ofshe, 1998）．虚偽自白の出現頻度が決せられない（そして，問題の実態も見えてこない）のに，結論は一体不明なままどうなるのであろうか．

警察の取調では，基本的に2つの異なる型の虚偽自白がもたらされる．虚偽自白者が，自白した行為を実際に信じ込んでいるか，いないかである．虚偽自白者が，自分は無実の事件を実際にやったと信じ込んでいる場合，その自白は，"内在化"したと言われる．内在化した虚偽自白は，3つの過程を経て信じ込まれる．先ず第一に，取調官が被疑者の記憶の確信度に攻撃をかける．次に，取調官は，被疑者に事件をやっている，そして，健忘や昏睡か何かで覚えていないだけだと示唆する．最後に，被疑者がその事件をやったはずだと受け入れた後に，取調官

と被疑者と共同して，詳細な自白を作り上げていくのである。子供，知能遅滞者，薬物嗜癖者たちは，この型の虚偽自白を行いやすいことが指摘されている。

偽の証拠を利用すると内在化した虚偽自白がもたらされることが実験的に示唆されている（Kassin & Kiechel, 1996; Redlich & Goodman, 2003）。2種の実験が計画された。両方の被験者とも，コンピュータにできるだけ早く入力をする能力を測定するための実験に参加してもらうとし，押すと機器が壊れるキーがあるので，入力時絶対に押さないよう指示される。実験途中で，機器が突然壊れ，被験者がキーを押したからだと実験者が非難する。この時，各被験者には助手がつけられ，その半数が，キーを被験者が押すのを見たと証言する実験が実施された。この偽の証拠手続きで，偽の証拠を提示しなかった時より，内在化した虚偽自白が増えた。一方，入力したものを印字し，禁止されたキーが押されていると偽の証拠を提示する条件では，内在化した虚偽自白は有意に増大しなかった。これらから，内在化した虚偽自白の誘因として，偽の証拠提示の採用は，今少し，検討しなければならないと考えられた。

虚偽自白の関連領域は，法執行当局の多大の関心をひいている。というのも，迎合的虚偽自白をもたらすと考えられる手続きが，大抵の取調技術指導書には述べられているからである。基本的には，前章3章で述べた「直接対峙」と「主題展開」である。両者とも自白によってもたらされる結果を過大化あるいは過少化することで刑罰の認識を変更するという見解を支持する結果が報告されている（Ksassin & McNall, 1991）。様々な過大化や過少化の取調方策を記した取調記録を被験者に読ませたところ，被験者に勧告された刑罰の程度に対する受け止め方は変更することが示された。したがって，過大化や過少化の方策を利用することは，虚偽自白の原因になりうると指摘された。しかし，この実験計画上，この結論を全面的に支持することは難しい。書面上で犯人が受ける刑罰はどれくらいだと考えるかを報告しているのであって，自分たちが事件に関わっていればどのくらいの刑罰と考えるかとされていないのである。さらに，被験者らは，自白するかどうかも聞かれていない。この実験結果は，偽の証拠は迎合的虚偽自白の原因だとする証左に頻繁に引用されているが，正当な根拠はない。この実験では，内在化した虚偽自白に特別な注目をして行われているだけである。虚偽自白についての実際事例の報告では，（殴打や脅威といった）強要的方策が利用された時，被疑者が精神障害に陥っている時，被疑者が未成年の時にのみ，迎合的虚偽自白がもたらされることが示唆されている。

さらに，前章で検討した技術指導書中，インボーら（2004）とズロースキイ（2002）では，虚偽自白の認識，そしてその防護対策について，念入りに検討しなければならないと，強調していることを記しておく。

大森勧銀殺人事件（虚偽自白）：1970年発生・地裁無期・高裁控訴無罪・検察上告・1982年最高裁上告棄却確定。

1970年（昭和45年）10月18日（土曜日）夜，東京の日本勧業銀行（当時名）大森支店で宿直行員（27歳）が電気掃除機のコードで絞殺される事件が発生した。同銀行支店は，通常の土曜日なら数人が深夜残業をすることが多いのに，当日は伊豆への一泊慰安旅行中であり宿直行員以外は誰も残ってなかったこと，大金庫扉のダイヤルは触れると警察署の非常ベルが鳴る仕掛けとなっていたがこれに触れた形跡がなく大金庫扉の「かんぬき」のボルト数本が外されていたこと，行員は普段から自己の机やロッ

カーなどに現金や貴重品を入れないことになっていたところ，金品以外は物色した形跡がないこと，さらに，被害者の死体の状況からは，凶器は電気掃除機のコードと鋭利な刃物であり，脇の下の皮下出血痕（羽交い絞めした痕跡と推認）などから，犯人は複数犯で，銀行の内部をよく知っていたという情報をつかみ，この線からの捜査が進展していった。ところが，友人に4～5人でやったと冗談の話をしたCS（当時20歳）の情報が伝わり，10月27日，窃盗事件で別件逮捕された。19日目，10万円の借金返済のため，発見された場合に備え，知人から盗んだヤッパ（手製ナイフ）と金庫を開けるためのプライヤー，指紋を残さないための手袋を準備し，たまたま通用門が施錠されていなかったのでそこから侵入して金庫を開ける最中に発見されたので格闘のうえ殺害に及んだと単独犯行を自白。犯行後ヤッパとプライヤーは品川ふ頭の岸壁から海へ捨てたと自供した。公判で，被告人は取調べで暴行・拷問を受け（殴る・すねを蹴る・首を絞める・髪の毛を引っ張って頭を後ろの壁にぶつける・鉛筆を指の間に入れて両側の指と一緒に握る・机の上に置いている手をいったん上に持ち上げたうえこれを机にぶつけるなど），さらに誘導によってウソの自白がつくられていったと主張したが，一審判決は，犯人しか知りえない事実を述べた「秘密の暴露」にあたると任意性，信用性もあるとして無期懲役。物証が何もない控訴審では自白の任意性と信用性が争点となり，格闘・殺害行為の自白と被害者の傷とは合わず，死体の傷から想定して必ず付くはずの返り血付着はないこと，盗んだとされていたヤッパは実は盗まれていなかったことが判明。また，新たに足跡鑑定が行われ，足跡がCSの靴と一致せず複数の足跡という結果が出され，さらに，被害者の首に巻きつけられた掃除機のコード状況は，対面状態で巻きつけたという自白とは合わず，背後からしか巻きつけられないことが明白にされ，複数犯による犯行と指摘された。検察主張と一審判決の認定は，事実によってことごとく崩れた（前坂，1982）。

大阪事件（暴力団組長狙撃）：1977年地裁有期刑・1990年高裁無罪。

1976年（昭和53年）7月11日の夜，京都市内のナイトクラブで日本最大の広域暴力団，Y組の組長（65歳）が対立団体DS団のNK（26歳）に狙撃され，弾丸が頸部を貫通し全治2カ月の重傷を負った。1975年（昭和50年）7月26日大阪府豊中市の飲食店で反目する組織の組員間で争い，反Y組系の3人を射殺し1人に重傷を負わせた。Y組系組員は反Y組系を支援するDS団の初代会長YYを浪速区日本橋の路上で射殺した。DS団のYYを敬愛していたNKは，遺骨の一片をお守り袋に入れて復讐を誓い，狙撃したのだった。数日後，周囲の英雄視に気を良くしたNKはY組長宛てに挑戦状を書き，夕刊に掲載されY組の怒りを買い，NK捜しが全国規模で展開された。同年9月17日，ガムテープが巻き付けられ，脇腹には数カ所の刺傷，前歯は欠け，爪や男根が無くリンチの痕跡のある白骨化死体が六甲山中で発見され，NKと判明した。10月8日，反Y組系T会の幹部と組員ら3人をNK隠蔽容疑で逮捕。NKを殺害したのはY組ではなく，T会の3人がNKを殺害し死体を六甲山中に遺棄したと自供。動機はY組の追及が烈しく，NKを匿うことに持て余したということだった。だが，3人の供述には食い違いが目立ち，客観的な証拠と矛盾し，不自然な変遷も認められたため，誘導や，作意が疑われ信用できないとされた（鈴木，1984）。

1. 虚偽自白の歴史的展望

　虚偽自白の司法歴史をひもとけば，数多くの悲劇的な誤審が存在する。男女を問わず無実の人が，訴追され，誤った有罪判決を下され，そして，服役もしくは死刑となる例がある。その発生頻度についての意見は様々であるが，後々考えてみると，とても本当とは思えない虚偽自白のみで有罪となった被告人が憂慮すべき数に達していることは明白である。

　1932年のチャールズ・リンドバーグ子息（Lindbergh Jr.）誘拐殺人事件で200人もの人物が犯人だと名乗り出たことはつとに有名である（Cyriax, 1993）。1947年のブラックダリア殺害（Black Dahlia）事件でロサンゼルスの駐車場に切断死体となって発見された被害者の女優志願の女性殺害事件について12人もの申告があったのを嚆矢として（Gilmore, 2005），虚偽自白に関わる事案には事欠かない。この手の振る舞いは，人格障害の所為だと説明するのが最も当を得ている。事実テレビ俳優に見えたり，有名になりたい人々にとっては望むところであろうと専門家間では了解されている。

(1) ミランダ判決

　一般的に虚偽自白は，「ミランダ判決」による被疑者に認められた権利放棄から始まると指摘されている（Leo, 1996b）。自己申告報告による結果によれば，大多数の人々が取調に当たり黙秘権と弁護権を放棄しており，有罪の人々より，無実の人々の方が，そうした権利を放棄しがちである。自分は無実だから，隠さなければならないことは何もないし，有罪に見られるようなそうした権利主張もする必要がないと判断するからである。

　近代取調技術を議論することは本来片手おちで，被告の意を守るためには手続き的な保護対策が必要である。米国最高裁は，強姦ならびに誘拐事件でのアーネスト・ミランダ（E. Miranda）事件（Miranda v. Arizona, 1966）で画期的な判断を示した。警察は拘束被疑者に対し，黙秘する権利と弁護人を立ち会わせる憲法上の権利を告げなければならないとしたのである。直ちに，法執行当局擁護者たちは，この判断は自白を得る努力に歯止めをかけようとするものだと異議を唱えた。しかし，多くの影響力ある調査研究に基づき，法学者たちは，最高裁の判断は，そのような作用結果は生じないとした。事実，多くの少年被疑者たちは示された権利を十分理解していなかった（Kassin, 1997）。

　今日，再び，問題が再燃し，論議が行われている。その一方で，ミランダ判決への批判は続いている（判決前と判決後の変化，あるいは，国際比較の調査研究）。警告や権利放棄の要請の直接の影響として，自白率，有罪率の有意な低下をもたらし，危険極まりない犯罪者を野放しにしているとの非難である。その逆に，ミランダ判決の賛同者たちは，現実の低下は実体がないと考えている。被疑者の5分の4は権利を放棄し，取調に甘んじている（Leo, 1996b）。また，法執行当局の費用は社会的恩恵を上回っている。例えば，被告人ミランダは，警察実務に啓蒙的作用を及ぼし，憲法上の権利について一般の人々の関心を高めたのである。必然的に，この問題についての論争は，政治的観念論的見解に影響されている。しかし，この点にこそ，全てが同意するのである。既存の経験則は脆弱で，一層の調査研究が求められる。

(2) 虚偽自白の事例研究

　虚偽自白の先駆的研究は，①65例の事例を報告した先駆的研究（Borchard, 1932）に始ま

り，②1980年代後半以来，6つの研究で，合計250例の取調誘導性の虚偽自白例が記録されている（Kassin, Drizin, Grisso, Gudjonsson, Leo & Redlich, 2010）。また，③虚偽自白が原因で死刑もしくは死刑の公算の高い裁判で49例の誤判が見出されてもいる（Bedeu & Radelet, 1987）。④ミランダ判決以降（すなわち1966年以降）の警察誘導性虚偽自白60例が記録されていることも確認されている（Leo & Ofshe, 1998）。⑤全米において1989年に始まり，2000年9月現在207例に達したDNAによる無罪証明制度を通じて，誤った有罪判決例62例も報告されている（Scheck, Neufeld & Dwyer, 2000）。⑥1970年以来のイリノイ州での殺人事件の起訴に対する誤判での虚偽自白の役割を調べた結果，誤判の60%（42例中25例）で虚偽自白がなされていた（Warden, 2003）。⑦ミランダ判決以降の125例の証明された虚偽自白例の分析では，1989年，セントラル公園遊歩者の暴行事件の犯人として有罪判決を受けた5人の黒人少年たちのうち4人は自白し，映像が記録され両親の前でも有罪を認めた。服役中の2002年，本件事件当時の連続強姦犯が警察に連絡し，単独犯行であったと告白，DNA鑑定でも証明された。この調査では，虚偽自白者は，若年層・低い精神能力・一事件中に複数の虚偽自白者が存在するといった点が指摘され，125件中，3分の2は，DNA鑑定で公判前に無罪が判明していた（Drizin & Leo, 2004）。⑧ごく最近では，1989年から2003年までの誤判であった公式無罪証明例340例を特定し，15%が虚偽自白であったことが報告されている（Gross et al., 2005）。

上記8種の研究は，アメリカにおける虚偽自白の問題についていくつかの重要な事柄を明らかにしている。第一に，警察が誘導する虚偽自白が普通にまかりとおっており，十分注意をする必要があるとの多くの証左が得られている。これら全ての調査研究で，取調で誘導された虚偽自白が250例以上記録されていたことである（大多数は，ここ20年間に起こった例である）。

より最近では，DNA鑑定で無実が明らかとなった200人以上の人々のうち少なくとも49人はやってもいない事件を自白していた。1,000人の大学生による調査では，警察の取調を受けた4%が，虚偽の自白を行うことが報告されている（Herbert, 2009）。

これら虚偽自白の多くは，誤った訴追を導き，不当な有罪判決，そして，無辜の服役を生んでいる。不当な有罪判決によって，釈放もしくは無罪となるまで長年にわたり服役させられる場合もあるし，そのまま，刑期を終える者もいる。無罪となった虚偽自白者の中には，死刑相当で有罪判決を宣告され，死刑を言い渡された者もいることは想像に難くない。

ノーフォーク事件（妻殺害）：1998年発生・被告人起訴・陪審裁終身刑・再審請求・2009年恩赦。

1997年6月8日ノーフォーク事件では，一週間の航海からバージニア州ノーフォークの自宅に帰ってきたビル・ボスコーは，寝室で妻の殺害された遺体を見つけた。数時間後，ボスコーの隣人ダニエル・ウイリアムズが警察で取調べられ，8時間後に，ボスコーの妻ミッシェル・ムーア・ボスコーを強姦して殺害したと自白した。5カ月後，物的証拠の矛盾から，ノーフォーク警察はウイリアムズの単独犯行ではないと判断，ウイリアムズの同居人ジョセフ・ディックに目をつけ，ディックは簡単に自白し公判に付されることのない5名の共犯者と一緒の2名の相被告人との犯行であったことを認め，公然と「あんな事件をやるべきではなかった」と被害者家族に謝罪した。そして，判事が二重の無

期懲役を宣告した際，「あの晩，俺の心・魂に何が起こったのかわからない」と叫んだ。2005年に，ウイリアムズとディックおよび他の2名の被告人の計ノーフォークの4人と呼ばれる人たちが無実であったとの請求を代理人を通じて申し立てた。バージニア州知事に対しては恩赦を求めた。2009年8月，退陣予定の知事は，被告人たちを20年間の保護観察のもとに釈放するという条件付きの特赦を発表した。これは，知事が悩んだ末の決定で，被告人たちが完全に無実の証明をできなかったための苦渋の選択としての条件付き恩赦だった。知事は，2008年秋のラジオ放送で「彼らは全て破棄されるべき完全な一連の自白を行っている。これが，最大の根拠だ」と語った（Herbert, 2009）。

ハリス事件（強姦殺人：年少者自白）：1998年発生・起訴・1998年DNA型で無罪。

1998年，シカゴの少年2人（7歳と8歳）が，11歳の少女を殺害したとして告訴された。頭部を激しく殴打され，彼女の下着が口に押し込まれていた。一見して性的暴行のために襲われたようであった。状況が記録されていない取調の後，2人の少年が，自転車を盗もうと，被害者の頭を煉瓦で殴り，鼻に葉っぱや草を詰め込んだと自白した。少年たちの年齢もあって，全米の報道機関の注目を浴びることとなった。思春期前の少年2人がそのような残虐な犯行を行ったと恐怖を与えたのである。成人の性犯罪である証跡は歴然としていたが，警察は，少年たちが若すぎる訳ではなく，犯人と警察当局の担当者だけが知っている詳細な事件内容を知っていたと主張した。1カ月後，イリノイ州犯罪捜査研究所は，被害者の下着から精液を検出，8歳や7歳の少年ではありえない証拠を発見し，検察官は，起訴を取り消した。検出されたDNAは，後に，本件の近辺で起こった別の3件の性的暴行で起訴されていた成人に一致し，同人は現場にいたことを認め，被害者の遺体に性的暴行を働いたことを自白した。本件は，他に類のない特異な事件ではない。ましてや子供や10代の若者に固有の虚偽自白問題でもない（Drizin & Leo, 2004）。

2. 虚偽自白の諸相

(1) 虚偽自白の発生機序

虚偽自白の誘導には4種の機序があるとされている（Ofshe & Leo, 1997b）。

A. 任意な虚偽自白

任意な虚偽自白とは，警察から外部的な圧力なく提供される自己負罪供述である。60年ほど前にチャールズ・リンドバーグ（C. Lindbergh Jr.）の子息が誘拐された事件で，200人もの人々が，犯人だと自白した。なぜ誰彼見境なく虚偽自白するのであろうか。いくつか考えられる理由がある，友人や親戚を守るのが目的の場合がある。少年犯罪者たちの取調でよく起こる問題である。別の理由として，実験心理学よりも臨床心理学でよく遭遇する動機で，名声・支持・称賛・自己懲罰のための病理的欲求である。無実の男が，女友達の関心を引くために殺人を自白したり，犯行時は不倫をしていたという事実を隠すため有罪だと認める女性もいる。

任意虚偽自白の第1の型は，"病的悪名願望"として，服役の見込みをもってしても，悪名を拡がらせ，自尊心を満足させたい病理的欲求である。女友達の関心をひくために殺人をやったと自白するような場合もある。アメリカの連続大量殺人者ヘンリー・ルーカス（H. Lucas：1936～2001）は，1960年，23歳の時，虐待さ

れていた母親を殺害，精神病院に収容され15年間の治療を受けた後，釈放された。その後，1983年，殺人で起訴されたのをきっかけに，全米17州を中心に8年あまりの間に360人の殺害を自白。逮捕以前では，友人も話し相手もおらず，誰にも注目されなかったのが，いったん虚偽ながら自白し始めると，状況は一変，友人もでき，優雅な生活を楽しんでいられるようになった。後の調査では，実際の殺人数は多くとも10人以下と見られている。有名になりたいとの病理的欲求，意識的もしくは無意識な前世の原罪以上の有罪意識の贖罪要求，現実と空想の区別がつかない状態で，実際の犯罪を隠蔽する目的がある（Call, 1985）。

第2の型は，有罪感を解放しようと虚偽の自白をする場合であり，うつ病の人に最も多くみられる。精神を病んで悲惨な少年期を過ごしたうつ病の人が，人生のある時期をすごした場所をすり替えた殺人を自白したりする。

第3に，空想と現実の区別が定かでなくなり虚偽自白する場合がある。統合失調症に陥った人に多く見られる。病室で殺人の話を耳にした統合失調症の女性が，自分が殺人犯だと自白した例がある。

第4は，真犯人を庇うために虚偽自白する場合である。自分の息子の犯行を庇って父親が犯人だと名乗って出る。

第5に，ポリグラフ検査に失敗したり，心理専門家に有罪だと診断されたりして，自分の無実を証明する手だてが絶たれてしまい，刑罰が軽くなることを思って，虚偽自白する場合がある。

第6に，より重大な犯罪捜査の手を逃れるため，先手をうって虚偽自白する場合がある。

最後の第7として，別個の，犯罪ではない事実を隠すため虚偽自白する場合がある。愛人との関係を知られたくないため，殺人をやったと虚偽自白した婦人もいる。

B. 強要され迎合した虚偽自白

任意の虚偽自白と対照的に，強制され迎合した虚偽自白は，厳しい取調の苦痛を経た後に自白する場合である。強要された虚偽自白は，さらに社会的作用として二種の亜型を設ける——迎合と内在である。社会心理学でおなじみの用語である迎合とは，自分の公の行動を有益な方向に変更することである。この種の作用については，従順さ（Asch, 1956）や権威への服従（Milgram, 1974）の実験でそれぞれ示されている。対して内在とは，他者と共有した思い込みを個人的に受容することである。この影響のより深い形が，集団基盤の同調行動実験で示されている（Sherif, 1936）。

強要された迎合による自白は，被疑者が不快な取調を回避，逃避しようと，あるいは，約束された報酬を得ようと自白して起こる。この場合，自白は，単なる迎合の賜物で，被疑者自身は無実であることを弁えている。心理的観点からすれば，強要された迎合による虚偽自白は，最も理解がしやすい。というのも，自白による目前の恩恵（食事や釈放はもちろんである）が今後の長期にわたる負担（起訴・世間体・投獄）を上回ると思い込むようになったら自白が始まるのである。一般的に自白の意思決定は，自白か否認かに基づく被疑者の期待感の程度如何であると信じられている。この指摘は，無実を演じようとした人物が，罰則を受けそうだという印象を覆い隠すために，できるだけ無罪に見えるよう，合理的に振る舞ったり質問に応じたりするので，かえって往々にして有罪に見られてしまうこととなる。眼前に認められる証拠能力についての被疑者の認識の程度は，被疑者自白の有無を予測する非常に有意な手がかりである。

性格的に社会的影響に迎合する性癖をもっている人は，この点に無防備である。従順さの個人差を測る自己申告手段によれば，"人から無理強いされると頑張りがきかない"，"相手の言うことが間違っていても相手の言うことに同意することがある"との回答が得られている。自白しなかった犯罪者20人と，同じく自白したが間もなくその供述を撤回した20人の犯罪者について調査したところ，撤回した者たちよりも自白をした者たちの方が従順さは高得点であった（Gudjonsson, 1989）。

強要による迎合した自白の挿話には事欠かない。画期的なミシシッピィ事件（Brown v. Mississippi, 1936）で，農場小作の黒人3人が，鋲のついた鞭で激しく打たれた後，殺人を自白した。もし自白しなかったら鞭打ちは続いていただろうと言っている。有罪と認められ，死刑が言い渡されたが，合衆国最高裁への上訴で，有罪判決は破棄された。とはいえ，強要による迎合した自白は，今日に至るまで起り続けている。イギリスで，17歳の少年が，窃盗と性的暴行ならびに殺人で逮捕された。事件に関係する物的証拠はなかったが，5人の取調の警察官が代わるがわる14時間にわたって取調べた。その時間は目撃者の面割に充てられたと主張している。泣き，疲弊，断眠，無力感に苛まれて，結局少年は自白したが，翌日，供述を撤回した。後日，虚偽自白が判明した（Drizin & Leo, 2004）。

また，4人の無実の若者が，それぞれアリゾナ州フェニックスのタイ仏教寺院で6人を虐殺したと自白した。この事件は，精神病院の患者が警察を呼んで，外に3人の人物が関わっていると任意に自白した。直ちに，仲間を逮捕，深夜の厳しい追及がなされた。1人は休憩なしで21時間ぶっ通しで調べられた。兄弟も捕まえると言われた者もいた。4人全員が自白，精神障害者の証言に基づく証拠で真犯人が見つかるまでの70日間勾留された（Drizin & Leo, 2004）。

なじみの薄い雰囲気で，周辺と隔離され，取調の時間および経過が感じ取れず，感情の統制も効かない，取調の不確実さやその結果全てが非常なる苦痛を伴うので，その状態から逃れだすためには，虚偽の自白をするしかない。これらの事例では，被疑者は，なにがしかの結末を得るため，目下の不快な状況から逃れるため，明らかな，あるいは，懸念される脅しを回避するため，約束もしくは予想される利益を獲得するために自白する。

精神的に苦痛な耐え難い警察の取調を回避するため（一審死刑判決後再審で無罪となった四大事件「1948年熊本県発生の免田事件（被告人M逮捕時23歳：熊本日日新聞社, 2004）・1950年香川県発生の財田川事件（被告人T逮捕時19歳：鎌田, 1990b）・1954年静岡県発生の島田事件（被告人A逮捕時25歳：伊佐, 2005）・1955年宮城県発生の松山事件（被告人S逮捕時24歳：村野, 2002）」では，いわゆる"ひっかけと騙し"の方法として，取調官によって自白すれば罪が軽くなると請け負う約束が行われて自白していた。一方で，自白を始めることで，厳しく屈辱的な長時間に及ぶ取調の終了を切望したともいえる。

柳島自転車商4人殺害事件（密偵）：1914年地裁死刑・1915年控訴院無罪確定。

1914年（大正4年）3月29日夜半から翌朝の間，本所柳島元町自転車商のOY方の二階に就寝していた夫婦，妻，長女，次女の4人が薪割様の凶器で惨殺され，14～5円の金を奪われる事件が発生した。翌朝，自転車を借りていた人が返却に訪れ，下座敷に寝ていた小僧2人（18歳・14歳）が目を醒まし二階へ上がって

事件を発見した。事件前日の3月27日自転車用ゴム代金7円を受け取りに来た元ボール箱製造業者で最近自転車付属品取り次ぎ販売業を始め，被害宅に数回取引で訪れていたHH（26歳）が，ボール箱屋のK方に夜分帳付を手伝う名目で食糧費3円を支払って寄宿中で，このK方に本所業平橋から通っていた女工KY（23歳）と2月17日密通の関係を持っていたことが判明した。KYは元巡査で事務員となっていた酒飲みの内縁の夫に嫌気がさしたためである。このHHが世帯を持つ金を求めての犯行と目論見，取調べたが，犯行の晩はK宅に深夜1時頃までいて帰って寝たと主張。主人もそれを証明したので放免。4月22日と5月10日と取調べたが自白が得られなかった。ところが，万引前科四犯の男（後述の鈴ヶ森酌婦殺し事件で被疑者に虚偽自白させた男）を同監させた。同監の男は上等の食事をHHに振る舞ったりして，責められているHHの信頼を得て「このまま覚えがないと強情張っても責め殺されるかもしれない。責め殺されても雇われ医者は何とでも診断書を書くから殺され損だ，嘘でも何でも相手の言う通りハイハイと自白しておき，裁判所に廻ってからホントのことを申し立てれば無罪となる」と助言した。これに動かされて，HHは自白してしまった。凶器の薪割りは3月29日の犯行当日に浅草新谷の露店で買ったというので，裏付けをとったところ当の古物店の店主は覚えはないと否定，これを強弁で売ったかもしれませんと答えさせていた。古物店は平生佐竹ノ原の露店であり，新谷には滅多に店を出さず，特に，雨の後の道の乾かなかった日や空模様の悪い日は店を出さない事も判明した。ところで3月29日は，前夜大雨で地面はよく乾かず，当時も終日曇りの時雨模様夕方からまた降り出した。売上帳にも29日には売り上げの記載がなかった。この薪割りは犯行後覆面の布に包み近くの川に捨てたというが，発見されなかった。また，被告人の衣類に一点も血痕が発見されていなかった（山口, 1924）。

C. 強要されないで説得を受けた自己同化した虚偽自白

どちらかと言えば犯行を行ったことよりも有罪となる結果がもたらされるよう，取調官が，被疑者の記憶の自信を打ち砕く。取調中に，未熟で疲れ切って，頭が混乱し，被暗示性の高い偽の情報を与えられた被疑者の中には，尋ねられている犯罪をやってもいないけれどもやってしまったんだと信じるようになる。1973年，コネチカット州フォールスビレッジの18歳の息子は，ある晩，帰宅すると，母親が殺害されているのを発見した。直ちに，警察に連絡したが，母親殺しと疑われ，警察の取調官は，「君はポリグラフに失敗している」（嘘をついているとの意味，事実ではなかった）と告げた。出来事の意識的な記憶はないが，有罪であるとしたのである。数時間の取調の後，真に迫った否認から自白への過程を，自信喪失した会話による録音記録で残した。「そう，僕がやったようなんだ」。最終の自白として「母の喉を，模型飛行機で使っていたまっすぐな剃刀で，1回掻き切ったことは，覚えている。そして，母の足に，飛び乗った覚えもある」。2年後，別個の証拠によって息子は母親を殺せないことが判明した（Loftus, 1993）

裁判員を先導する刑事裁判制度の人々と同じように，裁判の裁判員は，明々白々に，自白に影響を受ける。後に虚偽だと判明した自白の伴う実際事例の記録分析では，憂慮すべき嘘が語られている。これらの事例ではレオとオフシェ（Leo & Ofshe, 1998）の73%，2004年のドリズィンとレオ（Drizin & Leo, 2004）の81%が陪審員（裁判員）の有罪評決率となっている。被告人が

本当に自白していた際の率と同じであった。

　こうした知見に鑑み，法執行の専門家，施策立案者，法廷は，現在の取調方策を再評価する時期にあると考えている。さらなる調査研究が必要であるが，ある種の実践方策は，明らかに，無実の人々について危険をもたらしている。

　第1に関心がもたれているのは，勾留期間ならびに取調時間である。ドリズィンとレオ（Drizin & Leo, 2004）は，虚偽自白だと判明した事例で，平均取調時間は16.3時間であったと報告している。セントラル公園事件の少年たちでは，14時間から30時間勾留されている間に自白していた。1986年，イングランドとウエールズで施行された警察刑事証拠法（PACE）指針によれば，勾留や取調の期間制限，あるいは，休息や食事のための定期的中断と同じように，柔軟な運用手引きなどの提言を促す方策議論が始まっている。

　第2の問題として，事件について被疑者を騙す戦略がある。調査研究の結果，当局が自分に不利な確実な証拠を握っていると思い込めば，人々は屈服する。警察が，証拠を意図的にしろ誤って示したにしろ，無実の被疑者は実行犯として罠にはまったように感じ，虚偽自白の危険が高まる。

　第3に，過少化の活用という事柄がある。警察は，被疑者に，問題の行為は，挑発されたものであり，事故でなければ道徳上問題ないと示唆する。このことは，自白供述によって，あたかも明らかな約束でも交わされたかのように寛大な処置がとられると推測するのである。そうした密かな言質は，虚偽自白に作用すると報告されている（Russano, Meissner, Narchet & Kassin, 2005）。

　強要取調によって，自分では覚えのない犯罪を犯したと思いこんでしまう場合がある。シェリフの自動運動の集団集約実験（Sherif, 1936）やモスコビッチの少数派同調実験（Moscovici, 1985）で示された現象である。自己同化と呼ばれる他人から吹き込まれた思いを自分に受け入れてしまうことである（ギルフォードの4人組がこれに該当する）。なじみの薄い雰囲気で，周辺と隔離され，取調の時間および経過が感じ取れず，感情の統制も効かない，取調の不確実さやその結果全てが非常なる苦痛を伴うので，その状態から逃れだすためには，虚偽の自白をするしかない。

　アルコール依存歴のある社会的対応に問題のある男が，実際は無実である殺人をやってしまったと思い込んでしまった例がある。取調官は，殺人事件が起こった状況を再現するのを手伝ってくれるようもちかけた。彼はテレビの刑事物を見るのが好みであり，喜んで再現話を作るのを手伝った。いくとおりかの殺人事件を作り上げた後，最後に，殺人事件を起こしたのは君だと，取調官が詰問した。殺人犯人しかしらない事実を9点も知っていたと取調官が断言したのである。後刻，取調状況報告を検討してみると，それらの決定的情報事実全ては，取調官が取調中に，誘導したものであった。起訴後，強く有罪を否認したため，取調官は，彼の指紋と毛髪を入手，ポリグラフ検査の受検を勧めた。ポリグラフ検査で無実が証明されると信じた男は，受検に同意した。検査後，検査官は，嘘をついていた結果が示されたと彼に告げた（ポリグラフ専門家による後の記録検討では，結果は判定不能であった）。ポリグラフ検査結果が嘘をついているとの判断だったため，彼の自信は揺らぎ始めた。有罪を強く否認できなくなったのである。ただ，自分が事件を行ったことが信じられないと言うのがやっとであった。自白を迫る取調官に抗するには，酒を飲んで記憶がなくなってしまったことがあったように，殺人事件の記憶がなくなってしまっていると繰り返す

ほかなかったのである。この時点では，指紋や毛髪といった他の検査結果が，彼の無実を証明してくれるだろうと，彼は犯行を認めることを拒否していた。取調官は，嘘を告げることに決し，被害者の遺体から発見された毛髪は，彼の毛髪と一致したと告げ，この情報を聞かされ，彼の抵抗の気は萎え，全ての証拠が揃ったことに同意して，自分が犯人に違いないと認めた（Memon et al., 2000）。

　自己同化した虚偽自白は，被疑者たちが犯行を行ったことを納得している訳ではない。被疑者自身が有罪を認めたというよりも，自分が有罪であるとの意見を持ったためだと考えられる。犯行を行ったという記憶はないが，被疑者の記憶の自信を失わせるために取調で用いられた"ひっかけと騙し"によって無実であることが確かでなくなり，事件を起こした可能性があるかもしれないと思うようになるのである。

ガヴェンダ事件：1887年発生・1887年起訴・
　　　　陪審裁死刑後終身刑・1888年被害
　　　　者生存発見。

　16歳の少女カタリーナ・スローカは，財産管理人である継母の二番目の夫（ヨハン・ガヴェンダ）と生活していた。世話もされず虐待される毎日であった。ある日，カタリーナの姿が見えなくなり，近所の娘が，夫と隣のGRとに鍬で殴られていたとカタリーナの異父妹7歳から聞いたと届けてきた。異父妹もまた，「鍬で殴り殺し，裸にして死体を運んで始末したに違いありません」と話した。裁判で異父妹は供述を拒否，また隣のGRは否認，一方，夫は，「娘の胸をGRが持ってきた鍬で殴った，死体を柳の木の下に埋めた」と自白，しかし，死体は発見されなかった。陪審裁判になって，夫は拷問され，また，3年以上前の事件で，逮捕できないので何事もなくすむと言われたので，嘘の自白をしたと主張した。検察側は，夫は「良心が安らぎを与えないから自白しなければならない」と目の前で自白したと証言し，YGは死刑判決となり，GRは有期刑10年となった。1年後，他村でカタリーナは発見された。虐待に耐えかねて逃げ出したのである（ヒルシュベルグ，1960）。

ブラーツシャ事件：1900年発生・1900年起訴・
　　　　陪審裁終身刑・1903年被害者生存
　　　　発見。

　1900年，父FBと暮らしていたヨハンナ・ブラーツシャ（12歳）が村から失踪。しばらくして子供の死体が見つかり，ヨハンナだと父親が確認した。しかし，別人であると判明したが，警察は父親に嫌疑を持ち，取調べたところ，絞殺した旨自白。家から血痕が付着していると思われる子供の衣類が発見された。区裁，予審，陪審裁でも死刑の言い渡しを受けた後も，自白を維持した。特に予審では，「殺した後，バラバラにして，暖炉で燃やした太股の一部を陶器の皿で焼いて食った」と証言した。残った骨は堆肥の上に投げ捨てた。実際骨が発見されたが，動物の骨であった。被告人の精神状態は正常と鑑定されたが，法廷は精神病の疑いが捨てきれず，死刑を終身刑に変更した。1903年，ヨハンナは生きて発見された（ヒルシュベルグ，1960）。

D．強要され説得された虚偽自白

　自分の記憶に若干の疑いを持っているけれども，被疑者が自白を渋っている時や，どちらかと言えば犯行を行ったことよりも有罪となる結果がもたらされるよう，取調官が，被疑者の記憶の自信を打ち砕く際に強要と説得が行われる。取調官による説得が続けられ，強要された受身の虚偽自白として，警察取調官以外から強

要が働く場合もある。夫から子供の死亡責任を取れと恫喝されたため，自分の子供の1人を殺したと自白した夫人がいる。

　被疑者がいったん話し始めると，警察は様々な方策を使って，否定し続けるよりも，自白した方がよいような状態にもっていく（情状酌量の約束，より厳しい追及取調もしくは刑罰への恐怖感などがある）。被疑者が，有罪判決は避けられないと感じてしまうと，自白を迫られている内容自体がどうであれ，自白そのものが最良の選択に思えてくるのである。しかも，中には，被疑者自ら実際に犯行を行ったと信じ込むようになる場合さえある。記憶そのものは，影響を受けやすく信頼できないことは枚挙に暇がない（Loftus, 1993）。強要され内在化した虚偽供述は，心理的に最も興味深く，不安で，疲労し，困惑し，高度に暗示性の高い取調方策を施された無実の人物が，実際に事件をやってしまったように信じ込んでしまうことである。この手の虚偽自白は，特に，厄介きわまりなく，自身の行為内容が変遷し，もともとの内容は本質的に以前に戻らない。この現象は，虚偽記憶の形成と関係している。ちょっとした暗示によって，自身がこれまで決して経験したことのない出来事の記憶を作り出すことが可能であり，警察の尋問が長くなり，自分の有罪性が強調され，犯行の詳細が矢継ぎ早に質問されるにつれ，自身が有罪であると思い込むようになるのである。

曾根崎少女殺害事件：1899年発生・1899年起訴・地裁無罪・1901年大審院上告棄却無罪。

　1899年（明治32年）2月2日朝，大阪市北区曾根崎町先ガラス工場の東路地で少女（12歳）の惨殺死体が発見された。前夜午後6時頃舞見物をして午後9時頃帰宅中，手拭いもしくは手で絞殺され，局部は裂け周辺に血痕が付着，強姦されていた。被害者の歯と歯の間に長さ3.5センチの男の毛髪，被害者の足袋，白地に「悦」と染めた手拭い，古草履一足が付近から発見された。事件後12日目，曾根崎居住の男（19歳）がかねてよりFに惚れており，帰宅中の被害者を襲い強姦殺害したことを自白したと当局が発表した。男は陰部を負傷しており，血を拭った木綿布が便所の紙屑籠から発見され，泥まみれの足袋がゴミ箱の底から見つかったとも付け加えられた。予審尋問で，男の年格好，顔付きから自白に疑いがもたれ，「怪我過失と同じ事だ，白状すれば罰金で済むと言われ自白した，罰金を伯父が出してくれるでしょうか」と応答した。当初，犯行日の所在を思い出せないと言っていたが，ようやく，淡路町の得意先に米代金を請求に行き，帰途御霊神社の露店で馴染みの飴屋から飴を三銭買い，老松町の道具屋の前に来て競り市で仏壇を見て帰宅したのが10時過ぎだと思い出し，裏づけが確認された。さらに，男の局部の傷は強姦の際の傷とされていたが，1月31日に老松町で淫売を買った時18〜9歳の女に傷があるので合衾を断られたと女の証言で裏づけられた。また，その夜，近所の床屋で五分刈り（1.5ミリ位）にしていたとの事実も確認された。予審で1900年（明治33年）3月11日免訴決定，検事抗告。裁判所では公判決定。6月15日及び22日の公判で無罪，検事控訴，9月13日及び10月25日控訴棄却，検事上告，1901年（明治34年）1月12日大審院上告棄却，無罪確定（山口，1924）。

打出海浜謎の殺人（被告人態度）：1924年発生・起訴・別容疑者自首・1924年地裁無罪。

　1924年（大正14年）4月3日午後11時から翌4日午前5時頃までの間，神戸市の会社店主が法事で佐用郡に帰省中に私邸離れ座敷におい

て，ろうあ者の下女（38歳）ならびに臨時留守居の女性（37歳）が腰紐で絞殺されていた。母屋から16メートル隔たった離れ座敷は南側の戸袋近い雨戸が約50センチほど開かれ，西と南が雨戸の六畳間に東向き仰向きで下女が倒れ，首に絹腰紐が巻き付けられ布団が掛けられていた。部屋内は物色され，押入より取り出されたらしいバスケットが部屋東方に投げ捨てられ衣類・巾地紙等が散乱していた。隣の四畳半にはほとんど裸体のTMが鼻血を出し，少量の糞尿を漏らしており，医師によって陵辱されていることが確認された。また，TM所持の六円在中の革財布が紛失していた。4日夜明けに降った雨のため足跡は洗い去られ侵入口逃走口とも判然としなかった。単独犯複数犯の別も判然とせず，痴情関係の線として，下女は30歳頃渡り者の男と関係ができ妊娠したが流産，以後三月月村実家の実父宅で生活していて，2年前から下女として雇われていた。生来病弱の留守居の女性も貞淑な生活を送っており異性関係は希薄であった。犯行前後の出入り状態では，留守番には被害者2人の他に，商工会社員HK（38歳）ほか2名が出入りし，中でもHKは年長でとりまとめ役でもあった。凶行前日が神武天皇祭日で夕方帰宅，他の2人と被害者2人ですき焼きを楽しみ酒も相当過ごした。11時過ぎ就寝，母屋にHK他3人と店主の実母67歳，離れに被害者が寝んだ。翌朝，朝食の準備の間に離れで凶行が発見され，HKが通報した。なぜか医師の容態診察は乞わなかった。事情聴取されるHKは正視せず俯きがちで，声は震え，手足も戦いており，話の内容も曖昧で辻棲があわず矛盾しており犯人の挙動と何ら変わるところがないとみなされた。HKを拘留，取調べた結果，11日午前4時犯行を自白した。かねてから懸想していた留守居女性と関係すべく，忍んでいき関係を遂げたが，怒り暴れ出したので，押しとどめようとしてつい力が過ぎ，絞め殺してしまった。物音に目覚めた下女もついでに絞め殺し，物取りに見せかけようと押入からバスケットを出し中の物を座敷にちらばし革財布だけ取り，何食わぬ顔で寝たふりをしていた。財布はその後焼き捨てたとの内容であった。これらの供述を調書にした。HKの左拇指に暴行時に咬まれたらしい傷があり，着用の寝間着に性別不明の血痕が少量付着していることを確認。14日午後8時殺人で逮捕し，取調べたところ，一転犯行を否認，4月22日になり，HKが犯人だとする報道がされた後，自分が犯人だとの投書があり，該当の和歌山県のNN（37歳）が犯人だと名乗り出てきた。NNは被害者宅の家主宅に下男として働いていた。3月14日同宅の衣類と現金80円を持ち逃げ出奔，強盗等窃盗前科二犯の経歴者であった。犯行の自白内容はHKと大同小異で，盗んだ革財布は海に捨てたと供述したが発見されなかった。ただ，南の雨戸と戸袋の間に支え棒としていた櫻の杖を外し，障子に立てかけておいた旨の供述は真実の暴露性があった。さらに，犯行翌日，実姉に「大変なことをした，高飛びしなければならないので旅費を工面してくれ」と無心していた。NNを真犯人とする一方，HKの自白を捨て去ることもできなかったが，放免後のHKは子供連れの家内を見せつけられ厳しく問責された無念さを訴えている（山口，1924）。

(2) 虚偽自白の影響

　虚偽自白問題は，わずかな事例に過ぎない事柄ではない。ミランダ判決の権利保護や合法的な高圧的取調技術に対する法的規制にもかかわらず，虚偽自白は，刑事裁判の異様さと体制の問題を露呈している。「虚偽自白は，数字以上に，誤った有罪判決より影響が大きい」，「非常に頻繁に，自白者に加えて，他の無実の人々を

も巻き込んでいるのである」と指摘されている（Gross, et al., 2005)。アメリカの1987年の虚偽自白の調査結果では，不当な有罪判決の三番目の原因であった（Bedeu & Radelet, 1987)が，2003年に発表されたロブ・ウオーデン（R. Warden）の1970年以来のイリノイ州の殺人の調査結果によれば，42例が指摘され，誤判の60％において不当な有罪判決の原因第一位が虚偽自白であった。イリノイ州では，死刑事件での救済計画で最大の問題は，警察が誘導する虚偽自白であるいわれ，殺人事件での虚偽自白は，他の犯罪の3倍から4倍に達していると指摘されている（Warden, 2003)。自白は被告人の状況を不利にするための最も確実で説得力のある証拠であると思い込み，司法官ならびに法的に素人の陪審員（裁判員）は，本当のうそとうその自白を見極められないのが普通である。

　警察が誘導する虚偽自白はさらに深刻な結果を導き出す。より重要な事件，特に殺人や世間の注目をあびる凶悪犯で起こりがちな点である。例えば，ドリズィンとレオが記録した125例の虚偽自白例中，80％以上が殺人であった。また，グロスらでは，虚偽自白の80％が，謀殺であった。事実，虚偽自白は，殺人事件での不当な有罪判決の第一位の原因である（Gross et al., 2005)。

　自白は，その内容が被告人にとって最も不利になる有罪を物語るかつ説得性のある証拠である。したがって，虚偽自白は，無実の被告人にとって不利になる有罪を物語るかつ説得性のある非常に先入観の入る余地のある偽の証拠であるとの前最高裁判事ウイリアム・ブレナン（W. Brennan）の所見は，十分に識者の間で受け入れられている。

　これまで見てきたように，自白，特に詳細なものほど，確かに本当であると思い込まれ，刑事裁判の関係者や陪審員（裁判員）の大抵の人々

の認識や意思決定に大きな偏見をもたらすのである（Leo, 2007)。それ故，自白証拠は，被告人に関係なく，事件を左右し，いかに矛盾した情報あるいは無実の証拠よりも優先される。裁判で被告人に反して虚偽自白が提示されると，誤った有罪判決に非常に至りやすい。例え，問題のある取調方策によって得られていたり，他の証拠によって支持されなかったりしてもである。「ほぼ確実なことに，虚偽自白は，不当な自由剥奪に陥る。また，しばしば，誤った有罪判決，服役，刑の執行をもたらす」と指摘されている（Leo, 2013)。

　最近，人数としては少ないながら着実に増えているのが，自白し，その供述を撤回し，無罪を主張し，裁判に付された被告人側に立った，心理学者の証言である（Kassin & Gudjonsson, 2004)。一般的に専門家が，社会的影響，記憶の被暗示性効果，精神病理学，その他の関係領域について証言している。被告人との面接，実証，検査結果を基に，争点となっている自白の真偽について，特有の意見を述べるのである。社会体制という観点（法律の一般問題を解決し，特殊な場合の空想上の問題を取り扱う社会科学のある側面）から言えば，自白専門家の裁判での口述証言は，介入の手段としては，書面になって法廷に提示された調査報告よりも，あまり望ましいものではない。事件ごとの歪みそれぞれについて，関係する知見を，判事の指示で陪審員（裁判員）に伝達することが可能であるからである。

　日本においても，取調の実態について全く関わりなく，単に，問題視された実践結果からその心的過程を種々忖度した著作も存在しているが（浜田，1992)，取調技術の検討とはほど遠く，単なる，取調の結果内容の表面的批評をくり返しているに過ぎない。その顕著な問題点は，被取調者（被疑者）の実態について，彼らが通常

の人間としての感覚や知能，社会性を想定すれば，想像できる懸念はもっともであるけれども，明らかに実態と乖離している。全く取調事態に臨場した経験や知識のないまま，非協調性，暴力性，攻撃性，あるいは，自己主張等々，取調に相いれない態度，姿勢が横行していると強弁することに終始している。それらの状況は決して全面的に否定されないし，また，稀ではないことも事実である。これらの状態は，取調官の適性以前の，取調開始前に考慮しなければならない措置であることを強く意識されなければならない。とはいえ，犯行を認めた取調結果が誤りだとの前提で進められる論は，決して客観的でもなければ合理的でもない。蛇足ながら，しばしば「これこれの供述は，不自然で合理的でない」と指摘されるが，この指摘に到る判断が，非合理的で主観的表現であることは弁えるべきである。

　法律家は，目撃証言よりも自白が検察訴追にとって最も強力な武器だと長い間，信じ込んできた。専門家の間で見解の一致をみている数多くの目撃の調査研究に反して，自白証拠の話題は，科学領域ではほとんど見過ごされてきた。法廷での専門家証人の証言について，最近，カリフォルニア州のジェイソン・ドバート（J. Daubert）およびエリック・シュウラー（E. Schler）の2つの家族の薬剤による出産事故ドバート対メリル製薬訴訟（Daubert v. Merrell Dow Pharmaceuticals, Inc., 1993）に対して，最高裁が明示した基準に照らしてみると，近年の専門家証言の経験的基盤は，科学的知識の対象として改善かつ適格に俎上に提供されるには，余りにも貧弱であり，さらなる研究調査が必要であるとしている。

　取調室での警察と被疑者の相互作用，虚偽自白，法廷に提示された証拠に対する陪審員（裁判員）の反応のどれに焦点を定めるにしても，これらの話題は，もっともっと世間の注目と精査を切望している。

(3) 虚偽自白の司法的判断

　警察誘導性の虚偽自白や誤審の発生を，少なくし防ぐためには，司法手続きの変更以上のことが求められる。警察自体は，しばしば問題を捉えることができないので，外部者による警察取調手段の精査，理解（改革するだけではない），原因に対する一定の責任を負わせる必要がある。かくて，取調過程に起こっている事柄について一層透明性が確保できる。刑事司法関係者，陪審員（裁判員），市民たちは，個々に確証された証拠のないままになされた自白の証明力について，もっと懐疑的となる必要がある。

　自白は，事実審理者に訴追側に傾いた有罪判決を導く大変強力な影響を持っている。自白が強要されたもので，容認できないので無視するよう教示され，答申に影響しないと通知されても，自白は，有罪判決率を増加させる。実験的にも，模擬陪審員（裁判員）が，他の証拠よりも自白証拠に有罪の根拠をおくことが報告されている。実験的な模擬陪審員（裁判員）も含め，大抵の陪審員（裁判員）は，自白証拠を何のてらいもなく額面通り受け入れるので，後になって，虚偽自白が撤回されても，さらなる嘘をついているとしか判断しない。

　虚偽自白が受け入れられると，より厳しい判決が確実に下されるであろうし，無実を証明する手立ては，急速になくなる。判決に際し，裁判官は，被告人が謝罪と後悔の念を吐露することを供述し，有罪判決が下される。そして，被告人が有罪判決を受け，服役すると，虚偽の自白を行い間違って有罪を宣告された被告人の申立てを，司法関係者が重大に取り上げる確率は極めて少ない。刑事司法制度は，過誤をみつけ，認め，救済することに極めて，不得手である。

特に，無罪者が有罪判決を受けた後からでは，全く機能しない。実際，陪審員（裁判員）の答申通りに，有罪判決を行い，訴追に際して最も有効な証拠を評価した後に，公式に，制度として被告人の有罪を，確実視するのである。

大抵の人々は依然として，裁判の有罪判決を確実視している。これの1つの理由は，制度として，有罪判決の実質的な基盤を検証する正規の機構を持っていないからである。かくて，警察が誘導した虚偽自白は，あらゆる公的過誤中，最大の過ちとなる。拘束の強迫，強要圧迫，中毒，対応性減衰，精神的損傷，法的無知，暴力懸念，眼前の危難提示，厳しい刑罰の脅し，状況誤認（duress, coercion, intoxication, diminished capacity, mental impairment, ignorance of the law, fear of violence, the actual infliction of harm, the threat of a harsh sentence, misunderstanding the situation）に基づく虚偽自白は，"腐った林檎"の問題ではない。虚偽自白は，個々の警察官が意図的に，無実の人物に，罪を負わせ，犯人に仕立て上げようとしない限り，起こらないのである。不当な有罪判決は，無実の人間に有罪判決を下し，服役させた個々の検察官，判事，陪審員（裁判員）のせいで起こる訳でもない。とどのつまり，一連の誤審に至る判断なり決定は，一般的に，無知，偏見，怠慢に基づくもので，恣意的な悪意ではなく，事故の一形態であると捉えることである。多くの事故は，不注意，違法行為，不運などが重なって発生する。その背景には，訓練の未熟・不誠実な行為活動・法令の違反・視野狭窄・偏見固執・無罪証明証拠の隠匿が影響している。

(4) 虚偽自白の有罪率

被告人の事件が裁判に付された場合，陪審員（裁判員）は，被告人の有罪について，他の証拠（犯行を犯したとする被告人の映像録画記録）よりも，特に，事件が非常に悪質な場合に，公判前開示手続きが取られると，自白はより証明力があるとみなされる。したがって，虚偽自白は，誤った有罪判決に非常に導かれやすいのである。1998年の虚偽自白60例の研究で，裁判に付された虚偽自白の78％以上が，不当な有罪判決であった（Leo & Ofshe, 1998）。また，1971年から2002年にアメリカで明らかとなった125例の虚偽自白の結果でも，裁判に回された85％以上が間違って有罪判決を受けていた。したがって，裁判に付された虚偽自白者の数より有罪を認めた虚偽自白者の数を考慮すると，虚偽自白の高い有罪判決率は，若干高くなる（Drizin & Leo, 2004）。約3分の2は裁判前に容疑が晴れ，残りは，有罪判決が下された。虚偽自白者の93％は男性で，全体として，81％が殺人，強姦（8％），放火（3％），であった。無罪が証明された理由は，真犯人が特定された（74％），別の科学的証拠が発見された（46％）であり，年齢的には25歳以下の若者に多く（63％），32％は18歳以下であった。精神症状関係では，知的障害が22％。精神障害は10％を占めていた。驚くべきことは，1989年のセントラル公園遊歩者の暴行事件の犯人として有罪判決を受けた5人の黒人少年たちのうち4人が自白し，映像が記録され両親の前でも有罪を認めていた。服役中の2002年，本件事件当時の連続強姦犯が警察に連絡し，単独犯行であったと告白，DNA鑑定でも証明された事件のような，同一事件内で一つ以上の虚偽自白が生じていた例が30％に上っていたことである。

虚偽自白が日常茶飯事であるという現実にも関わらず，大抵の陪審員（裁判員）は，米バージニア州の知事がノーフォークの4人に抱いたのと同じ悩みを味わうこととなる。たとえ高圧的で自白を強いられたようでも，自白を無視することは難しい。事実，自白の伴う事件で

の有罪判決率は異常に高いことが知られている。弱い状況証拠の事件資料で，自白・目撃証言・性格証人のみとして提示した被験者に，事件の判断を求めたところ，全体的に，陪審候補者となった被験者は，裁判で自白が提示されると，有罪に傾いた判断を行った。たとえ，被告人が，自白は錯乱状態で行ったもので，自白後直ちに撤回したと主張しても自白重視は変わらなかったし，現実の陪審員（裁判員）に被告人の有罪か無罪かの決め手となった最も有効な証拠を質問したところ，裁判中ならびに裁判後の両方ともに，陪審員（裁判員）は，自白が最も有罪の判断の決め手となったとしている。たとえ，自白が強要されたものだと判断した場合でも，自白の有無に関わらず有罪判断したとしても，自白のあった方の有罪率は高かった。「自白のある事件で，陪審員（裁判員）は無視公平な立場にいるとは正直言って考えられない。有罪に偏っている」と結論づけられている(Kassin & Neumann, 1997)。こうした結論は，陪審員（裁判員）の非難ではなく，虚偽自白の心理について一般の人々の考えを忖度しているのであり，「素人の人々が示す最も普通の反応としては，『私なら絶対そうならない，自分がやってもいないことをやったと自白など絶対する筈がない』と考える」。そして，陪審の審議室でこの論理を持ち出すのである。虚偽の自白など起こらないというのが基本的信条である。さらに重要なことは，虚偽自白に結びついて陪審員（裁判員）に提示される証拠は非常に不利なものとなる。有罪であるとの虚偽自白が，犯罪行為がいかに行われたかの詳細な証明となるのである。その大きな理由は，自白には時に家族への謝罪が行われており，陪審員（裁判員）がそれを無視することは極めて困難である。

　最近10数年の多くの虚偽自白例が記録されているが，無実の人が誤って有罪判決を受ける頻度もしくは率については定かではない。裏づけのとれた資料はいまだ公刊されていない。いずれの捜査・裁判機関といった公的機関とも実施されている取調頻度を記録してはいないので，現時点では，検討できない。結果として，どれだけの数の被疑者を警察が取調べているのか，どれだけ自白しているのか，真実の自白だったのか虚偽の自白だったのかを見極める手立てはないのが実情である。虚偽自白の実態を妥当かつ信頼できる評価を下すことは不可能であるので，虚偽自白によって，どのような頻度で誤った有罪判決がなされているのかを判断することも不可能である。

　しかしながら，取調で誘導された虚偽自白例の記録が現象面で控えめになりがちになるとの根拠ある理由も存在する。虚偽自白は減多に公にされない。報道機関にも取り上げられないきらいがあり，むろん警察や検察は無視する。そして，研究者も注目しないのである。種々指摘してきたように，取調で誘導された虚偽自白事件の記録は，非常に多くの問題の氷山の一角になりがちである。実際，最近の知見では，取調で誘導された虚偽自白は，従前よりもアメリカの刑事司法制度の大きな課題となっている。以前よりもはるかに多くの虚偽自白例が記録されている。無実の人に対する誤った有罪判決あるいは投獄という過ちよりもひどい過ちがなければ，（特に死刑判決事件での）警察が誘導した虚偽自白事件は，今日の刑事司法制度上の最も深刻な問題の1つとなる。

　虚偽自白がもたらされることは明白である。しかし，どのような取調方法が虚偽自白の原因となっているのかは不明である。また，これまでになされたわずかな調査によっても，矛盾した結果しか報告されておらず，といって，重大な方法論上の欠点も指摘されていない。虚偽自白を生み出すと言われる過大化と過少化方策や

偽の証拠提示という方策に関する虚偽自白の関係についてのさらなる調査が必要であるし，取調官の資質や被疑者の事情資質等，多くの要因についての検討が望まれるのが現状である。

(5) 虚偽自白の識別

自白の真偽を見極める最良の方法は，秘密の情報と不可能性に目をつけることである。秘密の情報とは，有罪の人間のみが知っている情報を被疑者が述べた時に存在する（例えば被害者の死体のある場所）。

不可能性とは，その人物では決して犯行が行えないということを決定的に示す証拠が確認できることである。全米17州で300人以上を殺害したという連続殺人犯ヘンリー・ルーカス（H. Lucas）は，1,300マイルも離れた2カ所の地区で，一晩に2件の殺人を行ったと自白していた。しかし，法廷は，こうした不可能性を，虚偽自白の証拠と見るよりも，単純な誤りと捉えがちであることは問題である。無批判にルーカスの自白を受け入れてしまったことは，基本的には，自白の信憑性を検討する警察の間違いであり，法廷の責任であり，警察の責任ではないとするのは当を得ていない（Memon, et al, 2000）。

虚偽の自白か本当の自白かを，使われた言語の分析から区別することが提案され，供述の妥当性評価や実際の監視によって，話の内容の信憑性を見出す方法が考えられているが，確立はしていない。

被疑者は，目前の圧力がなくなると，強要され迎合した，そして，強要され自己同化した虚偽自白を撤回したり放棄しがちである。それ故，撤回された自白は，虚偽供述であるかもしれないので，慎重に取り扱われるべきである。しかし，任意の虚偽供述は放棄されにくいので，放棄されない供述もまた虚偽供述である可能性を考慮すべきである。

ちなみに，虚偽自白が立証されるのは，①自白している犯罪が発生していなかった場合，②被告人が犯罪遂行不可能であった場合，③被告人以外の真犯人が確認された場合，④科学的証拠DNA等で無実が証明された場合，に過ぎない。

(6) 無力な被疑者の識別

精神障害（統合失調症・うつ・学習能力遅滞），異常心理状態（恐怖症・高不安症・死別），低知能状態（低知能指数），あるいは被暗示性や迎合性といった人格特性の状態の人は，信頼性のない自白を行うきらいがある。警察や訓練を受けた臨床家でも，こうした無力な人々を識別することが困難である点が問題である。この問題は，イギリスの関連する法で，「精神障害」の操作的定義がなされていない点にあることも事実である。

取調での被疑者の"被暗示性"や"迎合性"の程度も問題である。被暗示性とは，取調官が提供した提案事項を個人的に受容することとなっている。迎合性とは，個人的受容はなくて，提案されたり，求められた事項に同意していないが，いいなりに反応することである。一方で，被疑者の気分（例えば，怒り）は，暗示性の感受度に影響があり，自白に導く取調中の被疑者の気分は，変化する。被暗示性を人格因子とみずに，不適切な取調という状況因子ととらえる場合もある。

刑事裁判領域では，取調での被暗示性についての個人差を評価する記憶関連の実験結果が報告されている（Gudjonsson, 1984）。被験者に物語を読ませた後，20項目の記憶の質問を行った。質問のうち15項目は全くのでたらめであった。数カ所記憶の間違いがあるので，もっと正確度をあげるため再検査すると告げられた。被験者の一般的な記憶の変更程度と，誤誘導に導

かれる程度とが求められた。取調的被暗示性の得点は高く，乏しい記憶，高い不安，低い自負，断定欠如が見られた。一般人と比較した場合，犯罪被疑者間の真偽不明な虚偽自白者（いったん警察に自白した後，その供述を撤回する）は高得点，抵抗者（取調中ずっと無実を主張し続ける）は，低得点であった。長期間の断眠や深夜の取調によって被暗示性の得点が高くなっていることは，驚くべきことではない。

　強要され内在化した虚偽自白は，非常にあり得ないように考えられるが，近年にも，いくつかの例が散見される。ある晩帰宅した18歳の男子が母親が殺されているのを発見し，直ちに，警察を呼んだ。ポリグラフ検査を補助にした取調の間に，母親殺しの疑いが出てきた。理由は，ポリグラフに反応が出てしまったと警察が告げ，記憶が残っていないとしても君は有罪だと断言したからである。取調状況の記録によれば，否定から困惑，自信喪失，転向へと驚くべき変化が示され，本当にやってしまったかもしれない，そして，自白調書に署名したのである。2年後，この男子の犯行ではないとの証拠が明らかとなり，本人がそう思い込んでいたとしても，虚偽自白であったことが確認された（Kassin & Gudjonsson, 2005）。

　同様な事件として，フロリダのゴルフ場整備員が，隣人の強姦殺人で告発された。当初は，警察の捜査に協力するよう要請された。そして，16時間にも及ぶ取調によって疲労困憊に達した警備員はアルコールによる一過性記憶喪失によって事件時の記憶を失っているが，犯行を犯したと信じこまされたのである。取調中，取調官は，警備員をスキナーボックスのネズミさながらに事件がどのようにして起こったのか，事件内容の記憶が事件内容の詳細と合致するよう想像するように仕向けたのである。物的証拠により裏付けられていない事柄として，被害者の身体には，彼の毛髪が残されていたとさえ思いこむようになったのである。最初，警備員は猛烈に嫌疑を否定した。数時間後，記憶が混乱するようになった。最終的に，屈服したのである。「全ての証拠が揃っているようだ，自分の仕業に違いない」と自白してしまったのである（Kassin, 1997）。

　国中の関心が集まったポール・イングラム（P. Ingram）事件もまた，虚偽自白の典型的な事例である。ワシントン州サーストン郡の信仰の厚い副保安官イングラムが，娘の強姦，性的虐待，新生児殺害を含む悪魔崇拝儀式で告発された。5カ月間に及ぶ23回の取調で，勾留の上，暗示をかけられ，事件詳細図を見せられ，警察心理学者に性犯罪者は通常犯行を抑圧すると言われ，自分の属する教会の牧師への告白衝動があるとされた。最終的には，犯行を思い出すこととなり，有罪答申され，20年の服役となった。とはいえ，犯罪が行われたとする物的証拠はなかった。実際，カリフォルニア大学バークレイ校の社会学名誉教授リチャード・オフシェ（R. Ofshe）が事件を評価するため州に喚問され，イングラムは悪魔宗派の一員だと思い込むよう洗脳されたと結論付けた。経過を説明するため，架空の犯罪を設定したイングラムは，最初，この新規の犯罪を否認した。しかし，翌日，自白し，犯罪内容に脚色を施していたのである（Kassin, 1997）。

　これら以外にも，強要され内在化した虚偽自白と同じような事件がある。それらには氏名・場所・日付は異なるものの，2つの要因が特定される。(a) 若さ・対人間の信頼・素朴・被暗示性・知能減退・緊張・疲労・学校・アルコール・薬物使用のために記憶が影響を受けやすい攻撃に弱い被疑者と，(b) 不正な操作によるポリグラフ検査やその他の法科学検査（血痕・精液・毛髪・指紋）結果だとする偽の証拠の提

示や共犯者によってなされたと思しき供述と被疑者を有罪に追いやる仕組まれた目撃証人による確認である（Kassin, 1997）。

最近まで，これらについての経験的証左は知られていなかった。確かに，目撃証言の研究結果では，事件後の情報を誤導すれば観察した出来事をそのまま伝えたり報告するよう記憶を変えてしまうことが知られている（Weingardt et al., 1995）。その作用は，特に，就学期前の児童や暗示をかけられた成人に強くみられる。最近の知見では，おそらくは忘れてしまったり意識しなくなってしまった子供時代の商店街で迷子になり隔離保護された経験について，虚偽の想起を植え付けることが可能であるとされている。問題は，①自分自身の行為の記憶は同じように変わるのか，②人々は自分が起こさなかった結果による有罪を受け入れるように導かれるのか，③それは，一般的な思いと異なって可能なのかが確定されなければならない。

こうした無力な被疑者を識別する方法として，直接被疑者に自分の無力さを質問する方法もある。被暗示性には，能力や知能について自分の意見が関係している。取調中，自身が能力や自制心に乏しいと感じており，取調官が強く迫ると，暗示性が高まる。被疑者に，自分が無力であると思ってしまったか，思わなかったかを質問したところ，80％が自分を無力だと思っていた。客観的な無力性の判断はしていないので確かなことは不明であるが，無力ではない人が無力ではないと自分を判断する割合は高いと言うことはできる。

虚偽自白を防止する最も説得性のある安全策は，自白が虚偽でないとする（自白証拠とは別の），付随証拠，補強証拠を必要とする（Memon, et al., 2000）。

（7）虚偽自白の防止策

虚偽供述の防止策はいくつか考えられているが，どれも完全と言えず，虚偽供述は生じる可能性があり，注意深く自白の信憑性を検証していかなければならない（Memon, et al, 2000）。

先ず第1に，強要され迎合したにしろ自己同化したにしろ,虚偽供述は取調側の圧力と"ひっかけと騙し"の結果に基づいている点である。こうした圧力や"ひっかけと騙し"が取調で適用されないことが最大の防止策である。自白を求めるよりも情報を収集する取調の姿勢が肝要である。

第2に，取調の全てを録音録画することである。映像記録で違法な強要的方策を監視でき，過酷な取調官の方策を防止できる。とはいうものの，映像化された取調状況の再現が，取調の実態を理解する助けになるとは限らない。人々は，嘘をついている人間の行動について確固とした思いをもっているものの，個々人それぞれの思い込みであって，それ自体，正確なものではない。結果的に，映像記録を見ることで，被疑者の告発された事件での有罪無罪について，不正確な印象をもってしまうようになる。法廷に映像記録を提示する問題として"視点の歪み"（取調中の撮影焦点が被疑者に向けられていると，撮影状況からは，映っていない取調官から受けている圧迫の程度は低く見られてしまうきらいがある）や，"要約の歪み"（取調の一部始終を見たがらないで，一部を見るだけである）が挙げられる。これらは，容易に操作可能で潜在的な問題で，検察側，弁護側双方が，自分に都合のよい場面を提示したがるのである。イングランドやウエールズでのPACEによる標準映像記録においても，圧迫が加えられている状況下は記録にとらなくてもよいようになっており，承認されていない強要（畏怖）や取引（約束）が行われる取調状況は記録として提示され

ない。正式の映像記録として，自白場面が撮影されて残されるが，録音記録によって警察の不正行為から被疑者を護る完全な手段ではない。

第3に，弁護人の取調立ち会いである。依頼人の求めに応じて，取調官の不正な質問をやめさせ，利益をまもる防波堤として迅速に活動できる。しかし，取調の弁護人の立ち会いは，完全な満足すべき状況が確保された訳ではない。最も深刻な事態は，法専門家の消極性である。弁護人に何か介入を期待しているにもかかわらず，取調中ずっと黙りこくったままの場合もある。弁護人の介入は，不適切な方策というより，管理事項に関係している。不適切な取調に積極的に弁護人が立ち会うことによって取調の正当性や信用性の懸念を持つことが可能である。言い換えれば，弁護人が立ち会っていれば，立ち会わずに取調が違法だとの異議を弁護人は申し立てにくい。

最後の第4に，虚偽自白をしやすい人々の確認である。無力な被疑者の識別について，精神障害（統合失調症・うつ・学習能力遅滞）や異常心理状態（恐怖症・高不安症・死別）あるいは低知能状態（低知能指数）さらには被暗示性や迎合性といった人格特性の状態の人は，信頼性のない自白を行うきらいがある。警察や訓練を受けた臨床家でも，こうした無力な人々を識別することが困難である点が問題である。イングランドやウエールズのPACEでは，警察の取調に，無力な被疑者を特別補佐する独立した責任ある第三者を警察が手配するという"適当な成人の参画"という概念を導入している。その役割は，質問された内容に助言し，取調が公平に行われているかを見守るのである。被取調者との意思疎通を円滑にする役割もある。この"適当な成人"制度そのものは，イングランドやウエールズで未だ完全に成功を収めている訳ではないし，警察の取調での正しい役割も明確ではなく，彼らの存在そのものが価値を見失ってしまう場合もある。"適当な成人"について警察官たちは，「君，壁紙になっててくれたまえ」と評する場合もある。また，依頼人の利に応えない場合も多い。誘拐と強盗容疑の14歳の人物の取調に，"適当な成人"として叔父が立ち会うこととなった。取調の開始早々，一連の15項目の異議申立と敵意に満ちた質問を浴びせ始め取調官が制止した。結局，弁護人の立ち会いのように，"適当な成人"の立ち会いは，取調が，妥当で，信用おけるものだと見られてしまった。

(8) 取調の可視化

既述のように，1989年，ギルフォードの少年たち4人は，物的証拠はないものの，カメラの前で犯行について詳細にかつ説得力のある自白を行った。1人の少年は犯行の模様を再現してみせたし，画面の前で深い反背の念を表した。13年後，連続強姦事件の受刑者が，この被害者を単独で襲っていたことを認め，DNA鑑定と真犯人しか知らない事実の知識がある自白で裏付けられた。警察は，ある種の巧妙な犯人像を描き，映像によってもっともらしい自白を導きだしていたのである。マサチューセッツ州最高司法裁判所は，2004年4月，警察全ての勾留取調における映像録画記録問題について，録画記録のような措置が実務に則し，洗練的かつ必須であることに異論はないと主張された（Kassin, 2004）。

全取調状況の映像記録は，無実者を危機的状況に追い込む不適切かつ高圧的な手段を警察に抑制させるのである。同様に，有罪を認めた自白をした人々にとっても，認めていなかった時点で強要されたという申し立てを防止することになる。この方策は，取調室で，誰に何を誰が言い，どんな様相であったかを完全かつ客観的

に記録することになる．この方策は，法廷を常に悩ませている罵倒合戦を避けることができるのである．特に，実体のない脈絡の整わない自白に直面した判事や陪審員（裁判員）の事実認定能力を高めるのに有効な手段であり，任意なのか強要されたのかという全体の状況判断に役立つことになる．

映像記録規則は，警察を無能化し，被疑者をのさばらせ，犯罪解決を困難にすると，反対者は反射的に反論している．こうした主張の根拠はない．アラスカ州とミネソタ州での30年間に及ぶ義務的録画記録実績，そして，それに続くイリノイ州の法制化など，実務上，多くの州警察，保安官事務所で映像録画記録は実体化している．かって乗り気でなかった取調官でさえ，今や一貫して，この結果を支持している．1993年，司法省の調査で，この手段をいったん実践すると，大多数は好むようになったと明らかにしている．最近の調査でもこの対応は変わっていない（Kassin, 2004）．

一般常識からすれば，秘密の覆いは取調室ではがされると考える．映像記録義務化は，すべての勾留取調あるいは取調，そして，同席者すべてをカメラは対象とする．この義務化は，双方にとって有効である．警察も被告人も保護し，検察の助けとなり，弁護人は事件を理解し，裁判での正確な意思決定を行える．そして刑事司法制度の信頼を人々に広く知らしめる筈である（指宿，1985）．

その一方で，可視化によって全てが解消される訳ではないことも忘れてはならない．イギリス犯罪史上，全てを否認しながら，不利な証拠のみで終身刑を下された例があることも事実である．2004年刑務所内で自殺した一般開業医54歳のハロルド・シップマン（H. Shipman：1946～2004）は，現役医師として，モルヒネ等の劇薬を自身の患者15人に投与し殺害で告発されたが，取調にも全てを否認，動機なども不明のまま，後に少なくとも215人もの患者を殺害したことが明らかにされている（Memon, et al, 2000）．

無実の人が自白するのは，科学的知見からすると，複雑に絡み合った心理学的要因が働いているようである．第一に，取調にあたり，取調官が普通用いる方策として，被疑者を嘘つきとみなす傾向があり，質問に対する応答を偏見でもって判断する傾向である．被告人が，警察による取調中，憲法上の黙秘権，弁護権を放棄すると，それは，不本意ながら，手続き上の防護手段を失ったことになり，虚偽自白にいたる危険を冒したことになる．他の要因として，人間の従順および被暗示性の傾向が指摘されている．取調に際して，2つの主な取調方策が使われる．偽の不利な証拠の提示と自白すると罪が軽くなると印象付ける方策である．つまり，その場のつらい状態を逃れるただ1つの方向として，自白する場合もある．もっと厄介なことに，自白は，本質的に，先入観に富んでおり，陪審員（裁判員）に影響が強い．たとえ，強要的に得られたものであれ，確実でなかったとしてもである．結局のところ，虚偽自白に結びつく実際活動の改革に社会全体として取り組む緊急の必要があり，全ての取調の映像記録の義務化が求められる（岡田，2008）．

目の前で行われた自白を正しく評価するためには，警察・判事・法律家・陪審員（裁判員）は，自白状況の取調の映像記録を参照すべきである．イギリスの警察証拠法（PACE）は，すべての場面を記録するよう命じている．アメリカでは，ミネソタ・アラスカ・イリノイ・メインの4州で映像記録化が命じられている．実際は，それぞれの任意な判断に委ねられている．日本では，2016年，制限付きながら，可視化が義務付けられた．

1993年，国立司法研究所の研究で，多くの米国警察は，すでに映像記録された取調を行っており，現実面で，大多数は有効であるとしている。最近の2004年，ノースウエスタン大学法科大学院ブルーム（Bluhm）不当有罪判決研究センターのジェンナー・ブロック（Jenner & Block）法律事務所トーマス・サリバン（T. Sullivan）は，38州，238の警察および保安官事務所の職員に面接し，任意に記録を取り，実務に非常に好ましく，説明責任を果たせ，また，当初見逃していた情報を明らかにしたり，自白行為を弁護する裁判で費やされる時間を少なくしたり，被疑者供述について初期対応が可能となったとしている。最も，普通の批判に対して，上述の面接結果では，費用面でも問題なく，警察に被疑者が話さなくなるとの懸念もないということである（Kassin & Gudjonsson, 2005）。

合衆国中の，大規模警察および保安官事務所の3分の1が，ある種の取調の映像記録を行っている。殺人・強姦・加重暴行では日常化している。説得性心理的取調技術の泰斗インボーら（2013）は，警察取調に映像記録を導入することには反対であるが，現実は多くが賛成している。実際，映像記録化は，警察の強要行為を抑止し，被告人の供述の任意性や信憑性を評価する裁判官や陪審員（裁判員）により完全な音声記録を提供するのである。イギリスでは，1986年に警察刑事証拠法が成立し，取調過程に一定の保護措置がとられ，全被疑者の取調の録音が義務づけられた。皮肉なことに，この義務化は，被疑者が，警察車両の中とか留置場内など，取調室以外で自白するよう強要される危険性を増すこととなっている。合衆国では，ある種の取調の映像記録の97％が有効だとされている（Geller, 1993）。

証拠として，映像記録化された取調は，取調官と被疑者の相互作用の完全かつ客観的記録である。しかし，何をもって，完全，客観的といえるのか。数年前，ニューヨーク州ブロンクス郡の地方検事局の取調記録が検討された（Lassiter & Irvine, 1986；Lassiter, Slaw, Briggs & Scanlam, 1992）。撮影は中間距離で記録され，取調官の真後ろから，被疑者の正面をとらえていた。これは，十分，無実のように見えたが，調査結果からはそうではなかった。人は視覚的に目立つ要因に原因を帰属させることが知られている。3つの模擬取調場面を，取調官あるいは模擬の陪審員（裁判員）に見てもらったところ，被疑者のみが撮影されていた場合は，取調官に焦点が合った場合より，より強要度が少なく見られることが示された。告発された被疑者に注意を向けさせると，撮影されていない取調官から実際に揮われている圧力の度合いが低く見積もられるのである。視点の偏り（view-point-of bias）である。映像記録の公平化は綿密に意識されなければならない。

第6章
刑事裁判・無罪判決・再審

知にして不知とするは上，不知にして知とするは病それただ病を病とすれば，ここをもって病ならず
——老子
In dubio pro leo　疑わしきは罰せず

1. 刑事裁判

　刑事裁判は，裁判所の専権として，被告人が有罪であることを，合理的疑いのない程度に（beyond any reasonable doubt），仮説（Hypothee）と擬制（Fiktion）に基づいて立証し，決定されなければならないとしている．「擬制」とは，法律的には，ごまかしたりおどかしたりするために，相手を圧倒する行為とされるが，若干，虚構あるいは付加的事項に基づく判断結果という意味も含まれる場合がある．

　そして，仮説は立証される．しかし擬制は，現実性と遊離し，消滅する．したがって，刑事裁判では，この擬制が往々にして重大かつ宿命的役割を果たす．刑法にいう意志の自由も，刑法の目的である正義の応報も擬制である．意志の自由がなければ，正義による応報も意味がなくなる．精神的悔悟の表れであるという自白も，精神の正常と精神病者との責任能力の相違も，そして，裁判官の自由な選択によって認定される犯罪構成要件事実も擬制である．誤判において，訴追側と弁護側は同じ土俵下にいるというのも擬制である（ヒルシュベルグ，1961）．

　刑事裁判は，罪刑法定主義（処罰対象の犯罪があらかじめ法令によって明確に規定されている）の制約に加え，憲法の理念を大前提とし，「疑わしくは罰せず」を厳格に貫き，緩やかに適用する無罪推定の原則（何人も有罪と宣告されるまでは無罪と推定されるという立証責任の考え方）に基づく裁判官の自由心証主義に対する内在的な拘束原理：presumption of innocence）が適用されるべきである．本質的には，人権を守る意識より，社会に治安維持，国家の権力意思を国民に浸透させる方が訴追側に強く，誤って無罪のものを罰するのは正しい国家の意思ではなく，かえって国家の威信を傷つけるため，結果的に社会秩序が保たれなくなるとの懸念への姿勢は尊重されるべきである．

　また，法律理論の役割が大きい民事裁判に比べ，刑事裁判では，法律論は少なく，世俗の常識に則った事実の認定と多年の経験蓄積による勘を駆使した刑の量定が問題となる．近年の裁判は，黙秘権を認め自白本位によらない考え方に立脚し，「無罪立証の被告人負担」を産み，検察官の筋書きが通れば黒推定を行い，被告人がそれに対抗する弁解をしなければ有罪とする．有罪を言い渡すために必要な証明基準は，心証としての合理的疑いを越えた証明を意味する．「反対事実の存在の可能性を残さないほど

の確実性を志向したうえでの『犯罪の証明は十分』であるとの確信的な判断に基づくものでなければならない」(最高裁, 1973)。この合理的疑いを差し挟む余地がないというのは，反対事実が存在する疑いをまったく残さない場合をいうものではなく，抽象的な可能性としては反対事実が存在するとの疑いを入れる余地があっても，健全な社会常識に照らしてその疑いに合理性がないと一般的に判断される場合を含む趣旨であり，このことは，直接証拠によって事実認定をすべき場合と情況証拠によって事実認定をすべき場合とで何ら異なるところはなく(最高裁, 2007)，客観的に判断すべきことを，「見解の相違」という主観問題に転嫁する。すなわち，刑訴法317条「事実の認定は証拠による」，および，刑訴法318条「証拠の証明力は，裁判官の自由な判断に委ねる」に立脚した裁判官の証拠判断の自由の濫用が，まかり通っているのである。

しかも，現行法下の英米的証拠法採用では，公正な手続きが要請され，裁判官の事実認定は，現行憲法の人権保障的思想が浸透し，刑罰における謙抑主義の立場から，可罰的違法性（個別の刑罰法規が刑事罰に値するとして予定する違法性）ないしは期待可能性（行為者が適法行為を行うことを期待できること）の理論が実践的に援用され，いくたの無罪判決が出されるようになったのである(木谷, 2001, 2002；中川, 2008)。

とはいえ，本邦の刑事裁判の有罪率は，1985年から2010年で99.99％（平均総裁判数1,110,731件，平均無罪件数86件となっており，ちなみに，数値的には両者とも減少傾向にある。この値は，裁判制度に若干の違いがあるものも（英国クラウンコートでは，有罪を認めた場合に証拠調べなしで無罪主張の場合のみ審理されたり，米国連邦地方裁判所では全刑事事件中，司法取引があり起訴事実を否認するものだけを正式裁判する），本邦の有罪率が圧倒的に高いことが明らかである。公判で否認する被告人事件で，どの程度の割合で有罪無罪となっているかは不明である(秋山, 2002)。

(1) 刑事裁判（証明）

刑事裁判上証明されるべき事実は，自然科学者の用いる実験に基づく論理的証明でなく，いわゆる歴史的証明であり(最高裁, 1948)，検察官が主張する過去の一時点の歴史的社会的事実（ある犯罪が行われた）であり，実行者と被告人が同一の人間であるかどうかである。歴史的事実は，価値中立的絶対的な真実，すなわち，生の事実，絶対的真実，神のみぞ知る真実の認識に到達することは認識論的限界や制度的な制約からして不可能である。

よって，裁判の現場では，「犯罪の証明がある」ということは，高度の蓋然性が認められる場合をいうものと解されるとし，「高度の蓋然性」とは反対事実の存在を許さないほどの確実性を志向した上での「犯罪の証明は十分」であるという確信的な判断に基づくものでなければならないとしている。この「証明の程度」について，裁判上の事実認定は，自然科学世界におけるそれと異なり，相対的な歴史的真実を探求する作業なのであるから，刑事裁判において，裁判官も，「通常人なら誰でも疑いを差し挟まない程度に真実らしいとの確信」「合理的な疑いを入れない程度の証明」という基準によって判決を書くのが一般的である(最高裁, 1973)。

この合理的な疑いを超える程度の証明があったかどうかを具体的に判断決定するのは裁判官であり，最終的に確定した上で，裁判官が有罪と決した場合は，合理的な疑いを超える程度の証明があったものとみなし，無罪では，証明がなされなかったと取り扱われる(藤野 1959)。

(2) 刑事裁判（証拠法）

　現代の証拠法は，自由な裁判官の確信（Die frie richterliche Überzeugung）が裁判官の判決の基礎であるとされている（ペータース，1981）。判決が理性的要素と感情的要素の混合に基づく自由な裁判官の確信の時代とされ，将来，判決が厳密な刑事学的確証に基づく批判科学的に決定される発展を遂げる可能性が期待できる。したがって，刑事裁判の蓋然性と確信性は，裁判官の求める証明の厳格性の故に，実務上，確証性の代わりに蓋然性で満足する。

　ローマ法では，裁判官は自身の主観的確信「裁判官の自由裁量」（arbitrium judicantis）に従って判決しなければならなかった。そして，その証拠法則は，疑わしきは，被告人の利益に従う。有罪に疑いがあれば，無罪を言い渡し，犯意は立証されなければならない（In dubio pro reo：疑わしきは罰せず法則）。有罪判決は，証拠として疑いを入れる余地がなく，かつ，陽の光よりも明らかな証拠に基づいてのみ許される。その根拠として，最低2人の申し分のない証人（Indiciis ad probationem indubitatiis et luce clarioribus）が必要とされた（平野，1968）。

　ところが，カノン法（教会法としてカトリック系の教会が定めた法律）では，裁判官の印象と確信，すなわち，自由心証による判決を禁止とし，代わって，行為と証拠によって（secundum acta et probata）判決し，裁判官はその恣意にではなく，その確信に従うべき義務がある（Sed tenetur sequi suam opinionem, non suam voluntatem）となり，証人の証言は批判的に検討しなければならないとされた。その真実性は，その証人の人格や証言の形式と内容から必ず明らかになる。共犯者は，彼の証言はとりもなおさず自己の犯罪に関する証言であるがゆえに，証人として尋問されてはならない。証拠は原則として，蓋然性の証明としてしか通用しない。裁判官は，無罪を語る証拠も含めた個々のすべての直接証拠と間接証拠（後述）を，注意深く相互に検討しなければならないとされたのである。かくして，職権による真実の探求（糾問訴訟）が全うされるとされ，どのような場合でも，決して，ただ1人の証人の証言に基づいて事実認定してはならないと定められた。

　また，古代ドイツ法においては，真実確定ではなく，両当事者のうちの一方が最終的勝利を得ることが裁判の目的である。したがって，挙証責任が決定的意味を有し，証拠認容が負担となる場合もあれば，利益と見える場合もあるとし，神判（Ordalien）決闘（Zweikampf）による判決の由来となる考えが導入された。

　次いで，アングロサクソン法（イギリス）では，ノルマン人征服まで，真実を確定する証拠法ではなく，宣誓補助者（Eideshelfer）とともにする罪状否認，水判（Wasserordalien）火判（Feuerordalien）による裁決だけが認められていた。中世になり，推定と証拠法則が認められ，イングランド王エドワード2世（Edward Ⅱ：1284〜1327）の治世下では，事実確定に少なくとも2人の証人を必要とした。メアリー女王（Mary Ⅰ：1516〜1558）の治世まで，被告人には，無罪立証の証人を指名できず，弁護人も選任できなかったし，被告人尋問も認められなかった。1843年のデンマン法で，被告人とその家族の尋問が禁止された。1898年に刑事証拠の法律として，被告人の宣誓証人としての権利容認，そして，供述を拒否しても不利に利用されない，すなわち，黙否は刑事責任に対する異議とみなされるようになった。

　ゲルマン民族（ドイツ以北）は，歴史的にみて真実発見を刑事裁判の目的としたのは，多くの裁判官が確証性を得る代わりに蓋然性の限度で満足する傾向にあるといわれている（ヒルシュベルグ，1961）。

(3) 刑事裁判（証拠）

証拠とは，真偽不明の主張や存否不明の事実の真偽や存否を判断する場合にあたり用いられる資料であり，法律的にいくつかの異なる表現が用いられる。

まず，証拠方法と呼ばれる裁判官の証拠調べの対象とされる人や物により，事実を認識する資料がある。人（証人や鑑定人）の場合は人的証拠，物（書証物）であるものを物的証拠という。

訴訟において証拠方法として用いることができると判断される内容を，証拠能力という。証拠能力に関する証拠物の取調は，証拠物を示すこと（展示）によって行われる（刑事訴訟法306条）。証人を取調べる証拠調べが，証人尋問である（刑事訴訟法304条）。鑑定人が口頭で鑑定結果を報告することを鑑定人尋問という。鑑定人尋問については，証人尋問の規定が準用される（刑事訴訟法171条）。

証拠資料とは，事実を認識するための資料であり，裁判官が証拠調べにより証拠方法から得た内容をいい，証人の証言や書証の記載内容のことを指す。証拠資料が，証明すべき事実の認定に実際に役立つ程度を，証明力，証拠力，証拠価値という。例えば，証拠能力のある書面を取調べて証拠資料が得られたとしても，その内容が信用できなかったり，証明すべき事実とあまり関係がなかったりする場合には，事実認定には役に立たないから，証明力が低いことになる。証拠能力は厳格に制限されている（藤野，1959）。

証拠能力は，①被告人の悪性格，前科，余罪の存在等の犯罪事実との関連性がない自然的関連性に基づいて犯罪事実の認定ができる内容を備えている，②自己に不利益な唯一の証拠が自白だけでは有罪とされず，補強証拠を必要とする場合に，自白法則および伝聞としての公判期日外における他の者の供述を内容とする供述を証拠とすることを原則として認めないといった資格を備えていなければならない。さらに，違法に収集された証拠物の証拠能力を否定する違法収集証拠排除法則などの法律的関連性があること等が設けられている。

また，証拠書類の取調は，朗読による（刑事訴訟法305条）。ただし，裁判長は，相当と認める時は，朗読に代えて，要旨の告知を行わせることができる（刑事訴訟規則203条の2）。現在，刑事訴訟の実務では多くが要旨の告知によって行われている。

証拠原因とは，証拠資料のうち裁判官が心証形成に採用したものをいい，当事者の立証活動は，自己に有利な証拠原因をできる限り多く裁判官に提供することを目的として行われることになる（刑事訴訟に関する用例であるが，「証拠不十分により処分保留のまま釈放」といった新聞でよく見かける表現は，この証拠原因の意味で「証拠」を用いていることになる）。

(4) 刑事裁判（実質証拠）

実質証拠には，主要事実を直接的に証明する直接証拠と，直接的供述証拠以外の一切の証拠または間接事実である間接証拠（情況・状況証拠）がある。

刑事訴訟において，被害者・目撃者の犯行目撃証言や，被告人の自白は，犯行の事実についての直接証拠に当たる。直接証拠が信用できるものであれば，その要証事実は認定できることになる。

この供述証拠に関連して，検察官の面前における供述を録取した書面（検面調書）について重要な規定がある（刑訴法321条1項2号）。すなわち，被告人以外の供述調書を証拠とすることができる規定により，公判準備もしくは公判期日において前の供述と相反するもしくは実質的に異なった供述をした際に，前の供述を

信用すべき特別の情況の存するときには検面調書が採用される。これは検察官にとって大変強力な武器で，証人が供述を変えた時直ちに前に作成した供述調書を証拠申請すれば，法の規定でほとんど採用される。翻って，弁護人は検事調書の写ししか持っておらず原本はないから証拠として取調を申請することは困難である。宣誓の上で法廷で述べたことと，検事と差し向いで調室で述べたこととどちらが強いのか論議のあるところである。

間接事実（主要事実を推認させる事実）を証明する間接証拠（情況証拠・状況証拠）では，被告人を犯行時刻前後に犯行現場付近で目撃したという証言や，動機・機会・犯行可能性・事後工作の有無と言った事柄を推測させる証拠および指紋遺留品といった物証等一切の間接事実である。その証拠それ自体が直接要証事実を物語っている訳ではないが，「被告人が犯行時刻前後に犯行現場付近にいた」，「被告人には動機があった」といった間接事実から，被告人がその犯行を行ったという要証事実を推認する根拠となるから，間接証拠となる。この状況証拠には推理解釈が不可欠で，事実の確実性，故意の偽証の可能性，微妙な点の間違った記憶，事実と敵対矛盾する事実，異なる解釈や推理の展開，推理矛盾の指摘等の検討が必要である（不破，1952）。特に，被告人主張に添った仮説的検証を加え，記憶の変容に着目した観察，検討が不可欠である。確実性に接着した高度の蓋然性がなければならないので，対立する供述の片方の無罪方向の状況証拠は無視してはならない。

英米法では，自白に頼らない，複数の証拠の集積的効果が期待できる状況証拠による立証の習慣がある。イギリスのCORROBORATION法則では，共犯者供述・性犯罪被害者証言・質的に貧弱な目撃者証言は補強証拠なしには有罪とならないとされている。一方，本邦は，自由心証主義としてすべて職業裁判官の高度な洞察力に基づいて証拠価値を評価できるとしている。

さらに，補助事実（実質証拠の証明力である信用性に関する事実）を証明する証拠を，補助証拠という。実質証拠の証明力を高める補助証拠を増強証拠といい，低下させる補助証拠を弾劾証拠という。また，弾劾証拠によって弱められた実質証拠の証明力を回復させる補助証拠を回復証拠という。このうち弾劾証拠という語は，ある証人（または被告人）自身が別の機会にした異なる供述に限る場合もある（刑事訴訟法328条参照）。

(5) 刑事裁判（推定無罪）

無罪の推定という表現が本来の趣旨に忠実であり（presumption of innocence），刑訴法学ではこちらの表現が使われるが，近時，マスコミその他により，推定無罪と呼ばれるようになった。この制度は刑事訴訟における当事者の面を表している。これを，裁判官側から表現した言葉が「疑わしきは罰せず」であり，2つの言葉は表裏一体をなしている。「疑わしきは被告人の利益に」の表現から利益原則と言われることもある。

推定無罪は，「何人も有罪と宣告されるまでは無罪と推定される」という立証責任の考え方に基づいた近代刑事法の基本原則である。

フランス人権宣言（1789年）第9条で「何人も有罪と宣告されるまでは無罪と推定されるゆえに，逮捕が不可欠と判断された場合でも，その身柄の確保にとって不必要に厳しい強制は，すべて，法律によって厳重に抑止されなければならない」と規定されたのに始まり，現在では国際人権規約（ヨーロッパ人権規約など）で明文化され，近代刑事訴訟の大原則となっている（出射，1957）。

推定無罪は，刑事裁判における裁判官の自由心証主義に対する内在的な拘束原理としての狭義の意味のみで用いられる場合もある。

日本では，推定無罪原則について刑法，刑事訴訟法に明文規定はないが，適正手続（due process of law）一般を保障する条文と解釈される日本国憲法第31条の，「何人も，法律の定める手続によらなければ，その生命若しくは自由を奪はれ，又はその他の刑罰を科せられない」に推定無罪の原則が含まれると解釈されている。

また，国際人権規約に明文化されており（B規約第10条2項a号，同第14条2項など），これを日本は批准しているため，憲法の下位もしくは法律と同程度の効力によって日本国内に効力がある原則である。日本で現在採用されている弾劾主義のもとにおいては，実際に犯罪を行ったかどうかを判断する手続が刑事裁判手続であるため，当事者である被疑者・被告人には無罪の推定が働くことになる。

したがって，推定無罪とは，裁判所の有罪判決が確定するまでは被告人は無罪であるという時系列的に当たり前のことを意味するわけではなく，検察官が犯罪事実の立証責任を負うという意味である。しかし，報道その他の誤解や推定無罪という語感から，前者の意味で用いられることが多い。このように，推定無罪は裁判所・検察官を規律する証明責任の分配規則であるから，警察や報道機関を直接拘束しないのは当然である。前者の意味で用いられる場合，マスコミや一般国民の感覚において実際には被疑者・被告人の無罪推定は有名無実化しており，逮捕・起訴されたものは有罪，すなわち「逮捕（すること）＝有罪（にすること）」であるとの誤認識が定着している。そのため，法的には無罪であるにもかかわらず，警察による発表やマスコミによる名誉毀損報道，周囲の人間による差別を受け，直接的な人権侵害を受ける例がある。

(6) 刑事裁判（裁判官）

裁判官とは，最高裁判所長官，その他の最高裁判所判事，高等裁判所長官，判事，判事補と簡易裁判所判事のことを指し，その在職数は，1999年7月1日現在で最高裁長官が1名，その他の最高裁判事が14名，高等裁判所長官が8名，下級裁（最高裁判所以外の裁判所）の判事が1,360名，判事補が730名，簡易裁判所判事が753名となっている。国際的には，1996年時点で国民人口10万人当たり，日本は2.3人，アメリカ11.6人，イギリス6.1人，ドイツ25.6人，フランス8.4人である。簡易裁判所（この裁判所を所管するのは司法修習を終えて裁判官になったのではなく，司法試験とは別の試験に合格して簡易裁判所だけの裁判官になったものである。裁判所書記官の経歴のある人や隣接の法律関係の職場に働いてきた経歴の人が多いが，他の裁判官と違って，弁護士になる資格がない）を除いて提起される時件数は，1947年から，およそ96万件，その数は毎年増え続けている。これらの事件を2,080人の裁判官が処理している。多い人で年に400件，少ない人で200件を担当し処理していることになる（安倍，2001）。

職業的裁判官に，被告人のことを聴く姿勢が始まりで，自己の思うままに証拠を駆使して想像の世界に落ち込んではならない。特に，被告人の態度に意識が向きがちで，犯人が後になって善を装い，同情を求め，口惜しさから拷問され自白を強要されたとのいいがかりを付けているに過ぎず，死刑にもなる事件を自白することなどあり得ないと裁判官や陪審員（裁判員）は考えがちである。

検察官は被告人が犯人と断定して起訴する。公判の論争証拠調べを経て，「被告人が犯人と同一人物」であるという仮説を「合理的な疑い

を入れない程度」にまで証明されたかどうかが裁判官により判断される。刑事訴訟法の自由心証主義として，論理則経験則に従った全人格的な判断を裁判官に委ねている。裁判官はこのプロセスが能う限り誤判・冤罪を生まないよう実践され裁判の適正を保障することが事実認定の目的である（後藤，1979；正木，1955；正木・森長・佐々木・家永，1977）。

裁判官の事実認定過程は，「疑わしきは被告人の利益に（in dubio pro reo）」の原則が支配，鉄則化している（藤野，1959）。このことは，有罪であることの挙証責任は検察官にあり，被告人に不利益な認定をするにはきわめて高度の証明が必要であることになる。したがって，合理的な疑いを入れない程度に証明しない限り，被告人に対し無罪が言い渡されることを意味している（青木，1979；1986）。

一方，自由心証主義の下で，裁判官による証拠の評価は論理的経験則に従うべきことが要求される。その原則を各裁判官が具体的に定式化したものが「注意則」と呼ばれて残されている。証拠評価に関して，情況証拠・犯人識別供述の信用性・共犯者供述の信用性・自白の信用性評価に関する各注意則の再生を期待することとなる（仙波他，1999）。

裁判官の心証形成にあたっては，有罪を確信する蓋然性の程度あるいは確実性と境を接する蓋然性で満足してはならない。蓋然性判断の鑑定が得られていても，被告人の抗弁，全証拠を考慮した主観的確信に達しなければならない。蓋然性判断と確信判断の混同は，自然科学的方法と精神科学的方法との混同に通じるものがある。裁判官が数学的意味での確実性のある事実認定はできないとの見解も混乱を招きかねない。というのも，事実認定に必要な評価力に基づく判断の確信度は，数学的思考とは異なる。数学的確実性・客観的確実性を重視するあまり，主観的側面を譲歩することは許されない。主観的側面を削ることは，事実認定を歪め弛緩させ，誤判の道を歩むこととなる（藤野，1959）。

証明の欠陥を埋めるのでなく，実際に証明されたことを推測や可能性で欠陥を基礎とした証拠評価を誤れば，間違った心証形成を産む。一般に認められている証明則（血液型や指紋）や注意則などの軽視，あるいは，多数の証拠について，個々の証拠ごとに個々の規準での証拠評価を加えるべきで，信用できる証拠に依拠した事実認定を行うべきである。逆に，証明が1つ，あるいは若干の重要証拠によって心証が形成されると，その他の証拠にも心証判断が汎化適用してしまう場合にも意を尽くさなければならない（木谷，2002）。

些細な出来事が証明を補強する事実となるとの誤った考えが判決に影響を及ぼすので，たとえ，秘密の暴露に相当する事実と考えられても異なった評価の可能性を意識しないと危険である。被告人の平然あるいは興奮した態度を有罪の間接証拠とみなすことも間違った心証形成につながる可能性がある。

心証形成の欠陥は，証拠評価の誤りだけではなく，裁判官が十分な専門知識を有さず，過度に鑑定を過信，検察官の見解に盲従，その反面，過度の自負といった裁判官個人の資質に基づく場合もある。裁判官が適度に均衡の保たれている心理的態度を出さない場合も危険である。人間の判断に際し，過度の楽観主義に陥ったり，被告人や利益証人の供述をはじめから信用しない悲観主義に走ったりする一面的心理態度は真実発見を遅らせる。法の番人として，国家・社会・個人を保護すると同時に，被告人も保護する立場にあることは銘記されるべきであり，どちらかに偏ってはならない。

十分な証拠なく他人を悪く考える，あるいは，実際に経験する前もしくは経験に基づかな

い他人への好悪感情，自身の若干の記憶を選択的に分類し，風聞と混ぜ合わせ過度の一般化を行う行為，検察側に偏った姿勢等は，自由心証と偏見による有罪への予断の重要な要因である。

　正しい事実認定といっても，裁く側はどこかで譲歩せざるを得ないのが現実である。有罪無罪の決定は，漠然とした合理的な疑いを超える程度の証明を前提としていても，裁判官は検察官の起訴事実に対し高度の蓋然性の有無で判断していることとなる。いわゆる「無辜の不処罰」（無実のものは決して処罰されてはならない）とは相容れない裁く側の論理の枠内での処理に偏っているのである。合理的な疑いを越える程度の証明を検察官側に要求しても得られない場合，高度の蓋然性に依拠した判断によって有罪判決に到達する例は枚挙に暇がない（木谷，2001）。

　被告人側としては，犯罪事実があるかないかに限定されているのであって，一義的な絶対真実が存在しており，裁判はそのことの決定過程に過ぎないのである。松川事件第一次控訴審判決の際，裁判長の「やったかやらないかを知っているのは神様だけだ」との発言に対し，被告人たちは「いや，違う，事実を知るのは被告人私たちだ」と答えたのはこの間の機微を象徴している。可能性ありだけで，消去法としての他の可能性を排除せずに被告人の行為を認定することは，心証形成の理由すべてを説明し尽くせないにしても重要な部分は説明とともに事物相互間の関連性の認識を欠くこととなる。

　裁判における冤罪の多くは，検事側の正義感・道徳観を背景とした断罪，警察の何者かを犯罪者として性急に認定しなければならないとする職業意識が強く影響しているとしても（前坂，1982，1984；井上，2010），これら実質的な検討を要する事柄とは別に，裁判官の文脈上の独自

の解釈も無視できない。例えば，「上告裁判所（最高裁判所）は，①刑の量定が甚しく不当であること，②判決に影響を及ぼすべき重大な事実の誤認があることの事由があって原判決を破棄しなければ著しく正義に反すると認める時は，判決で原判決を破棄することができるとされている。ところが，ここでは，弁護人や被告人，時には検察官の申出によってやり直しが可能なのではない。また，「〜できる」という意味は，「やりたければやってもいいが，義務や責任はない」と解される約束事である。「著しく〜」も，①や②なら必ず該当するのではなく，正義に反するけれども「著しく」かどうかはわからぬと頬かぶり見送りができるということになっている。すなわち，あくまでも当の裁判官が「著しく正義違反である」と考えない限りいかなる反応も起こらないことを基盤としている（秋山，2002）。

　さらに，刑訴法335条②「これに対する判断を示さなければならない」の「判断」とは，理由ではなく結論を言うに過ぎない。「……というが，右は原判決を別の見解に立って非難するに過ぎない。当裁判所は，記録をよく調べてみたが，原判決のような結論が出せないことはないと考えられる」と表記して判断したことになる。「……弁護人の言う通りだが，原判決は，……弁護人とちがった結論に達したのだから間接にはその採り得ないことを判断しているものである」との頬かぶりもある。これも判断である。

　日本人は他律的な従順さと集団依存性気質と言われ，捜査段階ではまだしも公判段階になってまで狂言としての否認をし続けるというのはごく例外的なケースと考えられ，その不自然性が暴露される可能性は高いと考えられる。言い換えれば，日本の裁判システムでは「私はやっていません」と主張する被告人には「もしかしたら冤罪では」との慎重かつ徹底した審理をす

る心構えが必要である。

（7）刑事裁判（裁判官の資質）

　刑事裁判によって下される内容は，裁判官の判断に基づいている。中立でかつ前例に則った判例主義を損なうことなく，独立独歩，周辺からの介入なしに，自由な心証形成の基に事情よりも要証事実を重視した事実認定した結果であるとされている。したがって，個々の判断（判決）は，裁判官の力量，すなわち，資質に大きく左右されていることは疑いもない。

　さて，一般的な裁判官の資質として指摘されている事柄を列挙してみると，ペーパー優秀者として実技経験に根差した法律解釈には優れているが，事実認定の専門家でない。通常，社交に気を使う必要もなく，個人が抱く思想行動が組織体の最高裁に許容されている規範に従って，廉潔性・勤勉性・均質性の徒弟制度に準じて，先輩から後輩への研鑽を経て形成された態度を維持しており，「壇の高さ」による上から見下ろすのが普通な視点から有罪率99.9％の実態に即した有罪判決に傾いた判断を言い渡すことに慣れていると言われている（安倍，2001；秋山，2002）。また，判断傾向のうち，感情意思面では，自己経験に信頼深く，事案の真相を究めるよりも，拙速に意見決定を行う。事項の実質よりも種類（自白や鑑定結果，社会的地位のある人物証言）に着眼，行為者の個人的性質よりも，階級に注意し，類似の事項には同様の判断を下す。慣習的に多数の被告人に接し（あくまでも表面的であり法廷内に限定されている），その多くの狭猾かつ遁辞を弄する姿勢から，被告人全般について有罪の偏った予断を醸成し，権威的である（門田，2006）。さらに，知的認識面では，人間知世間知不足気味で，自白の安易な過信，自白以外に何が有罪を証明しているのか，不幸の時を持たない人は他人の不幸な心情を洞察できない，被告人弁解あるいは家族の言動の軽視と不信が強い（井上，2007）。また，捜査実情の認識不足に基づく，証拠の誤謬可能性に対する洞察不足に起因する極端な有罪証拠の誇張化と無罪証拠の矮小化に陥りがちで，捜査経過に対する批判的態度が欠如，糾問的捜査手段のみが真実解明に寄与する考えでいる者も少なくないとされている。

　上級審では，事実審の証拠判断が論理法則や経験法則に反しない限り是認してよいとの考え方に固執して，証拠の存在形態に十分意を尽くしているとは言えず，否認中の弁解は調書化されないのが普通である（渡部，1992）。

　いずれにしても，裁判官の社会全般との接触実相は，一般人と異なった感覚を持っていると理解しておくべきである。かって，被害者や鑑定・目撃証人等の人定質問による確認には，法廷で裁判官が証人申請の宣誓書記載住居地の読み上げを行うことが慣例となっていたため，これに基づく不祥事を招きかねない懸念は，ようやく，被害者および出廷証人等の指摘によって是正された点などは，この観を象徴する事柄である。

（8）刑事裁判（検察官）

　検察官は合理的な疑いを入れない程度の立証があるとして，ある蓋然性のレベルで，被告人を起訴し犯罪を立証しようとする。しかし，合理的な疑いを入れない程度の，立証があるとか，無罪推定の原則とか言っても，具体的個別事件について目に見えるような厳格な枠組みが現実に存在している訳ではない。ただ，検察官の起訴に対し，裁判所や裁判官の関門さえ突破し，有罪判決を獲得すれば，検察官の職務は全うされ責任を果たしたこととなる

　刑訴法の解釈運用に関して，第二次大戦後，人員不足から導入された一定期間の裁判官と検

察官の人事交流（判検交流）の影響から，裁判の立場と検察の立場が極めて近似し，両立場とも弁護側の主張と多くの点で対照的となっている。判検交流の影響大である。起訴事実についても，合理的な疑いを超える程度の証明があったかどうか裁判官と検察官とはきわめて近似しており，両者は一体となって弁護側と対立するという構図が最近の趨勢である。裁判官が検察官と同質化し，監督機能を喪失した状態はまさしく裁判不在といっても過言ではないとの指摘もある（三井他，2002）。

検察官の権限は強大で，起訴独占主義として，指定事件を設けることで刑事手続きを終了させることができる。刑事訴訟法では，司法警察員は犯罪の捜査をした時にはその書類や証拠物と共にその事件を検察官に送致しなければならないと規定されている（刑事訴訟法246条，いわゆる送検）。その後事件は検察によって捜査され，公訴が提起されるのが通常である（刑訴法246条）。しかし，この246条にはただし書きがあり，「検察官が指定した事件は除く」と示されている。ここでいう「検察官が指定した事件」の具体的内容は，一定の犯罪の種類（窃盗等）や内容（被害の程度等），被疑者の情状（前科等）などを考慮して各地方検察庁が定めた基準によって決まる。これらの基準に該当する事件は，警察から検察官に送致されないため，事実上，起訴等の送致後の刑事手続が行われないことになる。さらに，起訴便宜主義として，起訴猶予処分がある。被疑事実が明白な場合において，被疑者の性格，年齢および境遇，犯罪の軽重および情状ならびに犯罪後の情況により訴追を必要としない時に検察官が行う不起訴処分である（刑事訴訟法248条，法務省訓令事件事務規程72条2項20号）。なお，被疑事実につき犯罪の成立を認定すべき証拠が不十分な時は「嫌疑不十分」の主文により，被疑事実につき被疑者がその行為者でないことが明白な時または犯罪の成否を認定すべき証拠がないことが明白な時は「嫌疑なし」の主文により，不起訴処分の裁定がされることになっている（事件事務規程72条2項17号18号）。

本邦の裁判が高い有罪率を保っている背景には，強大な捜査権限に基づいた捜査，検察官起訴独占主義，捜査書類中心の公判審理，加えて，①低い犯罪率，②高い検挙率，③起訴便宜主義による極めて高い有罪率，④処罰の適正化，⑤刑事司法制度の優秀性と治安の良好さがあげられている。

公正な裁判では，審判である裁判官が施工する規則に従って行われる。検察と弁護の戦いであり，勝敗は，両者が決定すると考えられている。戦術的には，通常見過ごされるような証拠をさも重要であるかのように強調し，反対尋問で，証人の証言を繰り返したり引用したりする際，ぴったり証言と一致した内容でない不正を常とし，駆け引きに終始する。自己にとって不利だが正常な証人は，矛盾でもってつぶすか，性格的な悪意や怒りを露呈させる。「イエス」か「ノー」で答えさせるのは，まごつかせる最大の手管である。法定手続きの厳格な形式尊重主義に順応させることが重要としている（Frank & Frank, 1957）。

検察官の考えでは，国民が信頼するよう裁判官に裁判をやらせているのであって，本来の裁判の目的は国家治安を守るのであり，国家本位である検察官の考えることと同じ内容を有さなければならない。有罪無罪，量刑も検察官の意見に添うべきであると考えている（久保，1989）。

(9) 刑事裁判（検察官の構造的欠陥）

裁判官と同等の資格を有し，刑事事件を専門に担当し高度に習熟した検察官による起訴便宜

主義による振るい分けが実行された結果が高い有罪率を反映している反面，起訴が常に正当であると客観的に評価できる保障はなく，捜査特有の「見込み」にはしる傾向の存在も否定できない。しかも，有罪率の高さを誇るために被告人を犯人と断定して起訴した以上，有罪判決獲得に邁進することは論理上からも感情論からも火を見るよりも明らかである。法律家の第一の義務は有罪とすることではなく正義が行われるよう監視することである。被告人の無実を立証することができる事実を隠蔽したり，証人を秘匿することは強く非難されるべきであるとの法曹協会倫理典範は，検察官にとって，暴露もされないし，罰則を受ける懸念もないと見られている。ただ単に検察官の道徳的義務を良心的に尊重するよう検察官を訓練するだけである。全ての新しい被疑者に対する慢性的な敵愾心に知らず知らず陥ってしまう職業病を検察官は患う。有罪のように見える徴候（不正な人は追われると逃走する・凶器に類したものを隠匿破壊する・虚偽あるいは嘘のアリバイや手がかりをでっちあげる・逮捕時に口ごもったり，混乱する・嘘をつくといった行動）は，有罪の人間特有のものではない。嫌疑がかかり，危険がふりかかると，そのことを回避するためだけに，ごまかそうとするのが人間の姿である（Frank & Frank, 1957）。

アメリカ合衆国および州では，憲法上，検察官は被告人の証人尋問はできないことになっており，被告人が黙秘あるいは証言することの決定権を有している。しかし，陪審は，被告人が証言に立たず，黙秘すれば不利益な方に判定し，起訴事実を否認する機会を利用しないのは有罪と判断する。有罪の被告人は悠々と嘘の証言をこなす場合がある。しかし，無罪の被告人にとって自分の証言の重大性を感じ，対応に苦慮し，過度の緊張，心配が影響し，証言に失敗して，陪審に有罪と判断される危険がある。また，非常に微妙な情況をうまく言い抜けられず，結局，疑いを差し挟む余地を残すことになる。そして，最も留意すべきことは，被告人の経歴，特に犯罪歴である。捜査機関ともども犯罪歴は証人の証言の検討にあたっての重要要件と暗黙のうちに受け入れられている。

鹿児島夫婦殺し事件（高隈事件）：1969年発生・地裁有期刑・高裁控訴棄却・最高裁上告破棄高裁差戻・1986年高裁無罪確定。

1969年（昭和44年）1月18日，鹿児島県鹿屋市下高隈町の山中の一軒家に住む農家の夫O（38歳）と妻K（39歳）が自宅6畳間で殺害されているのが発見された。頭を鈍器様の物で殴られ，タオルで首を絞められていた。聞きこみ捜査の途中，被害者の知人で町内の農業Fが捜査員を自宅に招き入れ，被害者の親戚が怪しいと言い，さらに，被害者宅入り口付近の地面からF所有の軽トラックの車轍痕が見つかったため，内偵捜査が行われた。3カ月後の4月11日，Fが背広・タイヤの詐欺の容疑で逮捕された。7月になって，Fは，15日午後9時頃，被害者の妻Kと関係を持とうとしたところ，帰宅してきた被害者夫Oに見とがめられ包丁で脅かされ。そこで，Kが馬グワの刃でOを殴り倒し，「夫を殺してくれ」と頼んだので，タオルで首を絞めて殺害。さらにこれでは自分が疑われると，Kも馬グワで殴り，首を絞めて殺害したと犯行を自白。公判では否認。別件逮捕，拘置中の取調は任意捜査の限度を超え，自白調書に証拠能力がなく，アリバイも成立するとした。総額6,100万円の国家賠償請求訴訟提訴，捜査上の違法認定，約3,900万円の支払いを命じて確定した。この判決では，検察官が，警察官の違法な取調などに対して，積極的に捜

査指揮権を発動するなどして，これを阻止しなかった不作為を違法と断じた。被告人とされた男性は1995年（平成7年）に自宅火災で死亡。近時，司法研修所では前期修習においてこの事件の記録を元に刑事弁護修習を行っているため，若手法曹人には有名な事件である（宮下，1988；田平，1989）。

（10）刑事裁判（陪審員・裁判員）

　裁判（陪審）員は，証人の証人であるといわれ，理性的判断よりも，感情的判断，個人的印象，表情，動作，口調，説得力などが相互に比較考量されるだけで，個々の証拠の厳密かつ批判的分析は行われない。言い換えれば，内心的確信に終始するのである。普通，経験や事前の予測が少ないので，先の不一致と眼前の不一致との矛盾が照合されないし，先入観のもとに，個々の証人証言の信憑性評価はあまりあてにならない。特に，留意すべきことは，被告人の経歴，中でも，犯罪歴である。職業裁判官の自由心証主義が裁判で許されているのは，裁判官が「経験則」に基づいて事実を認定するからであって，裁判（陪審）員は，そうした情報を無視するよう警告されるが，そのことは有名無実である。逆に無視しろとの警告が反って強調していることになる。また，通常，前科の意味は正しく伝わらない。裕福な家庭の子息の悪質な交通事故と貧乏な生活状態の子供の軽微な犯罪とが，どう処理されているのかに思いを及ぼせる人は少ない。市民の常識（経験則）が反映されたり支えになる機会は少ない。したがって，無実の被告人にとって唯一の証人の偽りの証言が裁判（陪審）員に措信されることで有罪となる。被告人となった人の過去の経歴はその被告人の有罪の判断に影響することとなる。

　日本では，1928年（昭和3年）に公布された陪審法に基づき，12人の陪審員による刑事裁判が行われていたが，費用面と事実認定の控訴が許されないことから，実質，対象とされた強盗致傷・殺人等死刑・無期刑に当たる刑事事件のうち，2％未満しか適用されなかったため，折から，第二次世界大戦に伴う人員不足も手伝い，1943年（昭和18年）に施行停止となっていた。そして，司法制度改革の意見の高まりに添って，裁判員制度が2009年（平成21年）に施行されている。従前と同じ死刑・無期刑に相当する事件に対して，年間約1,500件余について国民の司法参加が行われている（丸太，2004）。本邦の裁判員裁判の評価は今後の課題である。

2. 無罪判決

　犯罪の証明がないため言い渡される判決が無罪である。広義には，罪を犯していないことを意味することがあるが，法令で罪となる行為と刑罰が規定されていなければ処罰されないという罪刑法定主義の原則を採用している狭義の無罪については，被告人を処罰しないことを意味している。裁判上の無罪判決は，被告人が罪を犯していないと判断できたのではなく（もちろん，その場合も存在するが），あくまでも刑罰を科さないと判断したに過ぎないのである。最も代表的な例に，被告人の心神喪失による無罪判決がある。責任能力を有しない心身喪失者の行為は本人に帰責できず，無罪とするものの，必ずしも犯罪行為の不存在を意味しない。なお，この場合の無罪は無罪放免を意味するのではなく，従来の精神保健福祉法に基づく措置入院等の強制入院（非自発的入院）の処遇が不十分であるなどの批判に応え，2003年7月に制定，2005年7月施行の医療観察法に基づく，刑罰ではない，入院医療を継続する必要がなくなる

までの入院処遇が施されることになっている。つまり，常時監視下に置かれ，事実上は長期間にわたって社会から隔離され，有罪であった場合の懲役刑の上限よりも長期間に及ぶ，いつになれば自由の身となれるのかが定かではないという意味では，不定期の禁錮刑に近いものであるという指摘もある（熊谷他，1972）。

　日本の刑事司法手続では，警察が逮捕するまでに捜査を綿密に行い，十分な嫌疑があるまでは逮捕しないことが多いとされてきた。その結果，犯罪の嫌疑がないとして不起訴処分がなされる率は諸外国に比して少ない。また，検察官に送検されても，検察は有罪判決をほぼ確実に得られる程度の証拠が揃わない限り起訴を控えるとされる（起訴便宜主義）。さらに，裁判官は検察・警察に有利な心証を抱いていることが多く，「疑わしきは罰せず」を適用すれば無罪になる場合でも，有罪判決が出やすい。つまり一度起訴されれば，検察側によほど大きな矛盾があるか，真犯人が別に発見されでもしない限り検察・警察を信用する。その結果，起訴された場合には，約99％以上の被告人が有罪判決を受ける傾向がある。もっとも，逮捕された者の約半数には不起訴処分がなされているのであるが，報道されるような重大事件においては，不起訴処分がなされることはまずないために，逮捕が報道された者のほとんどは起訴され，有罪判決を受けることになる。捜査機関の逮捕・起訴に対する慎重な姿勢，いわゆる「精密司法」の主張と呼応する。

　さて，本邦の無罪判決の実態は，公刊された資料としてはあまり詳しくはない。本書が対象とする逮捕起訴された殺人被告人の大多数が，刑の確定まで身柄は勾留され，刑の確定後は刑務所に収容される。したがって，本章において，無罪判決上明らかに，被告人とは別の犯人が自白もしくは有罪と判断されたいわゆる「誤判」

も含め無罪判決78例（本邦の事例60例，外国例18例）が取り上げられる。諸外国の無罪判決例の件数は把握できていないが，本邦の公刊された犯罪白書（法務省）に計上された1980年（昭和55年）から2014年（平成26年）までの地方裁判所終局処理人員数の結果によれば，殺人の無罪判決率は0.59％，加えて，控訴審の無罪率は0.45％となっている。ちなみに，控訴率は26.27％である。これらからすれば，本書で取り上げられた無罪判決例が全体の傾向を忖度するには十分でないことは確かであるが，全く用をなさない訳ではない。通常，無罪判決では，正当防衛が成立するなど違法性が阻却されたり，心神喪失が認められるなど有責性が阻却されたり，あるいは，犯罪構成要件を満たす証明がない場合に下されるとされている。しかし，これらの無罪判決要件の多くは検察処理の段階で，起訴便宜主義に則った不起訴処分によって対応されているのが実態である。検察庁処理人員中の不起訴人員率は，近年，およそ半数に過ぎず，さらに減少傾向にある事実は（犯罪白書，1990-2015），刑事裁判を考えるに当たり，十分留意に値する事実である。

　刑務所に送ることで，国民が犯罪を思いとどまり，犯罪の抑止効果となると考える裁判では，被告人のアリバイについての9人の証言よりも警察の圧迫で証言を変えた被害者が犯人だと識別した証言を，証拠請求しなかった弁護の怠慢や，目撃者の証言は意図しない悪意のない間違った犯人確認（背丈を5インチ，年齢を8歳過大に見積もる傾向等という指摘がある）を陪審（裁判）員が信じてしまう危険はつきものである（Frank & Frank, 1957）。

　政府から報酬を受ける官選弁護人制度の利用はともかくとして，被告人等貧困な人々には，証人情報収集のための費用がなく，十分な事前準備，資料整備が望めない。加えて，検察の証

拠開示が万全でないなどの問題が指摘されている。証拠開示請求によって，不意打ち作戦を封じ込める。アメリカを除いて，検察証拠開示は歓迎されており，自己の不利益な証拠を予め知らなければ反駁できないものの，開示によって対応策としてかえって偽証が行われる懸念は増大する。

糾問主義を前提とする捜査構造に添って，有罪方向が優先的に採択され，無罪証拠は捨て去られる歪んだ捜査状況の欠陥も見逃せない事実である。有罪は，構成要件に該当し，違法で，有責性があるという三要件が全部認定された場合である。そして，無罪判決の多くは，誤認逮捕や冤罪のように容疑事実が犯罪構成要件を満たしていない場合，正当防衛など違法性が認められない場合，あるいは，心神喪失が認められ，有責性がない場合などである。

無罪事件は，訴因の誤り・自白および自白以外の証拠能力欠除・自白および自白以外の証拠の証明力なし・自白の補強証拠無・間接証拠による犯罪事実の総合認定不十分・鑑定結果証明なしといった要因が存在する。

裁判官は，無罪を語る証拠も含めた個々のすべての直接証拠と間接証拠を，注意深く相互に検討しなければならない。かくして，職権による真実の探求（糾問訴訟）が全うされる。その証拠によってはいかなる正確な事実認定も期待できないという理由によってこれを拒否してはならない。どのような場合でも，決して，ただ1人の証人の証言に基づいて事実認定してはならないのである。証人の証言は批判的に検討しなければならない。その真実性は，その証人の人格や証言の形式と内容から必ず明らかになる。共犯者は，彼の証言はとりもなおさず自己の犯罪に関する証言であるがゆえに，証人として尋問されてはならない。証拠は，原則として，蓋然性の証明としてしか通用しない（トランケル, 1976）。

特に，証人証拠の不確実性が認識され，犯罪科学の発展につれ，物証の重要性が強調されても証人証拠は第一次的地位を謳歌し，その重要性は計り知れない。一般に，証人は誤りに陥りやすい。慎ましい警察官，良心的検察官，公正な裁判（陪審）員と裁判官でも，無実の人が有罪の判決を受けるかもしれない。証人の証言が信用できるかどうか，自分の能力範囲を知らないし，またその程度を認めることを潔しとしない。証人が見たり聞いたりしたことは，①偶然みたもので，注意が伴っていない，②関心と熟練の程度で異なり，③特定のことに注意すれば，他が疎かになる，④錯覚や幻想がある，⑤感覚的な反応は，個々に異なっている，⑥気分で変わる，⑦過去の時間経過によって変化する，⑧自尊心で記憶は汚染する，⑨正常な異常者，若年の老年者が混在している等々の要因で正確さが変化するのである。

ちなみに「無罪」と類似する概念に「無実」がある。「無罪」の本来的な用法は，犯罪の証明が認められないという司法判断であるのに対し，「無実」は司法判断ないしは裁判制度などに制約されない絶対的な真実として「事実がない」ということを指すとの使い分けが一般的である。その意味では，無実と無罪は近似する概念ではあるが同じではない。歴史的な経緯もあって一般的には「罪がないのに罪を犯したとされること（冤罪）」を，「無実の罪」と称することも少なくない。ところが，無罪判決の多くは，検察側の被害者や目撃者などの証人の証言が不自然で合理的でなかったりする場合も少なくない。また，訴訟に至る手続きが正規でなかったりする場合もあり，必ずしも被告人の冤罪を意味しない。

日本では無罪判決に対して検察官が上訴することもよく行われるが，憲法39条の「二重

処罰の禁止」に当たること，甲山事件（清水，1978；松下，1985）のような裁判の長期化を招いていることなどを理由に禁止するべきだとする意見も根強い。しかし，最高裁判所は合憲と判断している。日本以外の国においては，陪審制度による事実認定を行っている国などで無罪判決に対する捜査機関側の上訴を認めない国も存在する（トランケル，1976）。

　捜査段階での弁護人による接見交通権と外部通信の義務付け，逮捕・勾留条件の規制・厳格化，代用監獄の廃止と拘置所への勾留の義務付け，拷問と自白供述の強要の実効的な抑止，尋問の録画・録音の義務付け，裁判に提出する以外の捜査資料の被告人・弁護人に対する開示，起訴事実の犯罪類型と量に応じた裁判期間の義務付け，供述証拠の認定に関する捜査段階の供述から裁判の法廷での供述への変転に対する警鐘，被害者および他の被疑者・被告人の供述を唯一の根拠とする客観的・具体的な物証がない逮捕・起訴・有罪判決の禁止，などの誤認による逮捕・起訴・有罪判決・刑の執行の予防策は当時から認識されているが，2007年現在に至るまで問題解決は全く実現していない。

　以下に，無罪判決の様相ごとに分けて，いくつかの事例を列挙する。まず，死刑執行後真犯人が判明した例（1）をはじめとして，刑確定した後真犯人が判明した事件（2），いわゆる当局の事件でっちあげで犯罪構成要件が不成立となった事件（3），証拠不十分・捏造。隠匿・隠滅等の物的証拠の不備（4・5・6），被告人・被害およびその関係者・共同被告人・目撃など関係者らの人証不適切（7・8・9・10），そして，鑑定および精神鑑定と現場検証の不徹底（11・12・13）に基づく無罪判決である。

　繰り返すようであるが，本書の意図からすれば，「誤判」は，被告人とは別の人物による犯行であると証明された場合としている。いわゆる誤判原因として，捜査機関側の①見込み捜査，不十分な初動捜査・不徹底な現場検証・杜撰な証拠収集，②「思いこみ」に基づく間違った捜査方針，検察官側の①過信，②自白の任意性・信用性判断の誤り，③被告人に対する不当な予断・偏見，裁判所・裁判官側の①検察官への盲信，②逮捕勾留などの被疑者被告人の違法不当な身柄拘束容認，弁護人側の①不十分な起訴前弁護活動，②公判廷での弱体な弁護活動，③証拠の科学的検討不足，さらには，鑑定の誤りを通して，証拠価値の誤認，自白の信用性（脅迫・誘導・強制・拷問による取調）の判断間違い，さらには，証人供述の不合理性不自然性等の洞察不足などによって誤判はもたらされると指摘されている。これらの各担当者側に偏した態度が，被告人の自白および共同被告人の有罪証言，証人供述の無批判な尊重，杜撰で間違った犯人識別の採用，有罪証の批判的視点欠如ひいては鑑定人の鑑定結果の過信もしくは無視を招き，誤判に至るのである（法務研修所，1954-1955；日本弁護士連合会，1989，1998a；ペータース，1981）。

　こうした誤判を防止する方策として，主として弁護人側から，第一に，被疑者・被告人に対する弁護人の権利拡張と捜査の可視化（公費による弁護人制度・弁護人取調立会権・取調状況とその過程可視化のための録音録画・書面による記録の義務づけ），第二に，全面的証拠開示の検察官義務づけ等が提案されている（下村，1966）。

（1）無罪判決（死刑執行後真犯人判明）

　死刑判決によって刑が執行されたが，犯人ではないと主張され世間の注目をあびた事件はいくつか散見される。18世紀のフランスで新教徒への偏見から，息子を絞殺したとされ，1762年死刑となった63歳の服飾商カラス事件

（小林，1963）をはじめ，本邦では，1899年（明治32年），群馬県の巡査殺害の犯人としてKとIの2名が死刑執行されたが，14年後の1913年（大正2年）に真犯人が判明した（森長，1969），1911年（明治44年）の無政府主義者らの天皇暗殺計画に関する大逆事件に伴う12人の死刑執行（前坂，1990）も含め，いくつか報告されているが，公的な証明確認が達成されているかどうか意見が分かれるところである。

1927年，アメリカで死刑執行されたサッコとバンゼッティ事件（既述）でも，サッコの所持していた拳銃による事件であったことは証明されている。さらに，後述する本邦の死刑確定後無罪判決となった事例をはじめ，死刑求刑に対して無罪判決となった例にはことかかないのも事実である。ともあれ，現実的には，死刑判決にはそうした悲劇的様相が予測されることを十分に弁えておく必要があることは確かである。

エヴァンス事件（関係者証言）：1949年11月30日，ロンドンのノッティング・ヒルにあるアパートの裏庭で最上階の住人ベリル・エヴァンス夫人と娘ジェラルディンの絞殺死体が発見された。夫のティモシー・エヴァンス（Timothy Evans）は警察に通報したが，そこからエヴァンスは不審な行動を示す。当初は自分が妻を殺したと自首したが，その後アパートの住人であるジョン・レジナルド・ハリディ・クリスティによる堕胎手術の失敗で死んだと供述。さらに妻子の遺体が発見され，娘の首にエヴァンスのネクタイが巻きつけられていたことが判ると娘の殺害を自白。こうしてエヴァンスの供述は二転三転していった。エヴァンスは殺人で起訴されたが，裁判では殺害を否認。しかし裁判ではエヴァンスに虚言癖があったこと，夫婦仲が悪く喧嘩が絶えなかったことが明らかとなっ

た。加えて証人として立ったクリスティの捏造目撃証言も決め手となり，1950年3月9日に絞首刑が執行された。エヴァンスは，公判中に階下の住人であるジョン・クリスティ（John Christie）が真犯人であると訴え続けていた。エヴァンスの死刑執行から3年後，1953年3月24日に当該アパートのある部屋の異臭に気づいた住人が警察に通報。部屋の壁から女性の遺体が3体，床下から1体，さらに裏庭から2体の白骨死体が発見された。遺体が発見された部屋にはつい1カ月前までクリスティが住んでいたので，警察は彼を指名手配し逮捕した。逮捕後，彼の自白により1943年から1953年にかけて妻を含む6人の女性を殺害したことが明らかとなった。1949年のエヴァンス事件についてはベリル夫人の殺害を認めたが，ジェラルディンの殺害については否認を通した。6月22日に殺人について起訴され，6月25日に有罪判決。7月15日に絞首刑が執行された。クリスティは，死刑執行前にエヴァンス夫人の殺害を自白し，1966年の公式な調査により，クリスティはエヴァンスの娘も殺害したと結論づけられた。エヴァンスは冤罪の可能性が高かったとして，死後恩赦が認められた。司法の大きな失態と認められている。

余談ながら，死刑判決は冤罪ではとの問題提起によって大きな影響を受けることは確かである。1952年のイギリスのロンドン郊外で発生した巡査殺害事件で，共犯の16歳の少年が巡査の拳銃を奪って発砲殺害した際に，19歳のデレック・ベントリー（Derek Bentley）が殺害を指示したとして死刑判決，少年は無期懲役，主犯とされたベントリーは死刑となった事件では，現場に居合わせた警察官の偽証が疑われた。さらには，1961年ロンドンのA6幹線道路で男女を襲い，男を射殺，女性に暴行を加えて死刑判決となったジェームズ・ハンラッテイ（36

歳）の事件では，冤罪とされた（今日の結論では，DNA鑑定で同人の犯行と認められている）などが，死刑廃止に大きな影響を与え，イギリスでの死刑廃止論が起こるきっかけとなった。結局，イギリスは1965年に死刑執行を停止する5年間の時限立法を成立させ，1969年には死刑を廃止した（Cyriax, 1993）。

(2) 無罪判決（刑確定後真犯人判明）

ギーツィンガー事件（周辺関係者証言）：1898年発生・1899年被告人起訴・1899年陪審裁判死刑・1899年上訴却下有期刑確定・1901年被告人死亡・1903年真犯人判明。

　1898年11月1日，上部オーストリアのジーガースハフトで小間物屋女主人AKが自宅で殺害された。400グルデンと200グルデン入りの預金通帳2冊がなくなっていた。被害者の向かいに居住のマットイスと妻テレーゼ・ギーツィンガーに容疑がかかり，取調べられた。死体発見を届け出た夫はとりのぼせもせず偉そうにもったいぶっており，妻のテレーゼは無関心すぎると評された。世論ではテレーゼと交渉のあったハーターとの3人の犯行だと決めつけられていた。11月23日の憲兵隊の取調で，ハーターは聾唖を装い，はかばかしく返答しなかったが，11月1日の夜7時から8時まで容疑者宅を訪問していたことを認めたが，平素は粗野で元気のある人物がびくびくし，家宅捜索で事件に関係するものは発見されなかったが，身体検査すると告げると，みるみる震えだし，チョッキの裏ポケットから本件犯行に相当する小型ナイフ，ズボンから鋭利なナイフが発見された。「本件犯行の首謀者で夫妻に手伝わせたと考えてよい」と報告された。1899年6月14日陪審裁判で，3人とも罪状を否認，陪審によって，テレーゼとハーターは有罪，絞首刑，夫マットイスは無罪であった。判決無効確認上訴は1899年8月31日破棄却下，その後20年の懲役刑になった。判決後，ブラウナウの銀行に被害者の貯金通帳で貸し付けを行ったとの届出があり，貸し付けの相手が女中MKの父親マティアス・カウフマンだったと断言できなかったが，対質の際，異様に狼狽していたことが強調された。1901年5月27日，ハーターは獄死。1903年11月26日，マティアスが犯人だとの届けがあり，取調で自白した（ヒルシュベルグ，1961）。

鈴ヶ森酌婦殺し（拷問）：被告人IT：1915年発生・1915年被疑者別件逮捕後起訴・1915年予審裁判決定・1918年控訴院取消自判無罪確定。被告人IS：1916年自白・1916年予審無罪・1918年控訴院取消自判死刑・1918年執行。

　1915年（大正4年）4月30日鈴ヶ森鬼子母神境内で濱の家の酌婦OH（26歳）の遺体に戸板がかぶせられていたのが発見された。頸を絞めた上喉仏下部を刃物で刺し陰部をえぐって10センチばかりの肉塊を切り取っていた。殺されたOHは兎角の噂のある女性で，多くの男と関係があり，特に，OHの右二の腕に「K」なる刺青が施されており，近所の掛茶屋経営KSと判明した。直ちに入れ墨の警察処罰例によって引致拘留処分となった。両手を首の後に回し手錠をかけ夜通し立たせたり，銀キセルで叩いたり，あげく，女房も拘留しているので子供も泣き暮らしていると責め立て殴る蹴るの拷問，また，KSの家の捜索で被害者所持の春画を発見，これを証拠として激しく責め立てたところ犯行を自白。公判では犯行を否認した。1916年（大正5年）1月中旬，本所に同居中の名古屋生まれ前科6犯のIT（42歳）が検挙され，現場付

近の茶屋の縁台に腰掛けて休んでいたところ，被害者が通りかかったので，劣情を催し襲いかかり抵抗され，手拭いを首に引っかけ窒息死させたと自白した。しかし，縁台は杭の上に板をのせた体で，夜間は片づけてしまうとのことであった。発見者によれば，道路に敷かれた小砂利の跡から見れば海岸の波打ち際で絞められ鬼子母神まで引きずられてきたと証言。ITは最初鈴ヶ森の題目塔前で襲い鬼子母神までひきずってきたと自白。手拭い痕も特定されなかった。また，8カ月間所持していた凶器として提出したナイフには血痕が付着していなかった。殺害後，被害者の足を2本揃えて真っ直ぐ並べ，両手も真っ直ぐ下げておいたと称しているが，左手は胸の上，右手は上方，左足は折り曲げられ，右足のみ真っ直ぐ延びていた。羽織か着物を顔にかけ雨戸を載せておいたと供述したが，雨戸は鬼子母神の縁に立てかけてあった。凶器の手拭いは付近の溝に捨てたと供述しているが発見されていない。犯行後行きがけの駄賃にとOHの袂にあった網目の付いた紐付きの財布から紙幣・硬貨併せて35円を奪い，財布は付近の田圃に放り込んだと述べているが，妹の言ではOHの財布は編み目のない紐もついていない体裁のものだと証言している。ITは事件後に起こった保土ヶ谷の歌人夫妻殺害が発覚，証拠の金時計が静岡の宿で発見された。この発覚までの間にOH殺しをすすんで自白しており，非常に微妙な状況である（松本，1968）。

ラークマン事件（目撃面割り）：1925年発生・1925年被告人起訴・1925年陪審裁判死刑判決知事恩赦終身刑・1929年真犯人判明・1933年第二次再審請求恩赦決定無罪。

1925年8月12日，ニューヨークのバッファローの美術金属商会の会計WPが黒い眼鏡をかけた強盗犯に襲われ殺害された。けちな常習犯エドワード・ラークマンが謀殺罪で逮捕され，面割の対象となった。その際，明るい部屋で1人で黒い眼鏡をかけさせられ，犯行目撃のDRが横顔3秒，顔全体2秒だけ見せられ，犯人だと確認した。裁判でこの確認状況は明らかにされなかったが，43時間の評議の末，有罪答申，電気椅子の死刑を宣告された。上訴審で有罪は確認されたが，2人の裁判官は合理的疑いがない程度に犯人との同一性が証明されていないとした。死刑執行の前日の1927年1月13日の夜，知事によって反対意見があれば死刑は終身刑に減刑するとの慣習が取り入れられた。「もし無罪が立証されても，死刑されていれば州はどうすることもできない」と述べた。1929年4月，別の事件で逮捕されたバッファローの犯罪者AKがWPを殺したのは自分も含めた5人での犯行だったと告白。これを知ったラークマンは恩赦を申請，調査の結果，1930年3月24日再審許容無罪釈放の勧告がなされたが，新証拠は有罪判決後1年以内に提出されなかったとの理由で却下された。1933年6月再度の恩赦申請，犯人識別確認方法の不備を訴え，無条件恩赦，無罪。真犯人判明後4年目であった（Ftank & Frank, 1957）。

弘前大教授夫人殺害事件（鑑定不備）：1949年発生・1949年被告人別件逮捕後起訴・1951年地裁無罪・1952年控訴取消自判有期刑・1953年上告棄却有期刑確定・1971年真犯人判明・1971年再審請求・1974年高裁請求棄却・1976年高裁再審開始決定・1977年高裁無罪確定。

1949年（昭和24年）8月6日午後11時過ぎ，青森県弘前市で，弘前大医学部教授夫人M（30歳）が，部屋に侵入した男に喉を刺され失血死。

夫が出張中であったため，痴情関係や怨恨関係が疑われ，医大生が逮捕されるも，アリバイが証明されて釈放された。その後，現場から道路に続いていた血痕より，8月22日，失業中のN（25歳）が別件の銃刀法違反で逮捕，42日間の拘留否認のまま起訴されたが，「証拠不十分」で一審無罪（求刑死刑）。高裁で「N氏が着ていた白シャツの血痕は98.5％の確率で被害者のもの」という鑑定を採用し，有期刑判決。1963年Nは仮出所，Nの幼友達が真犯人だと名乗り出，高裁へ再審請求するも棄却，異議申立中に「白鳥判決」が出され，また，鑑定の誤りが指摘され，真犯人の指紋が隠匿されていた事実も明らかになった。真犯人は公訴時効成立のため起訴されなかった（鎌田，1990a；竹沢・山田，1993）。

(3) 無罪判決（犯罪構成要件不成立）

菅生村派出所爆破事件（狂言）：1952年発生・1955年地裁有期刑・1958年控訴取消自判無罪・1960年上告棄却無罪確定。

1952年（昭和27年）6月2日午前0時過ぎ，大分県直入郡菅生村で，派出所が爆破された。爆破直後，付近を歩いていた某政党員2名G（24歳），S（23歳）が現行犯として逮捕された。ところが，この夜派出所で就寝しているはずの巡査夫妻は事件発生を予知していて，いつでも犯人を捕まえることができるように準備していた。また，まわりには百名近い警官が張り込み，カメラマンを含む新聞記者が現場に待機していた。「現行犯」の2人は，市来春秋と名乗る「知り合い」に呼び出されていただけと主張し，犯行を否認した。また共同謀議者として逮捕された3名も無罪を主張。1955年（昭和30年）7月，大分地裁はGに懲役10年，Sに懲役8年の判決，他3名にも有罪判決を言い渡した。ところ

が，二審途中で市来春秋が現職の警察官Tであると判明。逃亡していたTを探し出し，裁判にふされた。Tはおとり捜査官として働いていた現職警察官であった。この事件は警察の自作自演による謀略であった。1958年（昭和33年）6月，福岡高裁で2人に無罪判決が言い渡された。1960年（昭和35年）12月，最高裁で上告が棄却され，確定した。Tは起訴されたが，一審は無罪，1959年9月の二審では有罪判決が言い渡されたが，刑は免除された。Tは3カ月後に警視庁に復帰。1983年には警察大学技術課教養部長兼教授に上り詰めている。（上田・後藤，1964；清原，1989；礫川，1995）。

(4) 無罪判決（証拠不十分）

因島毒饅頭事件（証拠不十分）：1961年発生・1961年被疑者別件逮捕後起訴・1968年地裁有期刑・1974年控訴取消自判無罪確定。

1961年（昭和36年）1月8日朝，広島県尾道港向かいの村上水軍本拠地であった瀬戸内海の因島で以前は莫大な資産を擁した旧家の農業MS（仮名）方の長男MJ夫婦の娘MY（仮名）4歳が自宅にあったドラ焼きを食べて死亡した。MYが8畳の書院縁側の机の上に置いてあったドラ焼き4個を姉（7歳）と1個づつ食べたところ，苦味がきつく，すぐに吐き出し，MYのみ倒れてしまった。近所の医師の診察では心臓麻痺とした。翌日の葬儀1時間ほど前に，MS家の近所に住むものといって，MS家の子供の死に方が不審であるとの電話があった。加えて3，4年前から長男MJ（32歳）の次女，MJの三女，長男の妻（27歳）が連続して相次いで怪死しており，長男が死亡した後に，長男の妻とMYが茶の間に置いてあったバナナ菓子を食べたところ，非常な辛さで思わず吐き出したこともあった。葬儀の延期を申し入

れ，遺体の司法解剖が行われた。その結果，体内からはパラチオン剤が検出され，ドラ焼きに付着した有機燐酸パラチオン農薬による急性中毒死となった。家宅捜索では，パラチオン系の農薬ホリドール以外の農薬しか押収されなかった。子供の誤飲あるいは農作業の過失も考えられたが，密告の電話によって毒殺の疑いが濃厚となった。6日後の14日，未開封のホリドール原液100cc入りビン20本が発見された。MSの言によれば，市内の農薬店から購入したが，屋内に置くのは禁じられていたので，納屋に保管していたと説明。また，食べ残しおよび吐き出したどら焼きはまとめて裏の海に次男MGの嫁MRが処分しており回収不能であったが，ゴミ捨て場にドラ焼きの包み紙が発見され，微量ながら有機燐酸系パラチオンが検出された。次男の嫁MRの話によると，予防のため農薬がこぼれていたのか手がぬるっとした農薬瓶をMJに渡した。長男，その妻と娘が狙われている反面，MS夫婦や次男MGが被害にあっていないことから，MSとMG父子に疑いの眼を向けた。2月2日，MGが前年「ホリドール」を違法購入していた事実で逮捕した。MGによると，ねずみ駆除のため農薬「ホリドール」を塗ったどら焼きを8畳間書院に置き忘れた過失による事故を主張，3日後には，MYへの殺人行為を認め，兄夫婦や，自分の娘らの殺害も認めた。1月7日夕方，近所の菓子店でドラ焼き4個を買って，夜になってドラ焼きの包装紙に鉛筆で穴を開け農薬ホリドールをたらしこんだ。翌朝，ドラ焼きを8畳間書院の机の上に置いた。兄を殺して家督を継ぎ，散財で費消した財産を回復させようと蓄財に執着し，女は財産殖やしに役にたたないし，費用がかさむので，厄介者がすくない方がよいと思い，殺害を試みたということであった。5人殺害の自白に基づき，2月8日，土葬された4遺体の解剖で死因は特定できな

かった。また，MGの精神鑑定によると，大言壮語，虚言癖はあるものの，刑事責任は負い得るという結果が出た。本件MY殺害と，MR・MRの長女・長男妻の3人の殺人未遂で起訴。長男やMGの子供たちの殺害起訴は断念した。7年にも及ぶ裁判でMGは否認に転じ，逮捕3日目に行われた自白の信用性が焦点となった。MGは，ドラ焼きを事件前日午後4時頃近所の菓子店で購入したと自白したとされているが，同店の女主人によると，当日午後1時から子供と実家に里帰りして，店を閉めていたと供述，今度は嫁いだ妹が持参したものと変更するなど問題となった。農薬が混入されたどら焼きの包み紙の微小な穴は形状などから鉛筆であけたものとは到底認められない。しかもこの小穴からホリドールをたらしこむのは不可能に近いなど，被告の供述は不自然，不合理でとうてい真実性を持ち得ないと判断された。MGは判決1カ月ほど前に脳内出血で半身不随，意識もはっきりしない状態であった（植松，1995）。

首都圏連続女性殺害（証拠不十分）：1968年発生・1974年被疑者別件逮捕後起訴・1986年地裁無期・1991年控訴取消自判無罪確定。

　1968年（昭和43年）～1974年（昭和49年）の間に東京・埼玉・千葉の首都圏で10件12人の女性が暴行殺害放火の被害にあった事件を首都圏連続殺人事件と呼んでいる。①1968年（昭和43年）7月13日，足立区綾瀬のテニスコート近くの草むらで，会社勤めの女性（26歳）が暴行を受けて，焼き殺された。②1973年（昭和48年）1月26日，東京・北区東田端のアパートで火災があり，焼け跡から暴行殺害された会社員の女性（22歳）が見つかった。③同年2月13日，杉並区高円寺のアパートが放火によって炎上，家政婦（67歳）と男性店員（22

歳）が焼死した。④1974 年（昭和 49 年）6 月 25 日，松戸市の主婦・H 子（30 歳）が失踪，1 カ月半後の 8 月 10 日，⑤の MS の遺体が発見された現場近くから見つかった。やはり強姦殺人であったが，現金 3 万円入りのハンドバッグは傍に放置されていた。⑤1974 年（昭和 49 年）7 月 3 日夜，帰宅途中の千葉県松戸市の信用組合勤務 MS（19 歳）が行方不明となり，1 カ月後の 8 月 8 日，自宅近くの同市馬橋の区画整理地で作業中のブルトーザー運転手が，土中に全裸死体となっている遺体を発見した。MS は強姦の上，絞殺されており，加害者の血液型は O 型と判明した。⑥同年 7 月 10 日未明，松戸市の常磐線馬橋駅近くのアパート 2 階から出火，室内で小学校教員の女性（21 歳）が強姦され殺害されているのが見つかった。加害者の血液型は O 型。ガス栓を開けて放火していた。⑦同年 7 月 14 日，葛飾区四つ木の小料理店が火災，同店経営の女性（58 歳）と手伝いの女性（48 歳）が暴行の上殺害されていた。⑧同年 7 月 24 日，埼玉県草加市のアパートで火事。薬局店員の女性（22 歳）が強姦され殺害されていた。加害者の血液型は O 型。ガス栓が開放されていた。⑨同年 8 月 6 日，足立区綾瀬で火災が発生，2 階の会社員の女性（24 歳）が暴行の上殺害されていた。胸と腹に刃物の傷。加害者は O 型か B 型。⑩同年 8 月 9 日，埼玉県志木市幸町のアパートで火災が発生，屋内から強姦され殺された女性（21 歳）の遺体が発見された。加害者は A 型か AB 型と見られた。これら一連の事件被害者の大半は 20 代，殺害方法は暴行焼殺 8 件，暴行穴埋め 2 件と，同一犯による犯行と見られた。このうち葛飾区の事件⑦は後に犯人が検挙されたが，後は未解決である。

松戸市における連続殺人事件について，土地カンのある建設労働者ら約 400 人がリストアップされ，疑わしい人物が 7, 8 人浮上した。その中で，9 月 12 日，別件の窃盗罪で足立区清掃作業員 OE（当時 38 歳）が逮捕された。OE は 1936 年（昭和 11 年）6 月茨城県北浦村で 6 人兄弟の次男として出生，兄弟はそれぞれ父親が異なるという複雑な家庭環境で生育した。実父は，彼が幼い頃に死んだと聞かされ，顔も知らないという。中学中退，16 歳の時，無免許運転で逮捕されて以来逮捕歴 14 回，火事場泥棒，窃盗・詐欺など前科 8 犯で人生の 3 分の 1, 13 年近くを刑務所暮らしであった。1972 年（昭和 37 年）に火事場泥棒のついでに若い女性を暴行しようとした容疑で東京・杉並署に取調べられた経緯があり，その犯行の手口から OE が捜査線上に浮上してきた。彼の容疑は 6 月初めに松戸市内のマンションからカラーテレビ，ネックレスなど 50 万円相当，また同市の書店から 1 万円相当の本 29 冊を盗み出したというものである。血液型も O 型だったため，マスコミでは首都圏連続女性殺人として報道されてしまった。事実，6 月から 8 月にかけて，足立区綾瀬の工事現場で働き，7 月初めには松戸市の殺人現場近くで職務質問を受けていたこともわかった。また 7 月 10 日の松戸の事件現場近くで発生した同様の手口の未遂現場で見つかった足跡は，彼のものと一致した。さらに，6 年前の事件でさえ，OE はいずれの現場にも出入りしていたことがあり，手口が似ていた。ただ加害者の推定血液型は O 型ではない事件もあり，狙われた女性も年代にも多少のばらつきがあるため，この 10 件を「同一犯によるもの」と纏めたのは疑問が残る。

首都圏女性連続殺人事件が起こった 1974 年（昭和 49 年）5 月 2 日に網走刑務所を出所した OE は，結婚した姉や妹，弟がいた東京に行き，彼らの家で寝泊りすることになった。仕事は塗装業や大工仕事を転々とし，清掃職員としても働くようになった。9 月 12 日の逮捕時は妹宅

に身を寄せていた。9月30日，取調により首都圏連続殺人事件のMSの殺人を自供，12月1日，造成地26街区西南角の側溝からMSの雨傘が，4日には新坂川の土手で定期入れ・財布が発見された。MS殺害容疑で再逮捕。12月31日，千葉地検松戸支部は証拠能力に乏しいと判断し，処分保留として釈放した。

しかし，MSのスカートや下着がOEの自白によって発見され，付着していた毛髪もOEのものと類似しているという鑑定結果から，殺人・死体遺棄容疑で再逮捕。MSの私物，またOE関与の物証探しが続行され，翌1975年（昭和50年）1月21日，下水溝からMSのスカートの紐発見，さらに2月10日，その下流でサロペットスカートや靴，下着類が雨合羽のズボンに詰めこまれた状態で発見された。自白によると，帰宅中のMSに刃物をつきつけて脅し，建設中のマンションに連れこんで乱暴した。その後，一緒に外に出たが，MSが助けを求めて駆け出したため，腕で首を絞めて殺害。着衣は雨合羽のズボンに詰めこんで，マンホールから，あるいは下水道に直接投げ入れた。

1975年（昭和50年）3月12日，OEを殺人で起訴。拘置所移管。代用監獄で自白を強要されたと主張，1979年（昭和54年）6月，『でっちあげ　首都圏連続女性殺人事件』（社会評論社）を出版。一審は検察証拠証書120通，証拠物38点に基づき自白は信用できる，二審は代用監獄による自白強要として任意性は認められないと無罪判決となった。

翌1980年（昭和55年），窃盗で逮捕服役。高裁判決から5年後の1996年（平成8年）1月7日午前9時45分頃，「足立区六月町の駐車場にマネキンのような黒い物がある」という通報があり，検分すると，布団にくるまれたパジャマ姿の女性の首なし焼死体だった。遺体の陰部は切り取られていた。6日夜から7日未明の間に駐車場で何かが燃えているのが近所の人に目撃されていた。OEと同居中の女性の姿が最近見えなくなったと近所の人の証言があった。遺体を包んでいた布団に付着した体液との照合のためOEの吐いた唾液を密かに採取しようとしたりした。さらに，1996年（平成8年）4月21日，都内足立区の公園で遊んでいた女児（当時5歳）が，「もっといい公園に連れていってあげるから自転車に乗りなさい」と男に別の公園に連れて行かれ，首を絞められ失神，いたずらされるという事件があった。26日，目撃証言から，少女殺人未遂の容疑でOE（当時59歳）を逮捕したが，OEは犯行を否認し続けた。

同じ頃，駐車場の首なし焼死体を包んでいた布団に付着していた体液とOEのDNAが一致した。5月2日，足立区一ツ家の都営東栗原住宅のOEの部屋の家宅捜索で，裏庭から腐敗した頭部と切断に使ったと見られるノコギリを発見。冷蔵庫の冷凍室には切り取られた陰部が入れられていた。焼死体は茨城県出身の無職MY（41歳）と判明，家出の末，足立区内の公園で偶然OEと知り合い，4カ月ほど前から同居するようになっていた。1月5日に家事をしない被害女性と口論となり，バットで頭を殴って死亡させ，ゴミ類と一緒にリヤカーに積んで駐車場へ運び，火をつけて燃やしてから頭部を切り取ったと自白。

1998年（H10）3月27日，東京地裁，無期懲役判決。1999年（平成11年）2月9日，東京高裁，控訴棄却，無期懲役確定。近代日本犯罪史上，未解決連続殺人事件として，「首都圏連続女性殺人事件」は，佐賀の女性7人連続殺人事件（一部無罪判決の北方事件を含む水曜日の絞殺魔事件（佐賀新聞，2005））と双璧をなす事態である。彼はあくまでも容疑者であって釈放後に殺人を犯したからといって，やはり前の事件も犯人だったとは言えないものの，逆転

第 6 章　刑事裁判・無罪判決・再審　217

無罪判決が尊い命を奪う結果になってしまったことは否めない（小野，1979；門田，2006；森，2012）。

土田・日石・ピース缶爆弾事件（証拠不十分）：
　　1969 年発生・1972 年被告人起訴・1983 年地裁無罪・1985 年控訴取消自判無罪確定。

　1969 年 10 月 24 日，東京都新宿区の警視庁第 8 機動隊庁舎に，50 本入りピース缶に偽装した爆弾が投げ込まれたが，不発だった。1969 年 11 月 1 日，東京都港区のアメリカ人文化センターに，ピース缶を使用した時限装置付爆弾が入ったダンボール箱が配達されて爆発。職員 1 人が負傷した。1971 年 10 月 18 日，東京都港区の日本石油本社ビル地階にある郵便局に運ばれた郵便小包の中に入っていた爆弾が爆発。郵便局員 1 人が重傷を負った。宛先は警察庁長官と，新東京国際空港公団総裁だった。1971 年 12 月 18 日，警視庁警務部長（後に警視総監）の自宅に送られたお歳暮中の爆弾が爆発，部長夫人（47 歳）が死亡，四男（13 歳）が重傷を負った。新左翼活動家の犯行と警察は断定し捜査。1972〜1973 年の間に警察は，当時赤軍派に属していた MT を全事件の主犯と断定。他 17 名も逮捕した。しかし MT を含む 18 名は，裁判で無罪を主張。MT には死刑が求刑され，他にも無期・有期懲役が求刑されたが，ピース缶爆弾事件で有罪判決が出た 2 名を除く 16 名が一審で無罪判決が出された（中島，2011）。

甲山事件（証拠不十分・偽証）：1974 年発生・1974 年被告人起訴・1975 年不起訴・検察審査会不起訴不当・1978 年再逮捕・1985 年地裁無罪・1990 年控訴取消差戻地裁・1992 年上告棄却地裁差戻・1998 年差戻地裁無罪・1999 年控訴取消自判無罪確定。

　1974 年（昭和 49 年）3 月 17 日，兵庫県西宮市の知的障害幼児施設で女児の M 子（12 歳）が行方不明になる。19 日，S 君（12 歳）も行方不明となった。捜索の結果，同日深夜，S 君と M 子の遺体が園内の浄化槽で見つかった。浄化槽のマンホール（約 17 キログラム）が閉められており，事故ではなく内部の者による殺人と断定された。職員のアリバイ（17 日と 19 日）と動機を中心に捜査を行い，4 月 4 日になって園児の C（女児当時 11 歳）が，「保母の SE（当時 22 歳）が S 君を連れて行くのを見た」という目撃証言がでた。さらに，17 日と 19 日は学園にいたこと。19 日の犯行時間と思われる午後 8 時前後のアリバイがないこと。園児の遺体が見つかった時と，葬儀の時に激しく取り乱したという理由等から，4 月 7 日 S 君殺害容疑で SE を逮捕し，連日 10 時間の取調を受け，精神的・肉体的に追いこまれ，「父親も学園の職員たちも君を疑っている」などと犯行自供の強要をし，4 月 17 日，「M 子と S 君をマンホールに落として殺したのは自分」であると自白した。供述内容は曖昧で辻褄が合わず，拘留期間限度の 23 日後，SE は証拠不十分として不起訴処分で釈放された。しかし，S 君の遺族の不服申し立てで神戸検察審査会が不起訴不当を議決，1978 年 3 月に再逮捕，起訴。SE は完全否認で，園児の証言や自白の信用性が争われ，一審無罪について控訴・上告の末，無罪が確定した。殺人事件，もしくはそれに類似したケースにおいて，裁判期間 21 年は史上最長で，無罪判決まで 26 年間を費やした。なぜこれだけ裁判が長くかかったか，裁判所，検察側が反省すべき事件である。（清水，1978；松下，1985）。

北方町連続殺人事件（証拠不十分）：1989 年発生・2002 年被告人起訴・2005 年地

裁無罪・2007年控訴取消自判（時効）無罪確定。

1989年（平成元年）1月27日，佐賀県北方町の山林で3人の女性の遺体が発見された。白骨遺体は1987年7月8日から失踪していた武雄市の縫製工員A子（37歳）で，残りの2遺体は，1988年（昭和63年）12月7日以来失踪の北方町の主婦B子（50歳）と，1989年（平成元年）1月25日行方不明の飲食店従業員C子（48歳）であり，絞殺による連続殺人とみられた。

佐賀県では，これより前の1980年6月杵島郡の小学校トイレの汲み取り作業中に2カ月前から失踪していた20歳の女性腐乱死体，次いで，同小学校プールのトイレから12歳の女児の白骨死体も発見された。この女児は1975年8月に自宅から失踪していた。両人とも連れ去られた際の状況から顔見知りの犯行とみられた。ところが，1981年に帰宅中の27歳の主婦が行方不明となり，絞殺死体となって発見された。翌1982年には11歳の小学生が下校中に失踪し，捜索の結果，先の主婦の遺体発見場所近くの畑で絞殺死体で発見された。この事件の際には，白い乗用車に乗った男が被害児童に声をかけたりしているのが目撃されていた。これら7件の事件中6件が水曜日に発生していることから「水曜日の絞殺魔」とも呼ばれたが，確たる証拠もなく捜査は難航した。

時効直前の2002年（平成14年）6月11日，A子と顔見知りの，住居侵入と窃盗の罪で鹿児島刑務所に服役中の元運転手M（39歳）を逮捕し，A子殺害を自供したとし，A子とB子殺害でも逮捕・立件，起訴された。Mは容疑を一切否認，検察の死刑求刑に対し，一審で無罪判決，控訴棄却で釈放された。その後，九州周辺で被害総額計約34万円127件の窃盗などを繰り返し，うち5件の窃盗と，別の覚せい剤取締法違反容疑で有期刑を言い渡されている（佐賀新聞，2005）。

舞鶴女子高生殺害事件（証拠不十分）：2008年発生・2008年被疑者別件逮捕後起訴・2011年地裁無期・2012年控訴取消自判無罪・2014年上告棄却無罪確定。

2008年（平成20年）5月6日夜，自宅を出たまま京都府舞鶴市の高校1年の少女（当時15）が行方不明になり，8日朝，自宅から約7キロ離れた同市内の雑木林で遺体が発見された。顔などが激しく殴打され，失血死だった。11月15日，現場近くに住む無職Nを別件で，女性の下着1枚とさい銭約2,000円を盗んだ窃盗容疑で逮捕，2009年窃盗罪で服役。次いで殺人と死体遺棄の容疑で逮捕，殺人と強制わいせつ致死の罪で起訴。Nは1973年2名を殺害して有期刑を受けている。出所後の1991年，舞鶴市内の夜道で若い女性の自転車に体当たり転倒させいたずらしようとしたところを通りかかった海上自衛官に取り押さえられ，強制わいせつ，傷害容疑で逮捕，再び有期刑を受けている。Nは無罪を主張，直接証拠はなく，間接証拠である目撃証言と，Nが非公表の遺留品について供述したことが焦点となった。一審ではこれら間接証拠の信用性を認めたが，計画性はなかったとして無期懲役判決。しかし二審では間接証拠についていずれも信用性を認めず，状況証拠で有罪認定する場合の基準を示した最高裁判決を踏まえ，被告が犯人でなければ説明できない事実関係が含まれていないと判断した。最高裁も二審判決を支持し，無罪が確定した。Nは二審無罪判決後釈放されたが，2013年5月28日にコンビニの万引きで逮捕され，有期刑実刑判決が言い渡されており，最高裁判決時は服役中であった。さらに，2014年11月5日，

知人女性（当時38）をナイフで刺した殺人未遂事件を起こし，有期刑判決を言い渡されている（京都新聞，2012）。

(5) 無罪判決（証拠捏造）

犯罪捜査当局側の最も恥ずべき事態が，証拠の捏造・変造・隠匿・隠滅である。この事態が依然として後を絶たない理由は，組織的構造問題としか言えない。

幸浦事件（証拠捏造・拷問）：1948年発生・1949年被疑者別件逮捕後起訴・1950年地裁死刑・1951年控訴棄却・1957年上告破棄高裁差戻・1959年差戻高裁無罪・1963年上告棄却無罪確定。

1948年（昭和23年）11月，静岡の幸浦で発生した一家4人の失踪事件では，失踪当日まで家族内に変わった様子もなく，ただ，妻の平素使用していた眼鏡が遺留されていたため，事件性が考えられ，大規模な捜索活動が行われた。海岸で失踪者の1人である1歳の次男のおむつが発見されたがそれ以上の手掛かりは得られなかった。年が明けた2月12日，別件で逮捕された23歳の男が19歳の少年と共に逮捕され，2日後45歳の男と共謀して一家4人の家族殺害を自供，さらに，38歳の男も共犯として逮捕された。自供に基づき，埋められていた家族4人の絞殺遺体が発見された。その後，この4人の犯人は揃って犯行を否認。しかし，1957年（昭和32年）2月，自白に基づく遺体の発見という秘密の暴露が存在するとの検察側主張に対し，自白一週間前に犬や鉄棒で付近の海岸捜索を行った警察が遺体遺棄場所を察知していたと考え，重大な事実誤認の疑いがあると原審破棄，高裁へ差し戻した。15年経過して無罪確定。最初に自白した主犯とされた男は持病がもとで34歳で獄死した。彼らの自白は，焼火箸を手や耳に押しつけ自白を強要した過酷な拷問のせいであり，証拠捏造などが指摘されている（上田・後藤，1964）。

六甲山事件（証拠捏造）：1965年発生・1965年被疑者別件逮捕後起訴・1971年地裁無罪・1972年控訴取消自判地裁差戻・1978年差地裁終身刑・1982年差戻高裁控訴取消自判無罪確定。

1965年（昭和40年）8月3日，大阪市住吉区のアパートに一人暮らしの保育士の女性（35歳）が失踪。この女性と交際していた会社社長の男性を，11月1日，別件の詐欺で逮捕し，自白に至った。自白に基づき，女性の死体は六甲山中で発見された。8月3日の夜，女性を誘った男性は，住所氏名不詳の男が運転する乗用車で六甲山へ行き，車の中で女性の首をタオルで絞め，死体を山中に遺棄したとして起訴された。物的証拠としては，男性が描いた死体遺棄場所の地図だけであった。裁判の過程で，明らかとなった点は，死体遺棄場所へ短時間に運ぶことが困難であること，「自白」以前に警察が死体を発見していた可能性が強いこと，地図は死体発見後に捜査官が男性に書かせていたこと，犯行当日のはずの翌日8月4日にアパートの管理人が女性と会っていたことなどである。また，男性の逮捕直後の弁護人指定選任を連絡しなかった。また，男性は取調の際に正座を強要されたと訴えた。上記2点は弁護人選任権の妨害および脅迫・強制・拷問にあたるかどうかも争われたが，最初の一審判決以外は全て否定された（佐藤，1983）。

(6) 無罪判決（証拠隠匿・隠滅）

松川事件（証拠隠匿）：1949年発生・1949年被疑者（別件）逮捕・1950年地裁被

告20人有罪（死刑5人）・1953年高裁17人有罪（死刑4人）・1959年最高裁上告破棄高裁差戻・1961年差戻高裁無罪・1963年差戻上告棄却無罪確定。

1949年（昭和24年）8月17日午前2時9分，東北本線の金谷川・松川両駅間で旅客列車の脱線転覆事故が起き，機関士3名が死亡，乗客ら約30名が負傷した。レールに工作の痕があり，列車妨害事件として国鉄労働者10名，電気製品製作会社松川工場労働者10名が逮捕され，起訴された。物証は乏しく，無罪主張。上告審中，1949年（昭和24年）10月工場から押収，検察職員が保管していた被告の当日のアリバイが書かれたメモの存在が明らかとなった（日向，1993）。

豊橋事件（証拠隠匿・拷問）：1970年発生・1970年被告人起訴・1974年地裁無罪確定。

1970年（昭和45年）5月15日，豊橋市で母親が強姦され殺害の上，放火され子供2人も焼死した。3カ月後にMT（当時21）を逮捕，取調で，大声で怒鳴られ机を叩かれ朝8時から夜11時過ぎまで畳の上で正座，繰り返し「本当のことを言え」と足ですねをけり，太ももを殴り，首筋を押さえるなどされた。ぐったりしていると，上司らしき態の人が「苦しいだろう楽になりなさい」とさとしてくれる。それでも応じないと厳しさが倍加する。合間合間には「我慢せずに腹が立てば怒ったらよいのに，怒らないのは心当たりがあるのだろう」とまで言われたと主張。初公判では起訴事実を認めたが，第2回公判から否認。さらに，退職の捜査担当刑事（退職）が「物証に物証に基づかない捜査」と批判した。無罪判決後，犯人が残したとされる猿股に，男性とは別の血液型の精液が付いていたことが判明。捜査機関による証拠隠匿が明らかになった（高杉，1985）。

貝塚ビニールハウス殺人事件（証拠隠匿・共同被告人）：被告人S：1979年発生・1979年被告人起訴・1982年地裁有期刑服役・1988年再審請求・開始決定・1989年地裁無罪確定；被告人T・M・U・N：1982年地裁有期刑・1986年控訴取消自判無罪確定。

1979年（昭和54年）1月22日早朝，大阪府貝塚市の野菜畑のビニールハウスで27歳の女性が全裸状態で強姦され，頸部圧迫により殺害されていた。1月26日，被害女性の夫が先入観で，犯人は近所に住む少年S（当時18歳）と思い込み，少年を監禁の上，暴力的に女性を殺害したと虚偽の供述をさせた。少年が女性を殺害したとの内容の文章と血で拇印を押した書類と共に，少年Sを警察に引き渡した。夫の供述を盲信して，共犯者がいると供述を強要，Sは女性を殺害したことと，T（当時21歳），M（当時18歳），U（当時18歳），N（当時18歳）が共犯者であると供述，4人を逮捕，M，Nは逮捕直後，Uは6時間後に，成人のTは3日目に自白。被害者の遺体から検出された犯人（たち）のものと推測される精液，唾液，頭髪はいずれもABO式血液型のA型分泌型であり，逮捕された5人のABO式血液型は，被疑者SはAB型の非分泌型，被疑者TはB型の分泌型，被疑者MはB型の分泌型，被疑者UはA型の非分泌型，被疑者NはAB型の分泌型であり，被害者はA型の分泌型であった。また，被疑者らの指紋，掌紋，靴底紋は犯行現場で採取された指紋，掌紋，靴底紋と異なり，被疑者ら所有の靴付着の土と犯行現場の土との成分も一致せず，物証はことごとく被疑者らの犯行を裏付けなかったが無視，公表もしなかった。さ

らに，本件の犯罪発生時のアリバイを証言した友人らを証拠隠滅罪で逮捕した。裁判で，被告人ら 5 人は無実と主張。物証不一致のまま証拠調べ請求を却下，S は判決に控訴せず有罪が確定して服役，T，M，U，N の 4 人は無実を主張して控訴。1988 年服役中の S も，再審請求し，無罪判決となった。（読売新聞大阪社会部，1990）。

大阪平野区母子殺害放火事件（証拠隠滅）：2002 年発生・2002 年被告人起訴・2005 年地裁無期・2005 年控訴原審取消自判死刑・2010 年上告破棄差戻地裁・2012 年地裁無罪。

2002 年（平成 14 年）4 月 14 日，大阪市平野区の 4 階建てマンションの 3 階に住む会社員宅にて，会社員の妻（28 歳）が首を犬の散歩用のひもで絞殺され，長男（1 歳）も浴槽で溺死していた。さらに部屋に火をつけられ，42 平方メートルが全焼した。以前から妻に対して性的嫌がらせを続けていたとされる殺害された妻と再婚していた元公務員の男性 M（45 歳）が逮捕された。M は犯行を否認し，逮捕後は黙秘を貫いた。公判では無罪を主張。直接証拠がないため，目撃証言やマンション階段の灰皿で見つかったたばこの吸い殻の唾液が，M の DNA 型と一致したという鑑定結果などの状況証拠が提出された。最高裁は，物証となった吸い殻や状況証拠について M 被告が犯人でなければ合理的に説明できない事実関係があるか疑問とし，審理が尽くされていないとした。灰皿から見つかった残り 71 本の吸い殻について，起訴から間もない 2002 年 12 月下旬に紛失していたことを公表していなかった（大阪地裁，2012b）。

（7）無罪判決（人証不適切・被告人）

有罪証拠としての嘘には，偽名を用いていても，誕生日や母の名は正しく申告するし，自白しても，不名誉な犯行事情は糊塗し，共犯はかばい，逆に，引きづり込み，刑罰を軽くするため，嘘をつく。

無実の被告人も，真実を述べる際に，証拠の網の目から逃れるため，嘘によって，一層助かるのではないかと信じて，嘘をつく。

嘘は有無なく有罪の証拠と考えられると同時に，顔を赤くする，青くする，吃る，震える等の徴候は，被告人の有罪を立証するとの予断が存在する。同様に，物怖じしたり，狼狽することが嫌疑濃厚と考える取調の姿勢も問題である。無実の被告人であっても，真実を述べる際に，証拠の網の目から逃れるため，嘘によって，助かるのではないかと信じて，嘘をつく。

木間ヶ瀬事件（被告人の虚偽自白）：1950 年事件発生・1951 年被疑者別件逮捕後起訴・1958 年地裁死刑・1961 年控訴取消自判無罪確定。

1950 年 5 月 7 日，千葉県東葛飾郡木間ヶ瀬村の H 宅で一家 4 人 H（35 歳），妻（28 歳），長男（5 歳），次男（1 歳））の殺害遺体が発見された。ブローカーを営んでいた被害者 H の金銭貸借関係のもつれによる恨みからの犯行とみて捜査を開始したが，捜査は難航。100 日以上にわたって勾留され，本件につき追及されていた HS が翌年 3 月に「自白」，強盗殺人罪等での起訴，公判では，誘導された自白だと否認したが，一審死刑判決，控訴審で，凶器と創傷の不整合もあり，自白の任意性が否定され，無罪，判決確定（倉田，1989）。

広島一家 3 人焼死事件（被告人証言）：2001 年発生・2007 年被疑者別件逮捕起訴・

2007年地裁無罪・2009年控訴棄却・2012年上告破棄自判無罪確定。

2001年1月17日午前3時過ぎ，広島市西区の男性N宅1階で飲食店経営の母親（当時53歳）が扼殺死体で発見された。家に灯油がまかれて火が付けられ，木造2階建て住宅が全焼し，2階で就寝の長女（当時8歳）と二女（当時6歳）が焼死した。5年後，詐欺事件で逮捕されたNが拘留中に3人の殺人と，死亡保険金など計約7,300万円をだまし取ったことを認め，起訴された。しかし，Nは公判で無罪を主張し，裁判所も，自白の信用性について否定し，物的証拠もないことから，クロと断言できない灰色だと無罪を言い渡した。最高裁でも犯人である疑いは濃厚だが，自白内容は不自然だと言及された（最高裁，2012）。

(8) 無罪判決（人証不適切・被害関係者）
オルソン事件（被害父親目撃）：1927年発生・1927年被告人起訴・1928年陪審裁判終身刑・1930年別人自白有期刑で無罪確定。

1927年9月6日の夜，イリノイ州ロックハートの給油所の所有者FSとその父OSが目だけ開いた覆面をした2人組の暴漢に襲われ，抵抗したFSが射たれ，犯人たちは逃走した。FSは病院に搬送されたが死亡。警察は父OSに次々容疑者と対面させたが，はっきり犯人ではないと否定した者もいたが，記憶が曖昧だとした者もいた。最後のヘンリー・オルソンを見たとき，即座に息子を撃った方の犯人だと断言した。オルソンは犯行頃には自宅で妻の帰りを待っていて，犯行時刻頃，妻を迎えにバス停のところまで行き，そして，これを証明する宣誓証人がいると主張した。1927年10月7日，殺人で起訴され，オルソンが有罪だとの報道が陪審員に強く影響した。陪審の公判では，犯人だとする被害父OSの目撃犯人識別と自宅にいたとアリバイを証言する12人の証人とが対立，陪審員の判断は6：6で決しなかった。1928年2月13日，新しく構成された陪審員の陪審公判で，陪審員は有罪答申，終身刑が宣告された。しかし，未決勾留中になされた上訴裁判で，1万ドルの保証金で保釈された。オルソンは保釈後，ロックフォードを立ち去り，全く所在をくらましてしまい，住民はすべてオルソンの有罪を確信した。担当の弁護士はオルソンの無罪を信じ，調査を継続していたところ，ロックフォードの商人から「自分の家の女中が，『オルソンは無実で本当の犯人を知っている』と話したのを聞いた」と伝えてくれた。女中を問いただしたところ，彼女の恋人MM（18歳）とその友人JB（18歳）が犯行を自慢するのを聞いたと打ち明けた。2人は逮捕され，MMは35年，JBは14年の懲役刑が下された。この報道により，所在の知れなかったオルセンがニューオーリンズにいると連絡してきた。そして，3回目の公判で無罪となった。批判的分析に従えば，眼だけ出した覆面の顔が初対面の男として識別可能かどうかという問題である（ヒルシュベルグ，1960）。

バトラー事件（殺人：被害家族証言）：1928年発生・1928年被告人起訴・1928年陪審裁判終身刑・1928年被害者生存。

1928年アラバマ州で，12歳の娘JMDと14歳（TW）と9歳（AMS）の姪と生活していた未婚黒人女性ルイーズ・バトラーは，近所で妻と2人の娘と暮らしている黒人ジョージ・イールダーと恋愛関係であった。ある日，バトラーが所用から帰宅すると，イールダーが家に来ており，姪のTWに50セント与えているのを見つけた。バトラーはてっきりイールダーが姪とみだらな関係を持った代償に金を与えたと

考え，姪を打擲し，殺してやると折檻したところ，姪は姿を消してしまった。そして，バトラーが情夫と共に姪を殺したとの噂が広がった。保安官補が事情を聴きにバトラー宅に行くと，バトラーは留守であったが，12歳の娘 JMD と9歳の姪 AMS がいて，バトラーとイールダーが姪 TW を殺して死体を川に捨てたと告げた。「バトラーが TW を折檻しているとイールダーが来て，バトラーと口喧嘩していたが直ぐにおさまった。バトラーは娘 JMD を街道の端に行って誰か人が来たら合図するよう命じた。街道に立っている間，TW の悲鳴がしていた。もう戻って来いと言われ，家に入ると TW が積んであった薪の上に倒れバトラーとイールダーが傍に立っていた。母親のバトラーに斧で腕を切り落とすよう命令され，恐ろしさのあまり言われるとおりにした。2人は死体と腕を袋に詰め河までひきずっていき沈めた。斧はイールダーが綺麗に洗った」と話した。9歳の AMS も同じことを話したのである。帰宅したバトラーを逮捕，最初は否認していたが，数日後には詳しく死体の遺棄場所など JMD らの話と一致する事件内容を自白した。イールダーも逮捕された。殺人罪で起訴，娘らの証言で自白を取り消したバトラーも，妻といたというアリバイ主張のイールダーも有罪。1928年4月26日，終身刑が言い渡された。1週間後，姪の TW が20マイル離れた村の親類宅で元気であることが判明，同年6月知事特赦，イールダーを憎んでいた男が，子供に繰り返しでたらめの証言を教え込んでいたことも明らかとなった。自由な裁判官の確信による過ちである（ヒルシュベルグ，1960）。

(9) 無罪判決（人証不適切・共同被告人証言）

共犯者は，他者の犯行関与・非関与について信用ある供述を行える立場にあるが，意識的錯綜による無意識的虚偽供述によって，単なる虚偽帰罪（嫌疑を他者に転嫁する）および自己負罪（犯罪を自己に引き受ける）とは異なり，共犯者がすでに自白していたり，有罪判決が下されている場合が多い。共犯者による不利益供述では，発生事実・単独複数犯行の別・被害状況・被帰罪者の利益事情などの精査を試みないと危険である。特に，窃盗事件では，なすり付け合いが常套化している。他人に罪を負わせるための作為的証言は，復讐・怨恨・自己有利願望で生じる反面，裁判実務家には，反省悔悟の情があると受け取られやすく，自白して無実の被告人を破滅させるような人間はいないと考えるのである（小早川，1990）。

共同被告人のうちの1人を，他の共同被告人が有罪にできるので検察の訴追を宥恕してもらう証人，いわゆる王の証人（Kronzeuge；King's evidence；State's evidence）として成立させることのできるアメリカ裁判は幼稚で危険である。いったん，共犯者を有罪にできると告白した証人は，その目的に添った交互尋問に耐える仕込みを受けることになるし，検察を満足させることだけが目的となる。また，効果的に有罪にすればするほど処罰されない保証をうけるため，偽証も厭わないことになるのである。

クロウデン事件（共同被告人証言）：1929年発生・1930年被告人起訴・1931年陪審裁判終身刑確定・1932年別人自首無罪。

1929年，ミシガン州ロムルス市街において目撃者2人の目前でキャンディセールスマンを襲って殺害した4人組の強盗犯ゲラルド・クロウデン他 RH・HL・PS の3人が1931年10月謀殺罪で起訴された。後の3人はいったん犯行を自白，そして，クロウデンは加わっていなかったと供述したが，後にすべてを撤回した。クロウデンは否認した。裁判で RH・HL は無罪答弁，

陪審不在の時に再びクロウデンは無罪だと述べたが，目撃者2人が犯人と確認したため，有罪答申，終身刑となった。1932年6月，別の事件で逮捕されたWBが自分が4人目の犯人だと告白した（Frank & Frank, 1957）。

八海事件（共犯証言）：被告人Y：1951年発生・1951年被告人起訴・1952年地裁無期・1953年控訴棄却無期服役・1971年仮出所・1977年死亡；被告人AS：1951年被告人起訴・1952年地裁死刑・1953年控訴棄却・1957年上告破棄差戻高裁・1959年差戻高裁無罪・1959年上告破棄差戻高裁・1965年再差戻高裁死刑・1968年上告破棄自判無罪確定；被告人A・B・C：1952年地裁無期・1953年控訴取消自判有期刑・1957年上告破棄差戻高裁・1959年差戻高裁無罪・1962年再上告破棄差戻高裁・1965年再々差戻高裁有期刑・1968年再々上告破棄自判無罪確定。

1951年（昭和26年）1月25日早朝，山口県熊毛郡麻郷村八海（やかい）で老夫婦の惨殺死体が発見された。指紋からY（22歳）が指名手配され，翌々日逮捕。24日夜に忍び込み，盗みを働こうとしたところで夫（64歳）が目を覚まし，とっさに台所にあった斧を素早く取ってきて一撃。夢中で斧をふるいめった斬りにした。そして恐怖で腰が抜けていた細君（64歳）の口を押さえて窒息死させた。室内を物色して現金1万数千円を盗んだ後，鴨居に首を吊ったように見せかける偽装工作を行っていた。証拠もそろい，一件落着するはずだったが，警察は現場の状況から複数犯だと先入観を持ち，さらにYを追求。最初は驚いたが，別に首謀者がいれば罪は軽くなると判断したYは，遊び仲間のASほか3人A・B・Cの名前を「自供」。4人は逮捕され，拷問を受けて無理矢理「自供」させられた。証拠は何もなかった。ASが主犯，Yを含む4人を共犯とした。ASは冤罪事件で有名な弁護士に依頼，『裁判官』なる書を出版，この事件は全国に知れわたった。映画『真昼の暗黒』はこの事件をモデルにしたもので，最高裁が死刑判決を破棄し，そのまま無罪を言い渡した，唯一のケースである（上田・後藤，1960）。

山中温泉事件（共犯者証言）：1972年発生・1972年被告人起訴・1975年地裁死刑・1982年控訴棄却・1989年上告破棄差戻高裁・1990年差戻高裁無罪確定；被告人A：1972年被告人起訴・1975年地裁有期刑服役。

1972年5月11日，石川県加賀市在住のタクシー運転手D（24歳）が行方不明となり，7月26日に同県江沼郡山中町の林道において頭部に陥没骨折のある白骨死体で発見された。殺人事件として捜査，2日後，被害者と金銭問題で揉めていた共犯者A（知能年齢11歳9カ月）を逮捕。自白により，蒔絵師S（26歳）が殺人容疑で逮捕された。1975年10月27日，金沢地裁で被告人に求刑通り死刑，共犯者に懲役8年が言い渡された。最高裁で「共犯者の証言に疑問有り」と差し戻され無罪となった（正延，1985）。

（10）無罪判決（人証不適切・関係目撃者）

犯人識別の目撃では，再確認は人数によらない，1人が確認すると他者が迎合する。詳細を検討することで，感覚的な事柄に過ぎないかどうかが判明する。確認された人物が，当該犯罪の動機や目的が存在するかどうかを検討する必要がある。証人の観察力の吟味，判断力の検討

も重要である．最初に，被害者の目撃情報にいかに慎重でなければならないか留意する教訓となる事件（殺人ではないけれど）を記しておく（Loftus & Ketcham, 1996）．

氷山の一角かもしれないが，裁判で自白が法廷に提示されない場合でも，劇的な効果をもたらす証拠として，目撃証言がある．このことについて実験が行われている．立ち入り禁止の部屋の卓上型CPUのキーを叩いて壊したと間違って非難された学生を被験者とした実験が試みられた．その場に居合わせた仲間の学生が，非難された学生がキーを叩いたと証言した場合，その自白に同意した数は，45％増加した．自身が有罪だとの思い込みを自分自身が納得し，その思い込みをうらづける偽の記憶をでっちあげた人数が増えたのである（Kassin & Kiechel, 1996）．このことは，目撃証人の証言内容が自白に影響が高いことを意味しており（Kassin & Hasel, 2009），被疑者に自白を迫る戦略の1つとなっている．

犯人識別供述の一般的信用度は，目撃実験（Houts, 1956; Loftus, 1979）や複雑面接パレードでも誤謬を生みやく，多数の目撃でも真の安全性は保証されない．関係者の事件関連情報供述も同じ注意が必要である．

目撃供述内容の誤りの原因は，特徴の再認，既知感情記憶の確認，直感像記憶の確実さに基づく目撃事実の根拠が明確でなければならない．目撃者の観察力・記憶力，目撃対象者の犯行中と平時との差異の容貌漠然性，暗示，偽記憶にかかる犯人的イメージ作成が生じる可能性の有無を検討する必要がある．1人が確認すると他者が迎合するので，再確認は人数に依存しない（仙波他, 1999）．

誤まった識別供述は，相似点は少なく漠然とした特徴をあげることに終始し，平凡な印象しか告げられない．不意な場合の短時間の目撃かどうか，恐怖・狼狽・驚愕を伴う場面だったりしたか，あるいは，聴取する側の暗示の影響があったかの考慮をしなければならない．詳細を検討することで感覚的な事柄に過ぎないかどうかが判明するし，確認された人物が当該犯罪の動機や目的が存在するかどうかも検討する必要がある．

さらに，信用性に関係する要因として，申告の遅れ，具体的表現ではなく全体的印象，逆に，過度の細部描写や顕著な特徴欠落，また，証人間の食い違いと相互の迎合などが存在することも忘れてはならない．最も注意すべきことは，既知人物に収斂してしまうことである．

年少者の供述は，意識的な嘘の証言と悪意のない間違った証言に留意しなければならない．年少者の証人には精神的，性格的資質並びに倫理的資質が備わった場合のみ信憑性があり，それらに欠陥があれば，その供述に添って客観的証拠，他者の証言，厳格な信用性基準の充足による補強を必要とする．

また，第三者の影響として，説得・圧力・暗示・適応の無視を伴う依存関係・未熟・拘束関係・事態把握に欠陥のあること・友人関係の信頼の影響がある．供述を得る方法論上，(1) 不十分な質問方法で質問者が無意識的に強制する場合があり，逆に供述者が質問者の期待に応える場合と質問を回避したりする場合がある．(2) 親族の誘導質問のための不利益供述が行われる．(3) 家庭内の不和から告訴が行われると子供や少年に影響がある．さらには，特定の所属グループ関係の心理的に密接に結びついた集団帰属者が他の者と異なる主張をしたり，一致する供述をしたりする場合，同じ事実を経験している場合もあれば，相互暗示や相互影響に基づく場合もある．

子供も少年も不利益証言を作出することは困難ではない．注意を喚起しても種種の原因から

固執する場合もある。まして，被疑者の刑罰の理解がなく，客観的証拠による統制が必要な信用性調査は裁判所の任務であり，鑑定に依存する場合でも，証人心理や質問方法に裁判官は一定の素養が要求される。しかしながら，それらの素養は，実務で自ずと得られていくとの考えが支配的で，天分・習熟・経験に加え徹底的な理論的修養も不可欠である（ペータース，1981；渡部，1992）。

群馬県高利貸殺し（関係者供述）：1914年発生・1914年被告人起訴・1914年予審無期・1915年控訴院取消自判無罪。

群馬県の貸金業WG（60歳）は妻に先立たれ，養女に入籍したWS（40歳）なる妾を自宅から100メートルほど離れたところに囲い，後継ぎの実子にはT（31歳）なる嫁を貰い2人の孫を儲けたものの，実子は死亡，残された嫁との関係も取りざたされていた。1914年（大正4年）4月8日夜も自宅で貸金の帳合を済ませ，午後11時頃妾宅に行く途中の自宅から2～300メートル離れた村道の傍らの麦畑に，薪割り用の凶器で頭部を殴打され死亡しているのが発見された。身につけていた貸金証書がなくなっていた。遺体から20メートルほど離れたところに黒フランネルの男物襟巻が落ちていた。この持ち主について，近所の大工（63歳）が，被害者宅とおよそ6キロほど隔たっている村のOT（51歳）のものらしいと告げ，WSもOTが家の普請に手伝いに来た際首に捲いていたと相槌をうった。大工手伝いOTは十数年前に被害者から弟が借りた15円の借金が返済できないまま死亡，65円にも達していた。弟の負債を代わって支払うこととし証文を作り換えたものの，返却できず先祖代々の家屋敷を被害者に取られることとなった。OTの妻は死亡，長男は染物屋に奉公に出し，妻の姉IN（59歳）の自宅横の納屋同然の小屋に，弟妹との三人暮らしをしながら，十数年間小作や工事作業に従事していた。被害者に恨みを抱いているとの状況から，OTの次男OR（14歳）に襟巻を見せ，お父さんは自分のものだと言っているとかまをかけ，「そうだろう」とORが返答させ，今度は，姉INに向かいORも本人も認めていると迫り，「そうでしょう」との言質をとらえてしまった。4月19日OTを呼び出し，襟巻を示して，息子ORも姉INもお前のものだと言っていると決めつけた。一方，OTの家宅捜索では水浅黄の薄襟巻が発見されていたが，現場付近で発見された黒襟巻をあくまでもOTのものと決めつけ厳しく追求したところ，自分が犯人だと自白した。また，事件少し前，被害者に詰問されたことで悔しさのあまり「馬鹿にしている，今度絞めてやる」と知人に息巻いたことがあった。事件の3日ほど前，息子と出向いていた護岸工事で負傷，前日まで休み，事件当日4月8日は仕事に出ていた。また，4月16日に現場から70キロあまりも離れた停車場を午前5時20分に出て7時40分に桐生町に着く足尾鉄道の一番列車で，WGが殺害された時奪われた小鞄や証書類が列車内清掃によって発見された。倅ORが，毎晩親父の尻の方に這入って寝るが，4月8日の晩も一寝入りして小便に起きると隣の伯母さんの家のぽんぽん時計が10時を打ったのが聞こえたと証言，また，INもその晩機織りをして10時半頃まで起きていたが，OTの高いびきが聞こえていたと証言。OTの高いびきは拘留中から同房者の苦情が寄せられていた。凶器は棍棒とかツルハシと言っていたが，斧の背で撲ったと自白し，4月19日の家宅捜索で押収されたツルハシに決定されたが，傷口がツルハシでは合わないので斧だと変更され，これは再度の家宅捜索で発見した斧となっていた（山口，1924）。

マイチェック事件（警官殺害：関係者供述）：
1932年発生・1932年被疑者逮捕・1933年有期刑服役・1945年無罪判明・1950年無罪確定。

1932年12月29日，アメリカ，シカゴのポーランド人居住区在住の失業中の電気技師ジョー・マイチェックは，極寒のため，自分のアパートで時々暖をとりながら，隣家の義父（妻の父）の手伝いで石炭運搬を行っていた。同日，近所の禁酒法の時代に禁制の酒を売っていたFJ夫人の店に拳銃を持った2人組の強盗が押し入った。店の台所にはたまたま夫の知り合いの男と警察官WRが居合わせ，これを見た犯人の1人が警察官を撃って逃走した。ちょうど通りかかった郵便配達人が，7発の銃声と夫人の悲鳴で店に駆け込むと，拳銃を持った2人組の男が飛び出してきて停めてあった車に飛び乗り走り去ったのを目撃した。警官は床上で死亡していた。その夜，マイチェックの学友で友人のテッド・マーチンキヴィッチは人から「警察が君を犯人の1人として探している」と告げられ，不安になって，ジョー宅に知人の車で行き匿ってくれと依頼した。ジョー夫妻はこれを承知し，3日3晩面倒を見た。テッドはジョーの迷惑になってはと，別の隠れ場所に移った。10日経って，酒密売人の1人が，事件の晩，テッドをジョー宅に送ったと警察に届けた。ジョー夫妻は逮捕され，テッドを匿ったことを認めた。妻は釈放されたが，ジョーは勾留され，事件の取り調べが行われた。目撃者証人の郵便配達夫は，誰も確認できないと証言，別の目撃人は，2人の犯人中，どちらもジョーではないと証言。被害のFJ夫人も再確認できないと答えた。そこで警察は「ジョーを犯人の1人だと証言できないのであれば，禁酒法で起訴，有罪となる。もし1人がジョーだったと証言すれば不問にする」と説得，そこで，夫人はジョーが犯人の1人だったと再確認した。そして，テッドが警察に出頭して，夫人によって，2人目の犯人だと再確認され，陪審裁判でも犯人だと証言された。最初，確認できないと言った証拠は，法廷に提示されなかった。ジョーのアリバイ証人として妻は認められなかったが，義父および石炭商が証言，テッドも6人の宣誓証人でアリバイを証明した。しかし，陪審員は有罪答申，99年の懲役刑が宣告された。ジョーの母ティリエ41歳は掃除婦をしながら貯金に励み，1944年10月11日に，この事件の犯人を見つけてくれたら5,000ドルの謝礼をする旨，シカゴタイムズに広告した。新聞社はこれに関心を示し，記者2人が調査にあたったところ，FJ夫人の偽証，アリバイの存在などが確認され，ジョーは1945年8月無実のため赦免，損害賠償も認められた。テッドは，ある証人が，彼に，殺人の前，被害の店のことを聞かれたと証言していたので，1950年になり無罪が認められた（ヒルシュベルグ，1960）。

判事偽証事件（故殺：目撃者）：1935年発生・1935年被告人起訴・1935年陪審裁判有期刑・1936年証言撤回無罪判明。

1935年8月，アメリカ，ミズーリ州レイノルズ郡で製材労働者RHが殺害された。その現場に治安判事LBと弁護士ジョセフ・ユエとその妻が居合わせた。判事LBは，ユエがRHを殺したと警察に述べ，裁判でも供述した。ユエは故殺罪で陪審評決で有罪，5年の刑が宣告された。7カ月後，判事LBがユエとの政治的反目から憎んでいたので偽証し，RHがユエをピストルで撃とうとして，ユエが正当防衛でRHを射殺したと告白し，ユエは釈放された（Frank & Frank, 1957）。

ヴェンツエル事件（愛人殺人：関係者情報）:
　　　　1946 年発生・1946 年被疑者逮捕・1947 年陪審裁判有期刑・1947 年上訴棄却有期刑確定・1950 年別人自白・1952 年無罪確定。

　1946 年 12 月 9 日の月曜日昼過ぎ，アメリカ，ペンシルバニア州ポッツタウンの工場従業員で夫と離別間もない MG という美貌の婦人が，6 日（金）に部屋に入るのを見られて以来アパートの部屋から出てこないので住民が扉を壊して中に入った。というのも，この部屋にはアパートの暖房調節器が備え付けられ，通常この婦人がこまめに暖房を調節してくれていたが，折から寒い日が続くにも関わらず，金曜日（6 日）以来調節が滞っていたので病気かもしれないと心配したのである。婦人 MG はベッド上に左を下に短いポロ服で靴下をつけ，背中には化粧着がかぶせられていた。首には船乗り結びの青い襟巻きが巻かれていた。顔面やベッド周りには血が散乱し，ベッド上に血の手跡が残されていた。死体は異様に腫脹し腐敗の徴候が見られた。部屋の窓は開いており，室内は非常に寒かった。警察官は被害者の血と粘膜が鼻孔から出ているのを見て，まだ生きていると思い，付近の診察医師を呼んだが，医師はすでに死亡していると宣告。また，腐臭もないから死後 12 時間以内だとも付け加えた。婦人 MG の友人たちの情報から，ポッツタウン近くの村の妻子のあるゲラルド・ヴェンツエル（37 歳）という男とこの 2 年間親しく交際していることが判明した。9 日（月）夕刻 7 時半にヴェンツエルは拘引された。最初は，この 4 日間は訪れていないと言っていたが，結局，ポッツタウンから 200 マイル離れた場所に狩猟に出かけ，先週日曜日（8 日）の夕刻に MG のアパートを訪問し死体を発見，びっくりして逃げ出したと供述した。種々言い訳に終始したが，今年はじめ妊娠し，薬物で堕胎したことや，部屋の鍵を持っていたが死体発見後近くの河に投げ捨てたこと，発見時びっくりしてベッドの手をついたかもしれない等と述べたものの，婦人 MG の殺害は認めなかった。

　1947 年 1 月，12 人中 10 人が女性の陪審員による大陪審が開かれ，まず，遺体を最初に見た医師が，「生死を見るよう依頼されただけで死体の検査は行っていない」と証言。検察官に答弁を求められ，「死後 12 時間以上経過していたとは考えられない，すなわち，日曜日の晩に死亡した」と答えた。弁護人の取調で，当の医師は，「死体病理の研究をしたことがなく，死亡時刻の確認の経験がない」と答えた。次いで，検視官が検察の取調では発見時に死後 12 時間ないし 24 時間と証言したと答え，弁護人には 48 時間も 72 時間も考えられると返答した。この証言に当たり被害者の遺体写真が陪審員に提示され，裁判長はその内容の凄惨さに惑わされて事実を見誤らないよう注意したが，かえって，事件の凄惨さを陪審員に印象づけたのである。弁護側は，日曜の晩までのアリバイ証人に加え，葬儀屋を証人に呼び，「顔面肥大，腕と肩は膨張し，死後 48 ～ 72 時間経過した腐敗による」と証言させた。また，婦人 MG の母親の証言で，週末，ポッツタウンから 25 マイル離れた母親宅で過ごす習慣があり，変更の場合必ずあらかじめ連絡があったし，12 月 6 日の前の週末には，次の週末金曜日に帰ってくると言い，金曜日には帰ってこなかったし，連絡もしてこなかったと述べた。雇主は，土曜日はいつも出勤しており，12 月 7 日の土曜日は報告も連絡もなかったと証言。アパートの隣人たちは，被害者が先週部屋に入っていくのを見かけた後，暖房調整をいつもしてくれていたのに，週末にはしてくれなかったので，日曜日朝，暖房のことを尋ねるため扉をたたいたが返事はなかったと証言。

陪審員は有罪答申，10年以上20年以下の刑を宣告。ペンシルバニア最高裁に上訴，証拠は十分で，棄却，ただし，主席裁判官とそれに同調した2人の裁判官は，他の5人の裁判官と対立，証拠は不十分だとしたが，少数意見とされた。

1950年9月5日，ドイツ陸軍刑務所で強盗で服役中のCWというアメリカ軍人が，婦人MG殺害を告白したが，取調べた検察官は虚偽と判断し見過ごされた。このことが世間に知られるようになり，間違って有罪判決を受けた人を釈放する運動を行っている「最終審裁判所」という民間機関が調査を開始，ヴェンツエルのアリバイおよび被害者婦人MGの週末行動の再確認，さらに，法医学の専門家2人も証言し，「検視官の検視時60～80時間前死亡」の意見報告を恩赦委員会に提出，認容され服役済みの刑期に減刑，釈放された（Frank & Frank, 1957）。

綾瀬母子殺人事件（年少者供述）：1988年発生・1989年被告人起訴・1989年家裁不処分。

1988年（昭和63年）11月16日，東京都足立区綾瀬で母（36歳）と子（7歳）が殺害され金品が強奪された。翌1989年（平成元年）4月25日に，事件現場である被害者宅付近に居住し，好奇心から事件現場付近に行き，被害者宅で不審な人物を見たと虚偽の供述をしたA（当時16歳），B（当時15歳），C（当時15歳）の3人を，事件当時不登校で，犯行現場での不在証明がないという理由で，先入観と思い込みにより少年3人を任意同行，保護者へ連絡もせず，承諾も得ず，深夜まで取調，供述を誘導・強要し，自白を得，供述調書を作成し，少年3人を逮捕した。Aは主導的立場の殺人実行犯として刑事処分，Bは従属的立場の殺人実行犯として長期少年院，Cは従属的立場の幇助犯として家裁送致された。被疑者の少年らの供述調書では，母親は電話機のコード，子は幅が約3センチの表面が粗い素材で粗い織り目のベルトで絞殺したとしているが，母子ともに索条痕は表面が粗い素材で粗い織り目のベルト条であり，電話のコードと一致せず，遺体の頚部の皮膚剥離に相当する皮膚は電話コードから検出されていない。また，被害者の自宅の玄関で見張りをしていたとされるCの稼働先の塗装店勤務記録では，出勤していたことが記録され，また，事件当日の稼働を証言した同僚を偽証罪で逮捕すると脅迫した。AとBの供述調書も整合性を調整するため，最初の調書と最後の調書では供述が著しく変化していた（横川・保坂, 1992；村野, 2002）。

（11）無罪判決（鑑定）

必要な物証鑑定が行われてなかったり，逆に，不要な欠陥のある鑑定が行われていたり，鑑定の困難度についての鑑定人の専門知識不足，さらには，裁判所が鑑定結果を過信した認定を行うといった事態はさけなければならない。

裁判官の心証形成に協力する鑑定人が判決を下すのではない。また，裁判官は鑑定を分析・評価する必要がある。鑑定人の選任は裁判官の責任であるので，十分な犯罪科学の素養をもつべきである。鑑定人を定評で選んではならない。鑑定結果を無批判に尊重するのではなく，逆に鑑定人を盲信することも避けなければならない。鑑定事項の鑑定能力の有無と実際の検査技術とは，独立して評価しなければならない。そして，再鑑定を意識した鑑定をもとめなければならない。再検査が不可能であれば，その理由を確実に把握する。また，拙速に結果を要求すると主観的確信の混入を許すことになる。

鑑定人の鑑定結果の解釈の程度や証拠価値や証明力に対する理解は，裁判官の主観的確信に基づく判断であり，鑑定人の科学的根拠に基づ

く客観的結果を報告することと異なる。鑑定人は確実性と境を接する蓋然性判断しか下せないので、そのことだけか他の証拠状況を含め内的確信に至るかどうかを考慮しなければならない。

さらに、裁判官は矛盾する鑑定結果の一致点・相違点を明らかにする必要がある。方法論が異なれば、方法についてのみの論議が求められ、見解の相違の根本が不明な場合、"疑わしきは被告人の利益に"原則に立脚すべきである。数多くの証拠・鑑定結果・証人・被疑者抗弁など相俟って鑑定の評価が異なってしまうことにも留意すべきである。

山下事件（法医鑑定）：1984年発生・1984年起訴・1987年地裁無罪確定

1984年（昭和59年）3月23日朝、横浜市の団地宅で会社員A（45歳）が起きたところ、隣で寝ていた妻のN（44歳）が死亡しているのを発見し、近隣住民の連絡を通して、変死体扱いとして行政解剖を監察医Bが実施した。遺体には急性窒息死の三大特徴（眼球付近の溢血点、さらに各臓器の軽度の鬱血と心内血の暗赤色流動性）を確認し、加えて右鎖骨付近の筋肉には内出血も認められたため、頸部圧迫による他殺と断定した。外部からの侵入形跡がないことから、Aを逮捕し取調べたところ、「この家は父親と被害者および息子の3人暮らしだから、父親がやっていないというなら犯人は息子だ。息子を逮捕しろ」との取調官の言葉を聞き、中学2年生の息子が取調べを受けることを恐れて、妻の殺害を自白した。妻の寝顔を見ているうちに、妻に対する種々の腹立たしさがこみあげて憤激し、妻さえ死んでしまえば自分の負担も軽くなるし、ことあるごとに口やかましく文句を言われなくてすむとの動機で、眠っている妻の殺害を決意したと述べた。しかし、起訴されたAは裁判で自白を撤回、弁護側は死体に扼痕が残っていない、頸部内出血は抗凝固薬によるものであり、また、肩もみによる外的刺激による内出血であり、弁護側のYによる再鑑定意見書として扼殺では矛盾があると病死を主張した。扼殺の検察と病死の弁護側の対立に対し、裁判所は第三者としてIに鑑定を依頼したところ、遺体頸部の外表所見から、扼痕の存在を明確に認め、加えて他殺の証明である吉川線も存在するとした。しかし、死因は窒息死ではなく、反射性の心機能低下によるショック死であるとした。これに対し、裁判所は弁護側申請のNによる第四鑑定を認めたところ、「病死」との結果が提出された。さらに、鑑定人らによってその有無が激しく争われた遺体の扼痕については、弁護側が写真の専門家Kに画像解析による鑑定を依頼したところ、明らかな扼痕は存在しないと扼痕を否定した。

鑑定人の間で意見の割れた筋肉内出血については、B鑑定には信が置けず、Y鑑定にも無理があり、I鑑定は不自然であり、N鑑定にも疑問の余地があり、つまりは結局よく分からない、との結論に終わった。最終的には、被害者の死因を他殺と認めるには合理的な疑いがあることが無罪の理由とされた。こうして、裁判所はAの自白についても任意性は認めたものの、内容と現場の状況が食い違い、動機も薄弱であるとして信用性を否定した上で、1987年11月、横浜地裁無罪判決。検察側は控訴せず、そのまま確定した（佐久間, 1991；江川, 2004；安達, 2007）。

(12) 無罪判決（精神鑑定）

精神病者（精神病者・精神薄弱者・精神病質者・神経症者）の証言が捜査段階で意味を持つことは否定できないが、信用できる主観的および客観的証拠によって確認されなければならな

い。精神病者も普通の人と同じく真実を供述することがあり，証言以外の証拠がない場合に証言の信用性鑑定だけで事案の解明が期待できるかには問題が残されるが，事例や文献的には否定されている。

　責任能力鑑定は，重罪事件・常習犯人・人格異常あるいは犯行の異常が顕著な軽犯罪の反復・公衆に迷惑をかけたり放浪者に限定されるなど，検査を必要とする根拠があり，比例原則の適用と責任能力の推定が認められるべき場合に実施すべきである。この場合，留意すべき点は，精神障害の様々な要素的素因が分類記述されていることが確実でなければならない。言い換えれば，鑑定に従事する医師の恣意的な素養や経験に依存する比率が明らかに優先される部分が多いことが知られている。例えば，臨床的症状の記述は，非常に変化に富み，細部の描写は，鑑定人の主観的判断によって左右される。社会的不安定性，攻撃性あるいは非行が重要な特性とされる精神病質人格の判断基準は，未熟・利己的・依存性・感情易変性に基づくとされる点などである。そして，それらの特性の経年変化も，一方では抑うつ性代償不全であったり，平凡な不法行為であったり，時には，驚異的な英雄行為であったりするするのである。これら精神障害の病因像は，客観化された総合体系的見解に到達していない。単に，社会文化的な司法手続きとして，特定の矯正施設において，危険を回避するために特別の保護・治療を必要とする判断を求められており，理論的説明に終始するのが現状である（Snyder, 1974；山中・森，1982；ドブレ，1993；ハレック，1994；Shorter, 1997）。脳波を主とする神経生理学や神経伝達物質に関する生化学においても十分な証跡が提出されていない。したがって，精神鑑定では，①異なる観点からの医学的鑑定，②一般とは異なる特殊専門（少年や性的問題）からの鑑定，③第一鑑定人の見解の正当性に疑問があるかどうかを十分配意して利用すべきである。

　知的障害者が真実を供述することはあるが，虚偽供述の可能性はかなり高い。批判能力が十分でなく，知覚および知覚加工内容に欠陥があり，複雑な現象の見透しが不能で評価再述が間違う。また，暗示を受けやすく，暗示の影響の危険性を自覚しない。知的障害者はできるだけ不愉快な状況から免れようとするし，性格的倫理的抑止が働かない場合に嘘をつく尋問内容も理解できない場合がある。知的障害のある人物の証人供述は，精神病者同様他の主観的あるいは客観的証拠によって確認される必要がある。したがって，知的障害者の証言だけでは有罪の心証に十分でない。

ギトー事件（大統領暗殺：精神疾患）：1881年発生・1881年被疑者逮捕・1882年死刑確定死刑執行・脳障害判明。

　1881年7月2日，米大統領ガーフィールドがワシントン駅頭で，CG（40歳）に拳銃2発を撃たれ重傷を負い数週間後死亡した。CGは遺伝的精神病歴の家系で，生まれる際に母親は脳病を患っており，長じて，宗教にのめりこみ神に奉仕すると宣言，定職に就かず，宗教新聞を創刊したが倒産。放浪生活の合間に，結婚するも生活は放棄し，妻に売春をさせていた。また，理由なく姉を殺そうとしたりした。ガーフィールドの陣営として新聞社説で論じ，大統領に当選した応援の成果として公使の地位を要求したが応答がなく，再度，パリの総領事で満足すると要求したが返事がなかった。そして，神の啓示により大統領への憎悪に基づく殺害を6週間前に決し，殺害して自分が大統領になり有名人になることを望んでいた。死刑執行後，脳構造の委縮性変性が指摘された（ヒルシュベ

妻故殺（統合失調症）：1936年発生・1936年起訴・1936年陪審裁有期刑服役・1960年無罪。

1936年，犯行時45歳の離婚訴訟公判被告人は，公判期日前夜，脅迫されたと妻を扼殺し，頭部を切り離し湯沸しの下の火に投げ込み，内臓を取り出しバケツに入れ豚の飼葉桶に入れておいた。両腕両足を切り離し，骨を細かく切りパンきりナイフで骨から肉を剥ぎ取り，肉片は沸騰した家畜用湯沸しの湯に投げ込み，骨は石灰肥料をふりかけ埋めた。翌朝，離婚裁判に出廷し，その夜家畜用湯沸しの中から肉を取り出し埋めた。頭骸骨の焼け残りと灰は畑にばら撒いた。裁判所の外来検診鑑定では，知的障害も意識障害も精神活動の病的障害も認めず，戦争体験へのヒステリー反応による精神病治療と説明が加えられただけで，故殺で15年の重懲役とした。1941年から統合失調症で州施設収容。1960年責任無能力で無罪となった（ペータース，1981）。

西多摩妻子人食い事件（心神喪失）：1948年発生・1948年起訴・1949地裁無罪。

1948年（昭和23年）2月18日，農家の男が妻子を鉈でメッタ打ちして殺害した上，細切れにした肉を食した事件。心神喪失として無罪判決（溝川，1991）。

(13) 無罪判決（現場検証不徹底）

検証には，直接（事実審裁判所が自ら検証する）・間接（捜査機関による検証結果が供述や文書で報告される）があり，また，要証事実の存在を確認する積極的検証と，逆に，否定する消極的検証がある。さらに，検証自体によって新しい事実が明らかとなる証明根拠的検証，他の証拠価値を検査する証明統制的検証があり，検証不十分に基づく誤判も存在するので，十分配意する必要がある。

石見町女児殺人事件（現場検証不都合）：1981年発生・1981年起訴・1990年地裁無罪。

1981年（昭和56年）7月16日深夜，島根県のドライブインから経営者の娘A（7歳）が行方不明となり，500メートルほど離れた場所の山林から遺体となって発見された。司法解剖により死因は紐状のものによる絞頚による窒息死，処女膜の損傷（体液は認められなかった），溺水の痕跡もあった。捜査により，塗装工見習いの男性Bは，事件当日にAが行方不明となったことに気づいて探しに出た家人が，午前2時頃に仰向けに寝ているところを目撃していた。Bは，当初は事件当日にビールを飲んでいて酔っぱらっていたために記憶がないと容疑を否認していたが，7月18日には自分が女児を殺害したことを認めた。現場に残されていた足跡が，Bの靴の足跡と一致，緊急逮捕の上，8月9日には，強姦致傷，殺人罪で起訴された。1981年（昭和56年）9月29日の初公判にて，Bは自白を撤回，酔っていて事件当日の記憶はないと主張した。検察は，被害者と被告人に同じ種類の植物の毛が付着しており，足跡が一致，ポリグラフの反応などからも自白は信用性に値するとしたが，裁判で，Bの自白について，証拠価値そのものは認めたものの，矛盾点が多くあり，秘密の暴露もなく，供述の変遷などの不自然な点から信用性を否定，ポリグラフ検査の反応についても，自白の信用性を認めるに至るものではないとした。また，唯一の物証である現場足跡の一致も，自由に立ち入る場所であり，犯行時点に印象されたかどうか疑問であり，植物毛にも同様の疑いを指摘した。また，被告人

の事件当時の飲酒状態の検証が不徹底であった（佐木，1993）。

横越村父親殺害事件（検証不都合）：1915 年発生・1915 年被疑者（被害者妻・義母・長男・次男）逮捕・1915 年予審全員死刑・1916 年控訴院取消長男死刑その他無罪・1916 年大審院上告棄却死刑確定・1917 年死刑執行。

1914 年（大正 3 年）12 月 30 日の朝，新潟県の農家で，一家の父（50 歳）が納屋で撲殺されているのが発見された。屋外に積もった雪の状態から，外部からの侵入の跡がなかったこと，血の付いた服が屋根裏に隠されていたことなどから，通報を受けた当局は家族による犯行と断定し，同日中に被害者の長男（21 歳），次男（17 歳），妻（45 歳），義母（被害者妻の養母。68 歳）の 4 人を検挙。翌 31 日の予審で，次男は父の殺害を自供。次男の自供によると，犯行前日の 29 日の晩 4 人で，祖母が発案して，父の殺害を計画した。父が働きもせず酒を飲み，借金を作るばかりか生命保険にも無断で加入していたためという。翌 30 日の朝 5 時半，日課の米搗きのために納屋へやって来た父を待ち構え，自らが杵で滅多打ちにするとともに，兄が襟巻で首を絞めて殺害したという。しかし，他の 3 人はそのような共犯関係を否認し，次男も後には自白を撤回した。次男は，取調べ中も母や祖母が拷問を受けて泣いているのが聞こえ，それに耐えられず自白したと主張した。ところが，翌 1915 年（大正 4 年）1 月 15 日の第 2 回予審になって今度は長男が，他の 3 人は事件に無関係であり，父は自分 1 人で殺害したとの自白を行った。自白によると，長男は遊女を買う金欲しさに家の米を盗んで売ろうとしたが，納屋へ忍び込んだところへ父が現われたため，とっさに杵で滅多打ちにして撲殺したという。だが，長男もほどなく自白を撤回し，監獄の外に残された幼い弟妹を気にかけ，加えて 70 歳近い祖母が獄死するのではないかと恐れて自分 1 人で罪を被ろうとしたのであると主張した。実際の被害者は借金の分を差し引いても先代より財産を増やしていたほどの働き者であり，仲も悪くなく，300 円程度の保険金を目当てに殺害に及んだというのは動機として薄弱で，兄弟はその日の 20 時半まで村の青年会に出ていたことが確認されており，2 人には共謀行為に参加する時間的余裕がなかった。兄弟の自白において 2 人とも，自分が杵で父を乱打したとしているが，一方で検証調書には，被害者は「刃物を以て殺害せられ」とある。また，新潟医学専門学校教授による鑑定では，凶器は鈍器とされているが，その形状は長さ 5 センチメートル以上，幅 2 センチメートルのものと推定され，円形である杵とは食い違っている。加えて，検証調書と鑑定書にはともに，遺体頭部の 6 カ所の傷はいずれも X 字型と V 字型であり，現場には広範囲にわたって血液が飛散していたとあるが，杵で打撃を受けた場合にも傷は X 字型や V 字型にはならず，血液が飛散することもなく，そもそも頭蓋骨が粉砕されるはずであると反論し，凶器を角のある棍棒，鉈の峰，あるいは鍬の類であろうと推定している。一方，遺体の鑑定結果から，長男が行った自白に，胸への打撃を自白していることは秘密の暴露だとした。長男の犯行当時の着衣とされた衣服にも，その他家族のもとから押収された衣類の数々にも，一切の人血反応が表れていない（屋根裏に隠されていた服の血痕も，ニワトリの血であることが明らかになった）（山口，1924）。

小島事件（検証不都合）：1950 年発生・1950 年別件逮捕起訴・1952 年地裁無期・1956 年高裁控訴棄却・1956 年最高

裁上告破棄高裁差戻・1959年差戻高裁無罪確定。

1950（昭和25年）5月10日，船場の製茶工場の主婦が子供3人と就寝中，薪割り斧で頭部3カ所を損傷し殺害され，金庫が荒らされ現金2,500円が奪われていた。痴情や怨恨の線はなく，住民の密告により，被害者から借金していた近所のMT（25歳）を任意同行，その晩丸太と肥料の窃盗で別件逮捕。翌20日斧で1回峰打ちした，金庫をこじ開けるのに金槌でこじたとか鉈の刃あるいは鎌の刃とか，二点三転する自白，推定証拠である峰打ちも根拠なく，凶器の物証が特定されず，自白の任意性を否定，取調の拷問・誘導尋問などが指摘されている（佐藤・真壁，1981）。

みどり荘事件（大分女子短大生殺人事件・検証不備）：1981年発生・1982年起訴・1989年地裁無期・1995年高裁控訴取消自判保釈決定無罪確定。

1981年（昭和56年）6月27日深夜から翌日未明にかけ（死亡推定時間不詳），大分市のアパート「みどり荘」に住む短大生（当時18歳）が自室で乱暴され，絞殺された。6カ月半後の1982年（昭和57年）1月14日，被害者の隣室で事件当夜同棲中の女性がたまたま帰宅して1人で，また会社が休みであったホテル社員KRを逮捕。ポリグラフを利用した取調をする反面，被害者宅の指掌紋採取も実施せず，遺留品の分析もなおざりな科学的物証の確認を怠った。KRは捜査段階や地裁公判の初期には「（被害者の）部屋にいたことは覚えている」などと供述していたが，第13回公判以降は無罪を主張。自白の任意性，体毛鑑定，DNA鑑定が争点となり，毛髪のDNA再鑑定で，誤りであったことが判明。時効まで1年あまり残っており，裁判長が真犯人を示唆したにも関わらず，警察は「捜査はやり尽くした」と再捜査せず，1996年（H8）6月28日に時効を迎えた（みどり荘事件弁護団，1997）。

豊平区内小学生殺人事件（検証不備）：1984年発生・1998年逮捕・2001年地裁無罪・2002年高裁控訴棄却確定。

1984年（昭和59年）1月10日午前9時30分頃，札幌市の会社社長ST（59歳）の次男SH（9歳）が自宅に掛かってきた女性からの電話で外出。不審に思った母親が長男12歳に後を追わせたが100メートルほど離れた文化住宅付近で見失い，そのまま行方不明となったため10時40分警察に通報した。午前9時頃ST方に電話があり父親が出たが無言のまま切れてしまい，30分後再度架電があり，SHが応対したのであった。通常と異なる応対であったので「誰」と聞くと，言葉を詰まらせながら「Wさんのおばさんが僕の知らないうちに借りたものを返したいと言っている」と答えたので，母親が「他人の物を黙って借りていったら泥棒よ。返してくれるのが本当でしょう」と言ったところ，少し考えながら「おばさんが車で来て返してくれるんだ」と言い，コートを取り家から走り出ていった。届出を受け派出所員が当該W宅に赴き，立ち寄っていないことを確認後，隣接の文化住宅を聞き込んだところ，昨年8月から二階に長女2歳と居住のKK（28歳）が，午前中，男の子が「Wさんの家知りませんか」と尋ねてきたので隣の家を教えたら，出て行った旨告げた。資産家の息子でもあり誘拐事件の体制で臨んだが，14日までになんの脅迫電話もないため公開捜査とした。母親の話では，この文化住宅付近道路でKKらしき人物が腕組みをしてこっちを見ていたのを目撃されていた。行方不明者と最後に接触したと思われるKKの内偵結果によると，中学卒業後，関東・近畿・北海道

を転々と水商売で渡り歩き，1974年（昭和49年）には静岡で三角関係のもつれで左小指を切断していた。1983年（昭和58年）から札幌でホステスとなり，1984年（昭和59年）1月末無断欠勤で解雇，十数万円の借金を1月10日支払う約束となっていた。行方不明者SHの実父STはこのホステスのクラブに出入りしており，面識がないとは言えなかった。また，文化住宅前の道路は通学路にあたっており，行方不明当日の夕刻，段ボール箱を実兄宅に搬出しているなど容疑は継続されていたが，半年後同区内の別の家に転宅，この時タクシーのトランクに段ボール箱を搬出していた。さらに，1986年（昭和61年）6月2日，農業WS（33歳）と再婚転居した。そして，1987年（昭和62年）12月30日午前3時10分頃，WS方が全焼，WSの焼死体が発見された。納屋に保管されていたKKの高価な衣類92点が隣家に疎開されていた。KKのバッグには預金通帳・生命保険・火災保険証書・貴金属類が在中していた。WSには9社の生命保険1億7千万円がかけられ，火災発生直前に受取人がKKに変更されていた。遺体解剖では，自他殺不明，焼死としか判明せず，また，折からの豪雪のため現場検証は来春の雪解けを待って再開することとなった。約半年後の1988年（昭和63年）5月18日の再検証により，敷地内から人骨一本が発見され，6月19日に納屋整理をしていたWSの義兄がビニール袋入りの人骨（子供一体分），7月21・23日には敷地の徹底した検索（ゾーン検索：検索対象区域を碁盤の目のように区切って各部分を調べていく遺跡発掘手法の応用）で骨片60片を見つけ出した。6月20日の骨片鑑定で既述の行方不明者SHで矛盾がないと判断され，1988（昭和63年）7月11日スーパーインポーズ法でもSHと一致した。8月15日にはDNA指紋法でも行方不明者と矛盾がないとの結果を得た。過去10年間のAB型で年齢7〜12歳の犯罪被害者となっている疑いの所在不明者18名について，16人は生存し，残り2人中1人は女性であったことが確認された。しかし，この時点でのDNA法の低い肯定確率から断定することは時期尚早と判断された。1998年（平成10年）3月12日，短鎖DNA型法による鑑定技術を応用，8月31日親子鑑定の結果，発見された骨片とSHの両親との親子関係は矛盾しないと判断された。1998年（平成10年）11月15日，KKをSHの殺人で通常逮捕。しかし，身代金目的誘拐および火災の死体遺棄損壊は時効が成立し，殺人も完全黙秘を続ける被告人に対し，殺意が認定できないと無罪を言い渡した（警察庁，1998）。

3. 再審

　再審制度は，明治治罪法ならびに旧々刑事訴訟法でのフランスの理念を基本とし，旧刑事訴訟法でのドイツの考えが導入され，現行の刑事訴訟法での英米法での立場からの修正に基づいて制定されている（警察大学校，1980）。すなわち，いずれも，有罪の言い渡しを受けた者の利益のために，大陸法のフランスでは被害者の生存確認，矛盾した有罪判決・証人の偽証・無罪を証明する新たな事実の発見，あるいは，ドイツでは証拠の偽造変造・証人鑑定人の偽証・裁判官の過誤・無罪を証明する新たな事実の発見を再審の条件としている。そして，英米法系のアメリカで，本質的に再審制度を設けていないが，包括的な正義の履行に加え，人身保護の観点から，被告人にも裁判所にも不明であった新たな事実が判明した場合での再審の利用が図られている点に鑑み，本邦での刑訴法第435条に，確定判決に対し一定の要件を満たす重大な

理由がある場合に再審理を請求できると定められている。ほとんどが無罪を主張している事件にのみ適用されているが量刑不当(主に死刑囚)で再審請求を出すことも可能であるが，量刑不当で再審が認められたことはない。有罪判決を受けた者の利益になると認められる場合に限定されている。具体的には，証拠とされた証言・書類などの虚偽・偽造・変造等の証明がされたり，有罪判決を受けた者の利益となる新たな証拠が発見されたり，その他，有罪判決者の誣告罪が成立したり，確定判決を下した裁判が変更されたり，証拠書類作成の担当者が職務上の罪を犯した場合等とされている。したがって，本邦での再審請求が認められることは，俗に「開かずの門」とも称せられ，きわめて稀である。法制度が異なるとはいえ，欧米では古くからいくつかの再審無罪判決例が報告されている反面，戦前での本邦再審裁判による無罪判決の報告は見当たらない。

　本邦での再審裁判は，1つの再審請求事例に端を発している。すなわち，1975年(昭和50年)の最高裁の上告棄却により裁判が確定した判例が基となっている。この白鳥事件によるいわゆる白鳥決定（疑わしきは被告人の利益にという裁判上の鉄則）を適用すべきとした再審の見直しによってもたらされた影響は大きかった。

(1) 再審（白鳥決定）

　1952年（昭和27年）1月21日夜，札幌市内の路上で市警幹部（36歳）が自転車に乗り帰宅途中，後ろから自転車に乗って来た男に追い抜きざまに拳銃で射殺された。男は30歳前後のがっしりした体格で自転車で逃走したとの目撃もあった。その後，革新政党系の声明もあり，事件から4カ月後に，情報に基づいて20人近い革新政党員が検挙され，10月，同党地域委員会委員長（29歳）が逮捕され，2年10カ月の勾留後，殺人の共謀共同正犯で，他2人とともに起訴された。1957年（昭和32年）無期刑，高裁で有期刑となり，最高裁上告棄却有期刑が確定した。1965年（昭和40年）再審請求したが，一審高裁とも棄却の末，1975年（昭和50年）最高裁特別抗告が棄却され確定した。法廷では謀議の有無，伝聞証拠の違法性などが争われたが，最大の焦点は唯一の物証である遺体から摘出された弾丸と2年前に道内の札幌郊外高台で訓練のため雪に向かって撃って土中から発見されたというニッケルメッキの光沢がある弾丸の同一性と同一の拳銃から発射されたものであったかどうかということであった。土中に長時間埋没していたにもかかわらず試射弾には腐食がなく，また，3個の弾丸は線条痕（銃から発射された弾丸に付く線条の模様のことで，それぞれの銃にはそれ特有の線の模様が付く）が違うので1丁の拳銃から発射されたものではなく，物証の捏造が科学的に明らかになった。従来，再審の開始は"開かずの門"とされてきたが，この条件を「疑わしいときは被告人の利益に」の刑事裁判の原則を適用し，確定判決の事実認定の中に合理的な疑問があれば開始してよいという水準に緩和する判例を引き出した（木谷，2001，2002）。

　以降，この1975年（昭和50年）5月20日の最高裁判決はかぎ括弧（「」）として，確定判決の事実認定につき「合理的疑い」を抱かせ，その認定を覆すに足りる蓋然性のことが証拠の明白性であり（無罪の確実性のことではない），その判断にあたっては再審請求審で提出された新しい証拠と判決確定までに提出された旧い証拠とを総合的に評価し，「疑わしいときは被告人の利益に」と決すべきであるとした。これを契機に，以下に示す弘前事件・米谷事件・財田川事件・島田事件・松山事件などの再審への道が開かれることとなった（松本，1973；渡部，

(2) 再審（死刑確定後無罪）

免田事件（証拠廃棄）：1948 年発生・1949 年被疑者別件逮捕後起訴・1950 年地裁死刑・控訴・上告棄却・1952 年死刑確定・1956 年地裁第三次再審請求開始決定・1956 年即時抗告高裁開始取消・1979 年第六次再審請求地裁開始決定・高裁即時抗告取消・上告棄却再審開始確定・1983 年地裁無罪判決確定（身柄拘束期間 34 年 6 月）。

1948 年（昭和 23 年）12 月 30 日午前 3 時半頃，熊本県人吉市で祈祷師夫婦が鉈でめった打ち，娘 2 人も重傷を負い，現金が盗まれているのを，夜警見回りから帰ってきた次男が発見した。1949 年（昭和 24 年）1 月 13 日午後 9 時過ぎ，MS（23 歳）が連行され，翌日，玄米一俵の窃盗で別件緊急逮捕された。断眠，拷問といった執拗な取り調べの末，16 日に強盗殺人で再逮捕され起訴された。その翌日，自白調書作成，起訴された。一審第 3 回公判から無罪主張したが，凶器の鉈，上着やマフラーの血痕で有罪死刑とされた。1963 年（昭和 38 年）これらの返還請求を弁護側が行ったところ，検察がすでに公判中に廃棄相当として処分しており，初めての死刑囚再審請求の末，無罪確定となった（熊本日日新聞，2004）。

財田川事件（記録紛失）：1950 年発生・1950 年被疑者別件逮捕後起訴・1952 地裁死刑・控訴・上告棄却 1957 年死刑確定・1969 年再審請求再審開始・1972 年即時抗告棄却・1976 年上告破棄地裁差戻・1979 年地裁再審開始決定・1981 年即時抗告棄却再審開始・1984 年地裁無罪判決確定（身柄拘束期間 33 年 11 月）

1950 年（昭和 25 年）2 月 28 日，香川県財田川村で闇米ブローカーの男（62 歳）が刺殺され，現金 13,000 円が奪われた。4 月 3 日，警察は別の強盗事件で逮捕されていた青年（19 歳）が，犯行当時着用していたとした弟の国防色ズボン付着の微量血痕は，当初，人血痕だが微量で型判定はできないとされていたが，再鑑定で 1 つ 1 つは微量なのでこれらを集めて検査して O 型の被害者と一致としたと報告，これにより拘留，60 日以上にわたって取調べ，自白を得て，8 月 1 日逮捕，起訴した。裁判で青年は無罪を主張したが，血痕鑑定を物的証拠として死刑が確定した。第一次再審請求棄却から 1 年 2 カ月後の 1959 年（昭和 34 年），死刑執行の起案書の作成に当たり，地裁に保管されている裁判不提出記録が紛失していたため，処刑手続きを中断していた。一方，1969 年，地裁の裁判官が青年の無罪を訴える手紙を発見，弁護活動を始めた。当の元裁判官は無罪判決を見ることなく，1983 年（昭和 58 年）3 月に亡くなっていた（鎌田，1990b）。

松山事件（証拠捏造）：1955 年発生・1955 年被疑者別件逮捕後起訴・1957 年地裁死刑・控訴・上告棄却・1960 年死刑確定・1969 年第二次再審請求・1979 年地裁再審開始・1981 年即時抗告棄却再審開始決定・1984 年地裁無罪判決確定（身柄拘束期間 29 年 7 月）。

1955 年（昭和 30 年）10 月 18 日，午前 3 時半ごろ，宮城県志田郡松山町（現・大崎市）で農家が全焼し，焼け跡から OT（54 歳），妻 OY（42 歳），四女 OY（9 歳），長男 OU（6 歳）の一家 4 人が惨殺体で発見された。遺体解剖の結

果,長男以外には頭部に刀傷らしきものが認められ,殺人放火事件と断定された。事件後に地元を離れた人物の所在捜査の結果,12月2日,東京都板橋区の肉屋に勤めていたSY (24歳) が別件の傷害容疑で逮捕され,12月6日,自白。12月8日,本件の強盗殺人および放火容疑で再逮捕され,12月30日,起訴された。犯行によって返り血を浴びたまま布団で寝たため,かけ布団の襟当てに85カ所も微量の血痕が付着したとの血痕付着鑑定結果が決め手とされた。しかし,押収時撮影された布団の写真には1個くらいしか血痕が写っておらず,押収したあとに付着させた「証拠捏造」の疑いが極めて強かった。警察のスパイであった前科5犯の男から留置場内で「警察ではやってなくても認めて裁判で本当のことを言えばいい」とだまされ,拷問に耐えかねて自白したと主張した (木下,1984;日本弁護士連合会,2013)。

島田事件 (法医鑑定不備):1954年発生・1954年被疑者別件逮捕後起訴・1958年地裁死刑・控訴・上告棄却・1960年死刑確定・1977年第四次再審請求地裁棄却・1983年即時抗告取消差戻・1986年再審開始・19878年即時抗告取消再審開始。1989年地裁無罪確定 (身柄拘束期間35年8月)。

1954年 (昭和29年) 3月10日静岡県島田市の禅寺の境内で行われた幼稚園の卒業記念行事に参加していた6歳の女児が行方不明になった。3月13日に女児は幼稚園のある大井川蓬莱橋を渡った対岸大井川南側の山林で遺体で発見された。司法解剖の結果,首を絞めて仮死状態にし,凶器は不明だが胸部を打撃して殺害され,被害者に対する性的暴行の有無は不明だが性器に傷があった。勤め人風の若い男が目撃されていた。幼児・児童に対する性犯罪の前歴者らや精神障害者等を重点に捜査したが被疑者を特定できなかった。その中で,かねて所在不明のため重要参考人としていた男 (25歳) が5月24日,岐阜県内で職務質問の上,法的に正当な理由なく身柄を拘束された。事件当日のアリバイは神奈川の神社でボヤ騒ぎを起こしたと主張したが警察が否定。知的障害と精神病歴があり,窃盗で服役し1953年 (昭和28年) 7月に出所していた。窃盗で別件逮捕,取調の結果,姦淫⇒胸部殴打⇒扼殺との自白を公表した。一方,司法医鑑定では,扼殺⇒姦淫⇒胸部殴打,凶器不明と判断され,裁判所嘱託鑑定では姦淫⇒胸部殴打⇒扼殺,石が凶器と鑑定され有罪の判断とされた。ところが,再審請求で弁護側が提出した鑑定では,扼殺⇒姦淫⇒胸部殴打となった。裁判で,拷問の上,虚偽の供述をさせられ無実と主張した。また,精神鑑定の結果でも,軽度の知的障害であるが刑事責任能力はあるとされた。一審は軽度の知的障害を伴う精神病の前歴と放浪傾向があるので,被告人犯行供述よりも,公判での無実や犯行当時のアリバイ主張は信用性がないと判断した。この事件の物証は,被告人が犯行を認めた供述調書であったが,強要されたと見られる虚偽の供述での殺害方法と司法医解剖結果と異なっていた。逮捕から34年8カ月,死刑判決確定から29年8カ月後に無罪確定。無実の人が誤認で逮捕・起訴され,死刑判決が確定後に再審で無罪判決を受けた事例は免田事件,財田川事件,松山事件に続いて島田事件で4件目であった。蛇足ながら,既述の1948年 (昭和23年) から1954年 (昭和29年) のほぼ6年の短期間に発生した事件 (幸浦事件・二俣事件・小島事件・島田事件) いずれもが同じ捜査主任官の担当により,捜査上は犯人を特定,事件解決を導いたとして処理されているものの,身柄拘束後の取調により自白を強要したと判断され,被告人等は無罪判決を得

て，真犯人は不明のままとなっている。記述は不要かもしれないが，当捜査主任官は 1963 年 7 月譴責辞任，同年 9 月に脳出血により急死（55 歳）している（伊佐，2005）。

(3) 再審（無期刑および有期刑確定後無罪）
コーヴァン事件（関係者供述）：1891 年発生・1891 年被告人起訴・1892 年陪審裁判無期確定・1895 年再審開始・1897 年無罪確定。

1891 年，マルセイユの別荘暮らしの裕福な未亡人モンテ（80 歳）は家族と反目して近所の店員コーヴァン 36 歳に母性愛を抱いていた関係で，1886 年以来，単独遺産相続人に指定していた。しかし，1891 年になって，家族との仲が好転し，ツーロンの兄弟を訪問し和解する計画が持ち上がった。このことは，遺言状を書きかえ，相続人変更の可能性があることを示唆していた。この矢先，1891 年 12 月 16 ～ 17 日にかけての夜，モンテが殺害されているのが発見された。雇われていた女中（15 歳）は，「コーヴァンがベッドに横たわっているお婆さんの喉元を絞め，私はコーヴァンが怖かったのでお婆さんの腕を押さえていました」と供述。女中は同情に値すると無罪，コーヴァンは終身強制労働の判決であったが形式的不備のため，1892 年 11 月に再び陪審裁判が開かれた。女中は「殺すのを手伝い，見知らぬ人が侵入してきて殺したように言えば 3,000 フランやると約束した」と供述を補強，コーヴァンが「この女は嘘をついている」と女中の証言を遮ったところ，裁判長はその無礼をとがめるかのように「君がそれを証明し給え。真実に反してまで君に罪を負わせようとする理由があるのか」とコーヴァンを突き放した。そして，再び，終身強制労働の刑を言い渡された。裁判後女中は職を転々とし，遂に精神病院に収容され，そこで，カトリック宣教師の説教に感銘し，罪を告白するとして，コーヴァンは無罪だと証言することとなった。検察側は報酬に目がくらんだと主張，対して弁護側は，女中が常習性の嘘つきだとする医師の診断結果を盾に無罪だと弁護側は主張したが，5 年の禁固刑の判決が下された。コーヴァンの再審が開始され，検察はコーヴァンのシャツに血痕があったと抗弁，しかし，その識別検査は行われていなかった。さらに，被害者所有の有価証券を所持していたとか，死体発見時，医者も警察も呼ぼうとしなかったとかの検察側の主張も却下され，1897 年に無罪判決となった（ヒルシュベルグ，1960）。

ドレフュス事件（証拠捏造）：1894 年発生・1894 年被告人起訴・1894 年軍事裁判終身刑・1898 年再審開始・1906 年無罪判決。

19 世紀には，文書証拠の重要性は徐々に認識されるようになったが，1894 年，普仏戦争による経済的危機の渦中にあったフランスで，軍事機密を記した覚え書きメモがドイツ大使館の紙屑かごから拾い出され，フランス陸軍将校たちは，メモはハンガリー生まれのエステラジー少佐名で書かれていたにもかかわらず，アルザス生まれでドイツ語が堪能，ユダヤ人のアルフレッド・ドレフュス大尉が書いたとした。さして筆跡の専門知識があるとは考えられないアルフォンス・ベルティヨンが，いくつかの点で普段のドレフュスの筆致と異なっているが筆跡を意図的に偽ったためで，メモを書いたのはドレフュスであると結論した。当時の揺るぎないベルティヨンの名声によってか，地位剥奪となり，南米仏領ギアナ沖のディアブル島（通称悪魔島）に幽閉された。しかし，フランス国民は賢明であった。エミール・ゾラは「私は弾劾する」と題して新聞社紙に寄稿したのをきっか

けに，ドレフュスを支持する世論が巻き起こり，再審理が開かれた。しかし，再度有罪と判断されたため，各地に暴動騒ぎが勃発した。結局，フランス情報部の証拠捏造が判明し，1906年有罪判決は覆った。文書鑑定への信頼感は地におちた（Wagner, 2006）。

ジョンソン事件（関係者証言）：1911年発生・1912年被告人起訴・1913年陪審裁判無期確定・1920年再審開始・1922年無罪赦免。

1911年9月6日，アメリカ，ウイスコンシン州マディソンのAL（7歳）が自宅寝室から失踪，捜索の結果，湖から遺体が発見された。捜索隊に加わっていた隣家のジョン・A・ジョンソンの挙動を怪しんでいったん警察が取調べたが，否認し釈放された。しかし，素行の評判が悪く，前科も見つかったことから，再度呼び出され逮捕された。彼を犯人と思い込んだ周辺の住民たちは大挙してリンチしようと拘置所に群れ集まっていると知らされたジョンソンは，拷問もあって自白した。「酒を飲んで寝入ってしまい，夜になって目が覚め，隣家の窓ガラスに穴をあけて忍び込み，ベッドの子を連れだした。大声で叫びかけたので拳で殴り，湖に投げ込んだ」裁判官の前でも自白したので終身刑となった。服役後，無実の嘆願書を提出，1920年1人の裁判官が関心を持ち裁判が開かれた。2人の官選弁護人は家の窓の穴は小さすぎて手が入らないと指摘，妻と娘2人は失踪当夜在宅していたと証言した。本人も黒人がリンチで殺されるのを見たことがあり怖くて嘘の自白をしたと供述した。一方，弁護人に匿名の手紙が届き，さらに，犯人を知っている旨の電話もあった。これを裁判官に告げ，直ちに電話の女性を裁判官が事情聴取したところ，被害女子の父親が酒に酔って火掻き棒で殴り死亡させ，湖に放り

込んだ。血のついた衣類を洗濯してしまったと母親からうちあけられたと証言。1922年赦免，虚偽自白による寄与で損害賠償請求は認められなかった（ヒルシュベルグ, 1960）。

レッテンベック事件（目撃供述）：1918年発生・1918年被告人起訴・1919年陪審裁判死刑判決後終身刑・1920年異議申し立て・1922年最高裁再審許可・1934年無罪確定。

ドイツ，ニーダーバイエルン居住の農夫ローレンツ・レッテンベックは，家政婦と関係があり，妻と不和であった。また，病身でありながら争い好きで隣家と反目した妻が名誉毀損で訴えられてもいた。なお，家政婦の娘12歳も同居していた。1918年12月1日，夫が作った籠を半時間の距離の隣村まで届けるよう，夫に頼まれた妻は隣村まで行き，午後5時過ぎ帰途についた。妻は村の中ほどにある森で5時半頃こめかみを射たれて殺害された。多くの人が射撃音を聞き，時刻ははっきりしていた。死体付近に5マルク紙幣が発見され，物盗りの線は否定された。性的暴行の痕跡もなかった。夫に嫌疑がかかり，翌日，レッテンベックは逮捕されたが，昨日午後は外出していないと犯行を否定し，家政婦とその娘によって保証された。犯行時間頃に第三者が屋内にいたのではと聞かれたが否定した。しかし，灰緑色制服の兵隊が居間にいるのを目撃した証人がいたのを追求され，家政婦は親戚の男が訪ねて来ていたのを忘れていたと述べた。調べてみると，その日この親戚の男が午後5時頃，死体が発見された森の中の場所近くに通じる鉄道の駅に向かって家から出て行ったことが確認された。通常，この場合この人物が容疑者になるべきだが，あくまでも夫レッテンベックに固執，森の方に上っていく男を見た2人の少年の言で「レッテンベックの家

から出てきたので彼だと思いましたが薄暗くて見分けることはできませんでした」を取り上げた。窓から外を見ていた1人の婦人の言での「歩き方から見てレッテンベックだったとは思えません」を無視したのである。家政婦ならびにその親戚の男への捜査は何らとられなかった。1919年6月24日，シュトラウビング地裁陪審裁判でレッテンベックは死刑判決され，後終身刑に減刑，1920年4月27日再審申し立て却下，弁護側が検察庁に親戚の男の告発状を提出，公判不開始に対する即時抗告によって州最高裁は再審請求許可，1934年7月6日，レッテンベックの無罪が決定した（ヒルシュベルグ，1960）。

オット・ゲッツ殺人事件（鑑定証人不備）：1919年発生・1919年被告人起訴・1920年国民裁判死刑後恩赦終身刑・1926年再審請求・1926年無罪判決。

1919年12月5日，技師オット・ゲッツ21歳は，1919年9月8日ホテルで許嫁から堕胎薬を要求され青酸カリをレモネード・コーヒーに混ぜた飲み物を飲ませ，殺害逃亡した。薬剤師が法廷で，青酸カリは殺人か自殺用にしか使用されないと証言，毒殺でアウグスブルグ国民裁判所で死刑判決，1920年4月27日恩赦で終身懲役刑，6年後，再審請求，堕胎には無知な人々が通俗的な知識から様々な劇薬を使うとの証言がなされ，殺人の意図があれば，夜明けでなく夜中に行えば逃亡の余裕がとれるからと注釈，無罪判決。鑑定証人の不備（ヒルシュベルグ，1960）。

吉田岩窟王事件（拷問）：1913年発生・1913年被告人起訴・1914年被告人Y死刑（被告人U・K無期）・1916年控訴院取消自判無期・1924年上告棄却無期確定・1935年仮釈放・1960年第五次再審請求・1962年高裁再審開始決定・1962年最高裁異議申立棄却再審開始決定・1963年再審高裁無罪判決確定。

1913年（大正2年）8月13日，愛知郡長久手村繭商が帰宅中路上で襲われ殺害され，売上金在中の財布が奪われた。吃音のガラス職人U（22歳）と知的障害のあるK（26歳）が検挙され，Y（34歳）が主犯と自白。Yは拷問（手を組ませて雑巾2枚で巻き絹の紐で縛り上げ締め上げる）をされたが否認。2人から尺八の血痕付着も否認。5年前に出所していた2人を新聞記者の協力で見つけ出し，詫び状を書かせ，三度の再審請求。「世には真犯人でありながら無実を叫ぶ者も少なくないが，そのような者は刑が確定すればいつの間にか口を閉じてしまう。全生涯をかけて冤罪を叫んでやまなかった者は絶無である」として被告人に陳謝した（溝川，1991；竹沢・山田，1993）。

加藤老事件（共同被告人供述）：1915年発生・1915年被告人起訴・1915年予審無期懲役・1915年控訴院棄却・1916年上告棄却無期確定・1930年仮出所・1976年第六次再審請求高裁受理・1977年高裁無罪確定。

1915年（大正4年）7月11日朝，山口県豊浦郡殿居村（現在の下関市豊田町）の炭焼きの木樵（50歳）の刺殺死体が発見され，被害者と喧嘩しているのを目撃された馬丁（当時34歳）が7月22日逮捕された。追求の結果，当初ある夫婦と一緒に犯行に及んだと供述，その夫婦を取調べたがアリバイが成立，再度追求の結果，知り合いの男（24歳）と犯行に及んだと自白，7月25日逮捕。馬丁は否認のまま共犯の男とともに起訴，14年間の服役後1930年仮出所。共犯者の供述の信憑性が疑問視された。

事件発生から62年目で最長。その後，国家賠償請求訴訟を起こした最中の1980年4月29日に89歳で死去した（佐藤・真壁，1981；竹沢・山田，1993）。

夫の妻故殺（被害者供述と検証不備）：1949年発生・1949年被告人起訴・1950年陪審裁判有期刑・1952年控訴棄却・1953年上告棄却確定・1953年再審請求・1953年上告破棄無罪判決確定。

　1930年，夫は重度の精神病質の女性と結婚し少年を養子にしていた。1948年12月に離婚話で脅迫されたと妻が自殺しようとして意識不明になっているのを助けた。1949年2月に離婚の訴えを起こした夫に対し妻は数件の窃盗と敵国の飛行士殺害の件で告発。夫は勾留されたが数日で帰宅した。その後も妻は夫からの暴力で数回の自殺を試みたが，その都度夫に助けられていた。1949年8月5日9時，畑仕事から戻ったところ，釘の保管場所である洗濯場入り口付近で妻が縊頸しているのを発見したと夫は告げた。一方，釘に巻き付けられた縄の釘の近接部分に錆のついた擦過痕が認められ，鑑定で，妻の自縊は考えられず，第三者が錆のついた釘に縄を巻き付け，彼女を引っ張り上げたと推定。さらに，周辺には補助手段がなく，妻の背丈は低く補助手段なしには釘のついていた梁に手が届かないと指摘された。梁と縄の高い方の端に人血が認定でき夫しか考えられないとした。夫は触れていないと主張。被害者の顔と腕に擦過傷，片目は青色に充血。縄を切った際，妻の頭が石床にぶつかってしまったと夫は供述。そして，剖検記録および法医学鑑定では損傷の一部は生存中にできたとされた。これらの結果から，夫は洗濯場で妻と喧嘩になり拳で殴り倒し，これまでの自殺未遂を思い出し，意識を失っている妻を縊頸したと認定され10年の重懲役に処せられ，上告も棄却された。再審請求で，被害者が，1946年頃，「夫が離婚を求めるなら，代わりに謀殺の廉で告発して監獄に送ってやる，自分は首つりをして彼を監獄送りにする」と知人の女性に話していることが判明した。死の前日にも婦人はわざわざ近づいてきて「私を忘れないで」と言っていた。しかし，擦過痕からみて90キロの婦人が引っ張り上げられたことが証明されていると再審請求は却下，抗告審では擦過痕以外の補充事実が存在せず乏しい科学的鑑定だけに依拠すべきでないと再審請求が許容された。しかし，擦過痕の鑑定人（建設監督官と電気技師）の結果は，法医学の鑑定と一致し再審請求を棄却。抗告による，法医学と犯罪科学研究所の鑑定によって，婦人の顔面損傷は窒息痙攣の可能性が高く，縄の切断時に回復不能状態であったにせよまだ生きており，床に倒れて怪我をした可能性もある。さらに，工科大学提出の鑑定書には，目の損傷は扉の取っ手にぶつかって生じた可能性があり，また，被害者が縄を投げて釘に巻き付けることが可能であり，縄の古さからみて擦過痕を過大視してはならないと指摘してあった。証拠不十分で無罪（ペータース，1981）。

ルドルフ・シーラー事件（被告人供述）：1936年発生・1939年被告人起訴・1939年陪審裁判終身刑確定・1939年真犯人判明・1945年再審開始・1951年無罪確定。

　1936年11月23日，ペンシルバニア州フィラデルフィアの警察官JTMが射殺された。1937年5月17日，JVなる男が自白，警官AGが従犯と主張し，1937年6月24日，陪審裁判の結果，終身刑となり，3日後の裁判で警官AGは無罪となった。2年後の1939年2月6日，

第6章 刑事裁判・無罪判決・再審　243

JHなる常習犯罪者が警察官との銃撃で射殺され，自宅捜索の結果，警察官JTMの射殺犯人である証拠を発見，先の陪審裁判マクデヴィッド判事の勧告で再捜査が行われることとなった。常習犯罪者JHの知人でルドルフ・シーラーなる人物がいた。1916年生まれ，父は精神病者，母は掃除婦のため，孤児院で育ち，JHに仕込まれ犯罪に手を染めていた。JHがJTMを射殺したのを知って，JHと手を切り，ニューヨークに移り，就職，結婚した。1939年2月16日，JHとの関係からシーラーの姉を監視中，姉を見舞うためフィラデルフィアに戻ったシーラーを警察は直ちに逮捕した。最初7時間もの取調，次いで，サード・デグリー（フリーメーソンでは第三級昇格の儀式のための肉体的苦痛に耐えることに由来するが，警察は逮捕を第1段階，留置を第2段階，取調を第3段階と呼び，この際，暴力・脅迫が加えられた）が50時間続いた。その間，犯行時フィラデルフィアにいたことを証言する警察スパイの証人による確認，自白すれば釈放するとの約束によって，一週間後JTM殺害および別の強盗事件でJHの従犯であったとシーラーは自白した。裁判前日に付けられた官選弁護人の裁判でも有罪答弁し自白は自由意志であるとした。3人の職業裁判官が自白の食い違いを確認したので，警察は食い違いを訂正した内容を誘導して自白調書に署名させた結果，終身刑となった。直ぐ釈放されないので警察が嘘をついたと無実の請願書を書いたが受理されなかった。6年後，ペンシルバニア大学シュワーツ教授の調査で，自白が拷問強制，シーラーの再確認証人が買収された警察スパイであったことを確かめた。1951年5月29日，ペンシルバニア最高裁判所はシーラーを無罪，JTMの犯行時ニューヨークにいたことが証明されたのである。12年間無辜の罪で服役。ここでいうサード・デグリーはゴム製の棍棒・水療法（Wasserkur）・歯科穿孔機が使用されたとのことである（Frank & Frank, 1957）。

榎井村事件（共同被告人供述）：1946年発生・1946年被告人（A・Y）逮捕起訴・1947年地裁A有期刑服役・Y無期刑・控訴・上告棄却・1949年無期刑確定服役・1955年仮出所再審請求・1993年高裁再審開始決定・1994年高裁無罪確定。

1946年（昭和21年）8月21日午前2時頃，香川県の煙草専売局職員の男性T（43歳）宅を配給所の夜警が訪れ，門が開いていると注意してくれた。Tと妻（39歳）は外に出て門を閉めたところ，妻が母屋と納屋の間で隠れている人影を発見。妻はそのことをTに伝え，Tは鍬を振り上げ，白いパナマ帽の男と対峙したが，男は拳銃でTを射殺。2人の男が逃げ出した。8月28日，煙草専売局から煙草等を時々盗んでいたY（18歳）とA（19歳）が逮捕された。榎井村の事件を厳しく追及，Aに「Yが自供した」などの誘導尋問で犯行を自供させた。Yは一貫して無罪を主張。Yは殺人等で起訴，Aも窃盗等で起訴された。裁判で，Yは無罪を主張し，Aも途中から無罪主張に転換したが，Yに無期懲役（求刑死刑），Aに有期刑が言い渡された（Aは家庭の事情により，控訴せず確定）。Yはサンフランシスコ講和条約締結に伴う恩赦などにより，1955年（昭和30年）5月に仮出所し，再審の人権救済申立をした。Aの自白が誘導尋問によるもの，パナマ帽がYのものであるというYの兄の証言は警察の強要によるもの，Yにパナマ帽を売ったという台湾人が否定していることなどに信憑性があると判断された。Yは1997年（平成9年）3月，ガンのため69歳で死亡した（日本弁護士連合会・香川県弁護士会，1994；村野，2002）。

梅田事件（共同被告人供述）：被告人S・H・UY：1950・1951年発生・1952年被告人起訴・1954年地裁無期（被告人S：無期・H：死刑1960年執行）・控訴上告棄却・1971年仮出所・1982年第二次再審請求・即時抗告棄却開始決定・1986年無罪確定。

1950年10月10日，北海道の市会計課員O（20歳）が，公金19万円を持ったまま行方不明となり，公金拐帯事件として捜査が開始された。1951年6月，今度は別の市の会計係員（28歳）が公金472万円をもって失踪，1952年9月に遺体が発見された。9月3日にS（53歳）が逮捕され，自白し，主犯としてH（28歳）が9月17日に逮捕された。Hは取調中，O殺害も自供。10月1日，Oの遺体が発見された。Hはさらに，O殺しの実行犯として，軍隊時代の顔見知りだったUY（28）の名をあげ，10月2日，逮捕令状なしにUYを逮捕，拷問に等しい取り調べを経て犯行自白させた。SとUYは無期懲役確定，共犯であると証言したHは1960年6月20日に死刑が執行された。Yは1971年仮出所後，再審請求を行い，1986年無罪となった。2007年6月ガンのため82歳で死亡した（林，1987；竹沢・山田，1993）。

米谷事件（関係者証言）：1952年発生・1952年被告人起訴・1952年地裁有期刑・1952年控訴棄却確定服役・1958年仮出所・（1966年被害者甥自首・1967年起訴・1968年無罪・1970年検事控訴中自殺公訴棄却）・1978年地裁無罪。

1952年（昭和27年）2月25日，青森県高田村で57歳の女性が強姦，現金を奪われて殺害された。当時同居中の年少の親戚（16歳）が，現場に残された手拭いを見て，知り合いのYSのものと証言（後日，この手拭いは被害者が所持していたものと判明）。「日没後に衣類で顔を覆って歩いてくるところを目撃した」という近所の子供の証言を基に，3月2日，隣りに住むYS（30歳）を逮捕し，自白させた。起訴直前になって自白を翻し，無実を訴えたが，12月25日，青森地裁は殺意を認めず，強姦致死罪を適用して懲役10年の判決を行った。控訴棄却され確定し，服役，1958年（昭和33年）4月に仮出所した。1966年（昭和41年）4月，東京で窃盗などで裁判中の被害者の甥（33歳事件当時18歳）が女性殺害を告白。自白と現場の状況は一致していたため，東京地検は1967年（昭和42年）2月公訴時効成立2日前に起訴。甥の自白に基づいた行動によって被害者死体の所見等と合致するか，T大学の法医学教授などに対して，自白と被害者の創傷の原因，性状あるいは姦淫の痕跡等との関係について詳細な鑑定を依頼，事件の真犯人である疑いが強いという結論に達したが，明白な決め手は欠けていた。1968年（昭和43年）7月2日，東京地裁で被害者の甥は無罪判決，検察側控訴中の1970年（昭和45年）5月，甥は自殺してしまい，公訴棄却となった。YSは1967年（昭和42年）再審請求し，1973年（昭和48年）3月，地裁棄却の後，即時抗告によって1976年（昭和51年）再審開始が決定され，1978年（昭和53年）7月31日，地裁で無罪判決，確定した。遺留精液から判明した血液型が被告人の血液型と異なる事実，目撃証言は事実上不可能，被告人の自白供述と物的証拠を比較すると自殺した甥の自白のほうが物的証拠に符合が多く信頼性が高いなどであった。YSには刑事補償として893万円が支払われた。2006年（平成18年）6月29日に84歳で死亡した（渡部，1992）。

強姦未遂謀殺（鑑定不備）：1953年発生・1953

年被告人起訴・1953年陪審裁判有期刑・1954年控訴取消自判無罪・1955年最高裁無期刑確定・1957年第三次再審請求無罪確定。

1953年9月，ヒッチハイク中の25歳の女性を同乗させ，途中，性交を2回行い，2度目に女性が意識を失ったので以前裸の死体が発見されたことのある土手の溝に投げ込んで逃走していた。2日後発見された死体の司法解剖の結果，暴行も示唆されるが，強烈な性的興奮の痕跡もあり，凌辱に伴う心臓発作が死因であるが，2カ月前の不全な堕胎手術後の衰弱も考慮されるとの暫定的結論であった。1953年10月，起訴された屠畜業仲買人の被告人は，加虐性色欲による肛門性交嗜癖者で，性交中手で首を絞める行為を好むと報告された。次いで，翌1954年2月，器官障害が認められず窒息死も否定され，頸動脈洞への圧迫による急性循環機能不全またはショック死が死因とされた。同年5月には，法医学鑑定として，扼頸・絞頸いずれとも確実でないが，殴打によって抵抗力を失わせ，金属製網状物を首に巻いて締めたとされた。1955年，被告人は強姦未遂と謀殺で無期懲役刑となった。しかし，第三次再審請求で，剖検前に撮影された写真から網状を指摘した点につき，さらに写真を焼きましたところ，死体発見現場の茂みの堆積物もしくは指の太さ大の切り株あるいは枝の圧迫痕であることが判明して，無罪判決となった（ペータース，1981）。

ラジオ商殺し（関係者供述）：1953年発生・1954年被告人起訴・1956年地裁有期刑・1957年控訴棄却・1958年上告取下服役・1966年仮出所・1979年被告人死亡・1980年第六次再審請求・1985年地裁無罪判決確定。

1953年（昭和28年）11月5日徳島市内の電気商のMK（50歳）が刺し殺され，内妻（43歳）が犯人とされた。男が逃走していくのを見たという目撃証人がいることや電気線・電話線が切断されていることから見て犯人は外部侵入と断定，一年後徳島市内の暴力団員を高松高検に起訴留置請求したが，証拠不十分と却下された。地検が捜査の主導権を取り，住み込みのA少年（当時17歳）とB少年（当時16歳）を事情聴取，誘導尋問の結果，外部犯行説から内部犯行説として，内妻を犯人とした。2人を逮捕，A少年は45日間，B少年は27日間身柄を拘束し虚偽自白を引き出し，1954年（昭和29年）8月13日内妻を殺人罪で逮捕，「犯行を自供」させた。公判では一貫して無実を主張。仮出所後，AとBは「検察側に嘘の供述を強要された」と告白する。ところが，この2人に対して地検は「内妻の身内から脅迫された虚偽の告白であると」発表。彼らに異常な圧力をかけ続けた。被告人は，1956年有期刑で服役中から再審請求を続け，1966年の仮出所後の1979年69歳で死亡した。被告人の死後も親戚者が再審請求を行い，死後の再審請求を認めた初めての事件となった（竹沢・山田，1993；渡辺，2004）。

義父謀殺（統合失調症精神鑑定不備）：1954年発生・1954年被告人起訴・1954年陪審裁判無期刑・1969年再審無罪。

1954年12月11日農夫（83歳）が行方不明となり，3月になって川の中に沈んでいるのが見つかった。死因は解明できなかったが，故意による殺害の疑いが生じ，老人死亡による財産利益が期待できる親族たちを調べたところ，被害者の息子の嫁が「義兄は不意に祖父の頸を投縄で絞殺，袋に死体を入れ，石の錘をつけて川に沈めた」と自白した。義兄は当初否認していたが，のちに自白に転じた。しかし，公判で自白を撤回し否認したが，義兄の自白を採用し，

無期重懲役となった。息子の嫁は幇助で10年の重懲役となった。義兄の精神鑑定の判断では，重い緊張病性興奮を伴う統合失調症傾向を示すとともにヒステリー傾向の精神病質的症状も示し，拘禁中の反応は精神病の症状でなく責任阻却的意味は認められないとした。しかし，拘禁中弁護人依頼の鑑定人が統合失調症だと報告，これを受け，被告人は一時的に統合失調症に陥っていたことは認めたが，犯行への影響を否定，第三鑑定人は，犯行前の奇妙な行動と犯行そのものが人格と一致しないことから，犯行時にすでに統合失調症の兆候を確実に認定できるとした。よって義兄は，1969年再審によって，無罪だが犯人であると認定した上でのことであった（ペータース，1981）。

ヘルマン謀殺事件（知人証言・鑑定検証不備）：
1957年発生・1957年被告人起訴・1957年陪審裁判終身刑・控訴・上告棄却・1959年終身刑確定・1960年再審請求無罪判決確定。

1957年4月12日，ドイツ，ミュンスターの湖で男の胴体上部の入った梱包物が発見された。胴体上端部は第4頸椎のところで鋭利な鋸かナイフで切断され，下端部は第3頸椎体で切断されていた。各上下の傷口は一枚の大きな布片から切り取られた淡青色を基調とする淡灰色菱形縞模様の洗いざらしの木綿布で覆ってあった。頭部と手足がない胴体は暗灰色の毛布を半分にした物で包んであった。毛布の一角には目立つ継の跡があった。全長55センチの包みは麻の細引きで縛られ，皮バンドで留めてあった。バンド裏側にはそのままでは判読できない名前らしきものが記されていた。同日，別の川岸で胴体下部の入ったもう1つの梱包物が発見された。太腿は0.7ミリより薄い鋸で切断されていたが，刃は胴体上部の第4頸椎を切断したものより粗かった。梱包は胴体上部の材料の毛布と細引きの残りが使われていた。

翌晩になって，皮バンドに記されていた文字が判読され「ヘルム・ローアバッハ・ミュンスター」と判明，4月13日正午にペンキ職人ヘルマン・ローアバッハの妻マリーア・ローアバッハから話を聞いたところ「4月11日朝7時頃，ある仕事仲間ともぐりの仕事に出かけ，遅くとも13日土曜日の午後早くに戻ってくると予測していたが，仕事先や泊まり込み場所は聞いていない」とのことであった。妻は取調のため出頭を求められ，そのまま念のため勾留された。

1957年4月16日，湖の支流で両足が発見され，被害者所持の比較的上等な灰色ズボン上半分の中に膝を折り曲げ，麻の細引きで梱包されていた。周辺の捜索でも頭部は発見されなかった。一方，妻の供述内容から嫌疑の増す事柄が浮上した。夫は同性愛者と交際があると供述したが，その方面の捜査は進展しなかった。また，妻の友人のイギリス人軍曹を内偵したが犯行関与の証跡が見いだされなかった。解剖によって死因は確定されなかったが，頸部に1カ所刺傷があった。また，半日は溜まっていたと見られる尿にはバルビツール酸が，また，器官全部・毛・爪にタリウムが含有されていた。被害者夫婦の生活は乱れ，妻の愛人が定期的に訪問，4歳の息子も夫の子でなく，妻の金遣いが粗く，しばしば夫に暴力をふるうことで知られており，最近では，妻に殺されるとの懸念を警察に訴えていた。

被害者ヘルマンは9日午後歯医者に行き，その後20時まで知人宅にいた。その後20時30分から22時頃まで台所の寝椅子に横になっているのを妻の友人が目撃していた。この目撃女性は，あわせて妻が翌10日午後台所窓辺にいるのを目撃したとも供述した。妻に夫のことを詳細にたずねると夫が10日早朝家を出て，晩

22時頃帰宅したと供述，10日は夫の給料日でありながら出勤しなかったと述べた。被害者宅は綿密に掃除され整理されており，犯行の痕跡らしきものは発見されなかった。事実，12日に料理用竈も含めきれいに掃除したと供述，居間寝室浴室いずれも何の痕跡もなかったが，台所の寝椅子脚と床板の下におよそ4週間経過のO型の人血，また，床には大量の血液があった痕跡も認められた。寝椅子の被覆布にも2個の比較的小さな血痕，頭部の詰物の中にかなりの血痕が発見された。洗面器収納の折り畳み式腰掛椅子の中に緑の二股手袋が見つかり血痕が付着していたが型は特定できなかった。妻マリーアはこれらは夫の鼻血によるものと説明，さらに，2月下旬頃流産をしたとも供述した。取手下部に血痕が付着したきれいに磨かれた鋸ナイフが発見されたが，料理の際のものだと供述。また，屋内から被害者のもぐりの仕事に必要なペンキ道具一式，時計，鞄が発見され，仕事に使う自転車も見つかった。徹底的に清掃された料理用竈から織物繊維，羽毛，螺鈿ボタン，ゴム布残査，ブラシ用とじ金の炭化物も発見された。2個の胴体を梱包していた灰色毛布は双方とも問題なくローアバッハ家の母親のベッドのばね秤にかけてあったものであると確認された。切断両足断端を覆っていた2枚の碁盤縞の木綿布も被害者が息子ノルバートを自転車に乗せる際，子供用座席の敷物として使っていた布の一部であると，4月9日夜20時頃まで被害者ヘルマンが訪ねていた知人女性が同女宅に忘れていったので後刻家にまで返却したと証言。しかし，妻マリーアはいずれも自分宅の品物ではないと否定。死体梱包の細引に二股手袋に付着していた緑羊毛繊維と同じ繊維も見つかった。1957年4月9日市ガス使用量が計られており，ここ数ヵ月給湯用しか使わず14〜17立方メートルの使用記録のうち，4月13日までに10立方メートル使用されていた。

妻マリーアにとって最も不利益な供述をしたのは，イギリス兵と結婚している知人女性であった。1957年4月14日，警察官がこの女性を訪問した際に，被害者夫妻の写真を見せたところ「ミィミィ（マリーアの愛称）がヘルマンを殺した」と泣き叫んだ。「昨年1956年秋，マリーアから夫を毒殺して別れることができると聞いた。それはすぐに医者にばれると告げると鋸で切断すればよいと言った。全て一人でやれば絶対ばれないとも言った」と供述した。また，4月9日の夜，被害者ヘルマンが訪れていた女性は翌10日15時頃ローアバッハ家を訪問したが，玄関口で非常に待たされたあげく，マリーアは面談中もいらつき，また，用便にもついてきた。10日の夜22時30分頃，被害者宅と同じ階の住民は玄関に人をたたきつけるような鈍い物音を聞いていた。また共同利用の廊下電灯が何度も点灯消灯をくり返したとも付け加えた。さらに，23時7分前，隣の台所と壁で接している婦人が鋸の音を聞いたと証言。11日朝5時過ぎ，被害者宅から道路1つ隔てたところで牛乳配達を待っていた人物がローアバッハ家の煙突付近から黄色の煙が立ち上るのを見たと証言，同朝，被害者宅と同じ棟の住民たちが焦げ臭い臭いに気がついたと証言。また，同日朝妻マリーアは包装紙で蓋をした中身の詰まった茶色革鞄を自転車に積んで走っているのを数人が目撃していたが，仕立屋に行くつもりで外出したが郊外にあるのを思い出し途中で断念したと供述。鞄の所有を認めたが，その行き先は覚えていないと主張した。また，4月12日，息子ノルバートの通っている幼稚園長に非常に興奮した態度で夫の会社から夫が欠勤しているとの連絡があったと話した。さらに，翌13日，夫の勤務先で泣きながら夫の安否を尋ねた。

州刑事局の犯罪科学の第一の鑑定人によれ

ば，排煙管には高さ1メートルの炎が上がっていたと超音波による測定で認定，したがって，料理用竈が最近特に強く少なくとも400度に達する加熱がされたと結論した。排煙管に付着の煤の中に，黴の臭いがする砕けやすい煤に，人工繊維・羊毛繊維・木綿繊維・ヴィスコース繊維・頭毛5本・眉毛1本・恥毛1本が含まれていたとし，大量の布地が焼却されたと推定した。

ついで，第二の鑑定として煤の化学成分分析から，リン酸塩含有量から動物か人体が焼かれた嫌疑が生じる，また，水銀と銀の存在が証明され，歯の詰物アマルガムが焼却されたと考えられ，頭部焼却の蓋然性が高く，たとえ被殺者がアマルガム充填物をつけていなくても人間脳の自然水銀含有量からして充分証明できるとした。煤には中性脂肪が発見され，食塩含有量が高く，リン酸塩含有量からして，料理用竈で人体もしくは動物が焼却された嫌疑を示すとした。加えて，分光写真器による検査で，水溶性タリウム化合物を証明できたとし，タリウム含有の人間器官もしくはタリウムで毒殺された者の血液で汚れた衣服織物が焼却されたことは間違いないとした。次いで，第2の鑑定として，煤ならびに料理用竈を重点的に分析評価した結果，ゴミや雑巾のみ焼却したものとは考えられず，排煙管の煤に人間の茶頭毛ないしその断片6本および黒染色眉毛が発見され，さらに，無色人工繊維に固着した小塊が人間もしくは動物の上皮と認定でき，竈灰の残滓には錫と鉛痕跡が証明され，ツェリオ泥膏（タリウム含有殺鼠剤）の金属チューブの焼却によるものと考える以外説明できないとした。

さらに，第三の鑑定として被害者の臓器の分析から，臓器の168mg含有からすれば，心臓と肺に417mg，肝腎脾678mg，腸65mg，尿82mgなど合計1242mg，タリウム硫酸塩1534mgが含有されていたとされ，結局総量2gmが3～4カ月前から毒物投与されていたと恥毛と体毛の分光写真分析から導き出し，タリウムの慢性中毒経過後に急性発症を起こしたと断定してあった。

マリーア・ローアバッハは夫謀殺で無期懲役刑に処せられた。その理由として，監護教育で育てられた被告人は不正直・嘘つき・かんしゃく持ち・反抗的衝動的・無能にもかかわらず指導的役割を演じる癖が顕著であった。一定の経済的基盤を夫によって保障されながら，16歳年長の夫に対して嫌悪と侮辱と憎しみで一杯となり，社会的地位向上を目指す自分の思いを忖度しない夫を障害物とみなし，排斥感情が募じていった。離婚理由もなく，また，離婚婦人としてより未亡人の方が経済的有利と考え，保険加入を機会に殺害する決意を持った。夫にツェリオ泥膏を食品に混ぜて与えた。犯行日，鎮痛睡眠薬を与えられ寝込んだ夫を鎚あるいはそれ類似の道具で殴打，瀕死状態の夫の頸部を刺して殺害した。台所か風呂に運んで頸・胴・腿部の5つに切断，買物カゴで持ち去り投棄した。

炎光光度計によるタリウム定量の結果を採用。また，料理用竈から高濃度の塩化物が検出され，対応する食塩を推定させ，動物か人間の焼却の嫌疑は消され難いとした。排煙管の煤に水銀と銀の存在が証明された点も被害者が1956年に治療により左下7番の歯に咬合面充填物をしており，証拠書類では銀アマルガムかは判断できないが，外の材料では異常と考えられるとの証言を裏付け，被害者頭部がこの料理用竈で焼却されたことを確信されるとした。

弁護人の上告が不成功に終わった9カ月後，ヘルマン・ローアバッハの頭部が森林地帯の夏期の干上がった沼から発見され，確認された。三度の暴行跡，頸椎の鋸切断と下顎変色徴候が認められた。

1年後，再審請求によって，一審の竈の頭部

焼却が否定された点に加え，タリウム鑑定の非蓋然性が指摘された。臓器の分光分析による半定量的タリウム測定方法は定性的にしか過ぎず，臓器断片からの含有量推定は意味をなさない。すなわち，タリウムは体内で不均斉分散をしており，肝臓などに多く蓄積される。また，保存されてあった頭皮断片には毛が密集しており，慢性タリウム中毒では完全脱毛し，下痢ではなく便秘が主症状である。自然科学的証明の限界，捜査手続き上の鑑定人と裁判所の鑑定人との差は犯してはならない壁があるとされ，妻マリーアは無罪となった（ペータース，1981）。

布川事件（情況証拠・証拠隠匿）：1967年発生・1967年被告人SS・ST別件逮捕後起訴・1970年地裁無期・1973年控訴棄却・1978年上告棄却無期確定・1996仮出所・2001年第二次再審請求申立・2001年地裁開始決定・2008年即時抗告棄却・2009年上告棄却差戻・2011年地裁無罪判決確定。

　1967年（昭和42年）8月30日の朝，茨城県北相馬郡利根町布川で，近所の人が，庭に自転車があるのに声をかけても返事がないので勝手口を開けてみると，同家に独り暮らしの男性TS（62歳）が8畳間で死亡していた。被害者宅の玄関と窓は施錠されていたが，勝手口がわずかに開いていた。8帖間の押入の前の床板が割れていて，そのV字形に落ち込んだ所に被害者が倒れていた。被害者は，両足をタオルとワイシャツで縛られ，口の中にはパンツが押し込まれた上，首にもパンツが巻きつけられて窒息死していた。室内は物色されており，室内の蛍光灯は点灯していた。個人的な金貸しに関する現金もしくは借金の借用書などが盗まれた可能性もあり，また，日ごろ使用していた白い財布

が見当たらなかった。検視の結果，被害者は8月28日の午後7時から11時頃に首を絞められて殺されたものと推定された。死因は絞殺による窒息死であった。また，28日夜7時30分から8時30分頃，2人の男が被害者宅付近におり，1人は背が高かったという情報が得られた。この「2人連れの男」が犯人だろうとの推定で地取り捜査が行われ，アリバイの面から，SSとSTが残った。10月10日SS窃盗容疑，10月16日STを暴力行為の容疑でそれぞれ別件逮捕，代用監獄に逆送，自白させ，同年12月強盗殺人で起訴した。第一回公判で2名の男性は「自白は警察に強要されたものである」として全面否認。当該公判で，事件当夜被害者宅前で2人を見たという目撃者が現れ情況証拠とした。自白だけが有罪の証拠であったが，その自白が取調官による誘導の結果なされていると主張され，自白と実際の犯行現場の状況が矛盾するなど客観的に見て有罪とするには不審な点が多く，再審請求が認められた。金銭目的とされているが，被害財布の去就も明確でない。被疑者2名の指紋が現場から一切でていないが，物色の金庫や机から多くの指紋が検出され，拭き取ったという点は矛盾する。誘導に迎合したと疑われる点が多数存在すると認定された。現場から毛髪が8本発見され被疑者とされた男性2名の毛髪ではないという鑑定書は隠匿されていた（竹沢・山田，1993；伊佐，2010）。

足利事件（鑑定不備）：1990年発生・1991年被告人逮捕起訴・1993年地裁無期刑・控訴・上告棄却2000年無期刑確定服役・2002年再審請求・2008年地裁請求棄却・2009年（DNA再鑑定）高裁再審開始決定・2010年再審地裁無罪判決確定。

　1990年（平成2年）5月，栃木県足利市で，

前日から行方不明になっていた幼女（4歳）が市内の渡良瀬川河川敷で遺体となって発見された。それまで 1979 年 8 月 3 日，足利市内で 5 歳女児が失踪し，6 日後に渡良瀬川河川敷で遺体発見，1984 年 11 月 17 日，足利市内で 5 歳女児が失踪し，1 年 4 カ月後に畑で遺体発見との事件が 2 件発生しており，いずれも未解決であった。被害者の肌着に付着していた精液の血液型が B 型であることから，血液型 B 型の者を徹底的に捜査，市内に兄夫婦と両親の住む実家があるのに別宅を借りて一人住まいをしている元幼稚園バス運転手の ST（当時 44 歳）に「目星」をつけ，1 年間にわたり内偵，ST が捨てたゴミから，精液の付着したティッシュを無断押収。1990 年（平成 2 年）10 月実用化が始まったばかりの DNA 鑑定の結果，被害者の肌着に付着した精液は ST のものと一致したとして，事件から 1 年後の 1991 年（平成 3 年）12 月 1 日，ST を連行，同日深夜，それまでの未解決の 2 件を含む計 3 件の幼女殺しを自供させ，翌日逮捕。しかし，先の 2 件は起訴できず，本件のみが，わいせつ行為目的で連れ出して殺したとして起訴された。ST は，公判開始後も自白を維持し続けたものの，家族には一貫して無実を訴え続けており，公判では第 6 回から犯行を否認した。DNA 型鑑定サンプルは全部消費し再鑑定不能という状態であった。当時の DNA 神話の優先という風潮にあって，今日の DNA 型鑑定が，理論上は全人類の中から個人を特定できる精度にまで達したとしても，鑑定人や鑑定経緯には人為的な制約があることを考慮しなければならないという，当たり前の事実が明らかにされたことでもある。一方で，真犯人を取り逃がしたこととなる（警察庁, 2010）。

東住吉事件（検証不備）：1995 年発生・1995 年被告人逮捕起訴・1995 年地裁無期懲役・控訴・上告棄却 2006 年無期刑確定服役・2012 年再請求地裁開始決定刑執行停止・2012 年高裁抗告決定取消・2012 年最高裁特別抗告棄却・2015 年高裁再審開始決定支持即時抗告棄却刑執行停止決定・高裁異議申立棄却仮釈放・2016 年再審地裁無罪判決確定。

1995 年（平成 7 年）7 月 22 日，大阪府大阪市東住吉区の住宅の建物に組み込まれたシャッター付き駐車場で火災が発生し，内縁の夫，母親，長男は脱出したが，駐車場に隣接する浴室で入浴中だった長女は焼死した。母親と内縁の夫により死亡した長女に死亡時支払金 1500 万円の生命保険契約をしており，保険金支払い請求をしたこと，母親と内縁の夫に約 200 万円の借金があったことから，借金返済のための保険金詐取目的の殺人との疑いで，9 月 10 日母親と内縁の夫を逮捕した。火災発生当時はシャッターを閉めた密閉空間状態のシャッター付き駐車場に自動車の燃料タンクから手動式ポンプでガソリンを吸引して駐車場の床に散布，ライターで火災を発生させ，入浴中の長女を殺害したと判断した。連れ子の長女を保険金詐取目的で殺害したとの供述調書を作成し，公表した。これに対し，母親と内縁の夫はこの取調べの際に拷問による自白の強要があり，警察の推定に合致する供述をさせられたと主張。犯行に使用したとされるガソリン吸引用手動ポンプと着火用ライターは未発見。散布ガソリン量，母親と内縁の夫の共謀時期・内容の自白は不自然・不整合な変遷が存在する。府警の火災再現実験では，シャッターが閉まった密閉空間状態の駐車場内に駐車していた車両の燃料タンクの不具合により燃料タンクからガソリンが漏出気化，駐車場に接する風呂釜の種火に燃え移り発火した可能性が高いと判断された。家族は円満な家族関係を形成していて，感情的な紛争・不和など

の問題点はなかった。ただし内縁の夫自身は長女への家庭内暴力を認めている。内縁の夫は，自分が軟弱で臆病だったため「否認したら死刑になる」との刑事の主張を真に受けて自白したとしている（朝日新聞，1995；大阪地裁，2012a）。

東電OL殺人事件（鑑定不備）：1997年発生・1997年別件逮捕起訴・2000年地裁無罪・2000控訴取消自判無期刑・2003年上告棄却確定・2011年再審請求・2011年高裁再審開始決定（DNA型再鑑定）・2012年高裁異議申立棄却・2012年最高裁異議申立棄却・2012年高裁無罪判決確定。

1997年（平成9年）3月19日午後5時半ころ，東京都渋谷区円山（まるやま）町の木造二階建てのアパートの1階101号室の空き部屋で，電力会社に勤める女性（39歳）が絞殺死体で発見された。バーバリーのベージュのコート，下には青のツーピース，下着にも乱れはなかった。長い髪の毛にはなぜかボールペンが絡まっていた。死体の頭部の近くには取っ手が根元からはずれたショルダーバッグがあり，口が開いていた。バッグの中にあった財布の中の現金は473円，未使用のコンドーム28個，名刺入れがあった。身長169センチに対し体重44キログラムであり，後に拒食症という摂食障害が判明した。また，トイレの中の和式水洗便器のブルーレット水溶液内には使用済みのコンドームがあり，コンドームの中には精液があった。発見者は家主から鍵を預かり，アパートの管理を任されていた近くのネパール料理店「K」の店員のGMだった。前日，101号室の玄関脇の小窓が10センチほど開いたままになっているのに気づき，そこから中を覗くと，仰向けに寝た状態の女の上半身が見えたので，玄関のドアノブを回すと鍵はかかっておらずドアが開いた。そこには女ものの靴が一足きちんと揃えてあった。ネパール人の女性だと思い，ネパール語で声をかけたが，返事がないので，熟睡しているものと思い，その場を立ち去った。だが，次の日，さすがに気になってもう一度部屋を覗き，女がまだ「寝ている」のを見て，もしやと思い，警察に通報したとのことだった。死因は絞殺，死亡推定日時は8日夜から9日未明の間とされた。殺害があったとされた8日から4日後，現場から10キロ以上離れた豊島区巣鴨の民家の庭先で女性の定期券が発見された。この定期は殺害があったとされた8日から1週間前の3月1日に購入したもので，有効期限は8月31日までであり，本人が捨てたとは考えられなかった。聞き込みにより，8日午後11時25分ころから45分ころまでの間に，被害者と思われる女性が男性とアパート101号室に入る男（当初国籍には触れていなかったが，後に東南アジア系となった）を目撃したという証言を得た。また，午後11時45分ごろ，同じアパートの二階に住む女子高生が101号室の前を通りかかった時，中から女の喘ぎ声を聞いている。被害者は以前から101号室をセックスする場所に利用していたことも判明した。事件当時，殺害現場となったアパートの隣のビルにネパール人の仲間4人と一緒に住み，仕事先である千葉市内のインド料理店で働いていたGMがアパート101号室の鍵を持っていたと見なされた。1997年（平成9年）1月，ネパール料理店「K」の店長から同室の鍵を借り，3月5日に同居人のネパール人Rに鍵を返しておいてほしいと依頼，翌6日，Rは店長に鍵を返したと言っていたが，公判では返却は10日と訂正した。先の目撃証言と鍵のことで，1997年（平成9年）5月23日，別件の出入国管理法違反（ビザ失効）のネパール国籍GM（当時30歳）を午後になって強盗殺

人容疑で逮捕した。当初，被害者との面識を否定していたが，1999年（平成11年）3月25日地裁第25回公判および4月26日の第26回公判で被害者との性交を自認している。被害者の体から採取されたコンドームの精液のDNA型鑑定の結果は，被告人とは異なり，また別人の体毛と一致した。遺体の胸や下腹部周辺など計3カ所の付着物から第三者のDNA型が検出された。「公判で証拠提出されていれば有罪認定できなかったと思われ，無罪を言い渡すべき明らかな新証拠」と評価。「受刑者以外の男が被害女性と性的関係を持った後に殺害した疑いを生じさせている」と指摘された（佐野，2003）。

（4）再審請求（死刑確定被告人死亡例）

帝銀事件：1948年発生・1949年被告人逮捕起訴・1950年地裁死刑・1951年控訴棄却・1955年上告棄却死刑確定・1962年特赦請求棄却・1965年人身保護請求棄却・1987年被告人死亡（95）・2015年第20次再審請求中。

1948年（昭和23年）1月26日午後3時過ぎ，東京都豊島区池袋の帝国銀行（後に三井住友銀行・第一勧業銀行，現・みずほ銀行）椎名町支店に，東京都防疫課厚生省技官を名乗る名刺を出し，左腕には黒い字で防毒消毒員とした赤い東京都のマーク入りの腕章を付けた茶色の背広姿の中年の男が現れ，「厚生省技官」との名刺を見せ，「近くで集団赤痢が発生した。近所の井戸を使用している処で集団赤痢が発生し，同居人の一人が今日この銀行へ来ていることが分かったので「予防薬」を飲むように」と要請した。医師が使う金属製のケースを取り出し，「歯に触れるとホーロー質を損傷するから私が飲むようにして下さい。薬は2種あって最初の薬を飲んだ後，1分ぐらいして第2の薬を飲んで下さい」と言って，120cc入り小瓶の液体を2cc入りスポイトで2回に分けて量り，4〜5ccずつ分配した。男は舌の先を丸めて前歯と下唇の間に入れ，自分の茶碗に注いであった液体をのどの奥の方に垂らし込むようにして飲んで見せた。周りに集まって見ていた行員たち14人とその家族の2人（うち1人は8歳の子ども）16人は何の疑いもなく一斉に第1薬を飲んだ。そのとたん，行員たちはのどや胸が焼けく苦しくなった。そして，1分後，第2薬を分配してもらって飲んだ行員やその家族16人が次々と倒れ，うち12人が死亡。「予防薬」は青酸化合物とされているが，特定されていない。出納係の机上の現金16万4,450円35銭と額面1万7,450円の小切手1枚が奪われていたが，すぐそばの出納係長の机上付近の約41万円や他の机上にあった約8万円，鍵が外れていた大金庫の中の約35万円は手付かずに残っていた。盗難小切手は翌日の1月27日安田銀行（現・みずほ銀行）板橋支店で男が午後2時半に換金していた。生き残った4人の行員の証言から，犯人は年齢44,5歳で，目鼻立ちの整った好男子，物腰の柔らかなインテリ風の男，いかにも医療関係者らしい感じであったという。調査の結果，1947年（昭和22年）10月に安田銀行荏原支店と1948年（昭和23年）1月19日三菱銀行（現・三菱東京UFJ銀行）中井支店にまったく同じ手口の未遂事件があることが判明した。安田銀行荏原支店の事件は，目鼻立ちの整った上品な51,2歳くらいの男が現れ，「厚生技官厚生省豫防局」と印刷された名刺を差し出し，「この近所で集団赤痢が発生し，消毒に来た。この銀行のオール・メンバー，オール・ルーム，オール・キャッシュ，オール・マネーを消毒する」と言った。支店長は小使いを近くの交番に確かめさせたところ，赤痢の出た家もなかったので，警察官が集団赤痢発生の事実はなかったと告げると，そんなことはないと反論

したため，再度警察官は事実の確認に向かった。その後，男は各自の茶碗に3滴ずつ液体を分配し，その中の1つを自分で飲んで見せ，次に全員に，第1薬を飲ませ，1分後，さらに第2薬を飲ませた。だが，何の異常もなかった。男は10分ほど，消毒班が来るのを待っていたが，「来るのが遅いから見てくる」と言って，逃げ去った。このとき，男の年齢は50歳前後に見えたという。男が残した物は名刺1枚だけであった。さらに，本件の1週間前，三菱銀行中井支店の未遂事件では，年齢はやはり52歳くらいで目鼻立ちの整った男が訪れ，差し出した名刺には「厚生省技官醫學博士YG兼東京都防疫課」（のちに架空の人物であると判明）と印刷されていた。今度は，近くの社内寮での集団赤痢発生とし，その内の1人XOが預金に来たと言うので，支店長が預金者を調べさせたところ，その会社のXOではなく，別の会社のXOが小切手を預けに来ていた。その旨を告げると，「そうかもしれない」と言い，小切手に瓶の中の液体をふりかけただけで，立ち去った。被害者等の目撃内容に添って，モンタージュ写真が作成された。戦争中ハルピンに編成された細菌部隊の関係者との風評も取りざたされたが，約7カ月後の8月21日，毒物に無知な帝展無監査の画家（56歳）が逮捕された。犯人が使った先の名刺をてがかりに14人に絞り込み，帝銀生き残りの4人のうちの3人，安田銀，三菱銀と合わせて11人による対象被疑者1人のみの面通しの結果，「犯人と違う」と言った者が6人，「似ている」と言った者が5人であった。むし風呂のような調室で朝10時から夜11時もしくは深夜まで，画家に事件発生直後に入金された8万円を追及，9月3日，過去に銀行を舞台とした4件の詐欺事件が発覚，起訴された。詐欺事件小切手を換金した人物の筆跡と，帝銀事件被害の小切手の筆跡は異なっていた。数度の自殺未遂を経て，34日後（逮捕された8月21日から9月23日まで），9月24日，自白，10月5日までに，合計15通もの「自白調書」をとられた。画家は33歳の時狂犬病の予防注射でコルサコフ氏病に罹患，作話症状があった。起訴後は一貫して無罪を主張。10月13日，帝銀事件の強盗殺人，安田銀行の強盗殺人未遂，三菱銀行の強盗未遂で追起訴された。使われた青酸化合物は，「青酸カリ（またはソーダ）」と表現され，自宅所持とされた。自白は証拠の王として重要な位置づけにある旧刑事訴訟法下（新刑事訴訟法の施行は翌1949年（昭和24年）1月1日から）にあった事件である（和多田, 1988）。

三鷹事件：1949年発生・1949年被告人（TK他9名）逮捕起訴・1950年地裁TK無期（求刑死刑）他9名無罪（うち求刑死刑2名）・1951年控訴取消自判TK死刑他9名控訴棄却無罪確定・1955年上告棄却死刑確定・1967年被告人死亡（45）・2011年被告人長男第二次再審請求中。

1949年（昭和24年）7月15日21時過ぎ，国鉄中央線三鷹駅構内で無人列車が突然動き出して暴走し，民家に突入。死者6名，重傷者20名以上を出した。国鉄職員大量人員整理に対し，組合側が断固闘争を宣言した日であった。最終的に10人が起訴され（このうち9人が革新政党員），三鷹電車区検査係のTKのみが非党員だった。他に2人が偽証罪で起訴されている（こちらも無罪判決が後に言い渡されている）。TKの供述は，単独，共同犯行と，供述を変転させたが，一審最終陳述で単独犯行を主張。結局TKのみ無期懲役，他被告全員無罪（うち，求刑死刑2人）となった。この供述は，革新政党シンパであったTKが，弁護士に「10年後には，革命が起きて人民政府ができる。そ

うすれば君は英雄として迎えられ，高いポストにつくことができる」といわれたことによった。しかし，控訴審でTK死刑判決，他被告全員無罪となった。最高裁では，口頭弁論なく，大法廷審理で8対7で「検察，被告各上告を棄却」され，1955年（昭和30年）TK死刑確定。その後，再審請求を行ったが，1967年（昭和42年）45歳で脳腫瘍により獄死。2011年（平成23年），TKの長男が第二次再審請求中（片島，2005）。

牟礼事件：1950年発生・1950年被告人（SM・K）逮捕証拠不十分釈放・1952年被告人M別件逮捕被告人SM・K再逮捕・1954年被告人K・M有期刑確定被告人SM死刑・控訴・上告棄却1958年死刑確定・1984年第八次再審請求棄却・1989年被告人死亡（81）。

1950年（昭和25年）4月13日，東京渋谷区神南町の一軒屋に1人住まいのIT（21歳）が失踪。譲り受けていた土地家屋，家財道具が売り払われてしまっていた。おしる粉屋か洋裁店を開きたいと，渋谷道玄坂近くの不動産会社の"高橋"という男に買い取りを依頼，失踪当日，家に，高橋の秘書と称する"原"という男が来て，渋谷駅前ハチ公の銅像前まで来てくれと言うので，前夜から泊まっていた友人と一緒に3人で高橋に会い，4人は新橋駅まで来た。友人が午後7時に3人と別れる際，ITは「家が売れればあなたから借りたお金を返す」と言って，銀座で待ち合わせることにした。しかし，14日，待ち合わせ場所にITは現れず，友人はIT宅に向かうと，見知らぬ男が家の前でウロウロしていた。不審に思った友人は世田谷区のITの母親の家に行き，2人で引き返してみると，高橋，原を含めた4，5人が，ITの家財道具をオート3輪に積んで運び出そうとしていた。母親が事情を尋ねると，男は「家が売れたので，日本橋の高島屋の裏のアパートに引っ越した。ITに荷物も売ってくれと頼まれたので，今処分している最中です」と答えた。念のために男の名前と住所を聞くと，「南千住2ノ25ノ5番地　高橋三夫」と紙切れに書いて立ち去った。だが，そのアパートに高橋はおらず，渋谷代官山の家屋土地売買登記所の登記簿には，白紙委任状つきで，家屋は他人名義に書き換えられていた。この転売には代理人や仲介人が数人介在しており，また高橋の住所もデタラメであった。3月1日，ITの家を問い合わせに来たロイド眼鏡の55，6歳の男に，登記所に駆け付けた母親に，婆さんがでしゃばるんじゃないとすごまれたので，母親がITの失踪を届け出たものの，単なる家出人相談とみなされただけであった。同年12月20日，登記所で母親を脅したロイド眼鏡をかけたブローカー・K（当時51歳）とSM（当時42歳）の2人がITの土地家屋，家財の売買に関わっていたとして逮捕された。SMは外国大学卒業と詐称する商事会社の経営者で，公文書偽造と詐欺の前科一犯があった。SMは，「ITの土地売買などは，高橋とその秘書で原という男に頼まれたので，Kに頼んだ。売ったのは自分だが，代金は全て2人に渡した」と述べ，KはSMの依頼であったと言った。証拠不充分としてSMとKは釈放，高橋と原の行方は不明のままであった。母親の要請による再捜査で，SM宅にMという22，3歳の男が出入りし，ITの家財道具を売る時も手伝っていたことが判明した。52年9月25日，家財道具の窃取容疑でMを逮捕。SMを高橋，Mを秘書の原と見て取調べた。Mは取調で，「50年2月，金を支払うとITと高橋と原の3人で，三鷹の神明神社へ行った。途中，台湾人で事件後の50年5月5日に病死した若い男が現れ，ITを羽交い締め，Mは体を押さえ，SMがITの鼻

をつまんで青酸カリを飲ませて殺した」と供述した。このMの供述に基づき，三鷹市牟礼の神明神社わきで，ITの遺体が発見された。10月3日，SMを窃取教唆の別件で逮捕，犯行を否認したが，Mと共に殺人容疑で再逮捕された。Mの供述は，殺害方法も当初毒殺，後扼殺，さらに刺殺と変転しており，物的証拠は一切なかった。白骨遺体の頭部には鈍器で殴られたような跡があり，下着には血痕がついていたが，事件確定後，裁判所の手で処分されてしまった。SMは面会に訪れた歌人の勧めで，「独房に死を待つのみなり秋の蚊よ　心ゆくまでわれの血を吸え」との和歌を詠むようになっていたが，81歳で死亡した（無実の「死刑囚」連絡会議，1979；村野，2002）。

菊池事件（ハンセン氏病）：1952年発生・1952年被告人逮捕起訴・1953年地裁死刑・控訴・上告棄却1957年死刑確定・1962年第三次再審請求棄却・1962年死刑執行。

　1951年（昭和26年）8月1日，熊本県菊池郡水源村の村役場職員（当時50歳）宅にダイナマイトが投げ込まれ，職員と家族が軽傷を負った事件で，同村住民A（当時29歳）が逮捕された。被害職員の通報では，ハンセン氏病に罹患しているので施設への入所を勧告されたのを恨んでの犯行とされた。ダイナマイトの入手先は特定されなかったが，1952年有期刑で，控訴上告とも棄却され有罪確定，代用拘置所に勾留された。1952年6月16日，この代用拘置所からFMは脱獄，その3週間後の7月7日朝，村道でダイナマイト事件の被害者が全身20数カ所刺された死体で発見された。山狩りによって，6日後，逃走中を逮捕された。「執拗に殺害を計画し，一回目は失敗し，二回目に達した復讐に燃えた計画的犯行」とし，1953年死刑判決，控訴・上告も認められず，1957年死刑が確定した。3度の再審請求も棄却され，1962年9月14日午前，福岡拘置所へ移送の上，午後，死刑が執行された。3度目の再審請求が棄却となった翌日のことであった（竹沢・山田，1993）。

名張毒ぶどう酒事件（検証不備・鑑定不備）：1961年発生・1961年被告人逮捕起訴・1964地裁無罪・1969年検察控訴取消自判死刑・1972年上告棄却死刑確定・2015年被告人死亡（89）・2015年死亡被告人妹第十次再審請求中。

　1961年3月28日，三重県名張市郊外の村で，生活改善クラブの寄り合いで女性会員たちが飲むぶどう酒に農薬のニッカリンTが仕込まれ，男性（34歳）の妻，愛人などを含む5人が死亡，12人が重軽傷。元クラブ会長だった男性は狭い村の中で妻の他にも数人と関係を結んでいたが，特に愛人との仲を周囲に知られて妻との仲が険悪になっており，一切を精算しようとするために妻殺しを企んだのが動機とされた。当初は妻による無理心中説も出ていたが，事情を追求された男性が4月3日に自白，逮捕。しかし，裁判では一貫して無罪を訴え続けた。一審無罪で，二審死刑判決が出た唯一のケースである（江川，2005）。

波崎事件（被害者妻証言・状況証拠）：1963年発生・1963年被告人別件逮捕起訴・1971年地裁死刑・控訴上告棄却1976年死刑確定・2003年第三次再審請求準備中病死（86）。

　1963年（昭和38年）8月26日午前0時15分頃，茨城県鹿島郡波崎町（現神栖市）の農業IY（当時36歳）が同町の魚類・野菜を入れる木箱の

販売業（箱屋）TT（当時46歳）宅から帰宅後，急に苦しみ出したため救急隊に通報，病院に運ばれたが午前1時30分に死亡した。司法解剖を行い，胃内容物から青酸反応が認められたとした。帰宅後苦しみ出したIYは，妻に，「薬を飲まされた，箱屋にだまされた」と言っており，また，TTが被害者に保険を掛けていたので，10月23日，私文書偽造，同行使の容疑で別件逮捕，11月9日殺人容疑で逮捕されたが，犯行を否認，無罪を主張した。被害者妻の証言と状況証拠のみで有罪。TTはシベリアから復員後，波崎の隣町那珂湊市で箱屋とラジオ修理業を始め，被害者の従姉M子を内妻としていた。被害者IYは有数の田畑を所有していたが，博打にうつつを抜かし多額の借金をかかえ，博打仲間のTTからも借金を重ねていた。妻は夫の博打狂いはTTのせいと思っていた。TTはIYに貸した金を考え保険をかけておいたと主張。事件前日の8月25日，IYのオートバイを担保に知人から借金したところ，転売されてしまったので，IYがTT宅で怒りをぶちまけている際に，鎮静剤だと言って青酸化合物入りのカプセルをTTが飲ませたとされた。毒物の入手先は不明，鑑定手段も問題であった。TTは一貫して無罪を主張したが，無罪を証明する明らかな証拠を被告人が提出していないとして棄却された。本事件は物的証拠が皆無であり，自白もないまま死刑が確定し，再審請求中被告人が死亡した特異例である（足立，1990）。

三崎事件（目撃証言）：1973年発生・1973年被告人逮捕起訴・1976年地裁死刑・控訴上告棄却1990年死刑確定・再審請求中2009年死亡（82）・2011年第二次再審請求方針。

1973年（昭和48年）12月21日午後11時15分頃，神奈川県三浦市三崎町の食品卸商「K商店」の店主と妻・長女合わせて3人が刃物で殺害された。第一発見者である鮮魚店経営のAM（当時43歳）が殺人容疑で12月26日逮捕された。当初犯行を否認，2日後犯行自白した。AMは足の関節に屈曲制限が伴いガニ股で足を引きずりながら歩行する身体障害者ながら，36歳の時以来魚屋として事業を成功させつつあった。一方，高校2年生の娘が登校拒否と家出を繰り返すため，娘を捜す日々が続いており，事件発生日もそのような状況にあった。当日の12月21日も娘の捜索で，夕方，被害場所の路地口に車を停め定食屋に入った。焼肉とウイスキーを飲み9時頃定食屋を出て酔い醒ましのため車内で寝ようとしていた。11時5分頃，足音で目を覚ましたところ，車の横を長靴，右腰に手拭をさげ，髪はボサボサのオールバックで中肉中背の男が通り過ぎ，商店のシャッターを開けて入って行った。間もなく酔っ払った知り合いの商店主が帰ってきて挨拶程度の会話をして店に戻って行った。その直後，店から男が走って出てくるのを見て，足を引きずりながら店に入ると被害者Kが血まみれで倒れており，妻も浴槽で刺殺されていた。怖くなったAMは娘と付き合っている不良仲間の対処用にもっていた護身小刀を持って商店を出たところを通行人に目撃されていた。関わり合いを恐れて車で自宅に帰ったが5日後，殺人容疑で逮捕されたのである。被害者の息子は，犯人がもの凄い勢いで階段を駆け上がったのを見ており，足の不自由な様子はなかったと証言している。AMは階段を上る際，右足を階段に乗せ，次に左足を右足に揃える動作を繰り返して上がることしかできなかった。遺留ゴム靴の足跡は25.5〜26センチに対して，AMは27センチであり，指紋もなく，返り血もなく，殺害動機もないとしている。公判で犯行否認，死刑確定で再審請求中獄死（村野，2002；井上，2003）。

(5) 再審請求（無期および有期刑確定被告人死亡例）

山本老事件（拷問・証拠消滅）：1928 年発生・1929 年被告人逮捕起訴・1930 年地裁無期刑・控訴・上告棄却 1931 年無期刑確定・1945 年仮出所・1992 第二次再審請求中 1994 死亡 (95)・2003 年第二次再審請求却下。

　1928 年（昭和 3 年）11 月 24 日，広島県比婆郡下高野山村（現在の庄原市高野町）で，農家の主婦（当時 56 歳）が，飯櫃に頭を突っ込んだ状態で死亡しているのが発見された。主治医は脳溢血による事故死であると診断したが，検視で右手で首を絞めたことによる扼殺と断定。主婦の家を家督相続していた養子の男性（当時 29 歳）を尊属殺人で連行，2 日 2 晩の拷問を加えた上に被疑者に白紙の供述調書に署名捺印をさせ，起訴した。一審で無期刑，上告棄却で 1931 年確定服役，1945 年仮出所。1983 年（昭和 58 年）9 月 9 日，男性（当時 84 歳）は再審請求を起こし，唯一の証拠であった被害者の真実の死因は病死による事故死であると主張した。この再審請求は「天皇の名で出された」旧刑事訴訟法時代の事件であり，しかも原爆による戦災で裁判記録が焼失しているという困難な状況下で，再審の可能性も閉ざされたといわれている。再審請求中，95 歳で死亡したが遺族によって継続された。扼殺との鑑定を証拠としたが，扼殺痕は，着衣が首に巻きついて生じた可能性があり，病死の可能性が高いとされた。戦災で焼失した資料の中には，扼殺の検視結果に関する調書も含まれていた（村野，2002）。

江津事件（情況証拠・検証不備）：1962 年発生・1962 年別件逮捕起訴・1966 年地裁無期刑・控訴・上告棄却 1973 年無期刑確定服役・1982 年再審請求棄却・1991 年被告人死亡（82）。

　1962 年（昭和 37 年）12 月 4 日，島根県江津市郷田の飼料会社の工場廃棄場から無職の A（当時 54 歳）の死体が発見された。A は，片足が義足であったが，電線外皮で両足を縛られ，外側をコモで包まれていた。頭部は鈍器で殴打された痕があった。A は，この年の 10 月上旬に行方不明になっていた。江津署は事件に巻き込まれた可能性があるとみて捜査を開始した。やがて A の親友である同市郷田の UF（当時 53 歳）が捜査線上に浮上し，江津署は UF を別件逮捕し，取調中，江津署に匿名の電話があり A の死体を発見したのだった。警察の発表では，「A から借金をしていた UF が，借金の返済を迫られて，10 月 8 日夜，死体発見の現場に誘い出し鉄製の熊手で顔を数回殴打して殺害し死体を埋めた」というものだった。これに対して，UF は犯行を全面否認した。1966 年（昭和 41 年）2 月松江地裁は無期懲役の判決を言い渡した。控訴したが，1971 年（昭和 46 年）1 月広島高裁松江支部は「凶器はクワ，ガンヅメ（鉄製熊手）またはこれに類する鈍器」と訂正の上，状況証拠から改めて無期懲役の判決を言い渡した。この判決は，一審で認められた凶器（鉄製熊手）が二審で消え「凶器なき殺人」とし喧伝された。検察側の主張は 10 月 8 日に UF が A を殺害したとしていたところ，1972 年（昭和 47 年）9 月，江津市の隣町の温泉津（ゆのつ）町の理容師（当時 50 歳）が，「10 年前に義足の男とバスに乗り合わせた。男は広島から江津に引越してきて，江（ごう）の川で魚釣りしていると話していた。店の定休日は月曜だが，当日は温泉祭りだったので翌日にずらしたからよく覚えている。あれは 10 月 9 日だった」と証言した。さらにもう 1 人，同日に A を見かけたという人物が現れた。翌日の 9 日に A が生きていたとすれば，判決は根底から崩

れることになる。だが，1973 年（昭和 48 年）9 月最高裁は上告棄却，無期懲役が確定した。広島刑務所で服役していた後は冤罪であることを訴えて再審請求の手続きをとった。その後，真犯人を知っているという人物から「凶器は鉄製火かき棒」であるという証言が大阪市大・法医学の鑑定でも合致した。新証拠として再審請求の柱としたが，1982 年（昭和 57 年）9 月に再審請求は棄却。1992 年（平成 3 年）8 月，UF は病死。（朝日新聞社，1984；竹沢・山田，1993）。

丸正事件：1955 年発生・1955 年被告人 SK・RT 逮捕起訴・1957 年地裁 RT 無期刑・SK 有期刑・控訴上告棄却・1976 年確定・第一次再審請求⇒特別抗告審継続中⇒1989RT／1992SK 死亡。

1955 年 5 月 12 日午前 2 時 30 分頃，静岡県三島市の丸正運送店の店主・KC（33 歳）が手拭で絞殺されているのが発見された。捜査によって，5 月 30 日，沼津市のトラックの運転手で在日朝鮮人の RT（当時 42 歳）と助手の SK（当時 34 歳）を別件逮捕。翌日，SK は犯行を認めて主犯は RT であると自供したが，RT は全面否認。6 月 22 日，2 人は強盗殺人罪で起訴。

8 月 7 日，地裁公判で SK は，「自白は強制されたもので取調中，血を抜かれるなど激しい拷問で犯行の筋書きを覚えさせられたりした」と証言し，それ以後 2 人は犯行を全面的に否認し無実を訴えたが 2 人の有罪確定，1974 年 SK は刑期満了で出所。1977 年に RT も罪状否認のまま仮釈放。2 人はその後再審請求を続けていた。この事件で物的証拠は被害者に巻きついていた手拭だけであった。この手拭は被告人のトラック会社が被害前年と当年に年賀用として配った手拭であり，RT が貰った手拭で KC を絞殺したとしたが，その証拠は曖昧で公判でも明確になっていない。さらに犯行当日，被害運送店の近くに被告人らのトラックが停まっていたというタクシー運転手の証言も二転三転し，運転手と一緒にいたとされる者が目撃自体を否定した。また，RT が被害者を殺害後，預金通帳と印鑑を盗んだとされたが，事件から 6 カ月後に被害者の母親の実家から通帳と印鑑が発見された。検察側は，犯行動機を"金目当て"としていたが，これで犯行の動機が崩れたにもかかわらず，公判ではなぜか不問にされた。そもそも，2 人が犯人として逮捕されたきっかけは，東京着が"僅か 15 分の差"という事実だけであった。犯行があったその日，RT は非番だった。ところが，当日は顧客からの荷物運送の依頼が多く，会社の要請で RT が快く運送を引き受けたのだった。被告人たちのトラックが東京に向けて沼津の会社を出発した 15 分後に同じ会社のトラック 2 台が同じく東京に向けて出発した。ところが東京の荷主に最初に到着したのが，後続の 2 台のトラックだった。それから遅れて 15 分後に RT らのトラックが到着した。捜査本部は，後続の 2 台のトラックより到着が遅れたことに不審を抱いた。このことが，捜査線上に浮上した理由だった。2 人の証言によると当日は荷物を満載していたことでトラックに相当負担をかけていた。その影響もありエンジンの調子が悪く，オイル切れをしたため箱根峠で注油するのに 15 分かかったとした。この時に後続の 2 台のトラックに追い越されたのだと主張した。この事件でさらに注目を集めたのが，弁護士が，「真犯人は被害者の親族である」として東京地検に告発したことだった。これは不起訴になるが，その後，被害家族の 3 人は名誉毀損で告訴。15 年間にわたる裁判は「事実上の再審」と呼ばれたが，この裁判では被害者家

族が勝訴している（佐木, 1974）。

(6) 再審請求特異事件

袴田事件（拷問・証拠隠滅）：1966年発生・1966年被告人逮捕・1968年地裁死刑・控訴上告棄却1980確定・2014年第二次再審請求開始。

1966年（昭和61年）6月30日午前1時30分頃，静岡県清水市で味噌製造会社の専務宅から出火。焼け跡から専務（41歳），妻（38歳），長男（14歳），次女（17歳）の一家4人の死体が発見された。焼失した現場は油の臭いがしたため放火と断定。死体検証から，刃物による無数の傷が認められ，放火・殺人として捜査が開始された。事件発生から4日後の7月4日，「こがね味噌（専務宅と隣接）」に住込みとして働いていたHI（元プロボクサー）の部屋から，肉眼では見えない程度の血痕が付いたパジャマを押収，このパジャマに放火で使用した同種の油も付着していたとして8月18日逮捕した。猛暑の中，連日12時間の取調と断眠の中で意識が朦朧として，取調20日後の9月6日犯行を自供，9月9日，強盗殺人，放火罪で起訴。公判で，HIは終始無実を訴えたが，死刑確定。その後，最終意見書と共に再審請求を行ったが，2008年（平成20年）最高裁特別抗告棄却。同年地裁に第二次再審請求，2014年地裁再審決定と共に刑の執行停止を決定，仮釈放された。取調による44通の供述調書は，午前1時20分に目が覚めたHIが専務宅に行き，4人を殺害，工場に戻り現金を隠し，油を現場へ持って専務宅に撒いて放火したとの内容で，これに対し，1時45分頃隣家では火事に気付いており，最大25分間でこれら一連の仕業ができるとは到底考えられないとして公判では却下された。唯一，9月9日の一通の供述書だけが採用されていた。さらに，公判中の1967年（昭和42年）8月31日に味噌工場の醸造用味噌タンク内から，5点の衣類（ズボン，ブリーフ，アンダーシャツ，半そでシャツ，ズボン下）が発見されたとし，HIの実家から発見したズボンと生地および切断面が一致したと発表。従前，被告人は犯行時パジャマ姿であったとしていたのを，ズボンに修正している。しかも，この5点の衣類は全てHIのサイズではなく，HIでは着用できない大きさであることや，殺害後，混合油で放火のため出入りしたという裏木戸上側の留め金が外れておらず出入りが困難であることも判明した（山本, 2004）。

川端町事件（情況証拠）：1966年発生・1966年被告人逮捕・1968年地裁死刑・控訴上告棄却1972確定・2015年第7次再審請求即時抗告中。

1966年（昭和41年）12月5日福岡県福岡市下川端町の電器店に整備工ON（20歳）と少年A（17歳）が強盗目的で押入り，宿直の店員のB，Cに「金を出せ」とハンマーで殴りつけ，意識がもうろうとしている隙に金庫から現金25万7,000円と腕時計2個を強取し同店にあった石油ストーブを倒して放火，逃走した。その結果，店員のBは焼死，Cが加療5カ月間を要する重傷を負った。ONは高校卒業後，同電気店に就職したが販売に関するトラブルから店のラジオを盗み質入をしたことが会社に露呈，窃盗容疑で逮捕され少年院に2年間入所していた。この時，少年院で知り合ったのがA少年であった。ONは死刑，Aに懲役13年で控訴審で確定。

ONは，「逮捕後，捜査官から検証の結果，石油ストーブが倒れて出火したことが判明したと現場写真を見せられ，厳しく追及された結果，虚偽の自白をしてしまった」と放火に関して否認した。1970年（昭和45）11月12日上告を棄却，死刑が確定。その後，第6次まで再審請求を継

続中。被告人側の主張は，捜査段階での実況見聞調書記載の，ストーブの横に2個の机があり，ストーブは45度の角度で倒れていたとの放火について，鑑定ではストーブは点火扉が床面に接するように前方に傾いていた，とされている。これに対して，ストーブは放火当時，直立していたと主張。その証拠として，①放火後の現場にストーブの置台の跡が残っていること，②本件ストーブは安全設計になっており，ストーブが傾くと裏蓋が開き石油タンクが本体から外れて燃焼を遮断する機能が付いていたという点を挙げている。この安全装置を働かせずに石油ストーブを前傾させることはかなりの困難を要すると主張している（竹沢・山田，1993）。

前川事件（福井女子中学生殺人事件）：1986年発生・1987年被告人逮捕・1990年地裁無罪・1995年控訴取消自判心身耗弱有期刑・1997年上告棄却有期刑確定・2004年再審請求・2011年高裁再審開始決定・2013年控訴開始決定取消・2016年再審請求中。

1986年（昭和61年）3月19日午後9持40分頃，福井市内の市営住宅の一室で中学3年生（15歳）の女子生徒が包丁で顔面や首などを滅多突きにされ惨殺されているのが発見された。顔見知りの犯行として，翌年3月29日，中学時代の上級生で暴力団員の証言から，青年（21歳）が逮捕されたが，否認，先の証言と被害者宅から発見された髪の毛を証拠に起訴。しかし，公判において，暴力団員の証言もくずれ，毛髪も新鑑定により否定され，1990年（平成2年）9月26日，一審裁判所で，被告人が犯人であることを強く推測させる関係人の供述には信用性に重大な疑問があるとし，遺留毛髪が被告人の物と同一であるとする鑑定の結果も直ちに採用できず，右毛髪と本件との関連性にも疑問が残る

などとして被告人を無罪とした。二審では自白も犯行の目撃者もなく，犯行直後に青年の体や衣服に血を付けているのを見たという目撃証人や，青年から犯行をうち明けられたという証人がいたため有期刑と判決された。これらの証言は一審で詳細に検討した上で全く信用できないとしたのだったが。本件で青年の自白はなく，犯行目撃者もいなければ，青年と犯行とを結びつける物証ない。検察官の主張でも，犯人は犯行直後，返り血で血だらけになって車に乗ったとされているのに，その車からは被害者のものと見られる血痕は検出されておらず，青年が立ち寄った先のどこにもそのような血痕は発見されていない。また，被害者の部屋にも，凶器にも，青年の指紋は残っていない。逆に，青年と交友関係のあった複数名の者が，犯行当夜，犯行時刻に近い時間帯に，着衣や手に血を付けた青年を見た，青年が「中学生の女を刺したんや，殺してもたんや」と言うのを聞いたと証言した点を以て，一審判決は，これら関係者の証言がいずれも覚せい剤やシンナーの犯罪歴・非行歴を持っており，本件犯行当時あるいは取調当時にも覚せい剤やシンナーをやっており，捜査官に迎合しやすい素地を持っていたこと，証言内容に変遷があること，事件発生後7～9カ月経って初めて証言が出てきていること，これらの証言を裏付ける物証がないことから，信用できないとしたが，二審判決は，それらの事情があったとしても，大筋で複数関係者の証言が一致しているから信用できるとした（小島，1992）。

(7) 公訴中被告人死亡特異事件（別被告人死刑確定）

大岡山女優宅3人殺し（別件逮捕）：被告人T：1925年発生・1925年被疑者別件逮捕・1927年予審中被告人死亡：被告人GT：1929年被告人起訴・1931

年第一審死刑・控訴上告棄却・1932年死刑確定。

1925年(大正14年)9月5日,東京・荏原郡(現目黒区)大岡山の周囲に生垣のある瀟洒な二階建ての女優YS宅で,姪のオペラ女優NI(25歳)ら3人が蚊帳の中の布団の上で普段着で死んでいるのが発見された。枕元には線香が立ててあった。女優YSは鎌倉で結核の静養中で(事件後3年して死亡),家には姪のNI,その内縁の夫で電気看板の注文取をしているS(23歳),YSの養女E(9歳)の3人が住んでいた。解剖の結果,3人とも絞殺されているのが判明した。NIの足裏には土がついており,薬の空瓶らしいものが転がっていた。翌日,1,600円あまりの定期預金通帳,970円の当座預金通帳,それに印鑑や財布などがなくなっていることが確認された。銀行員によると,40歳ぐらいの洋服の左目に眼帯をした男が9月5日午前10時半ごろに520円を引き出していた。事件現場には「だるま薬局」の便箋に鉛筆で図面のようなものが書かれた紙屑がまるめて捨てられていた。被害宅のYSは病状悪化で1928年(昭和3年)4月36歳で死亡した。1926年(大正15年)9月末,海軍一等機関士の経歴がある荏原郡平塚町小山に住んでおり,引き出しに来た男に酷似し筆跡も類似し,また1年ほど前,つまり事件直後からあごひげを生やすなどして人相を変えようとしていたペンキ看板の注文取のT(当時28歳)という青年が,ある人物を150円ばかりの詐欺罪で告訴する側であるのに,正視できず,おどおどして様子が変だったので取り調べられ,検挙されたのである。10月6日になって女優一家殺しを自白した。注文取りの仕事中に目星をつけたYS宅に侵入,3人が寝ているところを順番に絞め殺した,という自白だった。10月5日,Tは検事局送致,その2日後に女優一家殺し起訴。予審第3回以後否認に転

じた。Tは1926年(昭和元年)11月頃から膀胱カタルを病んで,その翌年1927年(昭和2年)6月27日に獄中にて死亡した。

本件から3年後,1928年(昭和3年)8月20日,京成電鉄千住大橋駅近くの東京府南足立郡千住町の醤油商Y(50歳)方の店が開かないので不審に思い様子を見るため近所の店員と茨城の実兄が店番,翌21日就寝用布団を出そうと一階6畳間の押入れを開けたところ異臭がし,手拭いで絞殺された醤油商Yの妻(43歳)の遺体が発見された。二階8畳間押入れには主人Yと見られる顔に布が掛けられた手拭いで絞殺された腐乱死体が発見された。一家は夫妻と番頭の養子(当時30歳),雇人の少年W(16歳)が暮らしており,姿の見えない養子の仕業と考えられた。海軍の点呼のため新潟県の本籍地へ帰省していたことが判明したが,Wの方は事件前夜から姿が見えなかった。Yは,味噌醤油の商いの他に借家4軒,さらに小金の貸金業を営んでおり,裕福なため強盗目的と見られた。22日,荒川放水路の総武線新中川駅鉄橋下流で,麻縄で十文字に縛った上,焦茶色の軍隊毛布に包んだ竹製の行李が発見され,口はふんどしで猿轡され,右の脇下,右背部に数カ所の刺し傷のある年齢は50歳前後,立派な金歯が入った遺体が見つかった。金貸し風で,呉服店の名が書かれたマッチ箱のほかYの筆跡とそっくりな「中渋谷九五四　和多利」と書いたものが出てきた。この筆跡からこの死体も醤油屋殺しと関係があると考えられた。解剖では,先の2人と後の1人も同時刻頃の死亡とされた。新潟から戻った養子による遺体確認で,行李詰の死体は金歯の特徴からYと判明,先の二階8畳間の遺体が雇人W君であった。「頭部は腐敗臭皮露出す,ほとんど水平に周囲を一周する変色部分あり,窒息死なれども絞頸部に因るや否や不明」とあるから,高度な腐敗であった。Yの

葬儀はやり直された。19日夜の犯行とみられ，Yのみ別の場所で殺害されたらしく，手ぬぐいで絞めた以外に刺された傷の形跡から犯人は2人以上と見られた。Yは事件当日午後3時頃目撃されて以降，彼の姿を見た者はいなかった。遺体と共に見つかったマッチ箱は千住の呉服店の名前入りで，呉服店の主人によると，19日夕方に50歳ぐらいの男の人が店先でタバコを吸うためあげたとのことであった。マッチ箱には48本が残されていたから，2本目をどこかで吸った後に殺害されたらしかった。

Y関係の知人300名余が調査され，杉並区馬橋に住む自動車運転手GT（当時37歳）が浮上した。GTは大岡山女優一家殺し事件の被害者Sの姉を妻にしていた。当時，GTも参考人として扱われていただけであった。1926年（昭和元年）頃からGTはY所有の借家住まい，200円ほどの借金があった。加えて事件当日19日から21日までの行動が不明で，妻に「留守中に人が来たら，友人のところに遊びに行ったと言え」と命じていたことがわかった。GT宅の家宅捜索でYの金の時計が発見された28日，南葛飾郡の自動車運転手TT（当時42歳）と共に醬油屋一家殺しの犯行を自白した。借金返済に窮したGTは，Yに「借金を返しますから深川のABC自動車の車庫へお出で下さい」という手紙を送り，これを怪しんだYは直接GTの家に向かい，GTの妻から「借金を返すあてなどない」ということを伝えられ，怒って帰ったとのことであった。計画が狂ったGTは8月18日Y宅を訪ね，「親友のTTが自分の借金を返してくれることになった」と告げ，翌日午後3時ごろ京成電車の駅で落合い，午後5時ごろTT宅で話し合いの合間にトイレに立つふりをして，背後からYの首を手ぬぐいで絞め，4円ほどの現金と時計を奪った上，死体を行李に詰めた。その後，日が暮れてから途中手ぬぐい2本と晒木綿1枚を購入してY宅に向かい，「今日Yさんと会う予定で，待っておりましたが，見えませんので私の方から伺いました」と妻に告げ，家でしばらく待たせてもらう風を装った。雇人Wが2階へ寝に上がるのを待ち，GTは妻を絞め殺し，押入れに死体を入れた。さらに二階のW君も口封じのために殺害，同じように押入れに入れた時午後11時ごろとなっていた。その後2人は家にある金品を物色して，金の時計と現金50円を奪った。翌21日，GTは奥戸村で舟を手に入れ，TTの住む本田村まで漕いで行き，TT宅裏から行李詰死体を舟に乗せ，中川を下って四つ木橋付近で棄てた。

1929年（昭和4年）2月頃，共犯者のTTが「まだ他に犯罪がある」と言い出し，大岡山女優一家殺し事件を予審中に自白したのである。TTは，今回の事件を知って自殺を図った母を案じてのことであった。TTの自白に続いて，GTもまた自白した。NIの内縁の夫Sは電気看板の注文取をしていたので，義兄にあたるGTがSに「電気看板をつけたい」とだるま薬局主人に扮したTTを紹介。最初に訪れた9月2日はSが在宅で断念し，Sが用事で帰りが遅くなる9月4日Sを待つふりをして機会を窺ったが，機会がなく，断念して帰ろうとした際，NIが見送りにでてきて，靴を揃えようとした時，後ろから細紐をかけてGTが殺害した。NIの足裏が土で汚れていたのは，土間に降りたためである。続いて泣き叫ぶ幼いEをTTが殺害。死体の始末を話し合っていた時にSが帰宅したので2人がかりで殺害した。大岡山女優一家事件では男性Tが逮捕され獄死していた。警察の取調でのTの錯乱ぶりと態度が問題となる（東京帝國大學法醫學教室五十三年史，1943）。

以上，三審までの無罪判決39例，ならびに，再審無罪判決24例，および，再審関係事件14

例について，その経過とともに記述した。これらに基づいてまとめてみると次のようである。

まず，無罪判決として表示された理由で最も多かったのは，人証や物証にもとづく証明がない場合であった。次いで，うつ病あるいは精神障害もしくは刑事未成年に基づく責任阻却であった。また，正当防衛や緊急避難といった違法阻却，さらには，犯罪構成要件不足による無罪判決も存在した。

本章で例示された無罪事例63例では，人的供述証拠（人証）および物的証拠（物証）がないとされた例が最も多かった。中でも，人証での被告人供述としての虚偽自白が目立っていた。この中には，真犯人が目撃証人となって死刑執行されたという悲劇的な例が含まれている。物証では，鑑定もしくは検証不十分例も認められ，特に，杜撰な現場検証，証拠資料の不注意な取り扱い，ひいては，鑑定手続きの疎漏，さらには，鑑定結果の理解不足，加えて，鑑定人の能力差など物証の客観的評価を誤ったきらいのある事例が問題となる。また，証拠の隠滅・隠匿・捏造などの証拠そのものに対する意図的操作も留意しなければならない事態である。

これら三審までの無罪判決確定期間は，平均10年（範囲1～26年）であった。

一方，再審無罪判決例は，最長62年，最短3年，平均27年であった。再審請求中に被告人が逮捕起訴されてから死亡するまでの期間は26年から66年，平均39年であった。2016年現在，再審請求での平均所要期間は平均27年という長期にわたっていた。

これら裁判結果の係争事案には諸外国の例も含まれており，裁判制度の違いがあるとはいえ，諸外国の無罪判決までの経過年数は概ね短く，これに比べ，本邦は長くかかっていることが示されている。もちろん，例示した事案がこの種の現象全体の傾向を反映している訳ではないので，結論的な意見は差し控えるべきであるとはいえ，ある種の問題を指摘することが可能である。

無罪判決問題については，もっと深く考証すべき課題であると考えられる。無罪判決は，実に平凡な捜査上の欠陥，すなわち，捜査の端緒，検挙，取調，検証，ならびに，指揮での問題に起因することが少なくないとの指摘（警察大学校，1977）は，今一度，改めてかみしめる必要がある。さらに，本書が対象とした殺人の時効が撤廃されたことからみて，「明らかな証拠」を「新たに発見した」ことを前提とする再審（刑訴法第435・436条）における物証の適切な取り扱いおよび保全，法医鑑定をはじめとした多様で精密な科学的物証鑑定の適用，そして，現場検証および現場鑑識のより周到で詳細な実践対応の重要性を改めて強く認識しなければならないと主張される（警察大学校，1980）。

終　章

　刑事裁判の在り方を見据えつつ，主として捜査活動の根幹となる犯罪捜査科学について，犯罪捜査体制の推移，法医学の発展，法科学の歩み，取調技術の流れ，虚偽自白の実態ならびに刑事裁判と無罪判決について，事例とともに考証してきた。刑事裁判は，捜査員の真実を見極める熱意と，国家国民の治安を守る検察官の自負そして前例主義に根差した客観公平な裁判官の判断ならびに独立自治の精神の基に公益優先の意見を主張する弁護人，加えて，社会良識を具えた裁判員の見解のもとにすすめられている。中でも，半世紀を超えて第一次捜査権を負託された警察捜査活動の評価は今後の重要な課題である。

　さて，本書の劈頭，近代日本の草創期に一大事績を遂げた穂積法学博士の逸話が披露されたことに鑑みれば，本書の掉尾もまた，博士の見解に基づいて幕を引きたいと考える（穂積，1980）。曰く，博士の記すところによれば，刑事裁判の源は，復讐に発していたとしている。その証跡は，現行の刑事訴訟者の起訴者が国家であることに対し，往昔は私人であった事実に基づくと説いている。被害者もしくはその縁戚らによって起訴が提起され，民事訴訟と同様，原被両告の対審によって処理されるのが通弊であった。中世のイギリスでは殺人に関する私訴規則が慣習化され，決闘法として被告と原告とが決闘によって正邪を決することであった。相手に手袋を投げることが請求の儀式とされていた。しかしながら，この古風な慣習的訴訟は，久しく実行されることなく推移し，1770年および1774年の議会に廃止案が提出されたものの，実質上訴訟が提起されることなく，あえて廃止の手続きを踏む必要性を認めないまま，私訴規則は存続し続けた。ところが，40数年後の1817年，アッシフォード対ソーントン事件で訴訟が持ち上がった。アブラハム・ソーントンなる人物がメリー・アッシフォードという少女を溺死させようとしたとメリーの兄弟から殺人私訴が提起されたのである。被告人となったアブラハムは断固として無罪を主張，「身をもって争う」と宣言，決闘裁判請求の儀式である手袋を投じたのである。長らく行われたことのない決闘の事態に，担当判事は形式上廃止されてはいないが古代の蛮法で，数百年行われたことがなく効力を失っていると論じたものの，「国法は国法である」との衆議が決し，請求は許可されるに至った。実際には，被告人の見幕に恐れをなした原告側が訴訟を取り下げ，決闘は行われなかったものの，輿論は沸騰し，復讐を根

本とする「殺人私訴」なる法律は廃止されるべきとなり、1819年議会で多数決により殺人私訴法が議決され、殺人などの重罪の私訴は禁じられ、決闘の請求は許されないこととなった。

かくて、古くから口伝もしくは慣習的に守られてきた規則の多くは、国民の墨守事項として定着し、その分、往古、何事も古いと言えば善であり正しいと断ずるのが昔の学者の言い分であった。古人が挙げた説なり、用いた用語の当否は全く歯牙にかけないまま、新しく台頭された説は、国学者は古言でないが故に採用できないとし、漢学者は韻分類にないと排斥する。だが、当人が唱える場合には尚古思想よろしく古を基盤とするのが常であった。ところが、昨今は、逆に、新古に基づく予断が横行し、進歩思想に影響された新しさがもてはやされている。しかも、薄弱なる証拠によって支持された手近な理論に執着する立場が容認されている。

しかし、学説の価値は新古に基づく訳ではない。これでは、骨董屋が古さを誇り、魚屋が新しさを強調するのと変わらない。自然科学的実証によれば、旧説の誤りが証明せられて後、新説が承認され、正しいものと受け入れられるのが科学的論法である。哲学をはじめ、法学全般の学説に対して、実証的証明を経ないまま正否を判断することは危険である。

例えば、現代の法律格言に、イグノランチア・ユリス（Ignorantia juris non excusat）——法ノ不識ハ免サズ・法ノ不知ハ弁解トナラズ——というのがある。法律が成立した以上、人民が1人残らずこれを知るものと看做し、法を知らなかったという理由で遵守義務を免れ、責任を問われない、もしくは刑罰を赦されることはあり得ないという意味である。しかしながら、国民すべてが国法を知るということは、法律政策上の必要性から生まれた擬制に他ならないのが事実である。国民中には、幼年者をはじめ精神障害者等法律を知り得ないものや、成年にあっても文盲無教育者や長期にわたる外国居住者、あるいは、教育もあり法文を解し得る者でも数千幾万条もの国家法規を悉く知ることは不可能である。せいぜい日常生活あるいは職務上に関係ある法規を知りうるのが通常である。たとえ、法曹関係者であっても、国法全てを暗記しているのではなく、法の性質および作用原則に通じ法規を解釈して意義を理解しているに過ぎない。すなわち、国民は国法を知らないのが真実である。結局、現代の法律は、「各人が知る」のではなく「知りうる体様を具えた」ものということになる。「知り当ること及び知り得べきことは知ることに同じ」（Idem est scire aut scire debere aut potuisse）との言い回しによって辛うじて立場を擁護している。とはいえ、このやむをえない擬制である法律を知らなければ責任を免れ得るとすると、こうした国法は無力となる虞は充分である。狡猾横着な輩をはじめ誰もが規則を知らなかったと主張することは想像に難くない。古来、「告げずして罰するは則ち虐するなり」とされており、公知をもって法の順守義務の発生要件とし、公布をもって成立要件としたのである。このことは、国民が国家的共同生活の自覚を有していることが前提となる。文化の進んでいない民族のほとんどは無意識に祖先伝習の服従生活を踏襲しており、不知不識のまま統治者の意に順うのが常であった。したがって、法律規範は治民の具として成立しており、統治の受動的客体として人民を支配する準則であった。したがって、人民に公知するかどうかは統治者の随意であり、統治者側だけの秘密事項であったり、執行官吏者たちへの指示命令に過ぎなかったりしたが、執行の便宜上交付される場合もあった。こうして、法を発布することで人民に告知したとするのが近世立法の原則となったといえる。

その一方で，水戸光圀卿（1628～1701）在世の時，領内山家の百姓が父親を殺し，奉行によって死刑が言い渡された場合の対処記録が残されている。ところが，当人は己の罪を知らず，刑罰を受ける道理はないと言い張った。そこで，刑の執行を延期することとし，新たに獄舎を設け同人を留め置き，日々経書の講釈を説き聞かせた。3年目に孝経の講釈があり，始めて父親殺しが大罪であると悟り，罪を悔い，刑罰を受けることを願い出たため，刑に処した。漢学では，「教えずして罪するは虐たり」という考えをもって，罪を犯した後にでも，人の道を知らしめ，自らその非を悟った後に刑を行うのが仁成と考えられていたのである。いずれが是でいずれが非であるかはまさに歴史のみが判断し得るのである。法律の制定，運用，執行に関して「法律進化論」の意義はますます重要である所以といえる。明治初期近代警察の礎を築いた初代警視総監川路利良（1834～1879）による『警察手眼』（荒木，1970）探索心得「聲なきに聞き，形なきに見る」との信条が，今もって現代警察捜査においても連綿として受け継がれている捜査指針として定着している現実は，以て銘すべき事情である。

　本書を終えるにあたり，是非断っておきたい事柄がある。それは，事件の決着という側面事情である。本書で触れてきた無罪判決事例はもとより，捜査の結果，被疑者として特定できていない事件の数々は，いずれも公訴期限をむかえた未解決事件として法的処理の対象外として取り扱われる。2010年の刑事訴訟法改正に伴い，殺人・強盗殺人の時効は撤廃されたものの，少なくとも，それ以前の数多の事件の殺人者が罰則を受けることなく人生を歩んでいる，あるいは，終えたことは想像に難くない。捜査の実践に携わる捜査員，ひいては，訴追，加罰に関わる法曹の関係者の想いに触れる際，忘れてはならない現実であることを記して，擱筆することとする。

文　献

安倍晴彦（2001）犬になれなかった裁判官．NHK出版．

Ackerknecht, E. H. (1950-1951) Early History of Legal Medicine. Ciba Symposium 2, pp.1286-1289.

ACPO (The Association of Chief Police Officers) (2009) National Investigative Strategy. NPIA Briefing paper. London: HMSO.

足立 東（1990）情況証拠「波崎事件」無罪の証明．朝日新聞社．

安達光治（2007）横浜市営住宅変死事件．福島至編著，法医鑑定と検死制度．（龍谷大学社会科学研究所業書第74巻）．日本評論社．

秋山裕美（1997）図説拷問全書．原書房．

秋山謙三（2002）裁判官はなぜ誤るのか．岩波新書809, 岩波書店．

Alberts, B., Lewis, J., Raff, M., Johnson, A., Walter, P. & Roberts, K. (2010) *Molecular Biology of the Cell*. 5th Ed. New York: Garland Science.（細胞の分子生物学．中村桂子・松原謙一監訳．ニュートンプレス）．

Alexander, B., Beyerstein, B., Hadaway, P. & Coamb, R. (1981) Effect of Early and Later Colony Housing on Oral Inmgestion of Morphine in Rats. *Pharmacology, Biochemistry and Behavior 1*, pp.571-576.

Alexander, B., Hadaway, P. & Coambs, R. (1999) *Rat Park Chronicle. Illicit Drugs in Canada*. Toront: Tront University Press.

Alexander, F. G. & Selesnick, S. T. (1966) *The History of Psychiatry*. New York: Harper Raw, p.138.

Amundsen, D. W. & Ferngren, G. (1995) The Cambridge World History of Medical Ethics. In Baker, R. B. & Laurence, B. M. (eds), *History of Medical Ethics: Ancient Near East*. London: Cambridge University Press.

青地 晨（1979）冤罪の恐怖—無実の叫び—．現代教養文庫，社会思想社．

青木英五郎（1969）自白過程の研究．一粒社．

青木英五郎（1979）日本の刑事裁判—冤罪を生む構造—．岩波新書83, 岩波書店．

青木英五郎（1986）冤罪とのたたかいII．青木英五郎著作集，田畑書店．

荒川正三郎（1953）実例判例中心 無罪と有罪との限界．警友書房

荒木征逸（1970）全訳警察手眼．警察時報社．

Arizona v. Fulminante (1991) 499. US, 279.

浅田 一（1937）最新法医学．中央公論社．

朝日新聞（1995）大阪・東住吉の小6焼死，9.11, 朝刊．

朝日新聞大阪社会部（1994）グリコ・森永事件．朝日文庫，朝日新聞社．

朝日新聞社（編）（1984）無実は無実に 再審事件のすべて．すずさわ書店．

朝倉了・池本卯典（1978）法学部法医学．八千代出版．

Asch, S. E. (1951) Effects of group pressure upon the modification and distortion of judgments. In H. Guetzkow (Ed.), *Groups, Leadership and Men*. Pittsburg, PA: Carnegie Press, pp.177-190.

Asch, S. E. (1956) Studies of independence and conformity: A minority of one against a unanimous majority. *Psychological Monographs*, 70 (9, Whole No.416).

Aubry, A. S., & Caputo, R. R. (1980) *Criminal Interrogation*, 3rd ed. Springfield, IL: Charles C. Thomas.

Avery, O., Colin, T., MacLeod, M. & McCarty, M. (1944) Studies on the chemical nature of the substance inducing transformation of pneumococcal types. *Journal of Experimental Medicine*, 79 (2), pp.137-158.

Baldwin, J. (1990) Police interviews on tape. *New Law*

Journal, May, pp.662-663.
Baldwin, J. (1992) *Videotaping of Police Interviews with Suspects: An Evaluation.* Police Research Series, Paper No. 1. London: Home Office.
Baldwin, J. (1993) Police interview techniques. *British Journal of Criminology, 33* (3), *pp.325-352.*
Baldwin, J. (1994) Police interrogation: What are the rules of the game? In D. Morgan and G. Stephenson (eds.), *Suspicion and Silence: The Right to Silence in Criminal Investigations.* London: Blackstone.
ベートソン (Bateson, W.) (1902) メンデルの遺傳原理 附 實驗遺傳学概論. 小酒井不木譯, 世界大思想全集 38, 春秋社.
Beadle, G. & Tatum, W. (1941) Genetic control of biochemical reactions in neurospora. *Proceedings of National Academy of Science, 27* (11), *pp.499-506.*
Beaman, A., Barnes, P., Klentz, B. & Mcquirik, B.(1979) Increasing Helping Rates through Information Dissemination: Teaching Pays. *Personality and Social Psychology Bulletin, 4, pp.406-411.*
Beavan, C. (2001) *Fingerprints: The Origins of Crime Detection and The Murder Case that Launched Forensic Science.* New York: Hyperion.
Bedeu, H. A. & Radelet, M. L. (1987) Miscarriages of justice in potentially capital cases. *Stanford Law Review, 40, pp.46-56.*
Bejier, A. (2010) False confessions during police investigations and measures to prevent them. *18 Europian Journal of Crime, Criminal Law and Criminal Justice, 311, pp.332-336.*
Blair, J. (2005) What do we know about interrogation in the Unites States. *Journal of Police and Criminal Psychology, 20* (2), *pp.44-57.*
Blum, D. (2002) *Love at Goon Park: Harry Harlow and the Science of Affection.* New York.: Basic Books.
Borchard, E. (1932) Convicting the Innocent: Sixty Five Actual Errors of Criminal Justice. New Haven: Yale University Press.
Bradley, C. (2009) Interrogation and Silence: A comparative study. *27 Wisconsin International Law Journal, pp.271-297.*
Brittain, P. (1962) *Bibliography of Medico-Legal Works in English.* London: Sweet and Maxwell.
Brittain, R. P. (1969) The Origins of Legal Medicine: Charlemagne. *Medico-Legal Journal 34, pp.121-123.*
Brown v. Mississippi. (1936) 297 U.S. 278.
Bull, R. (2000) Police investigative interviewing. In A. Memon & R. Bull (eds.) *Handbook of The Psychology of Interviewing.* (pp. 279-292).

Chichester: John Wiley & Sons.
Bull, R. ed. (2014) *Investigative Interviewing.* New York: Springer.
Bull, R. & Cherryman, J. (1996) *Helping to Idntify Skills Gaps in Specialist Investigaive Interviewing.* London: Home Office.
Bull, R. & Milne, R. (2004) Attempts to improve police interviewing suspects. In G. D. Lassiter (ed.), *Interrogation, Confessions and Entrapment.* New York: Kluwer/Plenum.
Call, M. (1985) *Hand of Death: The Henry Lee Lucas Story.* Open Library, CA: Vital Issues Pr.
Camps, F. E. (ed.) (1968) *Gradwohl's Legal Medicine. 2nd ed.* Bristol: J. Wright & Sons.
Camps, F. E., Robinson, A. E. & Lucas, B. G. B. (eds.) (1976) *Gradwohl's Legal Medicine. 3rd ed.* Bristol: J. Wright & Sons.
Cassell, P. G. (1998) Protecting the innocent from false confessions and lost confessions and from Miranda. *Journal of Criminal Law and Criminology, 88, pp.497-556.*
Cassell, P. G. & Hayman, B. S. (1996) Police interrogation in the 1990s: An empirical study of the effects of Miranda. *UCLA Law Review, 43, pp.839-931.*
Castiglion, A. (1941) *History of Medicine.* New York: Alfred A. Knopf.
Chaille, S. E. (1949) Origin and progress of medical jurisprudence. *Journal of Criminal Law and Criminology, 40* (4), *pp.1776-1876.*
Clarke, C. & Milne, R. (2001) *National evaluation of the PEACE investigative interviewing course.* Home Office, UK, Police Reseach Award Schene, Report No :PRSA/149.
Cornish, D. B. & Clarke, R. V. (ed.) (1986) *The Reasoning Criminals: Rational Choice Perspectives on Offending.* New York: Springer-Verlag.
Crick, F. (1958) The Biological Replication of Macromolecules. *Symposium on Sociological Experimental Biology, 12, pp. 138.*
Curran, W. J. & Hyg, S. M. (1980) History and Development of Legal Medicine. In Curran, W. J., McGarry, A.L. & Petty, C. S. (eds.) *Modern Legal Medicine, Psychiatry, and Forensic Science.* Philadelphia: F. A. Davis. pp.1-26.
Curran, W. J. & Shapiro, E. D. (1970) *Law, Medicine and Forensic Science, 2nd ed.* Boston: Little Brown.
Currens Decision (1962) Quoted in *5 The Doctor and The Law, 11, September.*
Cusing, H. (1935) Psychiatrists, Neurologists and

the Neurosurgeons. *7 Yale Journal of Biological Medicine, 191.*

Cyriax, O. (1993) *Crime —An Encyclopedia.* North Pomfret, VM: Trafalger Square.

團藤重光 (1953) 新刑事訴訟法綱要. 創文社.

團藤重光 (1986) 法学入門. 現代邦楽全集 (1). 筑摩書房.

Dailey, J. & Latane, B. (1968) Group Inhibition of Bystander Intervention in Emergencies. *Journal of Personalityn and Social Psychology, 10* (3), *pp.215-221.*

ダーモン (Darmon, P.) (1992) 医者と殺人者―ロンブローゾと生来性犯罪者伝説―. 鈴木秀治訳, 新評論.

Darwin, C. (1859) *On the Origin of Species by Means of Nature Science, or the Preservation of Favored Races in the Struggle for Life.* London: John Murray.

Daubert v. Merrell Dow Pharmaceuticals, Inc. (1993) 113 S. Ct. 278

ドブレ (Debray, Q.) (1993) 変質者. 総特集 変質者―現代フランスの精神医学. 安田一郎訳, 臨時増刊現代思想.

Deslauriers-Varin & St-Yves (2006) *An empirical investigation of offender's decision to confess their crime during police interrogation.* Paper presented at the Second International Investigative Interviewing Conference. Portsmouth, July.

Doornbos v. Doornbos (1954) *N. 54. S. 14981,* Super. Ct., Cook Country.

Douglas, J. E., Burgess, A. E., Burgess, A. G. & Ressler, R. (1992) *Crime Classification Manual: A Standard System for Investigating and Classifing Violent Crimes.* New York: Lexington Books.

Drizin, S. A., & Leo, R. A. (2004) The problem of false confessions in the post-DNA world. *North Carolina Law Review, 82, pp.891-1007.*

Dror, I. E. (2006) The psychology of police performance and decision making. *Police Professinal, 58, pp.37-39.*

Durham v. United States. (1954) 214 F. 2d 862 D. C. cir.

江川紹子 (2004) 冤罪の構図. 新風舎文庫, 新風舎.

江川紹子 (2005) 名張毒ブドウ酒殺人事件 六人目の犠牲者. 新風舎文庫, 新風舎.

Ekman, P. (1985) *Teling Lies.* New York: W. W. Norton & Company.

Erzinclioglu, Z. (2000) *Every Contact Leaves A Trace: Scientific Detection in the Twentieth Century.* London: Carlton Books.

Evans, C. (1996) *The Casebook of Forensic Detection: How Science Solved 100 of World's Most Baffling Crimes.* New York: John Wiley & Sons. (不完全犯罪ファイル―科学が解いた100の難事件―. 藤田真理子訳. 明石書店. 2000.)

Evans, C. (2004) *Murder Two: The Second Casebook of Forensic Detection.* New York: John Wiley & Sons. (不完全犯罪ファイル2―最新科学捜査が挑んだ殺人・凶悪事件―. 藤田真理子訳, 明石書店, 2006.)

Faulds, H. (1880) Skin furrows of the hand. *Nature, Vol. XXⅡ, 605, .28 Oct.*

Feguer v. United States (1962) 302, F 2d 214 U. S. Ct. Appeals Eighth District, Iowa April 16.

Festinger, L. (1957) *Theory of Cognitive Dissonance.* California: Stanford University Press.

Festinger, L. & Carlsmith, C. (1959) Cognitive Cosequences of Forced Compliance. *Journal of Abnormal and Social Psychology, 58, pp.203-210.*

Ficarra, B. (1948) *Essays on Historical Medicine.* New York: Frohen Press.

Ficarra, B. J. (1968) *Surgical and Allied Malpractice.* Springfield, Ill: Charles C. Thomas.

Ficarra, B. J. (1976) History of legal medicine. In Wecht, C. (ed.) *Legal Medicine Annual.* New York: Appleton-Century Crofts, pp.1-27.

Field, K. S., Lipskin, B. A. & Reich, M. A. (1975) *A Survey of Educational Offerings In the Forensic Sciences.* Forensic Sciences Foundation, Inc., Rockville, Md., June, pp.4.

Fisher, D. (1995) *Hard Evidence: How Detectives Inside the FBI's Sci-crime Lab Have Helped Solve America's Toughest Cases.* New York: Simon & Schuster. (証拠は語る―FBI犯罪科学捜査官のファイルより―. 小林宏明訳, ソニーマガジンズ, 1995.)

Fisher, R. P. & Geiselman, R. E. (1992) *Memory-enhancing Techniques for Investigative Interview: The Cognitive Interview.* Springfield: Charles C Thomas Publishing.

Ford, B. (1985) *Single Lens: Story of the Simple Microscope.* London: W. Heinemann.

Frank, J. J. & Frank, B. (1957) Not Guilty Thirty-six Actual Cases in Which An Innocent Man Was Convicted. New York: Doubleleday. (無罪：36の誤判例. 児島武雄訳, 日本評論新社, 1959.)

Frazer, J. G. (1958) *The Golden Bough, A Study in Magic and Religion.* New York: Macmillan.

Frazier v. Cupp. (1969) 394 U. S. 731, 739.

Frye v. United States (1923) 293 F. 1013 (DC Cir.)

藤木秀雄・土本武司・松本時夫 (2000) 刑事訴訟法入門. 有斐閣.

藤本哲也 (2003) 犯罪学原論. 日本加除出版.

藤野英一 (1959) 事実認定における実験則の実証的研究：特に再審となった刑事事件に現われた事実認定の過

誤とその原因について. 司法研究報告書, 11 (2), 司法研修所.
福田 洋 (1999) 図説現代殺人事件史. 石川保昌編, 河出書房新社.
古畑種基 (1948) 簡明法医学. 日本醫書出版.
古畑種基 (1953) 法医学. 南山堂.
古畑種基 (1955) わが国における法医学の発達史.「日本醫學の發達」より転載加筆. 日新醫學協会編, 日新醫學本社発行
古畑種基編 (1964). 簡明法医学 (改訂12版). 金原出版.
不破武夫 (1952) 間接事実と間接証拠. 刑事法上の諸問題, 司法研修所.
Galton, F. (1892) *Finger Prints*. London: MacMillan.
Gardner, M. (1957) *Fads and Fallacies in the Name of Science, 2nd ed*. New York: Dover Pub.
Geller, W. A. (1993) *Videotaping Interrogations and Confessions*. National Institute of Justice Reasearch in Brief. Washington D. C.: U. S. Department of Justice.
Geoghegen, T. (2009) Why do innocent people make false confessions? *BBC News Magazine, Thursday, 19 March*.
Gerbert, K. (1954) The psychology of expression and the technique of criminal interrogation. *Jahrbuch fuer Psychologie und Psychotherapie, 2*, pp.85-98.
ゲルラッハ (Gerlach, W.) (2000) 迷信なんでも百科. 畔上司訳, 文春文庫.
Gibbs, N., Lacayo, R., Morrow, L., Smolowe, J. & Biema, D. with the editorial staff of *TIME* Magazine (1996) *Mad Genius: The Odyssey, Pursuit, and Capture of the Unabomber Suspect*. New York: Time Magazine. (ユナボマー爆弾魔の狂気. 田村明子訳. KKベストセラーズ, 1996.)
Giles, H. A. (1924) Introductions to coroners. *Proceedings of the Royal Society of Medicine, 17, pp.59-107*.
Gilmore, J. (2005) Severed *The True Story of The Black Dahlia Murder*. Los Angeles, CA: Amock Books.
Glaser, D. (1956) Criminality theories and behavioral images. *American Journal of Sociology, vol.61, March, pp.433-44*.
Goldstein, A., Lowney, L. & Pal, B. (1971) Stereospecific and Nonspecific Interactions of the Morphine Congener Levorphanol in Subcellular Fractions of Mouse Brain. *Proceedings of the National Academy of Sciences, 68 (8), pp.1742-1747*.
Good, J. & Goreck, S. (1995) *Poison Mind: The True Story of the Mensa Murders and the Policewoman Who Risked Her Life to Bring Him to Justice*. New York: William Morrow.
Gostin, (1975) Freedom of expression and the mentally disordered: Philosophycal and constitutional perspectives. *Notre Dame Lawyer, 3, pp.419-447*.
後藤昌次郎 (1979) 冤罪. 岩波新書81, 岩波書店.
Gottfredson, M. R. & Hirschi, T. (1990) *A General Theory of Crime*. Stanford, CA: Stanford University Press.
Gradwohl, R. B. H. (ed.) (1954) *Legal Medicine*. St. Lois: The C. V. Mosby.
Greenwood, P. & Adams, J. (1987) The Ecology of Sex. New York: Hodder Arnold. (「性」の不思議がわかる本 ♂と♀の進化生態学, 巌佐庸監訳, 佐々木顕, 田町信雄訳, HBJ出版局, 1991.)
Gross, S., Jacoby, K., Matheson, D., Montgomery, N., & Patil, S. (2005) Exonerations in the United States, 1989 Through 2003. *Journal of Criminal Law and Criminology, 95, pp.523-553*.
Gudjonsson, G. H. (1984) A new scale of interrogative suggestibility. *Personality and Individual Differences, 5, pp.303-314*.
Gudjonsson, G. H. (1989) Compliance in an interrogation situation: A new scale. *Personality and Individual Differences, 10, pp.535-540*.
Gudjonsson, G. H. (1992) *The Psychology of Interrogations, Confessions and Testimony*. New York: John Wiley & Sons.
Gudjonsson, G. H. (1994) Investigative interviewing: Recent developments ans some fundamental issues. *International Review of Psychiatry, Vol. 6, 2/3, pp.237-246*.
Gudjonsson, G. H. (2001) False confessions. *The Psychologist, 14, pp.588-591*.
Gudjonsson, G. H. (2003) *The Psychology of Interrogations, Confessions: A Handbook, 2nd ed*. Chichester, UK: John Wiley & Sons.
Gudjonsson, G. H. & Petursson, H. (1991) Custodial interrogation: why do suspects confess and how does it relate to their crimes, attitude and personalty. *Personality and Individual Differences, 12, pp.295-306*.
ハレック (Halleck, S.) (1994) 精神障害犯罪者―アメリカ司法精神医学の理論と実際―. 小田 晋監訳, 金剛出版.
浜田寿美男 (1992) 自白の研究. 三一書房.
花井卓蔵 (1919) 明治拷問史―死刑より無罪へ 裁判物語―. 大鐙閣.
Harlow, C. (1986) *From Learningb to Love: The Selected Papers of H. F. Harlow*. New York: Praegar.

Harlow, H.（1958）The Nature of Love. *American Psychologist, 13, p.3.*

長谷 岳（1958）犯罪捜査法．新警務全書第24巻，令文社．

林 晴生（1987）梅田事件 冤罪の構図．旺文社文庫，旺文社．

犯罪白書（1990-2015）資料起訴・起訴猶予率（罪名別）．法務総合研究所，法務省．

犯罪捜査研究会（編）（1962）犯罪捜査法ノート．令文社．

Hellman Commercial Trust and Saving Bank, Appellant v. Lena Alden（1929）206 Calif. 592, 275 Pac. 794.

Henry, E.（1900）*Classificantion and Uses of Finger Prints.* London: G. Routledge.

Herbert, I.（2009）The psychology and power of false confessions. *Observer, December V22*（10）, *pp.10-12.*

Herschel, W.（1880）Skin furrows of the hand. *Nature, Vol. XXⅢ, 76, 25 Nov.*

Hess, J. E.（1977）*Interviewing and Interrogation for Law Enforcement.* Cincinnati, OH: Anderson Publishing.

Hilts, P.（1995）*Memory's Ghost: The Nature of Memory and the Strange Case of Mr. M.* New York: Simon and Schuster.

平野龍一（1968）刑事訴訟法概説．東京大学出版会．

Hirschi, T.（1969）*Causes of Delinquency.* Berkley: University of Calfornia Press.

ヒルシュベルグ（Hirchberg, M）（1961）誤判．安西温訳，日本評論新社．

久間十義（1988）マネーゲーム．河出書房新社．

Holden, A.（1974）*The St. Albans Poisner: The life and crime of Graham Young.* London: Black Swan.

Holmberg, U. & Christianson, S-A.（2002）Murders' and sexual offenders' experiences of police interviews and their inclination to admit or deny crimes. *Behavioral Sciences of the Law, 20*（1-2）, *pp.31-45.*

Holmes, W. D.（2002）. *Criminal Interrogation: A Modern Format for Interrogating Criminal Suspects Based on the Intellectual Approach.* Springfield, IL: Charles C. Thomas.

Hooke, R.（1667）*Micrographia or Some Physiological Descriptions of Minute Bodies Made by Magnyfing Glasses.* London: John Martin & James Allefry.（ミクログラフィア：微小世界図説：図版集．永田英治・板倉聖宣訳，仮説社，1985．）

穂積陳重（1980）法窓夜話．岩波文庫，岩波書店．

穂積陳重（1980）続法窓夜話．岩波文庫，岩波書店．

法務研修所（1954～1955）起訴後真犯人の現れた事件の検討，その1・その2・その3．最高検察庁刑事部検察官研修叢書14号，15号，17号．

法務省（2016）事件事務規定．法務省刑総訓第2号．

Houts, M.（1956）From evidence to proof. *Journal of Criminal Law and Criminology, 80*（3）, *pp.585-672.*

Huff, C. R., Rattner, A. & Sagarin, E.（1986）Guilty until proven innocent: Wrongful conviction and public policy. *Crime and Delinquency, 32, pp.518-544.*

Hughes, J., Kosterlitz, W. & Smith, W.（1997）The Distribution of Methionine-Enkephalin and Leucine-Enkephalin in the Brain and Peripheral Tissues. *British Journal of Pharmacology, 120*（4 Suppl）, *pp.428-436.*

Hunt, M.（1993）*The Story of Psychology.* New York: Doubleday.

兵庫県警察本部（1970）神戸市葺合区脇の浜の殺人並びに死体遺棄事件．刑事部科学検査所．

日向 康（1983）松川事件―謎の累積―．現代教養文庫，社会思想社．

指宿 信（1985）取調べとその可視化．判例タイムズ，566号，pp88-93.

一橋文哉（2000）闇に消えた怪人―グリコ・森永事件の真相―．新潮文庫，新潮社．

出射義夫（1957）任意捜査の限界．出射義夫・辻辰三郎編，総合判例研究叢書6 刑事訴訟法（2），有斐閣．

出射義夫（1955）犯罪捜査の理論．新警務全書補遺第10号，令文社．

飯島英太郎訳述（1963）キュルテン事件―ある性犯罪者の生活と犯行の分析―．科警研資料第20号，科学警察研究所．（原著 Steiner, O. Der Fall Kurten）．

Inbau, F. E. & Reid, J. E.（1947）*Criminal Interrogation and Cofessions*, Baltimore: Williams & Wilkins.

Inbau, F. E. & Reid, J. E.（1967）*Criminal Interrogation and Cofessions*, 2nd ed. Baltimore: Williams & Wilkins.

Inbau, F. E. & Reid, J. E.（1977）*Truth and Deception. The Polygraph*（"*Lie Detector*"）*Technique*, 2nd ed. Baltimore, Md.: The Williams & Wilkins.

Inbau, F. E., Reid, J. E., Buckley, J. P. & Jayne, B. C.（2004）*Criminal Interrogation and Confessions*（4th ed）. Gaithersburg, MD: Aspen.

Inbau, F. E., Reid, J. E., Buckley, J. P. & Jayne, B. C.（2013）*Criminal Interrogation and Confessions.* 5th ed. Chicago, IL: Jones & Bartlett Learning.

井上 薫（2003）死刑の理由．新潮文庫，新潮社．

井上 薫（2007）狂った裁判官．幻冬社新書，幻冬社．

井上 薫（2010）平気で冤罪を作る人々．PHP新書，（株）PHP研究所．

Irving, B. (1980) *Police Interrogation: A Case Study of Current Practice*. Research Study Number 2. Royal Commission on Criminal Procedure. London: HMSO.

伊佐千尋 (2005) 島田事件―死刑執行の恐怖に怯える三四年八カ月の闘い―. 新風舎文庫. 新風舎.

伊佐千尋 (2010) 舵のない船―布川事件の不正義―. 現代人物社.

石川光昭 (1930) 法医学発達史 医学の史的展望. 汲川会編, 旧稿雑纂, 汲川会.

巌佐庸・倉谷滋・斎藤成也・塚谷裕一編 (1996) 岩波生物学事典 第4版. 岩波書店.

Jacob, F. & Monod, J. (1961) Genetic regulatory mechanisms in the synthesis of proteins. *Journal of Molecular Biology, 3, pp.318-356.*

Jeffery, C. R. (1971) *Crime Prevention Through Environmental Design*. London: Sage.

Jeffreys, A., Wilson, V., Thein, S. (1985a) Hypervariable 'minisatellite' regions in human DNA. *Nature, 314 (6006), pp.67-73.*

Jeffreys, A., Wilson, V., Thein, S. (1985b) Individual-specific 'fingerprints' of human DNA. *Nature, 316 (6023), pp.76-79.*

Judson, H. (1979) *The Eighth Day of Creation: The Makers of the Revolution in Biology*. New York: Simon & Schuster. (分子生物学の夜明け 上下―生命の秘密に挑んだ人たち. 野田春彦訳, 東京化学同人, 1982.)

門田隆将 (2006) 裁判官が日本を滅ぼす. 新潮文庫ノンフィクション. 新潮社.

鎌田慧 (1990a) 弘前大学教授夫人殺人事件. 講談社文庫. 講談社.

鎌田慧 (1990b) 死刑台からの生還. 同時代ライブラリー42. 岩波書店.

鴨良弼 (1980) 刑事再審の研究. 成文堂.

Kandel, E. (2007) *In Search of Memory: The Emergence of a New Science of Mind*. New York: W. W. Norton.

Kaneda, H., Hayashi, J., Takahama, S., Taya, C., Lindahl, K. F., & Yonekawa, H. (1995) Elimination of paternal mitochondrial DNA in intraspecific crosses during early mouse embryogenesis. Proceedings of the National Academy of Sciences, USA, 92, pp.4542-4546.

笠井賢太郎・坂井活子・吉田日南子・向山明孝. (1992): MCT118座位のPCR増幅による血痕および体液斑からのDNA型検出法. 科学警察研究所報告(法科学編), 45 (1), pp.24-35.

笠井賢太郎・吉田日南子・水野なつ子・中原弘明・藤井弘治・関口和正 (1996) 証拠資料からのDNA型検査におけるSTR (TH01型) 検査キット検出感度の意義. 科学警察研究所報告（法科学編）, 49 (1,2), pp.21-22;179-180.

Kassin, S. M. (1997) The psychology of confession evidence. *American Psychologist, 52 (3), pp.221-233, March.*

Kassin, S. M. (2004) Videotape Police Interrogations. *The Boston Glove, Monday, April 26.*

Kassin, S. M., Drizin, S. A., Grisso, T., Gudjonsson, G. H., Leo, R. A. & D. Redlich, D. (2010) Police-induced confessions: Risk factors and recommendations. *Law and Human Behavior, 34, pp.3-38.*

Kassin, S. M. & Gudjonsson, G. H. (2004) The psychology of confessions: A review of the literature and issues. *Psychological Science in the Public Interest, 5 (2), pp.33-67.*

Kassin, S. M. & Hasel, L. E. (2009) On the presumption of evidentiary independence: Can confessions corupt eyewitness identifications? *Psychological Science, 21, pp.122-126.*

Kassin, S. M. & Kiechel, K. L. (1996) The social psychology of false confessions: compliance, internalization, and confabulation. *Psychological Science, 7 (3), pp.125-128.*

Kassin, S. M., Leo, R. A., Meissner, C. A., Richman, K. D., Colwel, L. H., Leach, A-M. & Fon, D. L. (2007) Police Interviewing and Interrogation: A Self-Report Survey of Police Practices and Beliefs. *Law and Human Behavior, 31, pp.381-400.*

Kassin, S. M. & McNall, K. (1991) Police interrogations and confessions: Communicating threats and promises by pragmatic implication. *Law and Human Behavior, 15, pp.233-251.*

Kassin, S. M. & Neumann, K. (1997) On the power of confession evidence: An experimental test of the fundamental difference hypothesis, *Law and Human Behavior, 21 (5), pp.460-484.*

Kassin, S. M. & Norwick, R. J. (2004) Why people waive their Miranda rights: The power of innocence. *Law and Human Behavior, 28, pp.211-221.*

Kassin, S. M. & Sukel, H. (1997) Coerced confessions and the jury: An experimental test of the "harmless error" rule. *Law and Human Behavior, 21, pp.27-46.*

Kassin, S. M. & Wrightsman, L. S. (1980) Prior confessions and mock juror verdicts. *Journal of Applied Social Psychology, 10, pp.133-146.*

片島紀男 (2005) 三鷹事件. 新風舎文庫. 新風舎.

片山国嘉 (1888) 裁判醫學堤綱前編卷一. 秋南書房.

勝又義直 (2014) 最新DNA鑑定―その能力と限界―. 名古屋大学出版会.

Kebbell, M., Hurren, E. & Mazerolle, P. (2006) *An Investigation into the Effective and Ethical Interviewing of Suspected Sex Offenders*. Final report to the Australian Criminology Research Council.

Keeler, L. (1933) Scientific methods of criminal deception with polygraph. *Kansas Bar Association, 2*, pp.22-31.

警察大学校第3期研修生 (1969) 被疑者の取調. 研修生課題研究報告第12号, 警察大学校特別捜査幹部研修所.

警察大学校第20期研修生 (1977) 無罪事件の裁判例から見たお捜査上の問題点. 研修生課題研究報告第92号, 警察大学校特別捜査幹部研修所.

警察大学校第25期研修生 (1980) 再審事件をめぐる諸問題. 研修生課題研究報告第120号, 警察大学校特別捜査幹部研修所.

警察庁 (1958) ポリグラフ技術に関する研究. 犯罪学資料十五号, 科学捜査研究所.

警察庁 (1965) 自他殺等の認定—事例中心—. 刑事警察資料第108号, 刑事局捜査第一課.

警察庁 (1969) 犯罪鑑識の基礎知識及び技術. 鑑識執務資料, 刑事局鑑識課.

警察庁 (1978) 身の代金目的誘かい事件捜査要領. 刑事警察資料第231号, 刑事局捜査第一課.

警察庁 (1992) 広域重要事件捜査要領. 刑事警察資料第389号, 刑事局捜査第一課.

警察庁 (1995) 犯罪鑑識. 鑑識執務資料第954号, 刑事局鑑識課.

警察庁 (1998) 主要特殊事件捜査概要—平成10年—. 刑事検察資料第498号, 刑事局捜査第一課.

警察庁 (2000) 警察白書：時代の変化に対応する刑事警察.

警察庁 (2008) 警察白書：変革を遂げる刑事警察.

警察庁 (2010) 足利事件における警察捜査の問題点等について（概要）.

警察庁 (2011) 捜査手法 取調べの高度化を図るための研究会の中間報告.

警察庁 (2012) 取調べ（基礎編）. 刑事局刑事企画課.

Kimura, S. (1983) *The Natural Theory of Molecular Evolution*. London: Cambridge University Press.

木下 厚 (1984) つくられた死刑囚—再審・松山事件の全貌. 評伝社.

木谷明（元最高裁調査官）(2001) 事実認定適正化の方策. 田宮裕博士追悼論集上巻, 新山社.

木谷明 (2002) 裁判官生活を振り返って—事実認定適正化の方策（パートⅡ）. 判例タイムズ, 1084号, p.22.

清原敏孝 (1989) 菅生事件—現職警官の工作—. 日本弁護士連合会人権擁護委員会編, 誤犯を語る. 全弁協叢書, 全国弁護士協同組合連合会.

礫川全次 (1995) 戦後ニッポン犯罪史. 批評社.

国家地方警察本部 (1954-1955) 偽装犯罪に関する研究（自他殺の鑑別を中心として）一・二・三. 犯罪学資料一・二・三号, 科学捜査研究所（編）.

小林善彦 (1963) カラス事件：十八世紀フランスにおける異端と寛容の問題. 学習院大学研究年報, 10輯, 269-331.

小早川義則 (1990) 共犯者の自白. 証拠法研究第1巻, 成文堂

小酒井不木 (1923) 犯罪と探偵. 博文館.

久保博司 (1989) 日本の検察. 講談社文庫. 講談社.

熊谷 弘・松尾浩也・田宮 裕（編）(1972) 捜査法体系Ⅰ・Ⅱ・Ⅲ. 日本評論社.

熊本日日新聞社 (2004) 冤罪 免田事件. 新風舎文庫. 新風舎.

倉田雅充 (1989) 刑事裁判における鑑定と木間ケ瀬一家四人殺し事件. 誤判を語る. 日本弁護士連合会人権擁護委員会（編）, 全弁協叢書, 全国弁護士共同組合連合会.

黒木昭雄 (2006) 神戸学院大学生リンチ殺人事件—警察はなぜ凶行を止められなかったのか—. 草思社.

京都新聞 (2012) 舞鶴殺人無罪—状況証拠に厳しさ当然. 社説, 12.13.

Landsteiner, K. (1901) Ueber Agglutination serscheinungen normalen menschlichen Blutes. *K. Wiener klinische Wochenschrift*, 14 Jg., Nr.46 (14. November 1901), S.1132-1134.

Larson, J. A. (1932) *Lying and Its Detection*. Illinois: The University of Chicago Press.

Lassiter, G. D. & Irvine, A. A. (1986) Videotaped confessions: The impact camera point of view on judgments of coercion. *Journal of Applied Social Psychology, 16*, pp.268-276.

Lassiter, G. D., Slaw, R. D., Briggs, M. A. & Scanlan, C. R. (1992) The potential for bias in videotaped confessions. *Journal of Applied Social Psychology, 22*, pp.1838-1851.

Lemert, E. (1951) *Social Pathology*. New York: McGraw-Hill.

Leo, R. A. (1992) From coercion to deception: The changing nature of police interrogation in America. *Crime, Law, and Social Change, 18*, pp.33-59.

Leo, R. A. (1996a) Inside the interrogation room. *The Journal of Criminal Law and Criminology, 86*, pp.266-303.

Leo, R. A. (1996b) The impact of *Miranda* revisited. *The Journal of Criminal Law and Criminology. 86* (3), pp.621-692.

Leo, R. A. (1996c) Miranda's revenge: Police interrogation as a confidence game. *Law and Society Review, 30*, pp.259-288.

Leo, R. A. (2007) The problem of false confession in

America. *The Champion Association of Criminal Defense Lawyers.* December, pp.30-36.
Leo, R. A. (2008) *Police interrogation and American Justice.* Boston: Harvard University Press.
Leo, R. A. (2013) Why interrogation contamination occures. *Ohio State Journal of Criminal Law, 11*(1), pp.193-215.
Leo, R. A. & Ofshe, R. J. (1998) The consequences of false confessions: Deprivations of liberty and miscarriages of justice in the age of psychological interrogation. *The Journal of Criminal Law and Criminology, 88,* pp.429-496.
Locard, E. (1902) *La Medecine Judiciare en France au XⅦ Siecle.* Lyons: Storck. (Thesis.)
Loftus, E. F. (1979) *Eyewitness Testimony.* New York: Harvard University Press. (目撃者の証言．西本武彦訳，誠信書房，1987．)
Loftus, E. F. (1993) The reality of represented memories. *American Psychologist, 48,* pp.518-537.
Loftus, E. F. & Ketcham, K. (1992) *Witness for Defense: The Accused the Eyewitness, and the Expert Who Puts Memory on Trial.* New York: St. Martin's Griffin: Reprint.
Loftus, E. F. & Palmer, J. C. (1974) Reconstruction of automobile destruction: An example of the interaction between language and memory. *Journal of Verbal Learning and Verbal Behavior, 13,* pp.585-9.
Lombroso, C. (1918) *Crime: Its Causes and Remedies.* Rev. ed. Boston: Little, Brown.
Lombroso, C. & Lombroso, F. G. (1972) *Criminal Man.* Montclair, N.J.: Patterson Smith.
Lykken, D. T. (1981) *A Tremor in the Blood: Uses and Abuses of the Lie Detector.* New York: McGraw Hill.
MacDonald, J. M., & Michaud, D. L. (1992) *Criminal Interrogations for Police Officers.* Denver, CO: Apache Press.
前坂俊之（1982）冤罪と誤判．田畑書店．
前坂俊之（1984）誤った死刑．三一書房．
前坂俊之（1990）増補新版 日本死刑白書．三一書房．
正木ひろし（1955）裁判官：人の命は権力で奪えるものか．光文社．
正木ひろし（1987）著作集：三里塚事件菅生事件丸正事件ほか七事件，第3巻．三省堂．
正木ひろし・森長英三郎・佐々木哲蔵・家永三郎（1977）「裁判官」「検察官」：冤罪裁判とのたたかい．現代史出版会．
正延哲士（1985）蒔絵職人霜上則男の冤罪 山中温泉殺人事件．東京法経学院出版．

松倉豊治（1960）自殺か他殺か―旭越山事件―．法医学雑記帳．思い出の事件．大塚薬報，110．
松倉豊治（1971）改訂 捜査法医学．東京法令出版．
松倉豊治（1973）溺死の種々相（1）．臨床と法医学．綜合臨床，20（7），pp.1453-1458．
松本清張（1968）ミステリーの系譜．新潮社．
松本清張（1973）日本の黒い霧（全）．文藝春秋．
松下竜一（1985）記憶の闇―甲山事件［1974-1984］．河出書房新社．
Mann, S., Vrij, A. & Bull, R. (2004) Detecting true lies: Police officer's ability to detect suspect's lies. *Journal of Applied Psychology, 89* (1), pp.137-149.
Mannix, D. P. (2003) *The History of Torture.* New York: The History Press.
Maine Code (1847) Chapter 311, Section 3.
Marriner, B. (1993) *Murder with Venom* (*True Crime Library*). London: Forum Press.
Marston, W. M. (1938) *The Lie Detector Test.* New York: R. R. Smith.
丸太 隆（2004）裁判員制度．平凡社新書，平凡社．
Mathiason v. Oregon (1977) 429, U. S. 492, 495.
McCormich, C. T. (1972) *Handbook of the Law of Evidence*, 2nd. ed. St. Paul, MN: West.
McKenzie, I. K. (1994) Regulating custodial interviews: A comparative study. *International Journal of the Sociology of Law, 22,* pp.239-259.
Meissner, C. A., & Kassin, S. M. (2002) "He's guilty!": Investigator bias in judgements of truth and deception. *Law and Human Behavior, 26* (5), pp.469-480.
Meissner, C. A., Redlich, A. D., Bhatt, S. & Brandon, S. (2012) *Interview and Interrogation Methods and Their Effects on True and False Confessions.* Norway, Oslo: The Campbell Collaboration.
Memon, A. A., Vrij, A. and Bull, R. (ed.) (2000) *Psychology and Law: Truthfulness, Accuracy and Credibility.* 2nd Ed. New York: John-Wiley & Sons.
メンデル（Mendel, G.）(1999)雑種植物の研究．岩槻邦男・須原順平訳．岩波書店．
Merton, R. (1938) Social structure and anomie. *American Sociological Review, 3,* pp.672-82.
みどり荘事件弁護団（1997）完全無罪へ13年の軌跡―みどり荘事件弁護の記録．現代人文社．
Milgram, S. (1963) Behavioral study of obedience. *The Journal of Abnormal and Social Psychology, 67* (4), pp.371-378.
Miller, W. B. (1958) Lower class culture as a generating milieu of gang delinquency. *Journal of Social Issues, vol. 14* (3), pp.5-19.
Milne, R. & Bull, R. (1999) *Investigative Interviewing:*

Psychology and Practice. Chichester: John Wiley & Sons, Ltd.

Milne, R. & Bull, R.（2003）Interviewing by the police. In Carson, D. & Bull, R.（eds.）, *Handbook of Psychology in Legal Contexts*. Chichester, UK: John Wiley & Sons.

Miranda v. Arizona.（1966）384 U. S. 436.

三井誠・佐藤博史・馬場義宣・植村立郎（編）（2002）新・刑事手続きⅠ・Ⅱ・Ⅲ．悠々社．

宮下正昭（1988）予断―えん罪高隅事件．筑摩書房．

溝口郡平（1963）殺人捜査の実際．有紀書房．

溝川徳二（編）（1991）犯罪・事件 日本と世界の主要事件総覧．教育社．

Moir, A. & Jessel, D.（1995）*A Mind to Crime*. New York: Signet Books.

森 炎（2012）司法殺人―元裁判官が問う歪んだ死刑判決．講談社．

森川哲郎（1974）拷問―権力による犯罪―．図書出版社．

森長英三郎（1969）続 史談裁判．日本評論社．

守屋克彦（1988）自白の分析と評価―自白調書の信用性の研究．勁草書房．

Morgan, T.（1922）Croonian lecture: On the mechanism of heredity, June 1, 1922. *Proceedings of the Royal Society, B 94, pp.162-197.*

Moscovici, S.（1985）Social influence and conformity. In G. Lindzey & E. Aronson, eds., *The Handbook of Social Psychology, pp.293-315.* Chichester: John Wiley & Sons.

Moston, S.（1996）From denial to admission in police questioning of suspects In G. Davis, S. Lloyd-Bostock, M. McMurran & C. Wilson, eds., *Psychology, Law, and Criminal Justice: International Developments in Research and Practice.* Berlin: De Gruyter.

Moston, S. & Engelberg, T.（1993）Police questioning techniques in tape re-corded interviews with criminal suspects. *Policing and Society, Vol.3, pp.223-237.*

Munsterberg, H.（1923）On the witness stand: Essays on psychology and crime. *Classics in the history of psychology*. An internet resource developed by Christpher D. Green (Ed.), York University, Tronto, Ontario.

無実の「死刑囚」連絡会議（1979）牟礼事件―「無実を叫ぶ死刑囚たち」．三一書房．

村野薫（2002）明治・大正・昭和・平成事件・犯罪事典．事件犯罪研究会．東京政経学院出版．

Nagel, E.（1965）Types of causal explanation in science. In Lerner, D.（ed.）: *Cause and Effect*. New York: The Free Press.

中島 修（2011）40年目の真実―日石・土田爆弾事件．創出版．

中川考博（2008）刑事裁判・少年審判における事実認定―証拠評価をめぐるコミュニケーションの適正化．現代人文社．

中村光至（1990）広域指定105号事件．ケイブンシャ文庫．到文社．

南波杢太郎（1912）最新犯罪捜査法．松華堂．

Nemec, J.（1969）*International Bibliography of Medicolegal Serials, 1736-1967*. National Library of Medicine. Bethesda, Maryland.

New York City Sanitary Code, Sec. 112 of 1947.

Newman, O.（1972）*Defensible Space: Crime Prevention Through Urban Design*. New York: MacMillan.

日本弁護士連合会（編）（1989）誤判を語る．人権擁護委員会．日本弁護士共同組合．

日本弁護士連合会（1998a）誤判原因の実証的研究．人権擁護委員会．現代人文社．

日本弁護士連合会（編）（2013）特集日本弁護士連合会における再審請求支援の取組．弁護士白書2013年版．

日本弁護士連合会・香川県弁護士会編（1994）やっとらんもんはやっとらん―榎井村事件再審無罪への道 上・下―．日本弁護士連合会．

日本法医学会（1994）異状死ガイドライン．日本法医学雑誌，48（5），pp.357-358.

新潟大学法医学教室（編）（1968）日本法医学会総会50回の歩み（1914-1966）．

NIMH Grant award（1994）MH-42545, *Experimental Studies of Susceptibility to Panic*, project period 2/1/88-8/31/98, budget period 9/30/93-8/31/94, Principal Investigator: Leonard A Rosenblum.

野間 宏（1985）狭山裁判（上）・（下）．岩波新書．岩波書店．

小田 律（1919）大犯罪人の研究．玄文社．

小田中聰樹．（1993）冤罪はこうして作られる．講談社現代新書．

Ofshe, R. J. & Leo, R. A.（1997a）The decision to confess falsely: Rational choice and irrational action. *Denver University Law Review, 74, pp.979-1112.*

Ofshe, R. & Leo, R. A.（1997b）The social psychology of police interrogation: The theory and classification of true and false confessions. *Studies in Law, Politics & Society, 16, pp.189-251.*

Ofshe, R. & Watter, E.（1994）*Making Monsters: False Memories, Psychotherapy and Sexual Hysteria*. New York: CharlesScriber's.

小島峰雄（1992）福井女子中学生殺人事件．無罪事例集［第一集］．日本弁護士連合会刑事弁護センター編，日本評論社．

岡田朝太郎（1900-1901）「ベルチョン」氏式人身測定法．警察協会雑誌，12号，pp.5-10，警察協会．

岡田 薫（1992）DNA 型と個人識別．警察学論集 45 巻 2 号，pp.1-25．

岡田薫（2007）捜査指揮―判断と決断．東京法令出版．

岡田薫（2008）取調の機能と録音録画．国立国会図書館，レファレンス，pp.5-19．

Olds, J. & Milner, P.（1954）Positive Reinforcement Produced by Electrical Stimulation of Septal Area and Other Regions of the Rat Brain. *Journal of Comparative and Physiological Psychology, 47, pp.419-422.*

小野悦男（1979）でっちあげ―首都圏連続殺人事件（1979）．社会評論社．

大阪地方裁判所（2012a）平成 21（た）811（再審請求事件）．下級裁判所判例．第 15 刑事部，平成 24 年 3 月 7 日．

大阪地方裁判所（2012b）平成 22（わ）2160（殺人・現住建物等放火被告事件）．下級裁判所判例．第 15 刑事部，平成 24 年 3 月 15 日．

大下英治（1986）地獄の黄金 小説豊田商事事件．サンケイノベルス．サンケイ出版．

大津地裁（2014）刑事裁判例，平成 26 年 1 月 17 日判決．判例タイムス，1261 号，判例タイムズ社．

Ord, B., Shaw, G. & Green, T.（2008）*Investigative Interviewing Explained*, 2nd ed. Lexis Nexis.

Orford v. Orford（1921）49 Ontario Law Report 15.

Osborn, A. S.（1929）*Questioned Documents* 2nd. Ed. Boyd Printintg Company, Sweet & Maxwell.

Owen, D.（2000）*Hidden Evidence: Forty True Crimes and How Forensic Science Helped Solve Them.* New York: Firefly Books.

Payne-James, J.（2005）History of forensic medicine. In J. Payne-James., R. W. Byard, T. S. Corey, & C. Henderson.（eds.）*Encyclopedia of Forensic and Legal Medicine.* New York: Elsvier. pp.498-519.

ペータース（Peters, C.）（1981）誤判の研究 西ドイツ再審事例の分析．能勢弘之・吉田敏雄訳．北海道大学図書刊行会．

Pert, C. & Snyder, S.（1973）Opiate Receptor: Demonstration in Nervous Tissue. *Science, 179（4077）, pp.1011-1014.*

Perina, A.（2003）False Confession. *Psychological Today, March 01.*

Picchinonna v. US. 1989.

Poe, E.（2003）*Edgar Alan Poe: Complete Tales and Poems.* New York: Castle Books.

Porter v. Conneticut State. 1997.

Povey, D., Smith, K., Hand, T. & Dodd, L.（2009）*Home Office Statistical Bulletin: Police Powers and Procedures England and Wales 2007/08.* London: HMSO.

Raskin, D. C.（1983）*The Scientific Validity of Ploygraph Testing: A Research Review and Evaluation.* A Technical Memorundum. Office of Technology Assessment, Congress of the United States.

Rabinow, P.（1996）*Making PCR.* Chicago: The University of Chicago Press.

Redlich, A. D. & Goodman, G. S.（2003）Taking responsibility for an act not committed: The influence of age and suggestability. *Law and Human Behavior, 27, pp.141-156.*

Report of Subcommittee on Artificial Insemination of the Domestic Relations（1956）Committee of the State Bar of Michigan April 28.

Roberts, K. A. & Herrington, V. L.（2011）Police interviews: International perspectives. In J. Kitaeff, *Handbook of Police Psychology.* New York: Routledge.

Roftus, E.（1993）The Reality of Repressed Memories. *American Psychologist, 48, pp.18-21.*

Roftus, E. & Ketcham, K.（1994）*The Myth of Repressed Memory: False Memories and Allegations of Sexual Abuse.* New York: St. Martin's Press.

Rosenberg, A. R.（1975）3 Book Rev. J. *Legal Medicine, 7, July/August.*

Rosenblum, L. & Paully, S.（1987）Depression in nonhuman primates. *Psychiatric Clinics of North American, 10, pp.437-447.*

Rosenhan, D.（1973）On being sane in insane places. *Science, 179, Junuary.*

Rosenthal, R. & Jacobson, L（1966）Teacher's Expectancies: Determiners of Pupils IQ Gains. *Psychological Report, 19, pp.115-118.*

Russano, M. B., Meissner, C. A., Narchet, F. M. & Kassin, S. A.（2005）Investigating true and false confessions within a novel experimental paradigm. *Psychological Science 16（6）, pp.481-486.*

Saferstein, R.（2001）*Criminalistics: An Introduction to Forensic Sscience, 7th ed.* New York: Upper Saddle River.

佐木隆三（1974）誓いて我に告げよ．角川文庫．角川書店．

佐木隆三（1978）復讐するは我にあり（上・下）．講談社文庫．講談社．

佐木隆三（1993）闇の中の光．徳間書店．

匂坂馨（1998）個人識別．（中公新書）．中央公論社．pp.80．

最高裁（1948）昭和 23（れ）441 窃盗．第一小法廷判決棄却．8.5.

最高裁（1973）昭和 45（あ）66（現住建造物等放火）．第一小法廷判決無罪．12.13.

最高裁（2007）平成 19（あ）398 ≪爆発物取締罰則違反・殺人未遂≫．第三小法廷決定棄却，10.16.

最高裁（2012）平成22（あ）174（詐欺・殺人・殺人未遂・現住建造物等放火被疑事件）．第一小法廷決定棄却．2.24.
佐賀新聞（2005）北方町連続殺人事件無罪─厳しく問われる捜査手法．5.11．社説．
坂井活子（2001）血痕は語る．時事通信社．
佐久間辰二（1912）犯罪捜査論．國民法制學會．
佐久間哲夫（1991）恐るべき証人─東京大学法医学教室の事件簿．悠飛社．
Sampson, R. & Witkstrom, P-O. (2006) *The Explanation of Crime: Context, Mechanisms and Development (Pathways in Crime)*. Cambridge: Cambridge University Press.
Sanders, E. (1951) *The Mystery of Marie La Farge*. London: Crerke & Cockeran.
佐野眞一（2003）東電OL殺人事件．新潮文庫．新潮社．
佐藤友之（1983）つくられた殺人犯─六甲山（殺人死体遺棄）事件─．現代書林．
佐藤友之・真壁昊（1981）冤罪の戦後史 つくられた証拠と自白．図書出版社．
Scheck, B., Neufeld, P. & Dwyer, J. (2000) *Actual Innocence: Five Days to Execution and Other Dispatches from Wrongly Convicted*. New York: Random House.
Scheck, B., Neufeld, P., & Dwyer, J. (2003) *Actual Innocence: When Justice Goes Wrong and How to Make it Right*. New York: A Signet Book.
Schultz, O. T. & Morgan, E. M. (1928) *The Coroner and the Medical Examiner*. Bulletin, No. 64, National Research Council, Washington, D. C., p.84, 89.
Schroeder, O. Jr. (1975) *The Forensic Sciences in American Criminal Justice, A Legal Study Concerning the Forensic Science Personnel*. Forensic Sciences Foundation, Inc. Rockville, June. pp.13-21.
Schwann, T. & Schleyden, M. (1847) *Microscopical Researches into the Accordance in the Structure and Growth of Animal and Plants*. London: Printed for the Sydenham Society.
Sellin, T. (1938) *Culture Conflict and Crime*. New York: Social Science Research Council.
仙波厚・小坂敏幸・宮崎英一（1999）犯人識別供述の信用性．法曹界出版．
Sengoopta, C. (2003) *Imprints of the Raj: How Fingerprinting was born in Colonial India*. New York: MacMillan.
Shaw, C. & H. McKay. (1942) *Juvenile Delinquency and Urban Areas*. Chicago, Il: Chicago University Press.
Shepherd, E. (1991) Ethical interviewing. *Policing, 7, pp.42-60*.

Shepherd, E. (1993) Resistance in interviews: The contribution of police perception and behavior. *Issues in Criminal and Legal Psychology, 18, pp.5-12*.
Shepherd, E. & Milne, R. (2006) Have you told the management about this?: Bringing witness interviewing into the 21st Century. In A. Heaton-Arimstrong, E. Shepherd, G., Gudjonsson & D. Wolchover, *Witness Testimony. -Psychological, Investigative and Evidential Perspectives-*. New York: Blackstone Press.
Sherif, M. (1936) *The Psychology of Social Norms*. New York: Harper.
Shorter, E. (1997) *A History of Psychiatry from the Era of the Asylum to the Age of Prozac*. New York: John Wiley & Sons.
Sigerist, H. (1932) *The Great Doctors: A Biographical History of Medicine*. London: Allen & Unwin.
清水一行（1978）捜査一課長．集英社．
清水潔（2004）桶川ストーカー殺人事件─遺言─．新潮文庫．新潮社．
下村幸雄（1996）共犯者の自白─誤判防止のための準則．日本評論社．
Simon, D. (1991) *Homicide: A Year on the Killing Streets*. New York: Ivy Books.
Singer, C. (1928) *A Short History of Medicine*. New York: Oxford University Press, p.71.
Skolnick, J. H. & Leo, R. A. (1992) The ethics of deceptive interrogation. In J. W. Bizzack, ed., *Issues in Policing: New Perspectives (pp.75-95)*. Lexington, KY: Autumun House.
Slater, L. (2005) *Opening Skinner's Box -Great Psychological Experiments of the Twentieth Century*. New York: W. W. Norton & Company, Reprinted Ed.
Slobogin, C. (1997) Deceit, pretext, and, trickery: Investigative lies by the police. *76 Oregon Law Review, pp.755-800*.
Slobogin, C. (2003) An empirically based comparison of American and European police investigative techniques. In P. J. van Koppen & S. D. Penrod, eds., *Adversarial Versus Inquisitorial Justice: Psychological Perspectives on Criminal Justice Systems, pp.28-52*. New York: Plenum.
Smith, S. (1951) The History and Development of Forensic Medicine. *British Medical Journal, London, Saturday, March 24*.
Smith, S. (1954) The history and development of legal medicine. In R. B. Gradwohl, ed., *Legal Medicine*. St. Louis: The C. V. Mosby
Snyder, L. M. (1959) Comments, 171 Journal of American Medical Association, 6, Oct. 10.

Snyder, S.（1974）*Madness and the Brain*. New York: McGraw-Hill.
捜査研究会編（2003）犯罪取調の要領，五訂版．東京法令出版．
Stephenson, G. M. & Moston, S.（1993）Attitudes and assumptions of police officers when questioning criminal suspects. *Issues in Criminological and Legal Psychology, No.18, pp.30-36*.
Stephenson, G. M. & Moston, S.（1994）Police interrogation. *Psychology, Crime & Law, Vol.1, pp.151-157*.
鈴木和男（東京歯大）（1964）法歯学．現代書房．
鈴木 理（2006）分子生物学の誕生（上）（下）．細胞工学別冊，学研メディカル秀潤社．
鈴木達也（1984）山口組壊滅せず．東都書房．
Sullivan, T. P.（2004）*Police experiences with recording custodial interrogations*. Chicago: Northwestern University School of Law, Center on Wrongful Convictions.
Sutherland, E.（1939）*Principles of Criminology*. Philadelphia: Lippincott.
Sykes, G. M.（1974）The rise of critical criminology. *The Journal of Criminal Law and Criminology, 65 (2), pp.206-213*.
Szaz, T. S.（1970）*The Manufacture of Madness*. Dell, New York, p.76.
多田辰也（1999）被疑者取調とその適正化．成文堂．
竹沢哲夫・山田善二郎（1993）現代 再審・えん罪小史．イクォリティ．
滝川幸辰（1981）滝川幸辰刑法著作集．團藤重光・中武靖夫・竹内正・木村静子他編，世界思想社．
高橋正巳（1956）犯罪学．新警務全書第35巻，令文社．
高杉晋吾（1985）権力の犯罪—なぜ冤罪事件がおこるのか—．講談社文庫．講談社．
高取健彦（元科学警察研究所長）（2008）我が国の法医学の歴史的変遷とその展開（その1；その2）．Acta Criminologiae et Medicinae Legalis Japonica, 74 (4), pp.122-133; 148-160.
田平康一（1989）鹿児島の夫婦殺し事件．日本弁護士連合会人権擁護委員会編，誤犯を語る．全弁協叢書，全国弁護士協同組合連合会．
Taylor, I., Walton P. & J. Young.（1973）*The New Criminology*. New York: Harper & Row.
寺田精一（1915）ロンブローゾの刑事人類學説．心理研究, 17 (37), pp.81-107.
津野瀬光男（1988）幻の銃弾．かや書房．
The Daily Telegraph（1998）20 January, p. 9.
Thomas, G. C.（1996）Plain talk about the Miranda empirical debate: A "steady-state" theory of confession. *UCLA Law Review, 43, pp.939-959*.

東京帝國大學法醫學教室五十三年史（1943）東京帝國大學法醫學教室五十三年史編纂会編．東京帝國大學法醫學教室（発行人 古畑種基）．
富田功一（1974）法律家のための法医学．第一学習社．
トランケル（Trankell, A.）（1976）証言の中の真実—事実認定の理論．植村秀三訳，金剛出版．
Tsan-Chang Lin & Chih-Hung Shih（2013）Police interrogation. *Psychology, Crime and Law, 1, pp.151-157*.
上田誠吉・後藤昌次郎（1964）誤った裁判—八つの刑事事件—．岩波新書373，岩波書店．
上野正吉（1959）新法医学．南山堂．
上野正吉（1970）新法医学．南山堂．
植松 黎（1995）ニッポン列島毒殺事件簿．角川書店．
内山孝一（1949）生物科學の創始者ヴェサリウスの生涯．中央公論．
Uhlenhuth, P.（1901）Deutsche Med. Wochenschr., 86 Leipzig & Berlin, 260.
United States v. Downing（1985）753 F. 2d 1224.
Van der Kolk, B.（2014）*The Body Keeps the Score: Brain, Mind, and Body in the Healing of Trauma*. New York: Viking Press.
Virchow R.（1859）*Cellular Pathology*, special ed. London: John Churchill.
Wagner, E.（2006）*The Science of Sherlock Holmes*. New York: John Wiley & Sons.
若杉長英（1983）法医学．医学要点双書11，金芳堂．
Walkley, J.（1987）*Police Introgation -A Handbook for Invesigators-*. London: Police Review Pub.
Walters, S. B.（2002）*Principles of Kinesic Interview and Interrogation, 2nd ed.* New York: CRC Press.
Walls, H. J.（1974）*Forensic Science*, ed. 2. London: Sweet & Maxwell, p.1.
Warden, R.（2003）The Role of False Confessions in Illinois Wrongful Murder Convictions since 1970. Center on Wrongful Convictions Research Report.
和多田進（1988）ドキュメント帝銀事件．ちくま文庫．筑摩書房．
渡辺公三（2003）司法的同一性の研究．言叢社，p.73.
渡辺倍夫（2004）徳島ラジオ商殺し事件．新風舎文庫．新風舎．
渡部保夫（1992）無罪の発見—証拠の分析と判断基準—．勁草書房．
Watson, J. & Crick, F.（1953）. Molecular structure of nucleic acids: a structure for deoxyribose nucleic acid. *Nature, 171, pp.737-738*.
Wecht, C.（2005）The history of legal medicine. *Journal of the American Academy of Psychiatry and the Law, 33 (2), pp.245-51*.
Weinberg, S.（2003）*Pointing From the Grave -A

True Story of Murder and DNA-. London: Hamish Hamilton.

Weingardt, K. R., Loftus, E. F. & Lindsay, D. S. (1995) Misinformation revisited: New evidence on the suggestibility of memory. *Memory & Cognition, 23,* pp.72-82.

Wikstrom, P-O. & Sampson, R. J. (2003) Social mechanisms of community influences on crime and pathways in criminality. In B. B. Lahey, T. E. Moffitt & A. Caspi, eds., *Causes of Conduct Disorder and Juvenile.* New York: The Guilford Press.

Williamson, T. (1993) From interrogation to investigative interviewing: strategic trends in police questioning. *Journal of Community and Applied Social Psychology, 3,* pp.89-99.

Williamson, T. (1994) Reflections on current police practice. In D. Morgan & G. M. Stephenson, eds, *Suspicion and silence: The Right to Silence in Criminal Investigations.* London: Blackstone.

Williamson, T., Milne, B. & Savage, S. P. (ed.) (2009) *International Developments in Invesigative Interviewing.* New York: Routledge.

Wilson, C. (1986) *A Criminal History of Mankind.* London: Grafton Books.

Wilson, C. (1989) *Written In Blood -Detectives & Detection-.* Book Ⅰ: Book Ⅱ. New York: The Warmer Books.

Wison, C. & P. Pitman. (1961) *Encyclopaedia of Murder.* London: G. Weldenfeld & Nicolson

Wilson, C., Schott, I., Shedd, E., Wilson, D. & Wilson, R. (ed.) (1995) *Colin Wilson's World Famous Crimes.* London: Robinson Pub.

Wilson, C. & Wilson, D. (2002) *The Manmoth Book of Illustrated True Crime: A Photpgraphic History.* London: Robinson.

Wilson, C. (1989) *Written In Blood -Detectives & Detection-.* Book Ⅰ: Book Ⅱ. New York: The Warmer Books.

Wilson, J. Q. & Herrnstein, R. J. (1985) *Crime and Human Nature.* New York: A Touchstone Book.

Woody, R. H. (1974) *Legal Aspects of Mental Retardation,* Ⅲ. Springfield: Charles C.Thomas Co.

山口南北（1924）有罪か無罪か. 現代捕物帖, 弘道舘.

山本徹美（2004）袴田事件―冤罪・強盗殺人放火. 新風舎文庫. 新風舎.

Yamamura, T. (2002) Inconsistent role of the media in criminal profiling in a serial murder case. *International Journal of Police Science & Management, 4*（1）*,* pp.28-38.

山村武彦（2006）ポリグラフ鑑定―虚偽の精神生理学―. 誠信書房.

山室恵（編著）（2006）刑事取調技術. 改訂版, ぎょうせい.

山中康裕・森 省二（1982）境界例の精神病理. 現代のエスプリ, No.175.

山科正平（2009）細胞発見物語. 講談社ブルーバックス, 講談社.

横川和夫・保坂 渉（1992）ぼくたちやってない―東京・綾瀬母子強盗殺人事件. 共同通信.

読売新聞大阪社会部（1981）誘拐報道. 新潮文庫. 新潮社.

読売新聞大阪社会部（1990）逆転無罪―少年はなぜ罪に陥れられたか. 講談社.

Zilboorg, G., with Henry, G. W. (1941) *History of Medical Psychology.* New York: W. W. Norton, p.226.

Zimbardo, P. G. (1971) The power and pathology of imprisonment. *Congressional Record.* (Serial No. 15, 1971-10-25). Hearings before Subcommittee No.3, of the Committee on the Judiciary, House of Representatives, Ninety-Second Congress, *First Session on Corrections, Part II, Prisons, Prison Reform and Prisoner's Rights: California.* Washington, DC: U.S. Government Printing Office.

Zonderman, J. (1990) *Beyond The Crime Lab -The New Science of Investigation-.* New York: John Wiley & Sons.（アメリカ犯罪科学捜査室. 大野展也・高津光洋・中村真理子・村田肇子訳, 廣済堂出版, 1994.）

Zulawski, D. E. & Wicklander, D. E. (2001) *Practical Aspects of Interview and Interrogation,* 2nd ed. New York: CRC Press.

参考文献

秋山裕美（1997）図説拷問全書．原書房．
Bayley, D.（1976）*Forces of Order: Policing Modern Japan*. California: California University Press.
Chevigny, P.（1995）*Edge of the Knife Police Violence in the America*. New York: The New Press.
土井洸介（1996）True Crime Japan 4 情痴殺人事件．同朋舎出版．
Donzinger, S. R.（ed.）（1996）*The Real War on Crime The Report of the National Criminal Justice Commission*. New York: Harper Collins.
Dunning, J.（1979）*Truly Murderous*. London: Arrow Books.
Dunning, J.（1985）*Madly Murderous*. London: Arrow Books.
Dunning, J.（1987）*Strange Deaths*. London: Arrow Books.
Dunning, J.（1989）*Murderous Women*. London: Arrow Books.
Dunning, J.（1989）*Mindless Murders*. London: Arrow Books.
Dunning, J.（1989）*Mystical Murders*. London: Arrow Books.
Dunning, J.（1993）*Truly, Madly, Deadly Murderous: Omnibus*. London: Arrow Books.
Eckert, W.（ed.）（1980）*Introduction to Forensic Sciences*. St. Louis: The C. V. Mosby.
古瀬俊和（1996）True Crime Japan 5 迷宮入り事件．同朋舎出版．
Gaute, J. H. H. & Odell, R.（1980）*The Murder's Who's Who*. New York: MacMillan.
Gottfredson, M. R. & Hirschi, T.（1990）*A General Theory of Crime*. California: Stanford University Press.
Halleck, S. L.（1987）*The Mentally Disordered Offender*. Arlington, VA: American Psychiatry Press.
平山夢明（1995）異常快楽殺人．角川書店．
池上正樹（1996）True Crime Japan 2 連続殺人．同朋舎出版．
Johnson, D. T.（2002）*The Japanese Way of Justice: Prosecuting Crime in Japan*. Oxford: Oxford University Press.
川端 博（監）（1997）拷問の歴史—ヨーロッパ中世犯罪博物館．河出書房新社．
川路利良（1879）警察手眼．植松直久編．警視局（内務省警視庁），（国会図書館所蔵図書，近代偉人傑作選）．
警察庁（1964）情況証拠による事実認定裁判例集．刑事警察資料第94号，刑事局．
小林道雄（1998）日本警察の現在．岩波書店．
小酒井不木（1991）殺人論．図書刊行会．
Lane, B.（1994）*The Encyclopedia of Women Killers*. London: Headline Books.
Lane, B. & Gregg, W.（1995）*The Encyclopedia of Serial Killers*. London: Headline Books.
Lane, B. & Gregg, W.（2004）*The Encyclopedia of Mass Murder*. London: Robinson.
Leyton, E.（1989）*Hunting Humans: The Rise of the Modern Multiple Murderer*. Philadelphia: Running Press.
Marrison, H. & Goldberg, H. G.（2004）*My Life among the Serial Kilers*. New York: Harper Collins.
松村善彦（1985）残虐犯罪史．東京法経学院出版．
内藤裕史．（2001）中毒百科—事例・病態・治療—．改訂第2版．南江堂．
日本弁護士連合会（編）（1992）無罪事例集．第一集．刑事弁護センター．日本評論社．
日本弁護士連合会（編）（1996）無罪事例集．第二集．刑事弁護センター．日本評論社．
日本弁護士連合会（編）（1998b）無罪事例集．第三集．

刑事弁護センター．
日本弁護士連合会（編）（1999）無罪事例集．第四集．刑事弁護センター．
日本弁護士連合会（編）（2000）無罪事例集．第五集．刑事弁護センター．
日本弁護士連合会（編）（2001）無罪事例集．第六集．刑事弁護センター．
日本弁護士連合会（編）（2002）無罪事例集．第七集．刑事弁護センター．
日本弁護士連合会（編）（2003）無罪事例集．第八集．刑事弁護センター．
日本弁護士連合会（編）（2004）無罪事例集．第九集．刑事弁護センター．
Noris, J. & Birnes, W. J. (1988) Serial Killers. New York: Anchor.（シリアル・キラー．吉野美恵子訳，早川書房，1996．）
岡田晃房（1996）True Crime Japan 3 営利殺人事件．同朋舎出版．
古畑種基（1959）法医学ノート．中央公論社．
古瀬俊和（1996）TRUE CRIME JAPAN 5 迷宮入り事件．同朋舎出版．
前坂俊之（1985）日本犯罪図鑑―犯罪とはなにか―．東京法経学院出版．
牧 逸馬（1969）世界怪奇実話Ⅰ・Ⅱ．桃源社．
モネスティエ（Monestier, P.）（1991）世界犯罪者列伝―悪のスーパースターたち―．高橋啓史訳，JICC出版局．
Samenow, S. E. (1984) Inside the Criminal Mind. New York: Times Books.
斎藤充功（1995）True Crime Japan 1 誘拐殺人事件．同朋舎出版．
斎藤充功・土井洸介（1996）True Crime Japan 4 情痴殺人事件．同朋舎出版．
鈴木秀治（訳）（1992）医者と殺人者―ロンブローゾと生来性犯罪者伝説―．新評論．(P. Darmon, Medecins et Assassins a la Belle Epoque -La medcalisation du crine, Edition du Seuil, 1989.)
杉山二郎・山崎幹夫（1994）毒の文化史．学生社．
武村信義（訳）（1980）殺人―実存の限界状況の分析―．金剛出版．(P. Ghysbrecht, Moord analyse van een existentele grenssituatie, Gebt, 1963.)
Thomas, G. (1988) Journey into Madness: medical torture and the mind controllers. London: Bantan Press.
Time Life books (1992) Mass Murders・Serial Killers・Mafia. True Crime Series. Alexandria, Virginia: Time-Life Books.
Time Life books (1993) Unsolved Crimes・Compulsion to kill・Death and Celebrity・Most Wanted. True Crime Series. Alexandria, Virginia: Time-Life Books.
Time Life books (1994) Crimes of Passion・Assasination. Alexandria, Virginia: Time-Life Books.
Time Life books (1992-4) Mass Murders, Serial Killers, Compulsion to Kill, Crimes of Passion, Assassination. True Crime Series. Alexandria, Virginia: Time-Life Books.
ウンドイッチ（Undeutsch）・U.（編著）（1973）証言の心理．植村秀三訳，東京大学出版会．
和島岩吉（1960）三つの無罪．博文社．
渡辺保夫（1991）刑事裁判ものがたり．潮出版．
渡部富哉（2012）白鳥事件 偽りの冤罪．同時代社．
Williams, G. (1960) Questioning by the police. Criminal Law Review, pp.325-346.
Williams, G. (1979) The authentication of statements to the police. Criminal Law Review, pp.6-23.
Wilson, C. (1998) The Mammoth Book of True Crime. New York: Carroll & Graf Publishers.
Wilson, C. & Wilson, D. (1990) The Serial Killers: Study in the Psychology of Violence. London: W. H. Allen / Virgin Books.
Wilson, C. & Wilson, D. (2000) The Mammoth Book of Encyclpedia of the Unsolved. New York: Carroll & Graf Publishers.
Wilson, C. & Wilson, D. (2002) The Mammoth Book of Illustrated True Crime A Photographic History. London: Robinson.
Wilson, C. (1990) The Mammoth Book of the History of Murder. New York: Carroll & Graf Publishers.
Wilson, C. & Seaman, D. (1983) Encyclopeadia of Modren Murder 1962-1983. London: Pan Books.
読売新聞社会部（2000）ドキュメント弁護士―法と現実のはざまで―．中公新書，中央公論社．
読売新聞社会部（2002）ドキュメント裁判官―人が人をどう裁くのか―．中公新書，中央公論社．
読売新聞社会部（2006）ドキュメント検察官―揺れ動く「正義」―．中公新書，中央公論社．
Youngson, R. M. & Schott, I. (1996) Medical Blunders Amazing True Stories of Mad, Bad and Dangerous Doctors. New York: NYU Press.
Zimbardo, P. G. (2007) The Lucifer Effect: Understanding How Good People Turn Evil. New York: Random House.

索　引

【人名】

アッシュ（Asch, E.） …………………… 123
アルサイド（Arside, P.） ………………… 102
インボー（Inbau, F.） …………… 101, 140
ウーレンハート（Uhlenhuth, P.） ……… 94
ウィックランダー（Wicklander, D.） …… 140
ウェプファー（Wepfer, J.） ……………… 41
ウォラストン（Wallaston, W.） ………… 94
ウォルターズ（Walters, S.） …………… 140
エスキロル（Esquirol, J.） ……………… 76
オーブリー（Aubry, A.） ………………… 140
オルフィラ（Olfila, J.） ……………… 57, 70
カウパー（Cowper, W.） ………………… 42
片山国嘉 …………………………………… 48
カピュウト（Caputo, R.） ……………… 140
ガル（Gall, F.） …………………………… 87
川路利良 ………………………………… 153
キーラー（Keeler, L.） ………………… 101
キアルージ（Chiarugi, V.） ……………… 75
グッドジョンソン（Gudjonsson, G.） … 140
クリック（Crick, F.） ………………… 29, 98
グロス（Gross, H.） ……………… 79, 105
ゴールトン（Galton, F.） ………………… 91
ゴダード（Goddard, C.） ………………… 84
ザキアス（Zaccias, P.） ……………… 31, 39
ジェフリーズ（Jeffreys, A.） …………… 98

シェリフ（Sherif, M.） ………………… 180
シュライヤー（Schreyer, J.） …………… 41
スピルズベリー（Spilusbury, B.） ……… 64
スワメルダム（Swammerdam, J.） ……… 41
ズロースキィ（Zulawski, D.） ………… 140
ゼンメルヴァイス（Semmelweis, E.） …… 44
ダゲール（Dauguerne, L.） ……………… 89
タルデュー（Tardieu, A.） ……………… 43
デーニッツ（Doenitz, W.） ……………… 48
バートリー（E. Bathory） ……………… 93
ヴァイヤー（Weyer, J.） ………………… 39
パレ（Pare, A.） ………………………… 38
ピネル（Pinel, P.） ……………………… 75
ビセティヒ（Vucetich, J.） ……………… 92
フィデリ（Fideli, F.） …………………… 39
フォールズ（Faulds, H.） ………………… 91
フック（Hook, R.） …………………… 27, 88
フラウンホーファー（Fraunhofer, J.） … 94
ブル（Bull, R.） ………………………… 141
プルキニュ（Purkinje, J.） ……………… 91
古畑種基 …………………………………… 49
ベートソン（Bateson, W.） ……………… 29
ヘス（Hess, J.） ………………………… 140
ベルティヨン（Bertillon, A.） …………… 89
ヘンリー（Henry, E.） …………………… 91
ホームズ（Holmes, W.） ………………… 140

ボアソナード（Boissonarde, G.）……… 11, 49
穂積陳重……………………………………… 11
マーストン（Marston, W.）……………… 101
マクドーナルド（McDonald, J.）……… 140
マコード（Michaud, D.）………………… 140
松倉豊治…………………………………………3
マリス（Mullis, K.）……………………… 99
マルピーギ（Malpighi, M.）……………… 91
三田定則……………………………………… 49
ミルグラム（Milgram, S.）……………… 123
メンデル（Mendel, G.）…………………… 29
モスコビッチ（Moscovich, S.）………… 180
ラーソン（Larson, J.）…………………… 101
ラカサーニュ（Lacassagne, A.）………… 43
ラスキン（Raskin, D.）…………………… 101
ランドシュタイナー（Landsteiner, K.）…… 94
リード（Reid, J.）………………………… 101
リッケン（Lykken, D.）…………………… 101
ルイ（Louis, A.）………………………… 42
レーウェンフック（Leeuwenhoek, A.）… 27, 88
レディ（Redi, F.）………………………… 41
ロカール（Locard, E.）…………………… 79
ローゼンハン（Rosenhan, D.）…………… 78
ロンブローゾ（Lombroso, C.）…………… 75
ワトソン（Watson, J.）…………………… 29

【事項】

［あ］

アイヒマン効果…………………………… 19, 123
足利事件（無期再審無罪）……………… 249
綾瀬母子殺人事件（年少者証言）……… 229
旭越山事件………………………………… 111
石和事件（拷問）………………………… 167
一問一答型取調技術……………………… 131
石見町女児殺人事件（無罪判決）……… 232
イングラム事件（虚偽自白）…………… 189
因島毒饅頭事件（無罪判決）…………… 213
ウエイト事件（毒殺）…………………… 61
ウエブスター事件（文書）……………… 109

打出海浜謎の殺人（虚偽自白）………… 182
梅田事件（無期再審無罪）……………… 244
エヴァンス事件（誤判・死刑）………… 210
榎井村事件（無期再審無罪）…………… 243
エボーン v. ズインベルマン訴訟事件 …… 125
エレーヌ事件（毒殺）…………………… 66
大岡山女優宅3人殺し（誤判）………… 260
大阪平野区母子殺害放火事件（証拠隠滅）… 221
大阪事件（虚偽自白）…………………… 173
オット・ゲッツ事件（死刑再審無罪）…… 241
夫の妻故殺事件（有期再審無罪）……… 242
大森勧銀殺人事件（虚偽自白）………… 172
オルソン事件（目撃供述）……………… 222
小島事件（検証不備）…………………… 233

［か］

貝塚ビニールハウス殺人事件（証拠隠匿） 220
会話統制型取調技術……………………… 137
会話指示型取調技術……………………… 139
鹿児島夫婦殺し事件（無罪判決）……… 205
仮死症状…………………………………… 72
過少化法……………………………… 132, 145
カスターン医師事件（毒殺）…………… 59
過大化法……………………………… 132, 145
加藤老事件（無期再審無罪）…………… 241
甲山事件（無罪判決）…………………… 217
カロリナ刑事法典………………………… 37
監獄実験…………………………………… 19
鑑定不備……… 212, 238, 244, 249, 251, 255
カーライル・ハリス事件（毒殺）……… 72
ギーツィンガー事件（無罪判決）……… 211
北方町連続殺人事件（無罪判決）……… 217
ギトー事件（鑑定不備）………………… 231
義父謀殺（無期再審無罪）……………… 245
キュルテン事件（犯人像推測）………… 103
虚偽自白……………………… 129, 162, 169
　――の影響……………………………… 183
　――の発生機序………………………… 176
　――の有罪率…………………………… 186
　――の識別……………………………… 188

——の防止策·················· 190
　共同被告人······················ 220
　切り裂きジャック事件（犯人像推測）····· 102
　ギルフォードの4人組事件（無罪判決）
　　······················ 130, 180, 191
　クリーム事件（毒殺）··············· 65
　クリッペン事件（毒殺）·············· 63
　クロウデン事件（共同被告人）········· 223
　群馬県高利貸殺害事件（関係者供述）···· 226
　警察庁広域重要指定事件············· 17
　刑事警察対策要綱·················· 16
　刑事証拠法················· 131, 147
　血液型·························· 92
　検察官···················· 13, 169, 203
　検視・検案活動················· 110
　検視官制度······················ 81
　ケント事件（血液）················ 97
　現場検証···················· 232, 263
　顕微鏡術························ 88
　交換原理························ 79
　コーヴァン事件（無期再審無罪）······ 239
　強姦未遂謀殺（再審・無期確定無罪）···· 244
　江津事件（再審請求・被告人死亡）····· 257
　神戸須磨事件（犯人像推測）·········· 105
　拷問······················ 129, 165
　個人特定························ 89
　骨相学·························· 87
　誤判······················ 134, 209

［さ］
　再審··························· 235
　　——（死刑確定後無罪）·········· 237
　　——請求特異事件··············· 259
　　——請求（死刑確定被告人死亡例）··· 252
　財田川事件（死刑再審無罪）········ 237
　裁判······················· 34, 195
　　——官················· 25, 197, 200
　幸浦事件（証拠捏造・拷問）········ 219
　サッコとバンゼッティ事件（銃器）···· 210
　サムの息子事件（犯人像推測）······ 104

　狭山事件（捜査技術）·············· 15
　事情聴取と取調················· 142
　実質証拠······················ 198
　指定105号事件（捜査技術）········· 20
　自白の影響···················· 162
　自白率························ 163
　島田事件（死刑再審無罪）·········· 238
　指紋法························· 90
　写真技術························ 89
　シャントレル事件（毒殺）··········· 71
　首都圏連続女性殺人事件（無罪判決）··· 214
　集団の圧力······················ 18
　証拠······················· 25, 198
　　——法························ 197
　女性毒殺者····················· 66
　ジョンソン事件（拷問）············ 240
　白鳥決定（再審・証拠捏造）········ 236
　神判······················· 40, 197
　スーパーインポーズ·············· 124
　推定無罪······················ 199
　スメサースト事件（毒殺）··········· 62
　精神鑑定······················ 230
　説得型（リード方式）取調技術······ 132
　セント・アルバーン事件（毒殺）····· 65
　相馬家騒動····················· 49
　曾根崎少女殺害事件（虚偽自白）···· 182

［た］
　ダーラム判決···················· 77
　ダーン・リー卿事件（文書）········ 108
　第一次捜査権·················· 13
　探索調査型（PEACE方式）取調技術···· 137
　男三郎事件····················· 51
　男性毒殺者····················· 59
　付き馬事件（復顔）·············· 125
　土田・日石・ピース缶爆弾事件（無罪判決）217
　妻故殺（有期再審無罪）············ 232
　ティチボーン事件（個人識別）······· 80
　帝銀事件（再審・被告人死亡）······ 252
　テスノウ事件（血液）·············· 96

デッシュ事件（微物）……………………… 106
DNA 型法 ……………………………………… 98
出歯亀事件…………………………………… 52
東大法医学教室……………………………… 50
東電 OL 殺人事件（無期再審無罪）……… 251
毒殺抄史……………………………………… 57
ラジオ商殺し（有期再審無罪）…………… 245
ドバート対メリル製薬訴訟………………… 185
ド・パウ事件（毒殺）……………………… 64
豊橋事件（証拠隠匿）……………………… 220
豊平区内小学生殺人事件（鑑定不備）…… 234
取調の可視化………………………………… 191
取調官の適性………………………………… 157
ドレフュス事件（無期再審無罪）………… 239
トンプソン事件（ポリグラフ）…………… 102

[な]
ナーバラ事件（DNA）……………………… 100
名張毒ぶどう酒事件（再審請求・被告人死亡）
　……………………………………………… 255
西多摩妻子人食い事件（精神鑑定）……… 232
仁保事件（拷問）…………………………… 167
年少者供述…………………………………… 229
ノーフォーク事件（虚偽自白）…………… 175
脳死問題……………………………………… 55

[は]
バークとヘア事件（殺人）………………… 45
パーマー事件（毒殺）……………………… 61
バーミンガムの 6 人事件（無罪判決）…… 130
バーロー事件（毒殺）……………………… 65
陪審員（裁判員）…………………… 170, 184
袴田事件（死刑確定・再審請求）………… 259
波崎事件（再審請求・被告人死亡）……… 255
バトラー事件（証人供述・被害関係者）… 222
ハムラビ法典………………………………… 32
ハリス事件（虚偽自白）…………………… 176
肺浮遊試験…………………………………… 41
バレンタインデーの虐殺事件（銃器）…… 85
犯罪人説……………………………………… 87
犯罪理論……………………………………… 23

犯罪偽装……………………………………… 112
犯罪性………………………………………… 114
　──（性格）……………………………… 115
　──（性差）……………………………… 114
　──（知能指数）………………………… 115
　──（年齢）……………………………… 115
　──（脳機能）…………………………… 116
犯罪性検証…………………………………… 117
　──（愛憎）……………………………… 117
　──（記憶と虚偽事象）………………… 120
　──（狂信・自己正当合理化）………… 122
　──（集団・群集）……………………… 123
　──（耽溺・依存症）…………………… 118
　──（傍観者効果・集団の中の 1 人）… 123
判事偽証事件（目撃供述）………………… 227
半田署巡査刺殺事件（拷問）……………… 168
犯人像推測技術……………………………… 102
ハンガリー刑法典…………………………… 42
バンベルグ刑事裁判令……………………… 42
比較顕微鏡…………………………………… 83
東住吉事件（無期再審無罪）……………… 250
ひっかけと騙し…………………………… 145, 190
筆跡・文書…………………………………… 108
ヒッタイト法典……………………………… 32
兵庫県龍野の一家 7 人殺害事件…………… 113
弘前大教授夫人殺害事件（無期再審無罪） 212
広島一家 3 人焼死事件（無罪判決）……… 221
微物同定……………………………………… 105
布川事件（無期再審無罪）………………… 249
複顔…………………………………………… 124
二俣事件（拷問）…………………………… 167
フライ判決（取調）………………………… 101
ブラーツシャ事件（虚偽自白）…………… 181
ブランヴィリエ侯爵夫人事件（毒殺）…… 67
フランシスカ事件（指紋）………………… 92
フランツ事件（血液）……………………… 95
プリチャード事件（毒殺）………………… 62
分子生物学…………………………………… 29
ヘイ事件（微物）…………………………… 107

ヴェンツエル事件（目撃供述）……………… 228
ベルティヨン式身体測定法…………………… 90
ヘルマン謀殺事件（無期再審無罪）………… 246
法歯学………………………………………… 55
法精神医学…………………………………… 75
法弾道学……………………………………… 83
法毒物学……………………………………… 56
ボストン絞殺魔事件（犯人像推測）………… 104
ポリグラフ……………………………… 83, 100

[ま]
舞鶴女子高生殺害事件（無罪判決）………… 218
マイチェック事件（関係者供述）…………… 227
マクノートン規則…………………………… 77
マツォー事件（身元確認）…………………… 43
松川事件（証拠隠匿）………………………… 219
松山事件（死刑再審無罪）…………………… 178
マヌ法典……………………………………… 32
マリー・ラテル事件（毒殺）………………… 106
マリー・ラファルジェ事件（毒殺）………… 57
丸正事件（再審請求・被告人死亡）………… 258
ミシシッピィ事件（虚偽自白）……………… 178
三崎事件（再審請求・被告人死亡）………… 256
三鷹事件（再審請求・被告人死亡）………… 253
みどり荘事件（虚偽自白・検証不備）……… 234
ミランダ警告…………………………… 130, 150
ミランダ判決……………………… 17, 127, 174
無罪判決……………………………………… 206
牟礼事件（再審請求・被告人死亡）………… 254
メーブリック事件（毒殺）…………………… 69
メテスキー事件（犯人像推測）……………… 104
メレット事件（銃器）………………………… 86

免田事件（死刑再審無罪）…………………… 237
モーリス・タフ事件（拷問）………………… 166
目撃供述……………………………………… 240
貰い子殺し事件……………………………… 54
モンマルトル事件（犯人像推測）…………… 103

[や]
八海事件（共同被告人）……………………… 224
柳島自転車商4人殺害事件（証拠捏造）…… 178
山下事件（鑑定不備）………………………… 230
山中温泉事件（共同被告人）………………… 224
山本老事件（再審請求中死亡）……………… 257
ユースター事件（毒殺）……………………… 64
ユナボマー事件（犯人像推測）……………… 104
用語選択型取調技術………………………… 139
横越村父親殺害事件（検証不備）…………… 233
吉田岩窟王事件（無期再審無罪）…………… 241
吉展ちゃん事件（捜査技術）………………… 14
米谷事件（有期刑再審無罪）………………… 244

[ら]
ラークマン事件（無期再審無罪）…………… 212
ラヴァル事件（文書）………………………… 109
ランダル事件（銃器）………………………… 85
リード方式9段階方式………………… 144, 146
リジー・ボーデン事件（毒殺）……………… 95
倫理規制型取調技術………………………… 135
ルドルフ・シーラー事件（拷問）…………… 242
レッテンベック事件（無期再審無罪）……… 240
ローマ法……………………………………… 34
六甲山事件（証拠捏造）……………………… 219

[わ]
ワルトン・ドワイト事件（毒殺）…………… 74

［監修者略歴］

菱田　繁（ひしだ・しげる）
1937年生　兵庫県出身，医学博士。
神戸医科大学卒，神戸大学医学部講師。
兵庫医科大学法医学講座教授，兵庫医科大学名誉教授。

［編著者略歴］

木下博之（きのした・ひろし）
1968年生　徳島県出身，博士（医学）。
香川医科大学卒，兵庫医科大学法医学講座教授。
香川大学医学部医学研究科法医学講座教授。

山村武彦（やまむら・たけひこ）
1942年生　兵庫県出身，博士（医学）。
関西学院大学卒，兵庫医科大学大学院医学研究科修了。
兵庫県警察本部刑事部科学捜査研究所，兵庫医科大学　非常勤講師，香川大学医学部協力研究員。

犯罪捜査科学

捜査・取調・法医・虚偽自白・無罪判決の考証

2017年9月1日　印刷
2017年9月10日　発行

監修者　菱田　繁
編著者　山村武彦，木下博之
発行者　立石正信
装　丁　原田光丞（There Here Everywhere）
印刷・製本　シナノ印刷

株式会社　金剛出版
〒112-0005　東京都文京区水道1-5-16
電話03（3815）6661（代）
FAX03（3818）6848

ISBN978-4-7724-1569-9　C3032　Printed in Japan ⓒ 2017

好評既刊

Ψ金剛出版 〒112-0005 東京都文京区水道1-5-16　Tel. 03-3815-6661　Fax. 03-3818-6848
e-mail eigyo@kongoshuppan.co.jp　URL http://kongoshuppan.co.jp/

犯罪学 第5版
理論的背景と帰結
［著］J・ロバート・リリー　フランシス・T・カレン　リチャード・A・ボール
［監訳］影山任佐
［訳］藤田眞幸　小林寿一　石井利文　小畠秀吾　岩井宜子　安宅勝弘　鈴木護

現代の犯罪は多種多様な側面をもつ複雑な事象で，多面的，総合的なアプローチが必要である。本書は，犯罪学理論について，主に犯罪社会学の視点から，古典から現代の最新理論までを丁寧にわかりやすく解説している。理論の分析は一党一派に偏らず，きわめて客観公正な立場から論じているのが特色である。犯罪学を志すすべての方に読んでいただきたい一冊である。

本体12,000円＋税

犯罪学と精神医学史研究
［著］影山任佐

暗殺学，殺人学，アルコール犯罪を中心に犯罪精神病理学の構築に寄与し，自己確認型犯罪，現代型ストーカー等の提唱を通じて現代日本と一部の若者の病理性，時代精神を解明してきた著者による論文集。犯罪精神病理学，欧州精神医学史と我が国における法医学の成立，著者が長年従事してきた学生の大学精神保健活動と教職員のメンタルヘルスを中心とした産業医活動といった精神保健領域，そして多様な執筆活動によるエッセイや講演録からなる。犯罪精神病理学，臨床犯罪学，精神医学，精神医学史を「人間学」へと収斂させる試みの軌跡。

本体5,800円＋税

犯罪精神病理学
実践と展開
［著］影山任佐

本書は，大量殺人，精神鑑定，アルコール・薬物依存と犯罪，ハラスメント，ストーカー，虐待と非行，子殺し，など，現代の社会病理と密接に結びついた現行司法精神医学の基本問題を論じた著者長年にわたる臨床研究の集大成である。著者は犯罪行為を通してトータルな人間理解を目指し，昨今，マスコミを賑わす異常犯罪に対する処遇，原因解明についての科学的根拠を示し，社会復帰と再犯防止のための提言を行う。さらに，経験科学的根拠としての責任能力論，司法精神医学の重要性を詳細なデータを基に論じている。

本体4,500円＋税

好評既刊

Ψ金剛出版　〒112-0005　東京都文京区水道1-5-16　Tel. 03-3815-6661　Fax. 03-3818-6848
e-mail eigyo@kongoshuppan.co.jp　URL http://kongoshuppan.co.jp/

精神鑑定の乱用
[著]井原裕

「心神喪失者の行為はこれを罰せず，心神耗弱者の行為はその刑を減軽す」（刑法39条）。凶悪事件の場合，被害者感情としては犯人を許せないという気持ちは無視できないが，責任能力のないものを罰しないのは，刑法の基本といえる。このように刑法39条は「乱心者免責」の精神を基底に持っている。しかし，重大事件が起こるたびに犯罪者の責任能力は大きな争点となる。本書は，重大事件の精神鑑定を手がけてきた著者による司法臨床現場からの緊急報告である。近年注目を集める広汎性発達障害患者の責任能力にまで論及。裁判員制度の時代における精神鑑定の問題点を明らかにした画期的論考。　　本体3,200円＋税

責任能力の現在
法と精神医学の交錯
[編]中谷陽二

本書は，2005年に施行された「医療観察法」，また2009年から始まる裁判員制度と連動して，多くの人々の関心を集める犯罪者の責任能力問題について，〈責任能力の根本問題〉〈責任能力と精神鑑定〉〈裁判員制度・医療観察法〉〈人権・保安・処遇〉〈訴訟能力・死刑適応能力〉〈海外の動向〉という6つのトピックについて，法と精神医学双方の論客が，国内外の判例を引きながら，歴史と現状を分析し，最新の論考を展開する。現代司法精神医学の一大論争点である"責任能力"論研究の到達点を示すものである。　　本体4,200円＋税

触法障害者の地域生活支援
その実践と課題
[編著]生島浩

「累犯障害者」と社会の耳目を集めた，罪を犯し服役と出所を繰り返す障害者。その再犯を防ぎ，社会復帰と地域生活を支える「立ち直り支援」について，刑事司法・障害者福祉・精神医療・犯罪心理臨床など複数の分野にまたがる重層的な課題を，実態調査に基づき第一線の行政責任者・実践家・研究者が詳説。最新の理論を踏まえ，海外の動向も視野に触法障害者支援の今後の方向性を具体的に指し示す，わが国で展開されるべき「刑事司法と福祉，精神医療の協働プロジェクト」を提示する。　　本体3,600円＋税

好評既刊

Ψ 金剛出版 〒112-0005 東京都文京区水道1-5-16　Tel. 03-3815-6661　Fax. 03-3818-6848
e-mail eigyo@kongoshuppan.co.jp　URL http://kongoshuppan.co.jp/

犯罪心理鑑定の技術
[編著] 橋本和明

司法専門職ではない裁判員が重大事件を裁判官とともに審議・判断する裁判員裁判制度が2009年に始まり、「なぜ彼／彼女は罪を犯したのか」という根本を問うことの重要性はかつてなく高まりつつある。被告人の心理や犯行メカニズムを見定める手法「犯罪心理鑑定」は情状鑑定とも呼ばれ、専門家＝鑑定人の法廷証言において、被告人のパーソナリティ、家庭環境、成育史を調査し、犯罪との関係を解説するだけでなく、被告人の更生の可能性やその方法について見解を述べ、裁判員が被告人の全体像をとらえた判断を下すための条件を整えていく。心理鑑定専門家たちの経験を結集して実務に資する高い技術を育むための「犯罪心理鑑定マニュアル」。　本体4,200円＋税

サイコパス・インサイド
ある神経科学者の脳の謎への旅
[著] ジェームス・ファロン
[訳] 影山任佐

サイコパスとは、「精神病質（その人格のために本人や社会が悩む、正常とされる人格から逸脱したもの）である人」とされており、共感性の低さ・自制心の欠如・大胆さなどに関連する先天性のパーソナリティ障害と言われている。本書の著者、神経科学者のジェームズ・ファロンは、サイコパスの脳の構造上のパターンを探していたところ、なんと自分が精神病質の脳の持ち主であることが判明。本書は、その後自らを研究材料に、精神病質と犯罪性との関連性を研究した結果を書き下ろしたものである。　本体2,800円＋税

ソシオパスの告白
[著] M・E・トーマス
[訳] 高橋祥友

ソシオパスはあなたの隣人であり、同僚であり、愛人、家族、友達といったごく近しい人であるかもしれない。ソシオパスの自ら危険を求める行動や一般的に恐怖感を覚えない態度はスリルに満ちているし、言葉巧みで魅力的な点も惹かれる。しばしばウィットに富み、常識外の思考をするため、ソシオパスは知的に見え、非常に聡明に見えることもある。ソシオパスは他の人々よりも出世階段を速く昇り、強い自信を持っている。成功しているソシオパスも存在し、犯罪行為に及ばないソシオパスは米国の人口の4パーセントに上る。ソシオパスとはどのような人間なのだろうか？　本体2,800円＋税

好評既刊

Ψ 金剛出版　〒112-0005 東京都文京区水道1-5-16　Tel. 03-3815-6661　Fax. 03-3818-6848
e-mail eigyo@kongoshuppan.co.jp　URL http://kongoshuppan.co.jp/

司法精神医学と犯罪病理
［著］中谷陽二

本書は，司法精神医学をライフワークとしてきた著者が，精神鑑定の豊富な経験を踏まえて，犯罪病理，責任能力，触法精神障害者の治療，成年後見，薬物乱用，人格障害など多岐にわたるテーマを論じた集大成である。著者は，さまざまな施策に対して〈批判しつつコミットする〉という一貫した姿勢から，〈精神障害と犯罪〉に真正面から向き合うことを司法精神医学の原点に据え，本質を問う議論と実態に即した現実的対策を提案している。新たな司法精神医学の構築をめざす刺激的な論集であり，精神医学のみならず，法律学，臨床心理学など，犯罪問題に関わる領域の人々に多くの示唆を与える。　　　　　　　　　　　　　　　　　　　　　　　　　　本体3,800円＋税

殺人という病
人格障害・脳・鑑定
［著］福島章

本書は，30年以上にわたって精神鑑定を続けてきた著者が，著者自身の鑑定体験をデータとする「実証的な研究」を公開したものである。近年の重大事件の殺人者の脳を検査すると，異常所見が高率に発見されるという事実がある。また社会にインパクトを与えた，重大な殺人事件の精神鑑定では，複数の精神科医の診断が一致しないことが多い。著者は以上の臨床体験から，殺人を犯す人々には殺人者に特有の精神疾患が認められる可能性考え，殺人者の一部に見られる非典型的な精神病像に対応した「殺人者精神病」という必要にして妥当な診断概念を提唱する。　　　　　　　　　　　本体2,800円＋税

死刑囚と無期囚の心理 新装版
［著］加賀乙彦

本名小木貞孝名義で刊行された名著が，読者の要望に応え，新装版として加賀乙彦名義で復刊！　人が人を裁くとはどういうことか。拘禁反応を克明に論述し，裁判員制度の時代に改めて死刑制度の是非を問う。
――拘禁環境における犯罪者の反応の仕方について，これほど明快な解答を与えている書物はほかに見当らない。犯罪性において違いのない死刑囚と無期囚を対比して，その相違を指摘し，犯罪行動と拘禁施設内の反則行動の関連をも明らかにしたことで，精神医学や犯罪学のみならず，行動科学の領域でも優れた業績となっている。これらをもとにした拘禁状況の精神病理学は，極めて説得力に富んだものである。（樋口幸吉）　　本体5,800円＋税

好評既刊

Ψ 金剛出版　〒112-0005　東京都文京区水道1-5-16　Tel. 03-3815-6661　Fax. 03-3818-6848
e-mail eigyo@kongoshuppan.co.jp　URL http://kongoshuppan.co.jp/

アディクションと加害者臨床
封印された感情と閉ざされた関係
［編著］藤岡淳子

生きていれば必ず体験する否定的感情を癒してくれる親密な関係を閉ざされ，みずからの奥底に否定的感情を封印し，恐れと不安と孤独のなかでアディクション／犯罪加害に一瞬の救いを求めた当事者たち。否定的感情を受け容れてくれる関係を築き，みずからの人生を引き受ける希望が生まれたとき，彼／彼女たちの回復と変化は芽生える。社会で生きる個人にアプローチする臨床は，面接室だけで状況が好転するわけではない。個人の心理面のみを扱う臨床とは異なる「関係性」臨床とも呼ぶべき臨床フィールドが，多彩な臨床家たちによって本書で展開されていく。　　　　　　　　本体3,200円＋税

犯罪被害を受けた子どものための支援ガイド
子どもと関わるすべての大人のために
［著］ピート・ウォリス　［監訳］野坂祐子　大岡由佳

子どもの犯罪被害は身近な生活のなかでたくさん起きているにもかかわらず，子どもがだれにも打ち明けられず，潜在化している被害がある。起きているかもしれない子どもの犯罪被害を見つけだし，手を差し伸べるにはいったいどうすればいいのか。子どもが被害にあう可能性がある幅広い犯罪とその影響について学び，被害を受けた子どもが示しやすい一般的なサインと支援の留意点について，わかりやすくまとめた。　　　　　　本体3,600円＋税

アンガーマネジメント 11の方法
怒りを上手に解消しよう
［著］ロナルド・T・ポッターエフロン　パトリシア・S・ポッターエフロン
［監訳］藤野京子

怒りは誰にでも生じるものである。それ自体によい，悪いはない。怒りそのものは「何かが問題である」というメッセージとして生じるものであり，加えて「その何かを変えようとする活力を与える」ものである。問題なのは，その怒りの感情をうまくとらえられなかったり，うまく処理できないことなのである。本書では，怒りを11種類に分け，それぞれの怒りについて理解を深めていく。　　　　　　　　　　　　　　　　　　　　　　本体3,400円＋税